U0482533

本书系国家社会科学基金教育学青年项目"教育法律纠纷的特点与应对机制研究"（项目批准号：CFA120125）的最终成果。

本书出版获重庆师范大学市级"马克思主义理论"重点学科资助以及重庆市人文社会科学重点研究基地"公民道德与社会建设研究中心"资助。

新时代教育法律纠纷及其应对机制研究

阮李全 著

Study on Educational Legal Disputes and
Its Coping Mechanism in the New Era

中国社会科学出版社

图书在版编目(CIP)数据

新时代教育法律纠纷及其应对机制研究/阮李全著．
—北京：中国社会科学出版社，2022.3
　ISBN 978-7-5203-9617-2

Ⅰ.①新⋯　Ⅱ.①阮⋯　Ⅲ.①教育法—民事纠纷—处理—研究—中国　Ⅳ.①D922.164

中国版本图书馆 CIP 数据核字(2022)第 014901 号

出 版 人	赵剑英
责任编辑	宋燕鹏
责任校对	李　剑
责任印制	李寡寡

出　　版	中国社会科学出版社
社　　址	北京鼓楼西大街甲 158 号
邮　　编	100720
网　　址	http://www.csspw.cn
发 行 部	010-84083685
门 市 部	010-84029450
经　　销	新华书店及其他书店

印　　刷	北京明恒达印务有限公司
装　　订	廊坊市广阳区广增装订厂
版　　次	2022 年 3 月第 1 版
印　　次	2022 年 3 月第 1 次印刷

开　　本	710×1000　1/16
印　　张	23.5
插　　页	2
字　　数	379 千字
定　　价	128.00 元

凡购买中国社会科学出版社图书，如有质量问题请与本社营销中心联系调换
电话：010-84083683
版权所有　侵权必究

序

文正邦①

今闻阮李全博士的学术专著《新时代教育法律纠纷及其应对机制研究》即将由中国社会科学出版社公开出版，甚是欣喜，这是我第二次为他的学术专著作序，在此表示学术上的热烈祝贺！

习近平总书记在党的十九大报告中指出："加强预防和化解矛盾机制建设，正确处理人民内部矛盾。"要求健全社会矛盾纠纷预防化解机制，完善社会矛盾纠纷多元预防调处化解综合机制，努力将矛盾化解在基层。随着全面依法治国的推动，教育管理体制改革的深入，教育法律纠纷现象也层出不穷或屡见不鲜，严重影响了新时代人民"美好生活"的需要和社会主义教育强国的建设进程。在此大背景下，教育法律纠纷的处理和应对，也汇入了国家治理体系和治理能力现代化的洪流当中去，迫切需要理论上的辨析与澄清、建构与突破以及制度规则上的完善和创新。阮李全博士的这一学术成果，对"教育法律纠纷及其应对机制"问题作出了具有解释力和创造性的理论回应和制度设计，对于推动我国这一重要领域的学术研究无疑具有重大的意义和价值。

阮李全博士的研究兴趣，在西南政法大学攻读硕士研究生期间开始，一直集中在教育领域的法律纠纷和权利救济上，可以说深耕教育法学领域近二十年，并取得了丰硕的成果。本书是阮李全博士的国家社会科学基金项目的最终研究成果。倾注了他大量的心血，深入实地调

---

① 文正邦，四川安岳人，西南政法大学教授，博士生导师。中国法学研究会以及宪法学研究会学术顾问，重庆市首届学术技术带头人，历任重庆市政府立法评审专家、司法部社会科学高级职称评审委员会委员等职，享受国务院特殊津贴，荣获"中国宪法学发展特殊贡献奖""李步云法学奖"，主要从事马克思主义法学与法哲学、宪法学与行政法学研究。

研，获取大量的一手资料，收集、整理、汇编了大量的国内外研究文献和教育法律纠纷案例。在此基础上，从不同的维度分析和归结了教育法律纠纷的特点，考察了我国教育法律纠纷应对机制的现状和问题，最终在教育法律纠纷的理论探索和应对机制的建构上取得较大的突破。本成果也了却了我当年研究的心愿，说出了我以前想说的话，可谓英雄所见略同。

本书以习近平新时代中国特色社会主义思想为指导，贯彻习近平法治思想及教育重要论述精神，弥漫着中国化马克思主义的气息，运用马克思主义的基本立场、观点和方法，对教育法律纠纷及其特点进行全面深入的分析，遵循新时代"人民美好生活需要"的指针，构建了涵盖预防、沟通、解决、善后"四位一体"的教育法律纠纷应对机制。本书既是教育治理与教育法学的研究成果，也是马克思主义中国化的研究成果。纵观全书，主要有以下几个特点。

第一，在研究视角上，以"新时代"为背景。全书的研究置身于中国特色社会主义进入新时代的历史方位，我国社会主要矛盾的变化集中反映了社会发展的时代诉求，体现了特定历史时期的时代旋律和发展脉络，也深刻影响着我国教育领域的主要矛盾变化。因此，作者敏锐地捕捉到了时代的变迁和格局的变化，从绪论到教育法律纠纷特点的分析与归结、再到教育法律纠纷应对机制的顶层设计和具体构建，都以新时代及其社会主要矛盾变化为出发点和落脚点，贯穿了习近平新时代中国特色社会主义思想，视角独到、构思新颖、紧扣时代脉搏、与时俱进，做到了既仰望星空，又脚踏实地。教育法治是中国特色社会主义法治和国家治理的重要组成部分，体现了较为鲜明的马克思主义中国化的特点。

第二，在研究方法上，注重多学科交叉综合研究。作者除了使用案例分析法、实地调查法以及比较研究法外，尤其重视多学科的交叉研究，综合运用了法学、教育学、管理学、政治学、哲学、经济学、社会学、历史学、人类学等社会科学理论，还巧妙地运用了物理学、化学、生物学、数学等自然科学的原理。这种社会科学与自然科学相结合的研究方法，使逻辑更严密、论证更有力、结论更可靠，直抵事物的本质和深层，在某些问题的认识上得到了进一步的推进和拓展，例如应用物理学"熵增定律""惯性定律"等科学理论解释社会纠纷现象，提出了"自然规律在人类社会中贯彻"的观点，尝试抹平社会科学与自然科学之间的沟壑，体现了作者严谨的研究风格和科学创新的研究能力。

第三，在研究内容上，实现了理论有所突破和制度有所创新。在理论上，重新梳理和界定了教育法律纠纷的性质，摒弃了套用其他部门法或从诉讼类型来推导、解释教育法律纠纷性质的一惯做法，超越了以往学界对教育法律纠纷的定性和分类；以教育关系为基点重塑了教育法律关系理论，丰富和夯实了学校办学自主权理论、受教育权及其救济理论，铺垫了教育法作为相对独立学科的理论基础。在制度上，构建了教育法律纠纷从解决机制到应对机制，突破了原有教育法律纠纷模式的局限，创造性地提出了"事前的预防机制—事中的沟通机制—事末的解决机制—事后的善后机制"的闭合回路，构建了"四位一体"的教育法律纠纷应对机制的完整体系，在很大程度上弥补了学界对纠纷应对机制研究的薄弱和不足。

诚然，在教育法律纠纷领域的研究中，学界对"应对机制"研究仍比较缺乏，主要集中在末端的"解决机制"上，而忽视了教育法律纠纷的预防、沟通和善后机制的研究，故造成了教育法律纠纷应对机制研究严重偏废，无法满足现实需要，与现实脱节的现状。因此，今后对这方面的问题研究还需要包括作者在内的诸多研究者继续努力，并期待有更多的研究成果让我们分享。

权且为序。

2021 年 7 月 18 日
于西南政法大学天高鸿苑

目 录
CONTENTS

绪 论 ·· 1
 一 研究背景与意义 ·· 1
 二 研究目的和内容 ·· 8
 三 研究现状与综述 ·· 10
 四 研究假设与对象 ·· 19
 五 研究方法与思路 ·· 21
 六 研究的创新点与不足 ··· 23

第一章 教育法律纠纷的基本要义 ·· 26
 第一节 教育法律纠纷的概念界定 ································· 26
  一 纠纷的界说 ·· 26
  二 教育法律纠纷的含义 ··· 35
 第二节 教育法律纠纷的法学分析 ································· 39
  一 教育法律纠纷的法律关系 ·································· 40
  二 教育法律纠纷性质的界定 ·································· 45
 第三节 教育法律纠纷的类型结构 ································· 51
  一 教育法律纠纷的类型 ··· 52
  二 教育法律纠纷的结构 ··· 58
  三 教育法律纠纷的特征 ··· 62

第四节　教育法律纠纷的根源和形式 …… 64
　　一　教育法律纠纷的基本根源 …… 65
　　二　教育法律纠纷的表现形式 …… 77

第二章　教育法律纠纷特点的分析与归结　86
第一节　教育法律纠纷典型案例剖析 …… 86
　　一　受教育权纠纷典型案例分析 …… 87
　　二　人身权纠纷典型案例分析 …… 89
　　三　财产权纠纷典型案例分析 …… 90
　　四　学术权纠纷典型案例分析 …… 92
第二节　教育法律纠纷的实地调研 …… 95
　　一　调研的基本情况 …… 95
　　二　调研的分析过程 …… 98
　　三　存在的问题及原因 …… 120
　　四　结论与建议 …… 123
第三节　新时代教育法律纠纷特点的归结 …… 127
　　一　教育法律纠纷总体趋势的维度特点 …… 128
　　二　教育法律纠纷不同学段的维度特点 …… 133
　　三　教育法律纠纷性质的维度特点 …… 137
　　四　教育法律纠纷主体的维度特点 …… 139
　　五　教育法律纠纷行为方式的维度特点 …… 141
　　六　教育法律纠纷解决路径的维度特点 …… 145

第三章　教育法律纠纷的理论构建　151
第一节　教育法律关系理论 …… 151
　　一　教育关系的基本含义 …… 152
　　二　教育法律关系的界定 …… 173
第二节　受教育权理论 …… 189
　　一　受教育权的基本内涵 …… 189
　　二　受教育权的实现方式和障碍 …… 200
第三节　学校办学自主权理论 …… 214
　　一　自主权含义 …… 215

二　高校办学自主权问题的由来 ………………………………… 220
　　三　高校办学自主权的解构 …………………………………… 223

第四章　教育法律纠纷应对机制及其困境 ……………………… 236
第一节　教育法律纠纷应对机制的概述 ……………………… 236
　　一　教育法律纠纷应对机制的含义 …………………………… 237
　　二　国外教育法律纠纷应对机制的概况 ……………………… 242
第二节　我国现行教育法律纠纷应对机制的困境 …………… 253
　　一　我国现行教育法律纠纷应对机制的缺陷 ………………… 253
　　二　我国教育法律纠纷应对机制面临困境的原因 …………… 257

第五章　教育法律纠纷应对机制的顶层设计 …………………… 263
第一节　教育法律纠纷应对机制的价值追求 ………………… 263
　　一　和谐 …………………………………………………………… 264
　　二　民主 …………………………………………………………… 266
　　三　效益 …………………………………………………………… 269
　　四　人权 …………………………………………………………… 272
第二节　教育法律纠纷应对机制构建的理念更新 …………… 275
　　一　从人治到法治 ……………………………………………… 275
　　二　从管理到治理 ……………………………………………… 280
　　三　从身份到契约 ……………………………………………… 284
　　四　从末端到源头 ……………………………………………… 288
第三节　教育法律纠纷应对机制构建的基本原则 …………… 291
　　一　权利救济原则 ……………………………………………… 291
　　二　预防在先原则 ……………………………………………… 293
　　三　重在调解原则 ……………………………………………… 294
　　四　司法最终原则 ……………………………………………… 296
第四节　教育法律纠纷应对机制构建的法律变革 …………… 299
　　一　民法的局限与回应 ………………………………………… 299
　　二　行政法的困境与介入 ……………………………………… 302
　　三　教育法的弊病与矫正 ……………………………………… 305

第六章　教育法律纠纷应对机制的具体构建 …… 308
第一节　教育法律纠纷的预防机制 …… 309
　　一　注重建章立制，健全学校规章制度 …… 309
　　二　发挥部门群团职能，加强应对机构建设 …… 311
　　三　利用大数据平台，建立纠纷预警机制 …… 312
　　四　加强教育执法，完善法治教育宣传机制 …… 314
第二节　教育法律纠纷的沟通机制 …… 316
　　一　实行信息公开，改进信息发布机制 …… 316
　　二　优化组织结构，完善沟通管理体制 …… 318
　　三　促进双方和解，引入协商谈判制度 …… 319
　　四　推动各方参与，构建立体沟通模式 …… 321
第三节　教育法律纠纷的解决机制 …… 323
　　一　调解 …… 324
　　二　申诉 …… 326
　　三　复议 …… 328
　　四　仲裁 …… 331
　　五　诉讼 …… 334
　　六　小结 …… 339
第四节　教育法律纠纷的善后机制 …… 342
　　一　坚持多管齐下，健全事后恢复机制 …… 342
　　二　完善评估制度，建立事后总结机制 …… 345
　　三　严格落实责任，完善事后追责机制 …… 346

结论与启示 …… 349
　　一　结论 …… 349
　　二　启示 …… 350

参考文献 …… 355

后　记 …… 363

绪　　论

随着社会主义新时代的到来、全面依法治国建设的推进、公民权利意识的觉醒，法治的触角伸向每一个角落，教育领域的法律纠纷也日益显现，通过媒体的报道和曝光，吸引了社会广泛的关注和热议。作为象牙塔的学校本应是宁静温馨的港湾，是学生快乐成长、塑造成才的主要场所。教育的宗旨使命以及内在规律决定了教育关系的和谐本质，与矛盾、冲突、纠纷这种烦躁、纷扰、焦虑情绪和心境应该是格格不入的。要敬畏教育的神圣，把握教育现代化的新时代脉搏，"坚持以人民为中心发展教育，保障人民有更多教育获得感"[①]，办好人民满意的教育，就是要实现公平、优质的教育，实现人民群众对教育的美好追求，满足人民"美好生活"的时代需要，这使得妥善应对和处理教育法律纠纷显得十分紧迫和重要。

一　研究背景与意义

党的十九大庄严宣告，中国特色社会主义进入了新时代，这是我国发展新的历史方位，我国社会主要矛盾由"美好生活需要"取代"日益增长的物质文化需要"而成为新时代人民的主要需要。美好生活需要不仅对物质文化生活提出了更高的要求，而且对民主法治、公平正义、权利保障、生态环境、和谐社会等方面也提出了更高的要求，即更加注重人与社会、自然的全面协调发展，对各个领域、各项事业提出了更高质量的发展要求。

---

① 《习近平总书记教育重要论述讲义》，高等教育出版社2020年版，第131—132页。

(一) 研究背景

1. 新时代推进社会公平正义，需预防化解社会矛盾纠纷

党的十八大以来，中国社会就发生着剧烈转型和深刻变革，新时代社会的主要矛盾也发生了变化，对公平正义和法治中国的渴望和向往更加强烈。党的十八大提出了新时代法治建设的"十六字"方针——"科学立法、严格执法、公正司法、全民守法"，这是促进国家治理体系和治理能力现代化的基本方式。公平正义是法治建设的灵魂和生命，为了实现社会公平正义，建设文明和谐中国，维护安定团结的局面，党的十八届三中全会提出："改进社会治理方式……创新有效预防和化解社会矛盾体制。"党的十八届四中全会《关于全面推进依法治国若干重大问题的决定》指出要"健全社会矛盾纠纷预防化解机制"，"解决好群众最关心最直接最现实的利益问题"。党的十九届四中全会专门对推进国家治理体系和治理能力现代化做了部署，强调"完善社会矛盾纠纷多元预防调处化解综合机制，努力将矛盾化解在基层"。教育是社会最大的民生之一，关系到千家万户，也命系国运兴衰。教育被认为是社会文明与进步、个人发展与幸福的先决条件，"教育公平是社会公平的重要基础"[①]。党的十九大报告指出："建设教育强国是中华民族伟大复兴的基础工程，必须把教育事业放在优先位置。深化教育改革，加快教育现代化，办好人民满意的教育。"因此，"加强预防和化解社会矛盾机制建设"[②]，扫清教育发展道路上的障碍，构建有效预防和化解教育领域的矛盾纠纷机制体系就势在必行，刻不容缓。

随着社会转型的加快和公民权利意识的觉醒，教育法律纠纷与日俱增，成为社会公众关注的热点。早在2004年，最高人民法院就在全国法院立案受理问题座谈会上指出：新型案件类型增多，教育纠纷等七类案件最引人注目。如何有效化解包括教育法律纠纷在内的各种法律纠纷日益受到重视，2009年最高人民法院发布《关于建立健全诉讼与非诉讼相衔接的矛盾纠纷解决机制的若干意见》，标志着我国在建构多元化纠纷解

[①] 《习近平总书记教育重要论述讲义》，高等教育出版社2020年版，第147页。
[②] 习近平：《决胜全面建成小康社会 夺取新时代中国特色社会主义伟大胜利——在中国共产党第十九次全国代表大会上的报告》，《人民日报》2017年10月28日。

决机制上迈出了历史性、实质性的一步，开启了中国司法审判改革的新阶段。2015年底中共中央办公厅、国务院办公厅印发《关于完善矛盾纠纷多元化解机制的意见》，进一步落实党的十八届三中全会和四中全会精神，对于推进矛盾纠纷多元化解、增强社会和谐稳定、提升社会治理能力和水平具有重大意义。2016年最高人民法院发布《关于人民法院进一步深化多元化纠纷解决机制改革的意见》，成为新时代指导全国法院开展多元化纠纷解决机制改革工作的纲领性文件，对构建中国特色的多元化纠纷解决体系具有里程碑式的意义。尤其是随着智能社会的到来，人工智能在社会治理和纠纷解决领域的应用和发展，将进一步影响我国未来的教育政策和立法。因此，具体到教育领域的法律纠纷，积极响应国家政策、回应时代呼唤，需要进一步完善和创新教育法律纠纷多元化的解决机制，维护学生、教师和学校的合法权益，在和谐中促进公平正义。

2. 新时代媒体背景下，教育法律纠纷的负面效应被迅速传播和扩大

在新时代信息技术的推动下，以互联网为代表的新媒体得到了人们越来越多的关注，影响力不断攀升，新媒体技术正在以前所未有的速度深刻地改变着人们的生活方式和思维方式，深刻影响了我国政治、经济、文化的各个层面。尤其是智能手机的普及，使我国进入了新媒体时代，网络成为最受人们青睐最常用的信息传播媒介，网络舆情越来越多地引起政府和社会各界的关注。党的十九大报告明确指出：要加强互联网内容建设，建立网络综合治理体系，营造清朗的网络空间。由于网络具有自由性、隐秘性、虚拟性、交互性、开放性、持续性、全球性等特点，成为广大网民发表和交流对社会事务或公众人物的态度和见解的重要场所，从而形成网络舆情。而网络舆情具有突发性、不确定性、来源的广泛性、传播的即时性等特点，往往难以控制，迅速传播扩散。尤其是重大突发事件，很容易聚集多重反应，甚至有不法分子造谣传谣，误导不明真相的群众，跟随网络媒体制造的舆论导向跟风发声，激起强烈的公众舆情，进而导致和诱发严重的舆论危机。例如，发生在2017年4月1日的四川泸县太伏中学学生坠楼事件，经过网络传播和炒作，对当地政府、学校和学生家属造成了极大冲击和伤害。

在当今信息时代的潮流下，网络是一把锋利的"双刃剑"，给我们

带来信息便捷的同时，也带来了诸多负面影响。因此，对于教育法律纠纷的防范和化解显得尤为重要和紧迫，决不能消极等待、"坐以待毙"，学校和教育主管部门要充分利用大数据技术和"互联网+"平台体系，高度重视网络舆情的防控。据调查，经过现有合法途径都不能妥善解决的教育法律纠纷，当事人往往选择求助于媒体曝光或者上访写举报信公布于网络，制造和引发网络舆情压力，如果遭遇别有用心者，则易导致谣言滋生和情绪型舆情蔓延，或者出现网络恶搞和网络暴力等极不负责任的情形，置学校或当事人于舆论的旋涡，网络就成了一个巨大的、致命的"杀人于无形"的沙场，悄无声息地影响着所有人。而网络暴力只不过就是一场假借"正义"之名的私刑，致使无辜者"躺着中枪"或被"社死"，这严重损害当事人的身心健康，极大地损毁政府、学校和当事人的形象和声誉以及网络媒体的公信度和公信力，干扰正常的学校教学秩序和学生学习生活，甚至造成严重的后果，如当事人精神失常、自杀轻生等。

3. 教育法律纠纷的性质复杂，相应的理论基础及论证不足

由于教育法律纠纷的性质存在多维度、多层面的认识，一般不是单一或十分明确的法律关系。在当前三大诉讼法分野以及法律部门划分的背景下，大多数学者认为教育法律纠纷在性质上可以分为民事纠纷和行政纠纷。教育法律纠纷的重点和难点问题集中于学校与学生、教师之间的纠纷。要界定教育法律纠纷的性质，必须要厘清学生与学校、教师与学校之间的法律关系性质。学生与学校之间的法律关系性质在学界众说纷纭，存在较大分歧。具有代表性的观点主要包括行政法律关系说、民事法律关系说、双重法律关系说、特别权力关系说和宪法法律关系说等；教师与学校之间的法律关系性质也是分歧很大，没有定论。在现行法律的框架下，教师既不是普通的劳动者，也不是国家公务员。目前学界主要代表性的观点包括特别权力关系说、行政法律关系说、民事法律关系说、混合法律关系说、劳动法律关系说等，导致教育法律纠纷的法律关系性质的争论较大，缺乏共识。

纵观学界关于学校与教师、学生之间关系的各种观点和见解，我们会发现一个共同的特征，即都是试图套用其他部门法或从诉讼类型来推导、解释教育领域的法律关系性质。学生和教师是教育活动不可或缺的主体，学生、教师与学校的关系是教育法主要的调整对象。学

生与学校之间的关系最基本的是教育关系，而教师与学校之间最基本的关系就是聘任关系，这种"教育关系"和"聘任关系"是受教育法调整，而不是民法、行政法或劳动法调整。因此，经过教育法调整的"教育关系"和"聘任关系"应该是教育法律关系。但"聘任关系"是"教育关系"的衍生，不是一般的劳动关系，是为教育关系服务的。由此可见，学生、教师与学校的关系既不是民事法律关系或行政法律关系，也不是劳动法律关系，而是教育法律关系，不受《民法典（合同编）》或《劳动法》调整。因此，造成上述尴尬和窘境的主要原因是教育法以及教育法律纠纷的研究缺乏相应的理论基础，理论论证的说服力明显不足。

4. 教育法律纠纷解决机制难以满足现实需要，要从解决机制转向应对机制

党的十八届四中全会把"多元化纠纷解决机制改革"确定为当前的一项改革任务。纠纷因矛盾而生，社会因和谐而安。预防化解纠纷冲突是维护社会稳定和谐的"镇流器"、防范社会矛盾激化的"安全阀"。我国应建立健全纠纷预防化解的社会机制，将矛盾和冲突控制在"有序"范围内，避免教育领域的过度"震荡"，维护校园的和谐与安宁。当前我国虽然已经构建一套多元化的教育法律纠纷解决机制，涵盖了协商和解、调解、申诉、仲裁、行政复议和司法诉讼等制度，但纠纷解决机制存在缺乏相互衔接、实效性差等问题，过于注重末端的化解，缺乏事前的预防、事中的沟通和事后的善后恢复。应把教育法律纠纷的"解决机制"上升为"应对机制"，将教育法律纠纷的关口从"末端处理"前移至"源头预防"、后延至"善后恢复"，形成循环闭合的完整回路。因此，以往教育法律纠纷仅仅强调纠纷的末端解决机制，缺乏系统的、完整的纠纷应对机制，捉襟见肘，难以满足日益复杂、多样的教育法律纠纷的现实需要。

在国家治理体系和治理能力现代化的宏观背景下，"加强预防和化解社会矛盾机制建设，正确处理人民内部矛盾"[1]，推进全面深化多元化纠纷解决机制改革，探索社会矛盾纠纷多元解决路径，挖掘和弘扬"中国经验"、贡献发展"中国智慧"，创新多元化纠纷解决机制，但不能仅仅

---

① 习近平：《决胜全面建成小康社会　夺取新时代中国特色社会主义伟大胜利——在中国共产党第十九次全国代表大会上的报告》，《人民日报》2017年10月28日。

停留在具体的纠纷解决途径上，而应对"纠纷解决机制"做扩大化、广义上的理解，对已发生纠纷的时间节点向前推移、向后延长，把它视为是对纠纷的产生、发展和消亡全过程的一个调控和化解。纵观过去的20余年，远的有1998年的"田永案"、1999年的"刘燕文案"和"齐玉苓案"以及2002年的"重庆怀孕女生被开除案"等曾经轰动一时，社会反响极大，有力地推动了教育法治进程。而近些年发生的有重大影响的司法案例大为减少，但教育领域的非诉纠纷和突发事件日益增多，如2019年成都七中实验学校学生中毒事件、2020年江苏常州缪可欣坠楼事件和山东冒名顶替上学事件等造成重大舆情的非诉纠纷，教育法律纠纷从有序理性、尊重法律程序的个体事件转变为公众群体不断发酵、无序扩散的网络事件，牵涉面、复杂性急剧增大，给社会安定和谐造成越发严重的威胁。一方面，20年前教育法律纠纷的解决机制尚且可行，但随着新时代的到来，互联网和智能手机的普及以及自媒体的兴起，单纯的"解决机制"已经力不从心，按下葫芦浮起瓢。另一方面，教育法律纠纷和冲突的发生多数都是可以预防和控制的，可以降低危害损失、减少负面影响，如果放任自流、任由发展、消极等待，最终受伤害的不仅是学校和师生，而且是整个国家和社会，没有赢家。因此，对于教育法律纠纷而言，解决机制还是远远不够，应该构建一个从末端到源头、从事前到事后的全程覆盖的，涵盖预防、沟通、解决、善后机制在内的，完整的、系统的教育法律纠纷应对机制。

(二) 研究意义

1. 理论意义

教育法律纠纷及其应对机制不仅仅是实践问题，也是一个理论问题。理论是制度的基础和前提，只有理论的彻底，获得理论上的支撑，制度才能真正得以建立和遵守，发挥其应有的效能，焕发出生命力。本书在理论上的意义和价值主要体现在四个方面。

首先，从哲学角度认识，教育关系主客体关系以及主体能动性，对教育法律纠纷特点的归结从感性认识到理性认识、从实践到理论的过程，对教育法律纠纷的分析提升了理论高度。

其次，从教育学角度来看，对教育关系主体、性质、特征、运行机制的分析，把长期被忽视的教育关系概念重新带回到理论和实践的视野,进行重新认识和建构,不断丰富和发展教育关系理论。

再次,从法学角度来看,从法律只注重纠纷的解决转换到纠纷的预防,从注重权利的救济兼顾到义务的履行,从纠纷的解决机制拓展到应对机制,扩宽了法学的理论视野和研究范式,丰富了多元化纠纷预防化解机制的理论形态。

最后,从法律关系理论来看,通过运用公认的法学基础理论和论证逻辑,把法律关系理论引入和贯彻到教育法学领域,对教育关系这一调整对象进行深入研究,构建独立的教育法律关系理论,为教育法构筑坚实的基础理论。

2. 实践意义

首先,新时代我国社会主要矛盾发生了新变化,"投射在教育领域的具体表现,即为人民日益增长的对优质教育的需要和教育发展不平衡不充分"[①],其中,教育法律纠纷的化解是促进我国教育现代化发展、缓解教育领域主要矛盾的重要举措,为建设教育强国、实现中华民族伟大复兴发挥着积极作用。

其次,学校治理是国家治理体系和治理能力现代化的重要组成部分,防范化解重大风险成为国家三大攻坚战之一,适应智能社会发展的新趋势,创新有效预防和化解社会矛盾体制,健全社会矛盾纠纷预防化解机制,本书的研究有利于促进我国教育改革和发展的深入,推动创新社会治理建设实践。

再次,当前教育法律纠纷问题依然没有根本性的改观,对教育事业的阻碍和对学校教育教学秩序的消极影响以及对当事人权益的侵害,需要对教育法律纠纷予以防范化解,因此,构建完善的教育法律纠纷应对机制,维护学校的安定和谐以及教师和学生的合法权益具有积极的现实意义。

最后,目前人们对教育法律纠纷的认识存在误区,缺乏对其特点和规律的把握,导致在教育法律纠纷应对机制上仅仅强调纠纷的末端解决,应对机制不完整、不成体系,而且纠纷解决途径相互衔接不够,实效性差,本书有助于改进和克服当前的某些缺陷和不足。

---

① 宋乃庆、杨黎、范涌峰:《新时代教育现代化:内涵、意义及表现形式》,《教育科学》2021年第1期。

二 研究目的和内容

(一) 研究目的

党的十九大报告阐述了坚持"优先发展教育事业"的战略方针，明确了新时代我国教育发展的特点与使命，而教育法律纠纷是长期困扰和阻碍我国教育事业优先发展的重要障碍之一。现代学校制度的精髓在于依法治校，实现学校治理的法治化，是教育改革与发展要努力实现的重要目标，是全面依法治国的客观要求。当前学界对教育法律纠纷的研究还不够深入，众说纷纭，导致认识的混乱，没有准确把握教育法律纠纷的现实特点及规律，没有从法律角度去正视问题的实质，对教育法律纠纷性质的界定仍比较含糊，需要进一步澄清和明确，构建和夯实教育法律纠纷的理论基础。教育法律纠纷过于依赖解决机制路径，显得颇为消极，受教育权的损害具有不可弥补性和不可逆转性，应重在预防、减少损害的发生，维护学校正常教育教学秩序以及师生的合法权益。因此，把解决机制上升到或拓展为应对机制显得迫切而重要，具体要实现以下四个方面的目标。

1. 通过文献研究，把握教育法律纠纷的基本含义，分析教育法律纠纷的性质、范围、基本结构和类型划分等，重新认识和把握教育法律纠纷的特殊性，从教育学、法学、社会学、人类学、政治学、哲学甚至自然科学等方面寻求理论的支撑和养分，突破学科藩篱和界限，探寻和重建教育法律纠纷的理论基础。

2. 通过开展实地调研和典型案例分析，总结和归纳教育法律纠纷的特点和规律，揭示教育法律纠纷的特性，以此为基础构建相适应的纠纷解决应对机制，构建多元化的教育法律纠纷解决机制的应对机制，建设和谐校园。

3. 通过比较研究，了解中外教育法律纠纷解决和应对机制，向西方发达国家学习借鉴相关的有益经验和制度成果；研究不同领域的纠纷解决机制或应对机制，博采众长，为我所用，为教育法律纠纷应对机制构建提供有益参考。

4. 结合现行制度规范，深入研究教育纠纷解决的运行机制，尊重教育规律以及学术属性，完善 ADR 制度的组织构架，有效实现其功能性。同时将教育法律纠纷应对的关口前移至源头，后延至善后，建立涵盖预防机制、沟通机制、解决机制和善后机制在内的一套完整的教育法律纠纷应对机制，实现学校高效有序的治理。

在习近平总书记教育重要论述的指引下，推进教育治理体系和治理能力现代化，而教育现代化已经成为新时代教育改革和发展的总方向，新时代明确要求加快教育现代化，不断提升教育治理水平[①]。教育法律纠纷是影响新时代教育事业现代化发展的重要障碍之一。发生在教育领域的某些教育法律纠纷，打破了校园的宁静，通过现代媒介的迅速传播，极大地干扰和冲击了学校正常的教育教学秩序，对涉事学校和个人造成不可挽回的负面影响，更是破坏社会的和谐和安定。因此，必须深入研究教育法律纠纷的特点和规律，减少和预防纠纷的发生，消弭纠纷带来的消极影响，切实维护学生、教师、学校的合法权益，构建一套完整系统的教育法律纠纷应对机制，从而增强和完善学校治理能力和治理体系，助力我国教育开启现代化发展的新篇章。

（二）研究内容

从课题的名称指向来看，本书主要涵盖两方面内容，一是教育法律纠纷及其特点的把握；二是教育法律纠纷应对机制的建构。主要回答教育法律纠纷是什么，有什么特点，如何应对教育法律纠纷等问题。本研究是理论性与实践性都很强的课题，需要回应当前社会对教育法律纠纷相关问题的关切和困惑，深入实践调查，发现问题，从实际出发，检验制度和理论。

1. 教育法律纠纷及其特点的研究

本书的第一部分研究内容，首先，从教育法律纠纷的基本要义着手，界定教育法律纠纷的内涵和外延，对教育法律纠纷的类型范围进行梳理和分类研究。教育法律纠纷不仅是教育问题也是法律问题，通过法学理论进一步分析教育法律纠纷的法律关系以及教育法律纠纷的性质和基本结构、表现形式。其次，本书重点研究教育法律纠纷的特点。一是，对教育法律纠纷的典型案例进行深入剖析，从受教育权、教育权、人身权、财产权、学术权纠纷的典型案例中，分析教育法律纠纷的特点和规律；二是通过实地调查研究，包括问卷和访谈两种形式，收集分析

---

① 宋乃庆、杨黎、范涌峰：《新时代教育现代化：内涵、意义及表现形式》，《教育科学》2021年第1期。

数据，找出存在的问题及原因，为教育法律纠纷特点的归结提供现实依据。通过调研结果的分析，从六个维度，即教育法律纠纷总体趋势的维度、教育法律纠纷不同学段的维度、教育法律纠纷性质的维度、教育法律纠纷主体的维度、教育法律纠纷行为方式的维度、教育法律纠纷解决路径的维度分别归纳出教育法律纠纷的19个具体特点，对当前教育法律纠纷状况特点进行全面、细致、准确的概括和总结，并进一步分析教育法律纠纷特点的变化。最后，对教育法律纠纷进行理论建构。从教育法的性质界定以及调整对象开始，研究教育关系的性质特征，进而论证教育法律关系的相对独立性以及三要素。教育法律纠纷是基于教育和受教育关系而展开，因此，本书还对受教育权理论和学校办学自主权理论进行分析阐述，了解和把握受教育权、学校办学自主权的特性及其相互关系，为教育法律纠纷的应对机制提供理论支撑。

2. 教育法律纠纷应对机制的研究

本书第二部分的研究内容，首先是对教育法律纠纷应对机制的含义和特点的论述，进一步比较国外教育法律纠纷应对机制以及我国教育法律纠纷应对机制的现状。从我国现行教育法律纠纷应对机制缺陷以及实效性差等方面论证了我国现行教育法律纠纷应对机制的困境，并分析其中的原因。其次，在分析现状的基础上，本书着重研究了教育法律纠纷应对机制的顶层设计，从构建的价值追求、理念原则和法律变革等方面来论证，实现从人治到法治、从管治到治理、从身份到契约、从末端到源头的转变，遵循权利救济原则、预防在先原则、重在调解原则和司法最终原则，追求和谐、民主、效益、人权的基本价值，实现法律的变革和对接。最后，研究教育法律纠纷应对机制的具体构建。教育法律纠纷重在预防，事前预防，将纠纷堵在源头上，研究了预防机制；纠纷发生后，要控制纠纷的发展势态，防止矛盾纠纷的激化和升级，必须进行充分的沟通，研究了沟通机制；如果沟通失效，无法遏制，把纠纷引向正常的纠纷解决机制，通过法定的程序和途径来处理；纠纷解决平息之后，需要处理遗留问题或后续问题，如心理干预和疏导、秩序恢复与形象重建、调查评估追责以及总结经验教训等，因此需要研究善后机制。

三 研究现状与综述

由于本书的研究对象和内容，主要是教育法律纠纷及其应对机制，而教育法律纠纷的范围十分宽泛，相应的应对机制的制度体制也非常复杂。因此要从各种角度、层次，对教育法律纠纷进行类型化的划分，对教育法律纠纷应对机制进行繁复的构建。一些具体概念和制度，关涉的相关理论具有深度的交叉性和融合性，体现了本书学科的综合性，主要涉及法学和教育学两大学科的交叉重叠。从法学或教育学的视角和进路去研究，在学界都比较多见，但是对本书的研究，表现出一个显著的特点，就是与主题完全契合的文献资料不多，相关部分的研究成果却异常丰富。因此，我们通过梳理前人在本书相关领域内的研究成果，试图寻找其中尚存的知识空白或不足，作为本书的出发点和创新点。

（一）研究现状

在知网上明确涉及本书主题的论文，截至2021年9月底，输入"教育法律纠纷"以"主题"进行搜索共有281条结果，若以"篇名"搜索则有56条结果；若以"受教育权纠纷"作为"篇名"搜索则有17篇；若以"教育法律纠纷的特点"作为"篇名"搜索则只有5篇，2篇硕士学位论文[①]和3篇期刊论文[②]；若以"应对机制"为"篇名"搜索则有16000多条结果，而以"解决机制"为"篇名"则搜索到12000多条结果；若以"教育法律纠纷应对机制"为"主题"搜索则只有2篇；若以"教育法律纠纷解决机制"为"主题"搜索则有31条结果。以上结果说明对"教育法律纠纷"的文献研究比较丰富，而对"教育法律纠纷的特点"的研究不多，对"教育法律纠纷应对机制"的研究则更为罕缺，对"教育法律纠纷解决机制"的研究则比较常见。若以"新时代教育法律纠纷"为"主题"搜索，则为0篇，学界对该主题缺乏研究，但本书主要还不是全面深入研究新时代与教育法律纠纷的关系，或与过去原有的教育法律纠纷的比较和变化，而是把教育法律纠纷及其应对机制置于"新时代"这样的大背景之下展开研究，在此作特别说明。

在著作方面，本书研究的专著十分罕缺，截至目前，只有一本，即

---

① 陈国湘：《高校的教育法律纠纷的特点与应对机制研究》，硕士学位论文，广西师范大学，2013；李伟：《我国教育法律纠纷的特点与规律研究——基于对163个司法案例的分析》，硕士学位论文，西南大学，2014。

② 廖腾琼：《高校教育法律纠纷的特点及防范》，《高教论坛》2014年第5期；毛尉：《高校教育法律纠纷特点及其解决机制探讨》，《宿州教育学院学报》2016年第6期；王佩佩：《高等学校教育管理中常见法律纠纷的特点与防治》，《法制博览》2020年第34期。

由西南大学杨挺教授和李伟博士合著的《教育法律纠纷的特点与应对机制研究——基于对司法案例的分析》（2017）。但相关的研究著作较多，研究层面和视角多样，现将研究现状做简要呈现和归纳。

1. 从受教育权救济或纠纷解决角度研究的著作，主要集中在宪法层面的论述，包括：胡肖华等著《从失衡到平衡：教育及其纠纷的宪法解决》（2007）、唐清利著《找寻高校内部纠纷的处理规则》（2008）、范履冰著《受教育权法律救济制度研究》（2008）、陈韶峰著《受教育权纠纷及其法律救济》（2010）、张卫国著《公民受教育权及其法律保障》（2011）、史峰和孟宪玉著《高校教育法律纠纷的多元化解决机制研究》（2013）、陈蔚著《美国残障儿童受教育权利的立法保障研究》（2017）、刘璞著《残疾人受教育权保障的国家义务理论与实践》（2021）等。

2. 从一般纠纷解决机制角度研究的著述较丰，大多数是诉讼法学层面的论著，主要有：范愉等著《多元化纠纷解决机制与和谐社会的构建》（2011）、俞灵雨主编《纠纷解决机制改革研究与探索》（2011）、谢东慧著《纠纷解决与机制选择》（2013）、梁平和杨奕著《纠纷解决机制的现状与理想建构》（2014）、刘永强等著《社会管理创新下的多元化纠纷解决机制研究》（2015）、顾培东著《社会冲突与诉讼机制（第三版）》（2016）、赵旭东著《通过合意的纠纷解决：合意性纠纷解决机制研究》（2017）、胡仕浩和龙飞著《多元化纠纷解决机制改革精要》（2019）以及《多元化纠纷解决机制促进法研究》（2020）、廖永安和胡仕浩著《新时代多元化纠纷解决机制：理论检视与中国实践》（2019）等。

3. 从具体纠纷解决机制角度研究的专著也不少，都是从不同部门法学视角出发研究的著作，主要有：胡兴东著《西南民族地区纠纷解决机制研究》（2013）、骆东平著《性骚扰纠纷解决机制研究》（2014）、王琦等著《旅游纠纷解决机制研究》（2015）、栗克元等著《海事纠纷解决机制研究》（2015）、张翼杰著《社区家事纠纷解决机制研究》（2016）、冯露著《环境纠纷行政解决机制实证研究》（2016）、杜志淳等著《医患纠纷解决机制与立法改革研究》（2019）、陈维君著《农村土地纠纷多元化解决机制研究》（2019）、黄世席著《投资者—国家争端解决机制的发展与应对》（2021）等。

4. 从校园侵权伤害角度研究的著作，也在逐年增多，大都是从法学或社会学视角介入研究，主要有：方益权等著《校园侵权法律问题研究》（2008）、杨秀朝著《学生伤害事故民事责任制度研究》（2009）及《校园事故侵权责任：法律适用与案例评析》（2010）、王小平著《学校体育伤害事故的法律对策研究》（2012）、姬新江著《教育机构侵权责任研究》（2015）、翁铁慧等著《学生校园体育运动伤害事故的社会治理：基于上海的研究》（2017）、任海涛著《校园欺凌法治研究教育》（2019）、戴国立著《高校教育惩戒与学生权利保护问题研究》（2020）、张桂蓉和韩自强编著《校园欺凌现象的辨识、成因与法理对策》（2021）等。

5. 从危机管理或突发事件应对机制角度研究的著作，呈日益增多的态势，主要是从管理学视角进行分析，包括：刘向信著《高校突发事件应急机制研究》（2009）、曲如晓著《WTO框架下的贸易壁垒及应对机制研究》（2010）、魏明禄著《公共危机应对机制研究》（2012）、郝时远主编《特大自然灾害与社会危机应对机制》（2013）、蒋宗彩著《城市群公共危机管理应急决策理论与应对机制研究》（2015）及《高校突发公共危机事件预警机制与应对策略研究》（2016）、马怀德著《完善学校突发事件应急管理机制研究》（2018）、黎昌珍著《突发事件应急处置的协调联动机制研究》（2018）、崔莉著《新安全环境下美国网络恐怖主义应对机制研究》（2020）、莫于川著《社会安全法治论：突发社会安全事件应急法律机制研究》（2020）、雷彦璋著《黑森林：风险管控与危机应对的本源》（2021）等。

再者，就是有一些从教育纠纷普法维权角度的读物，如李晓兵主编《热点教育纠纷案例评析》（2007）、姬亚平主编《教育纠纷法律顾问》（2009）、程立等主编《校园侵权审判案例全类型精解》（2010）、朱力主编《学生伤害事故索赔指南与赔偿计算标准》（2012）以及吴春岐和杨光磊主编《校园事故侵权责任：法律适用与案例评析》（2017）、卢珺编著《教育法律纠纷案例与实务》（2018）、最高人民法院编《多元化纠纷解决机制典型经验与实践案例》（2021）等，只是一般普法读本或案件分析，缺乏学术价值。

(二) 文献综述

1. 关于教育法律纠纷的概念研究

目前，对于教育纠纷或教育法律纠纷的定义，学界的研究比较丰富，但基本上大同小异，两者几乎不作区别地混用。李晓燕教授（2011）认为："教育纠纷指学校在办学过程中，学校、教师、学生及社会其他主体等行为主体由于违反教育法律规范而侵害了相对人的合法权益或相对人认为其行为侵害了自己的合法权益所产生的各种法律纠纷。"刘鸣禹（2006）认为是："教育行政机关、学校、教师与学生基于教育与受教育活动而产生的各种纠纷。"孙钟玲（2012）认为是："教育法律关系的主体之间在教育过程中所发生的争议。比如，各类学校与政府教育行政管理部门之间、学校与教师、学校与学生、学校与其他社会组织之间的纠纷。"廖腾琼（2014）认为："教育法律纠纷主要是指高校在教育教学活动中，学校、教师、学生三者之间权益的冲突。"曹扩青（2007）认为："高校教育纠纷是指高校在行使高校自主管理权和高校学术自治时，高校与教师或高校与学生之间基于教育管理关系或教育学术关系而引起的纠纷，它不同于经济纠纷、劳动合同纠纷、民事纠纷、治安纠纷，而是独立存在于高校教育领域里的特殊纠纷。"一般认为，教育纠纷或教育法律纠纷的概念有广义和狭义之分，广义上的教育法律纠纷的范围包括一切基于教育和受教育而引起的争议，主体也十分广泛，包括学校、学生、教师、教育主管部门以及社会相关组织，相应地涵盖了校内教育法律纠纷和校外教育法律纠纷；而狭义上的教育法律纠纷的范围是基于教育关系而产生的纠纷，主体仅限于学生、教师和学校，相应地，仅仅是校内教育法律纠纷。

2. 关于教育法律纠纷的特点研究

学界对教育法律纠纷特点的专门研究不多，主要集中在高校纠纷。申素平（2000）在《中国现实教育纠纷特点、成因及其救济机制的完善》一文中指出，中国现实教育纠纷的特点包括两个方面：一是数量增多，尤其是起诉至法院的纠纷大大增加；二是内容日益复杂，涵盖了政府、社会、学生、教师与学校的纠纷。陈如栋、刘秋辰（2011）在《当前高校教育领域涉生纠纷特点及解决机制研究》中指出四个方面的特点，即高校涉生矛盾纠纷数量多，趋势呈递增性；内容复杂性；有效处理涉生矛盾纠纷的需求迫切性；矛盾纠纷解决途径单一，行政化色彩较重。冯俊波（2011）在《教育领域纠纷特点及解决机制研究》中归纳出四个方面的特点，即数量增多，尤其是通过诉讼途径解决的纠纷大大增加；教育纠纷具有一定的专业性和学术性；教育纠纷的内容日益复杂；

教育纠纷具有后续性。廖腾琼（2014）在《高校教育法律纠纷的特点及防范》中从纠纷的范围、内容、性质和解决方式归纳了四个方面的特点，即学校内部纠纷居多，且又以行政、民事纠纷居多；以侵权纠纷居多，尤其是行政侵权多；以行政和民事性质纠纷居多；可诉性纠纷案件逐步增多。毛尉（2016）在《高校教育法律纠纷特点及其解决机制探讨》一文中指出高校教育法律纠纷特点包括纠纷社会性和主体特点性两方面。陈国湘（2013）在其硕士学位论文《高校的教育法律纠纷的特点与应对机制研究》中归纳了三个特点：高校教育法律纠纷主体的多元化；高校教育法律纠纷涉及面越来越宽；高校教育法律纠纷调处机制不健全。李伟（2014）的硕士学位论文《我国教育法律纠纷的特点与规律研究》以及同其导师合作出版的著作（2017），通过对163个司法案例的分析，总结归纳了我国教育法律纠纷的四个"为主"的特点，即主体以"涉内"为主；性质以"民事"为主；行为以"侵权行为"为主；结案方式以"判决"为主。

3. 关于教育法律纠纷涉及的相关理论研究

当前学界对教育法律纠纷的相关理论研究比较薄弱，没有明确的理论基础。从学界的研究来看，对于教育法律纠纷的分析往往运用了"法律关系理论"。法律关系是法学理论和法律领域的一个基本概念，法律关系理论已深深地融进了我国的法学理论体系，成为国家法律运行的理论指引。张文显教授认为，按照法律主体在法律关系中地位的不同，可以将法律关系分为纵向（隶属）的法律关系和横向（平权）的法律关系。纵向的法律关系是指在不平等的法律主体之间所建立的权力服从关系（旧法学称"特别权力关系"）。其特点是：第一，法律主体处于不平等的地位。第二，法律主体之间的权利与义务具有强制性，既不能随意转让，也不能任意放弃。横向的法律关系是指平权法律主体之间的权利义务关系。其特点在于，法律主体的地位是平等的，权利和义务的内容具有一定程度的任意性。法律关系的基本理论为分析教育法律纠纷提供了方法和思路，其中，纵向法律关系和横向法律关系的划分是学界常常用来分析、探讨教育法律纠纷法律关系的有力武器。目前学界对教育法律纠纷普遍认为主要包括教育民事纠纷和教育行政纠纷，相应地存在教育民事法律关系（横向法律关系）和教育行政法律关系（纵向法律关系）。如申素平、王景斌、陈韶峰等大多学者均持此种观点，也有学者提出，教育法律纠纷中也会有刑事纠纷，并存在相应的刑事法律关系。因此，有人把教育法律关系看成是一种复合的法律关系，把教育法律关系分为三种，即教育行政法律关系、教育民事法律关系和教育刑事法律关系。其在理论分析中还会涉及社会冲突理论、学校法人理论等。

4. 关于教育法律纠纷应对机制研究

从本书的研究现状可以看出，学界对教育法律纠纷的应对机制缺乏必要的关注，研究应对机制往往针对突发事件或危机管理方面，只有杨挺教授和李伟博士合作的专著中略有涉及，他们主要从教育法律纠纷的约束机制和解决机制两个方面措施来探讨。还有陈国湘在其硕士学位论文中从纠纷解决的角度简要地提出了构建高校的教育法律纠纷应对机制遵循的原则以及预警机制和调处机制等措施。

当前，学界依然对教育法律纠纷的解决机制倾注极大的热情，它作为教育法律纠纷应对机制不可或缺的基本要素和组成部分，重要性不言而喻。教育法律纠纷解决机制研究的出发点就是权利救济，特别是受教育权的救济研究成果颇丰。

孙霄兵教授从历史哲学的角度将受教育权范式分为特权化、宗教化、国家化、社会化、个性化五种类型，并对每一种范式下受教育权法律救济的不同性质和特点进行了初步的探讨。秦惠民教授、李昌祖教授、姜国平教授立足于司法救济视角，从不同角度对学校管理权的内涵、特征与边界进行研究，提出了相对完善的预防与解决机制。张维平教授、褚宏启教授认为，当教师、学生或学校的权利受到侵害时，应当允许其请求国家提供教育行政法律救济这种强制性的方式来实现其权利，这些途径包括教育申诉、教育行政复议、教育行政诉讼以及教育行政赔偿。申素平教授认为教育法律纠纷的原因在于经济与教育体制改革所引起的教育权益结构的变化以及教育法律关系主体的权利意识提高，因此我国在现阶段会涌现大量内容复杂的教育法律纠纷，这会强烈冲击既有的救济机制，带来现代教育制度的革新。张静教授从推进学生管理工作的民主化、法制化角度，以学生为主体，深入研究学生的各项基本权利，以及请求法律救济的依据和途径。龚向和教授探讨了受教育权的历史演变、价值定位以及相应的法律保障和司法救济。程雁雷教授、何兵教授、蒋后强教授则针对政府规制、司法审查与高校自治的关系与界限、学校内部管理行为的可诉性以及司法能动性等问题进行了深入探讨。

除众多的学者论著之外，中国宪法学研究会、行政法学研究会以及中国教育学研究会等学术组织都在近年来多次举办以教育法律纠纷解决机制为主题的学术研讨会，分别从教育学、法学、社会学等多方视角对教育法律纠纷的特点与应对机制进行过深入讨论，并提出诸多有益见解。

另外，国外对受教育权利及其救济的研究颇多。如欧洲的受教育权利保护制度非常先进，上至人权法院、各类高校研究所，下至民间学术机构、社会公益组织都在积极完善教育权利保护及其纠纷解决机制。知名学者如 G. 阿尔弗雷德松、M. 谢宁、M. 诺瓦克等，深入开展了包括教育权利（学生权利、家长教育权、教师教育权等）在内的经济、社会、文化权利及其国际、区域和国内法层面的执行和救济机制的研究。而美国学界则是以宪法修正案以及 1964 年《民权法案》在司法实践中的丰富案例作为研究对象，这些案例涉及学生权利、教师权利、种族隔离、学校纪律、平等保护、正当程序规定等几乎所有教育法律纠纷问题，学者如瓦伦特（valneet）对学校教育涉及的各种法律问题及其救济进行了专门研究。学者安德伍德和诺夫克专门针对学区诉讼案件进行了分类研究。学者内尔达·H. 坎布朗-麦凯布等全面介绍了美国学生在入学及教学中享有的权利以及非教学事务中的权利，学生分类分班、残障学生的权利，学生纪律处分中的权利及其法律救济措施。①

（三）文献述评

基于多年持续对教育法律纠纷及其应对机制的关注，通过近十年的比较分析和文献研究，发现学界在教育纠纷及其解决机制研究方面取得了诸多阶段性的成果，个别问题得到不断深化，笔者认为现有研究成果还存在以下缺陷和不足。

1. 学界对教育法律纠纷的概念认识比较笼统，性质界定比较模糊。对教育法律纠纷的认识和探讨不够深入，缺乏理论支撑和多学科的论

---

① 参见 [美] 内尔达·H. 坎布朗-麦凯布、马莎·M. 麦卡锡、斯蒂芬·B. 托马斯《教育法学——教师与学生的权利》（第五版），江雪梅、茅锐、王晓玲译，中国人民大学出版社 2010 年版。

证。制度的建构源于理论的先导，须根植于一定的理论基础之上。由于教育法律纠纷问题是实践性很强的课题，相应的理论探讨不被重视，过多地去设想制度的构思，对教育法律纠纷还没有建立起相应的理论基础，导致制度设计比较浅薄。在运用法律关系理论分析时，生搬硬套，受到定式思维的惯性影响，试图借助其他部门法理论予以解释和支撑，脱离了教育法学的理论框架和学科体系。

2. 对教育法律纠纷的特点研究不够全面，存在看文献轻调研的不变倾向。现有研究成果已经对教育法律纠纷作出了积极探索，但从整体情况来看，相关研究对我国教育法律纠纷的特点缺乏深入探讨，大都仅作简单归纳，甚至出现以偏概全的现象，如有学者仅仅通过进入司法程序案例分析归结出教育法律纠纷的特点，事实上我国的教育法律纠纷绝大多数没有进入司法程序，这只是"冰山一角"，难以全面把握教育法律纠纷的特点和规律。对教育法律纠纷特点的归纳缺乏现实依据，实地的调查研究不足，主观的推断较多，缺乏事实依据。

3. 从研究方法层面看，缺少跨学科的综合理论研究。囿于学科界限，外围理论供给不足，或者现有理论不彻底，研究者往往进行生吞活剥、生搬硬套地移植。将单一学科的方法论简单套用于教育领域，如法学的一般公力救济模式并不能很好地对应教育法律纠纷领域的专业性与复杂性，从而导致事倍功半，效果欠佳；更重要的是，科学素养和人文理论底蕴的不足会使研究难以深入法律救济制度背后的文化观念、政治体制等深层次问题，缺乏问题研究的纵深。其中，忽视了学校办学自主权这一重大理论和实践问题介入研究的视角，对受教育权理论研究大都停留在宪法层面，缺乏教育学、社会学、人类学等诸多不同学科的养分，理论不彻底，论证不给力。

4. 从研究的主要内容看，学界缺乏对教育法律纠纷应对机制的研究。当前的通病是主要注重教育法律纠纷的末端处置，而不是预防和控制，过于强调解决机制，忽视应对机制，没有构建起过程完整的教育法律纠纷应对机制，忽视了教育法律纠纷整体动态的应对机制研究。解决机制只是应对机制的一个重要环节，而应对机制往往又跟危机管理或突发事件相联系，造成了教育法律纠纷与应对机制交错分离的状况，即研究教育法律纠纷的不研究应对机制，而研究应对机制的不研究教育法律纠纷。即使有个别学者涉及应对机制问题的研究，但基本上皆为空泛笼统的简单论述，仍然走不出旧有"解决机制"的制度窠臼和思维定式。

5. 在制度构建上，没有真正形成教育法律纠纷的"应对机制"。许多研究大多停留在国外制度的经验借鉴或国内既有制度的实施操作设计层面，甚至将"解决机制"基本上等同于"应对机制"，主要还是惯性地从纠纷的解决机制进行的制度构建，从而导致重复建设的较多，老生常谈，缺乏新意。没有看到纠纷当中教育目的性（人文关怀）与法制刚性之间的冲突，没有注意到社会主要矛盾的悄然变化，没有抓住本源和实质，就导致该研究的体系性和针对性有所不足，从而无法从策略功能性上升到法律制度的永续性，因而缺乏对社会生活和教育活动的导向性和引领性。导致学界对于"应对机制"的研究，基本上浮于表面，蒙混过去，未能深入，缺乏创新，没有揭示它的各组成部分以及相互关系的机理。

四 研究假设与对象

（一）研究假设

课题研究是一个复杂的、长期的认识过程。根据当前知晓的经验事实和掌握的科学理论对教育法律纠纷的特点与规律及其应对机制问题做出推测性论断和假定性解释。依据科学思维方法，研究假设只是在本书研究之前对研究问题进行的预先设想和暂时答案。

1. 党的十八大以来，中国社会转型急剧加速，社会矛盾发生深刻变化，特别是党的十九大后中国特色社会主义进入新时代，反映在教育领域法律纠纷的状况也会随之发生变化，陈旧的观念和僵化的制度必然发生变革，以实现人民满意的教育和"美好生活"的需要。因此，需要通过实地调研，深入基层，把握教育法律纠纷新情况及其特点的新变化。

2. 教育法律纠纷复杂多样，涵盖的法律关系既有横向的也有纵向的，有平权型的也有隶属型的，如果仅仅根据当前三大诉讼法的判定，某些教育法律纠纷难以归入其中，既不属于民事纠纷，也不属于行政纠纷和刑事纠纷，其性质甚至难以界定，需要建构相应的理论基础予以支撑和解释。

3. 教育法律纠纷的冲突主体以学校为核心而展开，包括政府、社会、教师、学生等，以学校办学自主权和学生受教育权为中心，两者的冲突和碰撞是纠纷产生的主要来源，也是制度构建和应对机制的核心内容，需要对学校办学自主权和学生受教育权进行深入的理论追问和思想奠基。

4. 由于教育的本质在于促进人的自由全面发展，但教育并非万能，对于违纪违法学生的处分与惩戒在所难免，由此形成的教育法律纠纷即便通过正当法律程序，也难以改变结果。因此，当中存在教育的柔性与法律的刚性之间、教育的人文关怀与法治的公正威严之间难以调和的矛盾。

5. 教育法律纠纷是教育事业发展的障碍，对宁静的校园和师生的身心有巨大的冲击和负面影响，由于教育关系具有特殊性，带有一种长期稳定的伦理关系。因此，教育法律纠纷重在预防和调解、防止升级和激化，把矛盾消解在基层、萌芽状态，需要构建的是一个多元的、完整的、开放的教育法律纠纷应对机制和体系。

（二）研究对象

作为科学研究的分析单位，即研究对象，其具有多样性和层次性。根据本书理论性与实践性强的性质特点，确定相应的课题研究对象，主要有两个层面的对象：一是教育主体层面的研究对象，主要包括学生、教师、学校和教育主管部门；二是社会产物层面的研究对象，包括教育法律纠纷和应对机制。通过对这些研究对象进行研究确保得出可靠的结论。

1. 教育主体层面的研究对象

本书作为全国社科基金教育学项目，属于国家级的课题，应对一定时空范围内全国所有的学生、教师、学校和教育主管部门进行总体研究。本书研究的主题是教育法律纠纷，它是由学生、教师、学校、教育主管部门在教育活动中发生的权利义务的冲突而形成的，体现了不同主体之间的法律关系，这些主体成为本书最基本的研究对象。由于研究对象的广泛性、海量性，考虑到其现实性和可能性，结合课题组所具备的物质条件和手段，加上人力、财力和物力所限，需要考虑研究效益，在时间、人力和财力成本上，争取以较少的投入取得较大的研究成果。因此，课题组利用自身的地域优势——重庆作为大城市带大农村的直辖市,各个阶段的学校和师生在全国具有一定的典型性和代表性,包括主城区和非主城区。课题组按一定的规则从总体中选取了有代表性的样本,并根据对样本的研究结果来获取本书的总体认识,从而克服本书总体研究的困难,节约各种资源成本,提高研究效率,力争推广和示范。

2. 社会产物层面的研究对象

研究对象除了相关主体之外,还包括无法归入其中的其他分析单位,包括人类行为以及由人类行为所导致的各种社会产物。因此,结合本书的主题,教育法律纠纷和应对机制应该成为本书的研究对象。然而,就全国范围而言,在一定时长范围内,教育法律纠纷的数量难以穷尽,各种应对机制也不尽相同。因此,对于教育法律纠纷和应对机制宜采取个案研究。按照侵害权利的内容来选取若干教育法律纠纷的典型案例,对这些案例的一些典型特征进行全面深入的考察与分析,从而归纳出教育法律纠纷的特点,为教育法律纠纷应对机制提供理论支撑和现实依据。目前对于应对机制的研究,主要集中在危机管理和突发事件方面,而教育法律纠纷主要关注事后处理,即解决机制。因此,要引入完整的教育法律纠纷应对机制,扩展到事前的预防、事中的沟通以及事后的解决和善后,需要对已有的研究成果进行总体研究,即对危机管理和突发事件的应对机制进行梳理和借鉴,以构建一套完整有效的教育法律纠纷应对机制。

五 研究方法与思路

(一) 研究方法

本书涉及多学科领域,范围广泛、内容复杂,需要使用多种研究方法,相互交错、灵活运用,本书需要运用的研究方法主要包括以下四种。

1. 文献研究法。通过查阅各种书籍、文献资料,查阅中国期刊网、万方数据库、硕博士论文集等途径搜集整理关于教育法律纠纷及其应对机制方面的文献资料,借鉴前人的研究成果,在此基础上对纠纷研究现状进行梳理、分析与整合。同时由于本书属于教育法学这一交叉学科,所以教育学与法学资料是本书文献分析的两个基本维度。这种研究方法可以突破时空的限制,大范围地进行文献的搜集和摘取,做好研究现状和理论基础的铺垫。

2. 案例分析法。由于本书兼具理论性和实践性的特点，这就决定了案例分析是本书论据的重要基础。因此，本书对我国教育法律纠纷的分析通过调研采用一些典型的案例，为教育法律纠纷的分类，以及现实情况中处理相应纠纷所适用的实体性依据和程序性依据提供了实证性材料。在课题研究过程中，结合学校办学自主权、受教育权法律救济理论阐述，通过对典型案例的深度剖析，进一步归纳教育法律纠纷的特点，以构建完善的教育法律纠纷应对机制。

3. 调查研究法。作为社会科学研究的一种基本方法，调查研究法主要通过填问卷或访谈调查等方式进行。由于调查的范围广泛，样本较大，被调查对象是教师和学生，具有较好的文字理解能力和表达能力，因此适合实地发放问卷调查。对调查问题的深入，我们采用个别访谈、集体访谈、电话访谈的方式，对学生、教师、学校领导干部、法律顾问、教育主管部门领导干部等不同对象进行访谈，以进一步归纳和把握教育法律纠纷的特点以及了解应对机制方面的状况，获得大量的第一手资料。

4. 比较研究法。按照一定的标准，对不同国家或地区的教育法律纠纷应对机制进行考察和比较研究，寻找其异同，找出各国教育法律纠纷应对机制的特殊规律。基于教育法律纠纷关注的解决机制，综合比较大陆法系和英美法系主要国家（地区）有关纠纷应对或解决制度理论的特点，从国际、区域和国内法三个层面比较教育法律纠纷应对或解决机制，探讨其背后的政治、社会和文化原因，比较权衡各自的利弊，提出有利于建构符合我国国情的教育法律纠纷应对机制的参考意见。

（二）研究思路

作为软科学的研究课题，我们采取通常的"提出问题—分析问题—解决问题"研究进路。本书在习近平新时代中国特色社会主义思想的指导下，从教育法律纠纷的特点以及应对机制现状出发，通过实地调查研究和典型案例分析，归纳教育法律纠纷的特点和规律。以学校办学自主权和学生受教育权为研究视角，引入法律关系理论，构建教育法律纠纷的理论基础，根据实证以及调研，对理论假设和制度设计进行求证、检验、修正，分析问题与现状的根源，归纳和总结教育法律纠纷的特点以及由此相适应的应对机制的构建，完成课题研究任务。如图1所示。

图 1　研究思路示意图

六　研究的创新点与不足

(一) 创新点

1. 界定教育法律纠纷的概念，进行分类分层研究。教育法律纠纷宽泛复杂，类型繁多，涉及相关主体的各项权利，但基于教育与受教育的关系而发生的法律纠纷，才是最特殊的一种教育法律纠纷，应该通过特定的途径予以解决。涉及教育相关主体人身权和财产权的法律纠纷，不具有特殊性，在纠纷解决方面，即由民法、行政法等调整。而教育关系中学生的受教育权、教师的教育教学科研权、学校办学自主权并不受民法和行政法调整，而是由教育法调整。

2. 通过课题组的实地调查，探寻新时代教育法律纠纷特点的现实变化。党的十八大以来，以习近平同志为核心的党中央"解决了许多长期想解决而没有解决的难题，办成了许多过去想办而没有办成的大事，推动党和国家事业发生历史性变革"。中国社会主要矛盾悄然发生了变化，进入社会主义新时代后，深刻影响着中国社会的各个领域。在新时代背景下，教育法律纠纷的特点也发生了显著的变化，通过课题组深入扎实的实地调研，结合典型案例分析，重新归纳概括教育法律纠纷的特点。

3. 明确教育法律纠纷的性质，重构教育法律纠纷乃至教育法学理论基础。教育法或者教育法律纠纷长期以来缺乏相应的理论支撑和论证，需要通过教育法律关系理论的引入，解释和论证教育法律纠纷的特殊性质。把握研究对象是学科建设的关键，教育关系作为教育法研究的对象，需要加强研究，构筑教育法学科的理论体系。由于学界缺乏对教育法学理论体系的建构，尚未达成共识，所以需要进一步地挖掘、探索和夯实。教育法律纠纷的理论基础包括教育法律关系理论、受教育权理论和学校办学自主权理论。这既是本书研究的理论问题，也是教育法学关注的基本问题。

4. 构建教育法律纠纷从解决机制到应对机制，并创造性地提出了教育法律纠纷应对机制"四位一体"的闭合回路（如图2所示）。当前的纠纷解决机制远远无法满足教育法律纠纷的需求，加之教育活动的特殊规律性，教育法律纠纷与教育格格不入，与教育理念价值背道而驰，因此亟须构建切实有效的教育法律纠纷预防和化解机制，而不能仅仅固守于纠纷解决的制度建设、停留在教育法律纠纷的"处理"上。纠纷如火灾，重在预防；在纠纷发生之后，要注重协商沟通，防止矛盾进一步激化和态势的恶化，促进纠纷的妥善解决；并在解决之后做好善后恢复工作。从而形成了"事前的预防机制—事中的沟通机制—事末的解决机制—事后的善后机制"的闭合回路，构建了"四位一体"的教育法律纠纷应对机制。

图 2　教育法律纠纷应对机制回路示意图

（二）研究存在的不足

1. 调研存在的局限与不足。本书是以重庆市的部分学校作为抽样框，当推论到其他地区乃至全国范围内时，样本可能存在一定的局限性。问卷设计和访谈提纲的局限性，可能会出现疏漏和不周，样本数有限，设计的问题可能存在不科学、不准确的情形。还存在数据分析的不足，由于能力所限，课题组主要进行一些比较基本的频率统计、交叉分析、多重响应分析。调查对象的局限性，调研中对家长、法院、检察院及公安机关等部门工作人员涉及甚少。以上的不足可以通过增加抽样单位，提高数据分析能力，扩大调查对象予以改进，需要政府职能部门的大力支持。

2. 外国文献的不足。教育法律纠纷研究的外文资料较少，外国学者主要侧重于社会冲突的社会研究，以及纠纷的解决机制研究，主要参考美国、法国、英国、日本等经验。由于外语水平有限，对于西方主要发达国家的教育法，了解得还不多，主要通过二手资料来了解。以后需要加强外文资料的收集和查阅，学习欧美主要国家的教育法律文本。设在四川外国语大学的重庆市教育法治研究中心利用外语学科优势正在推出英语、法语、德语、俄语和日语等国家的教育法律文本的中文译本，将会对外国教育法有更多更深入的了解和掌握，不同程度地弥补这一工作的短板。

3. 理论功底和创新能力有限，教育法律纠纷理论基础的挖掘和构造还不够完备。由于学界对教育法律纠纷的理论基础缺乏必要的关注和研究，因此对教育法律纠纷的认识存在较大的分歧。本书也是初步探讨其理论基础，从教育法的主要调整对象"教育关系"出发，在分析教育关系的性质、特点的基础上，构建教育法律关系理论，是法学与教育学理论的交叉融合。但无论是法学界还是教育学界对教育关系的研究都非常罕缺，所以可供参考借鉴的成果较少。因此，会存在教育法律纠纷理论基础的挖掘和构造不够完备的境况，需要引起学界的关注和重视，共同推进，添砖加瓦。

4. 实践经验和实务操作不足，教育法律纠纷应对机制构建的对策可能不够完善，可行性和实操性不强。长期以来，从理论到实践，从制度到执行，目前理论界和实务界都集中关注解决机制，应对机制的引入，将全程、全面介入教育法律纠纷，我们需要将解决机制转向和扩展到应对机制，将两者之间的沟壑抹平，实现无缝对接，这需要实践的素材、经验和检验。由于笔者的实践经验有所局限，不可妄论知行合一的境界，提出的相关对策是否可行、可操作，主要还是停留在理论的推导或者个人片面零碎的经验上，其达到完善的程度，需要实践的检验和推动。

第一章 教育法律纠纷的基本要义

任何事物都是纷繁复杂、相互联系的，并非孤立或纯粹地单一存在。就教育法律纠纷而言，围绕其展开的概念、主体、行为、发生、类型、表象、本质、属性、演变、消亡等相关要素不可穷尽。限于本书旨趣和篇幅，仅对教育法律纠纷最基本的实质性要点或重点内容作深入的分析，笔者从教育法律纠纷的概念、性质、类型、结构、根源和形式等方面着手，试图澄清和回应长期困扰学界的一些基本问题，抛砖引玉，期待着学界对某些问题能高度关注和深入探讨，形成新的认识和共识。

第一节 教育法律纠纷的概念界定

从哲学上说，概念是反映事物的本质属性的思维形式，是人类对一个复杂的过程或事物从感性上升到理性的认识和理解。概念是研究的逻辑起点，对于教育法律纠纷的概念，也是从所感知事物的共同本质特点中抽象出来，加以提炼和概括，从而成其概念。概念的逻辑结构分为"内涵"与"外延"，它是"解决问题所必需的工具，没有限定严格的专门概念，我们便不能清楚地和理性地思考法律问题"。[①] 因此，只有将教育法律纠纷的内涵和外延进行清晰明确的界定，才有可能展开后续的理论研究。

一 纠纷的界说

对教育法律纠纷的界定，首先要从认识纠纷的含义开始。纠纷作为

---

① [美] E. 博登海默：《法理学：法律哲学与法律方法》，邓正来译，中国政法大学出版社1999年版，第486页。

一种社会现象，跟矛盾一样，无时无处不在，不可避免，与人类社会共生共存，贯穿始终，需要我们从深层去把握和理解其内在的意蕴和规定性。

(一) 纠纷的定义

对于纠纷的认识，哲学、政治学、法学、心理学、社会学、历史学和人类学等诸多学科都在探讨和研究，众说纷纭，见仁见智，概念界定难以统一。下面主要阐释具有代表性的三种学科视角的探讨和界定。

1. 社会学意义上的"纠纷"

一般认为，纠纷是社会学上的概念，属于社会冲突的构成形式，自然界运动过程中存在的内在冲突或矛盾，不能称为纠纷。有学者认为，"纠纷是社会主体之间的一种利益对抗状态"[①]，反映的是社会成员之间具有对抗性的、非合作的，甚至滋生敌意的社会互动形式或社会关系[②]，是一种不协调的社会状态。

"纠纷"一词的出现常常与"冲突"相伴随，甚至两者相互解释、混用。纠纷所指称的含义易感知而又模糊，难以界定。当前学界，对纠纷的定义，往往借助与纠纷密切相关的"冲突"一词，通过研究冲突来分析和解释纠纷的概念，从而使纠纷被纳入社会冲突的理论体系和分析框架。对于冲突的社会学定义，在美国著名社会学家乔纳森·H. 特纳看来，多数冲突论的宗师们，无论是齐美尔、达伦多夫还是科赛，在殚精竭虑构建自己理论体系过程中，却疏于对社会冲突这一现象作出必要的界定。[③] 一些抽象的、模糊的或表达感情色彩很浓的词汇往往被用作描述和解释"纠纷"的语言符号。他们认为，只要把社会生活过程中存在的哪怕是些细微的情绪变化都纳入"冲突"范畴之中，才有可能把一切社会现象都视为并归因于冲突[④]。因此，这种含糊、泛化的概念范畴会导致人们对冲突的认识含混不清。当然，西方社会学家也有对冲突做出比较明确界定的，例如，克林顿·F. 芬克认为：冲突是任何两个或两个以上的统一体由至少一种对抗互动关系相连接起来的社会情况或社会

---

① 何兵：《现代社会的纠纷解决》，法律出版社2003年版，第1页。
② 陆益龙：《纠纷解决的法社会学研究：问题及范式》，《湖南社会科学》2009年第1期。
③ [美] 乔纳森·H. 特纳：《现代西方社会学理论》，范伟达等译，天津人民出版社1988年版，第244页。
④ 顾培东：《社会冲突与诉讼机制》，法律出版社2016年版，第3页。

过程。① 芬克强调了冲突的主体和内容。而特纳则认为：冲突是指各派之间直接的和公开的旨在遏制各自对手并实现自己目的的互动。② 他强调了冲突的实质形态。

由此可见，纠纷与冲突的概念难以明确区分，当然亦不能画等号。除此之外，与"纠纷"相近或同义的词汇颇多，如"矛盾""争端""争执""争议"等。若仅从汉语的语义来看，此类词语在表面上并无明显区别，这样无法深入探讨"纠纷"内部构造，无法把握其本质和发展规律，只能停留在"纠纷"的外部特征上。在英文语义中"纠纷"（dispute）与"冲突"（conflict）是两个不同的单词，而且在用法上也不能任意换用。"dispute 在行为的激烈程度上显然要远远低于 conflict，如果到了 conflict 的程度，那么其严重性怎么说也不过分，但是，作为 dispute，无限地夸大其危险程度，恐怕并不符合其应有的概念定位和实践功能。"③ 因此，有学者认为冲突是纠纷的上位概念，纠纷是冲突的部分表现，并非全部，即在逻辑上冲突与纠纷是包含与被包含的关系。凡是能够纳入法律范畴的，作为法律调整对象的社会冲突就是"纠纷"，否则只是社会冲突，进入其他学科领域的研究范围。④ 但事实上，并非所有的社会纠纷都由法律来调整。

2. 人类学意义上的"纠纷"

人类学是研究人类本质的学科，是从生物和文化的角度对人类进行全面研究的学科群。英国社会人类学家马林诺夫斯基（Malinowski Bronislaw Kaspar）自 20 世纪初开始就关注"纠纷"，并对纠纷做了大量的田野调查，从中对纠纷的形成和实质有所描述。但是对于"纠纷"的界定，似乎依然没有建树，不仅广受质疑，也没有真正把纠纷与冲突区分开来。对于人类学来说，纠纷界定的困难有其历史原因：当人类学研究纠纷的旨趣从"规则中心"转向"过程中心"时，对于纠纷的理

---

① ［美］克林顿·F. 芬克：《社会冲突理论中的难题概念》，《解决冲突杂志》1968 年第 12 期；转引自顾培东著《社会冲突与诉讼机制》，法律出版社 2016 年版，第 3 页。
② ［美］乔纳森·H. 特纳：《现代西方社会学理论》，范伟达等译，天津人民出版社 1988 年版，第 245 页。
③ 赵旭东：《纠纷与纠纷解决原论：从成因到理念的深度分析》，北京大学出版社 2009 年版，第 1 页。
④ 孙彩虹：《社会转型期我国民事纠纷解决机制研究》，中国政法大学出版社 2016 年版，第 9 页。

解也随之发生了变化。前者强调纠纷对秩序的破坏，是社会结构的反常形态；而后者则强调纠纷是人们追求利益固有特性的体现，是社会生活过程的普遍现象。① 如果把纠纷回归于人的生活及其过程，对纠纷的研究开阔了视野，体现了更多的人文关怀，在纠纷中更关注人的活动过程而不是僵冷的规则。对人类学而言，从经验研究可知，世界各国、不同地域的人们对纠纷的理解因其文化差异甚至会截然不同。因此，即使在纠纷概念界定不清的情况下，人类学家对纠纷的研究也丝毫不受影响。

1926 年马林诺夫斯基出版了专著《原始社会的犯罪与习俗》，把单一的法学引入人类学，产生和形成了具有交叉学科性质的法律人类学，这为我们重新认识人类的法律生活提供了一个全新的视角。1965 年美国女性法律人类学家劳拉·内德（Laura Nader）撰文指出，今后的研究重点应该从对法和规章的关注转向对纠纷过程的关注，在其后十多年对纠纷过程进行的田野调查中获得了大量研究成果，提出了纠纷过程研究的核心主题是纠纷处置和纠纷程序，通过纠纷程序的研究发现，纠纷的结果并不是一个固定不变的必然结果，甚至是多样的、不确定的。法律人类学家对纠纷的研究不再局限于法律规范研究，从而使纠纷成为该学科的重要概念，而"法"的概念退至次位，"法"的色彩淡化和褪去，对于法律本身的定义和解释已经没那么重要了。法律人类学的研究表明：人类复杂的交往行为、规范生活和秩序建构，不仅要靠正式制度维系，也要靠非正式制度调整。② 在纠纷解决中介入的第三方，可以不是法官或裁判机构，这对纠纷及其解决机制的认识和构建有着重大的启示意义。

3. 法学意义上的"纠纷"

法学是以法律及其现象和问题为研究对象的学科，其核心是关于秩序与公正的研究。法的产生一开始就与"纠纷"有着密切联系。讲法先讲"廌"，又名"解廌"，"獬豸"。在《异物志》中有记载："东北荒中，有兽名獬豸，一角，性忠。见人斗则触不直者；闻人论，则咋不正者。"这是古人勾画的神兽，又称"独角兽"，后来成为法的象征。其含义，一是

---

① 郭星华：《社会转型中的纠纷解决》，中国人民大学出版社 2013 年版，第 13 页。
② 谢晖：《法律人类学发现人类制度生活多样性》，中国社会科学网，http://www.cssn.cn/fx/fx_cgzs/201409/t20140922_1337223.shtml。

"廌"能秉承公正；二是"廌"能辨是非曲直；三是"廌"能决断纷争。《说文解字》对法的解释为："法者，刑也，平之如水，从水；廌所以触不直者去之，从去。""灋"表示主持公正，决断诉讼，惩罚邪恶。因此，法的古体字写为"灋"，这凝结了古人关于法这一特殊社会现象的见解，闪耀着中华文化的智慧之光。"法"是当人们发生纠纷时由社会权威机构加以裁判的审判活动。《管子·七臣七主》又曰："法者所以兴功惧暴也，律者所以定分止争也。"法具有定分止争的功效，即确定名分、止息纷争。

从中国古代法的词源含义以及起源学说来看，人与人之间的纷争或纠纷最初就跟法紧密相连，当然进入法学研究的范畴，"止争"或"解纷"是法的重要目的。纠纷是一种社会现象，也是社会问题，法学研究以法律为前提，法律关系是连接法学与法律的桥梁和通道，它是法律规范在调整人们行为过程中形成的权利义务关系。因此，法学意义上的"纠纷"定义，应该以法律关系或者权利义务关系为进路，才能直奔主题、抓住本质。当前，法学界对纠纷还没有形成通说的定义，分歧甚多。有学者将纠纷定义为，"特定的主体基于利益冲突而产生的一种双边（或多边）的对抗行为"。① 另有学者指出：冲突或纠纷的法学本质应当是主体的行为与社会既定秩序和制度以及主流道德意识的不协调或对之的反叛。② 这些对纠纷的理解和认识，多少会有些偏颇或争议，没有揭示其本质的规定性。

然而，法学界对纠纷的定义尚未取得理论上的突破，更多借助了社会学的概念引入法学当中去。而社会学对纠纷的认识和界定在很大程度上是建立在与冲突概念的比较基础上的，但两者是不同的学科，未必能生搬硬套，法学毕竟是一种"权利范式"，作为社会现象的纠纷必须同法律规范存在关联，即形成相应的法律关系，才能进入法学研究的范畴。因此，法学意义上的"纠纷"，应该体现纠纷主体的权利义务关系，是特定主体之间因权利受侵害或义务未履行而产生的持续对抗行为事件。"纠纷"应以法律规范为前提，是一种关于权利义务的争议，包含法律关系的三要素（主体、客体、内容），这才是法学意义上的"纠纷"。

---

① 范愉：《纠纷解决的理论与实践》，清华大学出版社2007年版，第70页。
② 顾培东：《社会冲突与诉讼机制》，法律出版社2016年版，第4页。

(二) 纠纷的评价

随着时间的推移，人口的繁衍与剧增，人类社会结构必然趋向复杂和紊乱，这是一个自然的过程，纠纷的发生与化解本身就是人类社会正常的现象。正如马克思所言："一个社会即使探索到了本身运动的自然规律……它还是既跳不出也不能用法令取消自然的发展阶段。"① 因此，我们需要对纠纷有一个理性的认识和正确的评价。

1. 纠纷的客观性和必然性

（1）纠纷的客观性

物质是变化运动的，物质世界的矛盾和冲突无处不在、无时不有。人类是自然界的组成部分，如同物质世界一样，人类社会由于彼此的矛盾或冲突引发的纠纷是不以人的意志为转移的事实存在，不受主观思想或意识影响而客观存在。人类的生存方式最初同其他动物一样，即采猎生存方式，生活资料全部由自然界提供，享自然之天成，当时人口稀少，自然界足以供养。所有生物存量都是由其资源供应量限定的。当人类进入农业文明之后，开垦荒地，刀耕火种，从而使森林离人类渐渐远去。人类通过土地劳作（农耕）获得的能量是采猎方式的数百倍，人类繁衍加快，人口暴涨，人类群落状态开始迅速改变，从而导致生存资源变得稀缺，人际关系和资源关系开始变得越发紧张，个体或群体利益在不断分化，利益纷争加剧，纠纷存在是人类社会现实的、不可逃避的现象。

当农业文明发生、人口数量骤然增加时，人际间发生冲突的概率就会大大增加。有人计算过，假如一个原始群落或部落，原先只有30人，那么两两发生冲突的概率为400多次。可是当人口增加到3000人时，那么人群中两两发生冲突的概率居然上升到400多万次②。由此可见，人口只增加了100倍，而冲突概率却增加了1万倍。这是一种自然现象，也是一个纯粹的自然过程，如同核反应堆的铀元素（U）一样，当其堆量达到一定程度时，会自动发生中子轰击裂变反应。因此，当人口在不断暴涨的情况下，社会的复杂性、动荡性、紊乱性和多样性急剧增加，社会内在的调节机制和管控机制就被逼迫产生，这就是社会组织

---

① 《马克思恩格斯选集》（第二卷），人民出版社2012年版，第101页。
② n个数两两组合的公式：n (n-1)/2。

的萌芽。人类在求存的驱使下，图腾、道德、宗教、法律等规则纷纷出现，纠纷化解与社会治理成为人类生存发展的基本条件，体现了纠纷的客观实在性。

（2）纠纷的必然性

根据热力学"熵增定律"①，"在一个孤立系统里，如果没有外力做功，其总混乱度（熵）会不断增大"（如图1-1所示②）。它曾被爱因斯坦誉为整个科学的"第一法则"，被英国科学家爱丁顿认为是自然界所有定律中"至高无上"的，适用于自然科学和社会科学乃至整个宇宙的演变和发展。熵（Entropy）被用以度量一个系统"内在的混乱程度"。孤立系统总是趋向于熵增，最终达到熵的最大状态，也就是系统的最混乱无序状态。事物总是朝着无规律、无序和混乱（熵增）发展，所有的现象都可以用熵增定律来解释，它是生命与非生命的终极定律。宇宙万物终逃不过熵增的"腐蚀"，世界万物都会随着时间而衰变演化。同理，对于纠纷而言，人类最初在原始社会中，人与人之间是有序的、和谐的，但随着时间的积累和人口的增加，在这样的一个"孤立系统"里，人际关系会逐渐趋于混沌和无序，纷争必然产生，无法逃避。换言之，应对和化解纠纷，其实就是如何对抗熵增的问题。

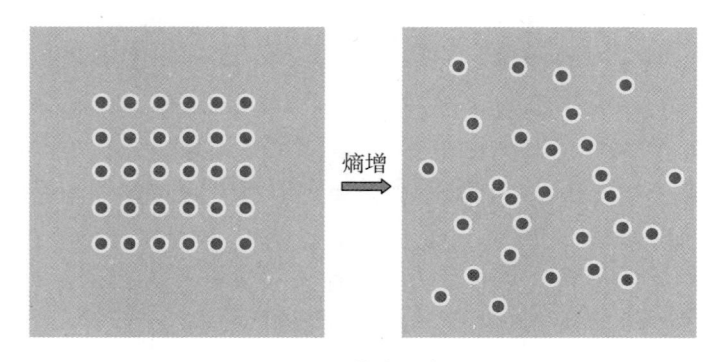

图1-1 熵增示意图

---

① 熵增定律是德国物理学家克劳修斯提出的热力学第二定律，即在孤立的系统内，分子的热运动总是会从原来集中、有序的排列状态逐渐趋于分散、混乱的无序状态，系统从有序向无序的自发过程中，熵总是增加。克劳修斯引入了熵的概念来描述这种不可逆过程，即热量从高温物体流向低温物体是不可逆的，在热力学中，熵是系统的状态函数，其物理表达式为：$S=\int dQ/T$ 或 $ds=dQ/T$。其中，S 表示熵，Q 表示热量，T 表示温度。

② 该图片来自网络360个人图书馆，http://www.360doc.com/content/20/0128/19/16534268_888364095.shtml。

从"熵"的定义来看，任何一个系统，只要满足封闭状态，而且无外力介入，它就会趋于混乱和无序。简而言之，熵增的条件有两个：封闭系统+无外力做功。如果打破这两个条件，就有可能实现熵减。相应的解决方案就是：开放系统+引入外力。对于"开放系统"，科学家提出了"耗散结构"[1] 理论，通过系统与外界的交换，外界向系统注入负熵流，抵消系统自身的熵增，使系统的熵减小和有序度增加，可以有效对抗系统的熵增。除此之外，减熵过程中还要智能化，这是减熵的终极方向。由此可见，人类社会的混乱或纠纷的出现具有必然性和不可逆转性，但并非不可控，可以通过不断改变外界条件以及外力的干预，并且向智能化发展，可以使人类社会系统从无序状态自发地转变为有序状态，形成新的、稳定的有序结构。因此，人类社会需要借助各种有形或无形的"外力"不断对纠纷系统进行"做功"以及进行智能化的物质交换，从而保持纠纷系统的有序，这为教育法律纠纷及其应对机制的建构提供了理论指引和变革思路。

2. 纠纷的消极性与积极性

遇到"纠纷"是一件让人不愉快的事，纠纷常常跟伤害、苦难、冤屈、血泪相伴而生。特别是在有"厌讼""无讼"传统的国度，即使有"家丑"也"不外扬"。于是，人们向来就对"纠纷"存在偏见和恶意，认为纠纷是违反规则、破坏秩序、矛盾激化的结果，纠纷被描述为一种"恶"，进入贬义词之列。从法社会学来看，纠纷对于社会是一种"中性"事物、"中性"存在，既不能与病态画等号，也不能与进步等量齐观。因此，正如任何事物都有其两面性，纠纷有消极的一面，也有积极的一面。

（1）纠纷的消极作用

纠纷是不可避免的、常见的社会现象，通常表现为对社会秩序的冲击和破坏。因此，顾培东先生直言："从法学角度考察，我们很难对社会冲突这一现象作出肯定、积极的价值评断。"[2] 在他看来，"冲突——即

---

[1] 1969年比利时俄裔科学家伊里亚·普里戈金正式提出，耗散结构是指远离平衡态的开放系统通过不断地与外界交换物质和能量，在外界条件变化达到一定阈值（形成足够的负熵流）时，通过内部的作用（涨落、突变）产生自组织现象，使系统从原来的无序状态自发地转变为时空上和功能上的宏观有序状态，从而形成的新的、稳定的有序结构。耗散结构理论提出后，在自然科学和社会科学的很多领域都产生了巨大影响。

[2] 顾培东：《社会冲突与诉讼机制》，法律出版社2016年版，第16页。

便是纯粹发生在私人间的冲突——都具有一定的反社会性"①。纠纷意味着行为失范和秩序紊乱,对法律规范和道德规范的触犯和反叛。赵旭东教授也认为:"纠纷这种现象之所以会出现,是由于在社会主体之间出现了某种分歧、矛盾或者某种不协调因素,它会使社会关系发生扭曲、对立甚至是破裂的状态,从而引起社会的矛盾与冲突。因此,纠纷从本质上说只能是一种社会消极因素。"② 特别是教育领域的纠纷,破坏性、危害性更大。

纠纷是社会关系处于一种不确定或待决的状态,使自己的既得利益或可期待利益充满各种不可预知的风险,引发人们种种的不安、焦虑和惶恐,还要为纠纷的处理付出相应的成本和代价。大量的纠纷存在必然会侵蚀社会的和谐与安宁,消耗或浪费大量的社会资源,危及正常的人类生产和生活秩序,阻碍社会的文明进步。"对于纠纷过程中所引起的价值冲突,如果得不到及时有效的制止和纠正,其消极影响对纠纷主体和社会的伤害也将是严重甚至是持久的。"③ 从法学意义上看,"秩序永远是法律的首要价值……任何对这种既定秩序的破坏,都是负面的"④。正因为如此,纠纷解决和预防的必要性更加凸显,我们必须积极地化解纠纷,建立科学有效的纠纷应对机制,而不是放任自流,坐视不管,否则会导致冲突加剧、社会动荡不安甚至崩溃瓦解。

(2)纠纷的积极作用

纠纷并非完全是"洪水猛兽",纠纷的积极作用逐渐得到了人们的认可。最初社会冲突论者达伦多夫、韦伯等人对冲突的价值和意义持回避、沮丧的态度,只认可纠纷的消极性。到了齐美尔和科赛对冲突和纠纷的价值认识发生了根本的改变,充分肯定冲突的价值和功能,为此科赛出版专著《社会冲突的功能》,详尽论述了冲突的"积极功能",包括:①提高社会单位的更新力和创造力水平;②使仇恨在社会单位分裂之前得到宣泄和释放;③促进常规性冲突关系的建立;④提高对现实性后果的意识程度;⑤社会单位间的联合度和适应外部环境的能力得到提

---

① 顾培东:《社会冲突与诉讼机制》,法律出版社2016年版,第4页。
② 赵旭东:《纠纷与纠纷解决原论:从成因到理念的深度分析》,北京大学出版社2009年版,第49页。
③ 程凯:《社会转型期的纠纷解决研究——以马克思主义法律思想中国化为视角》,博士学位论文,华南理工大学,2013年。
④ 沈恒斌主编:《多元化纠纷解决机制远离与实务》,厦门大学出版社2005年版,第34页。

高和增强。他们都肯定"冲突"的价值和意义在于促进社会整合与社会变迁，冲突促进旧的社会结构的解体和新的社会结构的产生，成为社会更迭递嬗的原动力。① 由此可见，纠纷或者冲突，如同哲学上所说的矛盾一样，导致新事物的产生，旧事物的灭亡。

纠纷意味着对既存秩序的挑战和破坏，隐喻着创新，意味着社会关系的解放和新规则的创立，② 促使"新旧制度"根据和适应人的需要进行竞争和发生更替。因此，正如范愉教授所言："从宏观角度而言，在人类社会的发展中，冲突或纠纷的出现可能预示着新的利益调整的必要；在社会矛盾激化时，冲突或纠纷可能成为导致社会变革的重要动力；在社会的转型期，纠纷频发可能表明了传统社会规范和权威及诚信度的丧失以及新的秩序形成中博弈的艰难。而纠纷解决过程，可以使既存的权利义务和社会规范得到遵守，也可以成为确认新的权益以及进行社会资源再分配的契机。总之，冲突和纠纷的发生具有一定的积极作用。"③ 纠纷应该是社会的常态，我们务必要充分利用其积极因素、发挥其积极作用，敢于面对纠纷，以一颗平常心去看待纠纷，建立完善的纠纷解决和应对机制，因势利导，促进消极因素向积极因素转化，使纠纷的矛盾从对立走向统一。

二 教育法律纠纷的含义

自20世纪末以来，教育领域的诉讼案引发了社会广泛关注，教育法律纠纷的大量涌现，一时间对社会、学校和司法机关造成了巨大的冲击。那么到底何为教育法律纠纷？有必要对其含义进行准确、深入的把握，才能探寻教育法律纠纷产生的根源以及建立与纠纷应对机制的内在联系。

(一) 教育纠纷的定义

纠纷是一种典型的社会冲突，当然存在于社会的方方面面、时时刻刻、各个领域，成为人类生产、生活中不可回避的社会现象和社会常态。教育领域不可能没有纠纷，存在于教育领域的纠纷是社会冲突和社会纠纷的一种具体形态。对于教育纠纷的定义，学界的研究比较丰富，

---

① ［美］L. 科赛：《社会冲突的功能》，孙立平译，华夏出版社1989年版，第17—18页。
② 何兵：《现代社会的纠纷解决》，法律出版社2003年版，第5页。
③ 范愉：《纠纷解决的理论与实践》，清华大学出版社2007年版，第103页。

基本上大同小异。例如，有学者认为：教育纠纷是指"教育行政机关、学校、教师与学生基于教育与受教育活动而产生的各种纠纷。……教育法律关系的主体违反了教育法律义务规范而侵害了他人的合法权益，由此产生了以教育法上的权利义务为内容的争议"，①或者是"教育法律关系的主体之间在教育过程中所发生的争议"②。也有学者将与学校、教师及学生有关的纠纷称为教育纠纷，既有行政方面的纠纷，也有民事方面的纠纷。③教育纠纷是指"学校在组织实施教育教学活动中与教师或学生发生的争议"。④还有学者认为："教育纠纷指学校在办学过程中，学校、教师、学生及社会其他主体等行为主体由于违反教育法律规范而侵害了相对人的合法权益或相对人认为其行为侵害了自己的合法权益所产生的各种法律纠纷。"⑤

从上述观点可以看出，对教育纠纷的界定又分为广义和狭义，在主体和内容上有所区别。广义上的教育纠纷的主体涵盖了公民、法人和其他组织以及国家机关等各种教育主体，在内容上涉及教育活动中的人身权、财产权、知识产权、受教育权、学术权、教育权等，表现为纷繁复杂、性质各异的权利义务之争。狭义的教育纠纷在主体上仅限于学校、教师、学生，在内容上主要以贯穿于教育教学活动中的受教育权、学术权、办学自主权等为主。

（二）教育法律纠纷的界定

笔者通过文献研究发现，目前学界对教育法律纠纷与教育纠纷的概念基本不做区分，等同使用。例如，有学者认为"教育纠纷作为法律纠纷的一种"，⑥直接把教育纠纷作为法律纠纷的下位概念。在表述上，有研究者认为：教育法律纠纷主要是指学校在教育教学活动中，学校、教师、学生三者之间权益的冲突⑦，"是指教育法律关系一方主体在教育

---

① 刘鸣禹、王景斌：《教育纠纷的法律属性及解决机制》，《长白学刊》2006年第5期。
② 孙钟玲：《高校教育法律纠纷及调处机制》，《云南行政学院学报》2009年第5期。
③ 申素平：《中国现实教育纠纷特点、成因及其救济机制的完善》，《教育研究与实验》2000年第6期。
④ 冯俊波：《教育领域纠纷特点及解决机制研究》，《中国证券期货》2011年第9期。
⑤ 李晓燕、陈蔚：《学校办学法律纠纷现状、成因与对策探讨》，劳凯声主编《中国教育法制评论》（第6辑），教育科学出版社2009年版，第84—104页。
⑥ 刘鸣禹、王景斌：《教育纠纷的法律属性及解决机制》，《长白学刊》2006年第5期。
⑦ 廖腾琼：《高校教育法律纠纷的特点及防范》，《高教论坛》2014年第5期。

教学管理过程中的权利义务行为侵害了他方主体的法定权益，导致主体之间教育法律关系失衡，从而引发的权益冲突"。① 学界对于教育法律纠纷与教育纠纷没做严格区分，使得该概念的外延变得模糊，也许受到社会学对"纠纷"概念的研究源于与"冲突"概念比较的影响，认为纳入法律框架的"冲突"就是"纠纷"。因此，这里的"纠纷"就是法律纠纷。那么，教育纠纷是否等同于教育法律纠纷？严格来说，两者不能画等号，并非任何纠纷都是法律纠纷，都由法律来调整。同理，存在于教育领域中的各种纠纷即教育纠纷，不一定完全都是教育法律纠纷。因此，二者是不等同的概念，但是目前学界似乎有些约定俗成，对此往往不做严格区分，关系并不大。

一般认为，纠纷是社会学概念，法律纠纷是法学概念②。社会纠纷形形色色、种类繁多，只有被纳入法律范畴或通过法律程序解决的纠纷才是法律纠纷，它只是纠纷的一种表现形态而已，其外延要比纠纷狭窄，例如，道德层面的"让座纠纷"、感情纠纷不属于法律纠纷。在法学界，受到法律解释学思维的制约，人们更多地是从法律功能的角度去看待纠纷，从而将纠纷看作是一种违反法律规范的行为，是为法律所调整的一种社会现象。③ 从人类学来说，这种界定仍停留在"规则中心"阶段，强调纠纷的秩序破坏性和反社会性。这种界定是一种居高临下、自上而下的姿态，缺乏人文关怀。人类学"过程中心"的理念给法律纠纷的界定带来了新启示和新思路。毕竟，法学并不是一门自给自足的学科，需要汲取其他学科的养分，得以滋养和生长。对法律纠纷的界定，应该接地气，自下而上，关注当事人所追求的权益。

简而言之，法律纠纷就是人们为了维护自己被他人侵害的合法权益而发生的争执，"既包括由于法律所确认的权利受到侵害或无法实现时提出的救济诉求，也包括需要并可能通过司法裁决作出判断的各种利益纷争"。④ 法律纠纷区别于其他非法律纠纷或社会冲突，在于它同时具备以下四个要素：违法性、侵权性、抗争性和可救济性。其中：①违法性

---

① 史峰、孟宪玉：《高校教育法律纠纷的多元化解机制研究》，河北大学出版社2013年版，第23页。
② 姚怀生、邱小林：《纠纷与法律纠纷及相关概念的辩证探析》，《河北法学》2017年第9期。
③ 江伟：《民事诉讼法》，中国人民大学出版社1999年版，第4页。
④ 范愉、李浩：《纠纷解决——理论、制度与技能》，清华大学出版社2010年版，第12页。

是法律纠纷的前提,即一是强调以法律规范为基础,二是行为对法律规范的违反;②侵权性是法律纠纷的内容,即行为侵害合法权益,未履行法定义务;③抗争性是法律纠纷的形式,即对被侵害的权益诉诸法律,采取对立、对抗的积极作为的方式,不是消极不作为、忍气吞声、逆来顺受;④可救济性是法律纠纷的后果,即纠纷必须有化解的通道、法定的救济途径,可以通过一定合法程序予以处置。

然而,具体到教育领域的法律纠纷,即教育法律纠纷,是法律框架下的教育纠纷,既有法律纠纷的共性,又有教育纠纷的特性。有研究者通过总结已有概念界定的共性词对教育法律纠纷进行界定,不失为一个可行的研究进路。他们认为该概念界定的关键词基本包含:教育与受教育活动、教育过程中;教育法律关系的主体;违反教育法律规范、侵权行为;通过正式救济渠道解决争议等,并提出了界定教育法律纠纷概念须明确"一个性质和五个要素"的观点①(见表1-1)。在法律纠纷的基础上,限定了特定的行为主体(教育法律关系主体)以及发生区域(教育活动),这是区别于一般法律纠纷的特性。因此,所谓教育法律纠纷,就是指教育法律关系一方主体认为在教育教学管理活动过程中其合法权益受到侵害而采取对抗措施寻求救济和解决的冲突关系和争议事件。基于教育纠纷概念有广义和狭义之分,相应的教育法律纠纷概念亦然,在此不必赘述。当前学界普遍使用的是广义上的概念,但为了凸显和聚焦教育法律纠纷的特殊性,因本书主要关注涉及学校、教师、学生的教育法律纠纷,即狭义上的教育法律纠纷。在概念的适用范围上,即使是狭义上的概念,仍需要分层次、具体化,正本清源地深化对教育法律纠纷的认识。

表1-1　　　　　　教育法律纠纷概念界定的关键词统计

性质	教育法律纠纷所属性质,是基于某种教育法律关系状态的失衡所引发
主体	教育行政机关、学校、教师、学生、其他主体
客体	财产利益和非财产利益、行为
发生域	广义的教育活动中,以及学校以"学校名义"、为"学校目的"的活动

---

① 李伟、杨挺:《我国教育法律纠纷问题研究综述》,《教育与教学研究》2014年第7期。

续 表

事实存在	违反法律规范而侵害了其他主体的合法权益或法律关系主体认为自身合法权益受损
程度	可以或应当通过正式救济渠道解决争议

综上所述，当前学界对于教育法律纠纷的含义、范围、性质等认识还比较模糊。一般认为，教育法律纠纷有广义和狭义之分，广义上的含义比较盛行，造成了教育法律纠纷范围的泛化，但由于这些纠纷同样对学校教育教学秩序和当事人的合法权益造成冲击和伤害，因此有必要将其纳入预防化解的应对机制中去。尽管如此，我们仍须对教育法律纠纷进行分层、分类研究。教育法律纠纷可以从不同主体的权利内容来划分，教育法律纠纷当事人基本主体是学生、学校、教师，在校园范围内，以学生为中心而展开的权利义务关系。学生与学校的关系是最基本的一对法律关系，教师的职务行为由学校吸收和承担，两者之间形成的教育关系是教育法主要的调整对象，也是引发教育法律纠纷的主要来源。教育关系的内核是教育与受教育的关系，因此，教育法律纠纷围绕着学生的受教育权而展开，紧密相关的是教师的教育教学和科研学术权以及学校的办学自主权或自治权。而教育法律纠纷当中涉及的财产权、人身权等属于民事权益，应由民法来调整，受教育权、教育教学和科研学术权、学校办学自主权并不是民法上的概念和权益，不应受民法、行政法调整，而是由教育法来调整，是严格意义上的教育法律纠纷，处理起来最棘手，争议最大。此种纠纷可以借鉴劳动法中"劳动争议"①，称之为"教育争议"，主体仅限于学生、教师、学校，内容仅限于教育与受教育（教育关系）中的权利义务，不同于其他教育法律纠纷。

第二节　教育法律纠纷的法学分析

对教育法律纠纷不能单纯从社会学、政治学等学科进行宏大叙事，

---

① 劳动争议是指劳动者与所在单位之间因劳动关系中的权利义务而发生的纠纷。主体仅仅限于劳动者与用人单位之间，内容也仅限于劳动关系上的权利义务纠纷。劳动者与其他主体或用人单位与其他主体的纠纷都不是劳动争议。

应该回到人们的生活实践和真切场景,生活就是教育,生活就是法律。人们之所以选择法律作为主要的社会控制手段,绝不仅仅因为它的国家强制力,而更具有底蕴意味的是通过这种普遍有效的理性规则,来内在地表达、传递、推行这能够被认同和接受的一定价值原则和价值诉求①。所以,让教育法律纠纷进入法律的视野,以法学的视角进一步探究教育法律纠纷的内在本质和发展规律。

一 教育法律纠纷的法律关系

法律关系是法学理论和法律领域的一个基本概念,最初源于罗马法上"法锁"②(债)的观念,直至 19 世纪末德国法学家萨维尼首次对法律关系进行专门论述和界定,法律关系才作为一个专门的法律概念出现。但西方法学界不太重视法律关系概念,将法律关系概念做系统化研究的则是苏联法学家,他们特别重视法律关系,并且形成较为完备的法律关系理论。从清末"变法修律",以德、日为师,到新中国成立初期效法苏联,法律关系理论已深深地融进了我国的法学理论体系,成为国家法律运行的理论指引,备受学界推崇,即"法书万卷,法典千条,头绪纷繁,莫可究诘,然一言以蔽之,其所研究或所规定者,不外法律关系而已"。③ 法律关系经历了一个发端于私法而突破私法的历程,发展成为整个法学的基本范畴,是在长期法学理论与实践中被探索出来的一种有效的、用来研究法律现象和分析各种法律问题的理论框架和基本方法。当然,"法律关系"也成为分析教育领域法律问题、解析教育法律纠纷的工具和手段。

从萨维尼把法律关系定义为"是由法律规则规定的人与人之间的关系"④ 开始,经过百余年至今,学界仍继承其衣钵。一般认为,法律关系是在法律规范调整社会关系的过程中所形成的人们之间的权利和义务关系,包含主体、客体、内容三要素和法律事实。对于法律关系的种

---

① 汪渊智、曹克奇:《论诉讼时效制度的法律价值》,《晋中学院学报》2009 年第 4 期。
② 《法学阶梯》认为:债为法锁,可谓精辟。优帝《法学纲要》也说:债是依国法得使他人为一定给付的法锁。债权人和债务人由于依法产生的权利义务关系如同一把锁一样将双方紧密联系在一起,挣而不脱,是谓"法锁"。尤其是债务人,必须履行债务,不得逃避。"法锁"的观念非常形象地描述了债作为私法关系存在的客观约束性,这为近代法律关系理论的创立奠定了基础。
③ 郑玉波:《民法总则》,台北三民书局 2003 年版,第 63 页。
④ [德]萨维尼:《论法律关系》,田士永译,中国政法大学出版社 2004 年版,第 4 页。

类，可以按照不同的标准分为：调整性法律关系和创设性法律关系、纵向法律关系和横向法律关系①、双边法律关系和多边法律关系、第一性法律关系和第二性法律关系。② 法律关系的基本理论为分析教育法律纠纷提供了方法和思路，其中，纵向法律关系和横向法律关系的划分是学界常常用来分析、探讨教育法律纠纷法律关系的有力武器。目前学界按照诉讼的类型和实体法的性质，普遍认为教育法律纠纷主要包括教育民事纠纷和教育行政纠纷③，相应地存在教育民事法律关系（横向法律关系）和教育行政法律关系（纵向法律关系）。④ 除此之外，教育法律纠纷中也会有刑事纠纷，并存在相应的教育刑事法律关系。

（一）教育法律纠纷中的民事法律关系

民法是用来调整平等主体之间人身关系和财产关系的，平等主体之间人身关系是基于一定的人格和身份产生的无直接财产内容的社会关系。不包括那些领导与被领导、支配与被支配、管理与被管理、平等与不平等的关系。因此，学校与教师、学生的关系不属于民法调整范围。学生与学校不是平等的民事关系，而是一种不平等或不对等的教育关系。平等主体之间财产关系是平等民事主体在从事民事活动的过程中所发生的以财产所有（物权）和财产流转（债权）为主要内容的权利与义务关系。由此可见，民事纠纷就是平等主体之间发生的，以民事权利义务为内容的社会纠纷，分为财产关系的民事纠纷和人身关系的民事纠纷，相应的民事责任具有财产性与补偿性，惩罚性或非财产性不是民事责任的主要形式。教育法律纠纷主要是以学校为中心而产生的纠纷，《教

---

① 按照法律主体在法律关系中地位的不同，可以将法律关系分为纵向（隶属）的法律关系和横向（平权）的法律关系。纵向的法律关系是指在不平等的法律主体之间所建立的权力服从关系（旧法学称"特别权力关系"）。其特点是：第一，法律主体处于不平等的地位；第二，法律主体之间的权利与义务具有强制性，既不能随意转让，也不能任意放弃。横向的法律关系是指平权法律主体之间的权利义务关系。其特点在于，法律主体的地位是平等的，权利和义务的内容具有一定程度的任意性。（张文显，2007）
② 张文显主编：《法理学》（第三版），高等教育出版社、北京大学出版社2007年版，第160页。
③ 申素平：《中国现实教育纠纷特点、成因及其救济机制的完善》，《教育研究与实验》2000年第6期。
④ 王景斌、赵学云、顾颖：《论教育纠纷的法律关系及法律救济》，《现代教育科学》2006年第4期。

育法》、①《高等教育法》② 和《民法典》③ 等相关法律，明确了学校法人及民事主体地位，学校可以从事相应的民事活动，依法享有民事权益，并承担相应的民事责任。

因此，当学校以民事主体的身份出现时，法人享有名称权、名誉权、荣誉权等人身权以及物权、债权、知识产权等财产权。在教育活动中实施的民事行为侵害他人的民事权益所导致的纠纷，或者与其他社会主体在合作办学、技术开发、知识产权转让、贷款建校舍、采购办公用品、出租场地、为社会提供服务以及对外交流合作等民事活动中发生的纠纷，应该属于民事纠纷，这些皆为平等主体之间的纠纷。当然作为普通公民身份的教师、学生也享有民事权益，如民法上的人身权、财产权，即使在教育活动中依然受民法调整。由于法律关系的形成、变更、消灭，需要一定的条件，法律规范不会直接创造法律关系，还需具备一定介质——法律事实，包括事件和行为。因此，存在于教育法律纠纷中的民事法律关系的形成、变更、消灭，需基于一定事件或行为。例如，最为典型的校园伤害事故，学校合作办学、知识产权转让等纠纷就是最具代表性的教育民事纠纷，从而相关主体之间形成的就是民事法律关系，是一种横向（平权）的法律关系，承担的主要是财产补偿性的民事责任。

（二）教育法律纠纷中的行政法律关系

相比较民法而言，行政法的概念在学界广为争议，在不同的学说里，对行政法的界定分歧较大。尽管如此，一般认为，行政法主要的调整对象是行政关系，其中，最基本的行政关系就是行政管理关系，即行政机关、法律法规授权的组织等"行政主体"④ 在行使国家行政职权的过程中，与公民、法人和其他组织等行政相对人之间发生的各种关系，

---

① 第32条 学校及其他教育机构具备法人条件的，自批准设立或者登记注册之日起取得法人资格。学校及其他教育机构在民事活动中依法享有民事权利，承担民事责任。
② 第30条 高等学校自批准设立之日起取得法人资格。高等学校的校长为高等学校的法定代表人。高等学校在民事活动中依法享有民事权利，承担民事责任。
③ 第87条 为公益目的或者其他非营利目的成立，不向出资人、设立人或者会员分配所取得利润的法人，为非营利法人。非营利法人包括事业单位、社会团体、基金会、社会服务机构等。
④ 行政主体是指依法取得行政职权，能以自己名义独立进行行政管理活动，作出影响相对人权利、义务的行政行为，并承担由此产生的法律后果的组织。

从而形成了一种典型的纵向（隶属）的法律关系。行政法律关系的基本特点是：①双方当事人中必有一方是行政主体，主体具有恒定性和不可转化性；②主体地位的不平等性或不对等性，是一种管理与被管理的隶属关系；③主体权利义务的法定性以及行政权力的不可处分性，当事人之间通常不能相互约定权利义务，不能自由选择权利和义务；④所引起的争议在解决方式及程序上具有特殊性，体现了行政行为的专门业务性和类型多样性。由此可见，行政纠纷就是行政法律关系中的行政主体与行政相对人之间在管理活动中正在发生的权利（权力）义务关系纠纷。与民事责任截然相反，行政责任主要是惩罚性或非财产性的责任形式，一般不具有财产补偿性。

教育领域中相关的主体，当他以行政主体或相对人出现时，所引起的纠纷就是行政纠纷。在教育行政纠纷中，具有管理职权的行政主体包括教育行政机关和学校，学校属于法律法规授权的组织，行使一定的公共行政职权，处于管理地位。处于被管理和服从地位的是行政相对人，包括学校、教师、学生，学校具有双重身份和角色，学校也是法人或社会组织，受到教育行政机关等政府部门的管理，如教育行政机关对学校违法办学行为予以处罚。由此可见，教育法律纠纷中的行政法律关系存在于教育行政机关与学校、教师、学生之间以及学校与教师、学生之间。前者的法律关系并不复杂，也不特殊，完全可以纳入现有的法律范畴。而后者的法律关系却有些特殊和紊乱、争议颇大，有的超出了现行法律框架。学界对此作出了大量研究工作和努力，但未能达成共识和实现突破。当然，这也将成为本书研究的重点，我们将进一步梳理和揭示教育法律纠纷及其法律关系的特性和本质。

（三）教育法律纠纷中的刑事法律关系

目前，学界对刑事法律关系的争论较大，相关的理论学说也在更新和发展之中。作为法律关系的一种类型，刑事法律关系是客观存在的。一般认为，刑事法律关系是由于犯罪而产生的、存在于国家与犯罪人之间的特殊的权利义务关系[1]。在这里，刑事法律关系的主体就是国家和犯罪人，并且强调刑事法律关系的一方主体是国家，刑事法律关系的另一

---

[1] 刘生荣：《论刑事法律关系》，《中外法学》1993年第2期。

方主体只能是犯罪人,这是传统刑事法律关系的"二元结构模式"。随着被害人学说的兴起,动摇了传统刑法学基石——"犯罪"的概念,即犯罪不只是孤立的个人反对整个统治关系的斗争或对国家公权的侵害,也是对被害人个体的侵害或私权的侵犯,法律应当凸显对个人尊严和人权的保护,这是对传统刑事法律关系的一个修正,① 进而建立新型刑事法律关系,即犯罪人、被害人和国家的"三元结构模式"。然而,国家作为刑事法律关系主体也颇有争议②,有学者否认"国家"作为刑事法律关系的一方主体,进而提出了"刑事法律关系应当包括犯罪主体与控罪主体两个方面"。③

在刑法上,犯罪主体包括自然人和单位;控罪主体包括公诉主体和自诉主体。一般来说,当前公诉罪中被害人不是独立的刑事法律关系主体,但也存在某些实体性和程序性的权利和义务;而在自诉罪中自诉人(包括被害人及其近亲属)成为刑事法律关系的主体,因为自诉人决定着刑事法律关系的形成、变更、消灭,从而出现刑事和解制度。从人权保障的角度来看,被害人的权益不应被遗忘,否则会加剧加害人和被害人之间的冲突,不利于纠纷的化解。具体到教育法律纠纷中存在的刑事纠纷,当然仅限于有被害人的刑事案件,即对私权的严重侵犯。例如,教师性侵女童事件(涉嫌强奸罪或猥亵罪)、冒名顶替他人上学事件(涉嫌招收学生徇私舞弊罪)等这些属于典型的刑事纠纷,既有可能是公诉罪也有可能是自诉罪,被害人及其近亲属与加害人之间存在刑法上的权利义务关系,因加害方的犯罪行为导致被害方权益的侵害而引发了刑事纠纷。因此,在教育法律纠纷中存在刑事法律关系的情形。

---

① 刘贵萍、许永强:《论刑事法律关系"三元结构模式"的建立》,《国家检察官学院学报》2003年第3期。

② 杨兴培教授认为:首先,国家在国际法上是作为国际法律关系的活动主体,但是在国内法上它一般不作为法律关系的活动主体而被规定在国内法律中。其次,把国家视为刑事法律关系的一方主体,那么就意味着国家直接与犯罪者结成刑事法律关系,公、检、法三家机关不过是这一主体身上的三个不同"器官"。最后,把国家视为刑事法律关系的主体,不但抹杀了社会利益主体多元化和国家机关职责层次化的应有特征,而且在刑事司法实践中,公、检、法三家都把自己看成国家利益的唯一代表者和国家权力的最大行使者。参见杨兴培《论刑事法律关系》,《法学》1998年第2期。

③ 杨兴培:《论刑事法律关系》,《法学》1998年第2期。

二 教育法律纠纷性质的界定

在当前三大诉讼法分野以及法律部门划分的背景下，大多数学者认为教育法律纠纷在性质上可以分为民事纠纷和行政纠纷，在此不再罗列学界的相关观点。经过前文的论证，教育法律纠纷的重点和难点问题集中于学生、教师与学校之间的纠纷。要界定教育法律纠纷的性质，必须要厘清学生与学校、教师与学校之间法律关系的性质。

（一）学生与学校之间的法律关系性质

1. 学生与学校之间法律关系性质的争论

对于学生与学校之间法律关系性质的认识，学界众说纷纭，存在较大分歧。我们有必要做简要的梳理，具有代表性的观点主要包括以下几点。

（1）行政法律关系说。此种观点认为："在目前的教育体制下，学校是国家法律法规授权的行政主体，学校与学生的关系更多的应是一种行政法律关系。"[1] 因为这种法律关系的设立及其要素都不取决于当事人的意思表示，而是取决于法律的直接规定，学校与学生存在管理和被管理的行政关系。[2]

（2）民事法律关系说。此种观点认为："既然学校不是行政主体，那么学校与学生的法律关系就不是行政法意义上的行政法律关系，而只能是民事法律关系。"[3] 学校发布招生简章，特别是在非义务教育阶段，学生自愿付费来接受教育服务，双方达成一致订立了合同，形成了一种特殊的民事合同关系。

（3）双重法律关系说。此种观点认为，学校与学生之间的关系"不仅限于平等主体之间的关系，而且还应包括公务法人与其利用者之间的公法关系"。[4] 实际上存在两类性质不同的法律关系。一类属于平等主体之间的民事关系，另一类属于地位不平等主体之间的行政关系，[5]主要

---

[1] 尹力：《试论学校与学生的法律关系》，《北京师范大学学报》（人文社会科学版）2002年第2期。
[2] 蒋少荣：《略论我国学校的法律地位》，《教育理论与实践》1999年第8期。
[3] 褚宏启：《论学校在行政法律关系中的地位》，《教育理论与实践》2000年第3期。
[4] 马怀德：《公务法人问题研究》，《中国法学》2000年第4期。
[5] 申素平：《尽快理顺高校与学生的法律关系》，《中国高等教育》2003年第7期。

是看学校与学生是以什么样的身份出现来判定。

（4）特别权力关系说。此种观点认为："学校与学生之间的关系并不是平等自愿的，其权利义务不完全对等。尽管这二者之间也存在一定的提供服务支付费用的关系，但是，它仍不同于普通民事关系，因为其间有很浓的权力色彩，并不因为相对一方缴纳了必要费用而不服从命令和指挥。"① 因此，有人把特别权力关系又称为特殊行政关系。

（5）宪法法律关系说。此种观点认为："学校与学生之间的关系应受宪法的规制，学校并非具有不受限制的权力来管理或教导学生，学生仍有一定的人权或公民权，这些权利并未在进入学校时即被放弃。"② 受教育权是公民的一项宪法权利，学校是政府为保证公民受教育权而设立的机构，因此，"学校与学生的关系适用宪法关于公民的权益关系"。③

此外，还有其他国外介绍进来的一些观点，例如"代理父母地位说""公法契约关系说""私法契约关系说""信托关系说"等，犹如盲人摸象，都从不同侧面描述或揭示了学校与学生之间法律关系的某些性质和特征。

2. 学生与学校之间法律关系性质的探讨

关于学生与学校之间法律关系性质的各种观点的论著在学界可谓"汗牛充栋"，研究者依然乐此不疲于辗转其中。对于上述观点的产生或形成，有着特定的话语背景和思维定式。中国人遇到纠纷打官司，习惯于根据三大诉讼对纠纷性质作出判断，法院内部机构也是按照三大诉讼进行设置，分别设为民事庭、行政庭和刑事庭，然后"对号入座"式地进入相应的法庭进行诉讼，适用相应的诉讼法律程序（民事诉讼、行政诉讼、刑事诉讼），追究相应的法律责任（民事责任、行政责任、刑事责任），一一对应。"三大诉讼"和"三大责任"成为人们对纠纷性质判断的依据和标准，久而久之，形成了通过适用具体诉讼程序和追究相应法律责任来判断或倒推纠纷案件性质的思维习惯。比如说，在民事庭审理的案件一定就是民事纠纷，承担的是民事责任，当事人之间必定是民事

---

① 罗爽：《从高等学校权力为本到学生权利为本——对公立高等学校与学生法律关系的分析》，《北京师范大学学报》（社会科学版）2007年第2期。
② 申素平：《高等学校与学生法律关系的基本理论》，《中国高教研究》2007年第2期。
③ 林立华：《论我国高校与大学生的三种法律关系》，《黑龙江教育》（高教研究与评估版）2006年第10期。

法律关系；而在行政庭审理的案件一定就是行政纠纷，承担行政责任，当事人之间必定是行政法律关系。这样的一套逻辑思维有没有问题却无人深究。用纠纷的解决方式来判断或倒推出纠纷以及相应法律关系的性质难免有些轻率、经不起推敲。

当学生与学校之间的纠纷通过民事诉讼解决，学校被判令承担民事责任时，我们就会说当事人的纠纷是民事纠纷，两者存在民事法律关系。事实上，这只是充分条件而不是必要条件。即当事人通过民事诉讼承担民事责任，不能必然推导出当事人之间是民事纠纷，存在民事法律关系。例如，劳动者与用人单位之间的劳动争议（又称劳动纠纷），经过劳动仲裁后不服，当事人起诉到法院通过民事诉讼予以解决，并承担了相应的民事责任，那么劳动争议是民事纠纷吗？劳动者与用人单位之间是民事法律关系吗？显然不是，劳动争议不是民事纠纷，劳动者与用人单位之间的法律关系也不是民事法律关系，而是劳动法律关系。根据法律关系理论，劳动关系经过劳动法律规范的调整形成了劳动法律关系，相应的纠纷仍然是劳动纠纷或劳动争议。那么，学生与学校之间最基本的关系就是教育关系，然而当这种"教育关系"经过教育法律规范调整后，却"魔幻"般地变成行政法律关系或民事法律关系，且相关的纠纷被认定为行政纠纷或民事纠纷。现在看来，这种推论是站不住脚的，完全违背了法律关系理论的基本原理。但由此也看出，教育法还不被认为是相对独立的法律门类，很多学者把教育法归入行政法范畴。因此，目前教育法学理论根基浅薄是摆在学界面前的严峻问题，尽管偶尔有"客串"教育法学理论者的闯入，但未必能带来惊喜，移花接木式的理论堆砌或拼凑终究无济于事。

综上所述，学生与学校之间的法律关系性质，既不是行政法律关系，也不是民事法律关系，应该是教育法律关系，这是由教育法律规范对学生与学校之间的教育关系调整后的产物。随着教育法律体系的建立健全，尤其是1995年《教育法》的颁行，标志着我国学校与学生之间出现了一种全新的法律关系——教育法律关系。① 因为"任何法律规范如果不在现实生活中得到实现，不转化为法律关系，那它就只不过是一纸空文"。② 教育法律关系是客观存在的，毫无疑问，学生与学校之间的

---

① 孙平：《学校与学生之间的法律关系研究》，《职业与教育》2007年第9期。
② 孙国华：《法理学》，法律出版社1995年版，第379页。

法律关系性质自然就是教育法律关系。对此观点有个别学者提出过，但由于缺乏深入研究，没有形成相对成熟的学科体系和理论框架，很快就被淹没在种种质疑声中，没能站稳脚跟、独树一帜。因此，加强教育法理论研究，夯实教育法理论基础还任重道远。

（二）教师与学校之间的法律关系性质

目前，学界对教师与学校之间的法律关系性质也是分歧很大，没有定论。在现行法律的框架下，教师既不是普通的劳动者，也不是国家公务员，教师与学校间的法律关系是什么性质？目前学界主要代表性的观点如下。

一是特别权力关系说。此种观点都主张，教师、学生与学校之间的法律关系属于内部行政关系，都符合特别权力关系的特征，学校作为特别权力主体，对教师具有总体上的支配权，包括聘任教师、职工并实施奖励和处分的自主权力。作为特别权力服从者，教师不能主张其基本的权利，必须接受来自学校的单方面约束[1]。

二是行政法律关系说（又称行政合同关系说）。此种观点认为，随着改革的深入，教师与学校之间原有的行政隶属关系逐渐被打破，学校教师虽然不属于国家公务员，但仍应具有国家工作人员身份，教师通过与学校签订聘任合同，与之构成受法律保护的人事关系。这一关系是一种特殊的行政法律关系。[2] 据此，教师与学校的聘任具备行政合同形式标准，实质上是一种行政合同关系。

三是民事法律关系说（又称契约关系说）。此种观点认为，随着学校法人地位的确立以及教师聘任制的实施，"教师职务聘任行为不是由学校单方面决定的，它必须征得教师的同意，并通过签订聘任合同确定双方的权利义务关系"[3]。我国教师与学校之间的关系不再是公法的特别权力关系，而是平等主体之间的民事关系，强调"平等自愿原则"，教师和学校之间应该是对等的权利义务关系。因此学校与教师之间在聘任过程中所产生的纠纷，属于民事纠纷，应当依据《合同法》《劳动法》等相关法

---

[1] 屈满学：《高等学校与教师间的法律关系及我国教师聘任制度的完善》，《国际商务（对外经济贸易大学学报）》2005 年第 6 期。
[2] 申素平：《论我国公立高等学校与教师的法律关系》，《高等教育研究》2003 年第 1 期。
[3] 崔卓兰：《高校法治建设研究》，吉林人民出版社 2005 年版，第 70 页。

律的规定来解决①。因此，教师与学校之间不是行政法律关系，而是一般的民事法律关系。②

四是混合法律关系说（又称混合合同关系说）。此种观点认为，教师聘任合同并非是单纯的民事合同或者行政合同，而是一种兼有行政和民事特征的特殊合同。学校与教师之间的聘任关系不仅是行政隶属关系，同时在某些方面也具备了平等民事法律关系的性质。③ 作为公务法人的学校与其利用者之间既存在私法关系的民事法律关系，也存在公法关系的行政法律关系。④

五是劳动法律关系说。《劳动法》是劳动领域的基本法，统领一切劳动关系。所有有关劳动关系的立法都应以它为基础。事业单位与其职工的关系，包括教师与学校的关系，本质上也是劳动雇佣关系，应该可以适用《劳动法》。《教师法》对于教师聘任制的规定与《劳动法》中有关劳动合同的规定是一致的。⑤

上述的各种观点，都有其合理成分和理由，但笔者无意在此做过多的评价。纵观学界关于学生、教师与学校之间关系的各种观点和见解，我们会发现一个共同的特征，即都是试图借助或套用其他部门法律来解释说明教育领域的法律关系性质。教师是教育活动不可或缺的主体，教师与学校的关系是教育法的调整对象之一。教师与学校之间最基本的关系就是聘任关系，这种"聘任关系"是受教育法调整，而不是民法、行政法或劳动法调整。因此，经过教育法调整的"聘任关系"应该是教育法律关系。即教师与学校的关系既不是民事法律关系、行政法律关系，也不是劳动法律关系，而是教育法律关系，不受《民法典（合同编）》或《劳动法》调整。

（三）学生与教师之间的法律关系性质

跟学生、教师与学校之间的关系相比，从法学的视角研究学生与教

---

① 王景斌、赵学云、顾颖：《论教育纠纷的法律关系及法律救济》，《现代教育科学》2006年第4期。
② 褚宏启：《论学校在行政法律关系中的地位》，《教育理论与实践》2000年第3期。
③ 丁文珍：《我国公立学校聘任制研究》，劳凯声主编《中国教育法制评论》（第2辑），教育科学出版社2003年版，第82—103页。
④ 马怀德：《行政法制度建构与判例研究》，中国政法大学出版社2000年版，第304—309页。
⑤ 吴开华、覃伟桥：《论教师聘任制的法律性质》，《教育评论》2002年第5期。

师的关系没有引起学界的重视，相关的研究成果十分罕缺。其原因可能是教师代表学校实施教育管理职责，其后果由学校承担。或者说，教师与学校的关系是代理关系，教师是学校的代理人。因此，学校与学生的关系涵盖了教师与学生的关系。虽然教师在身份上一定程度从属于学校，但在法律上依然是独立的行为主体，其行为可以分为职务行为和个人行为，教师在不同情况下的管教行为会有不同的法律后果。因此，有学者认为：学生与教师的法律关系是一种复杂的、特殊的法律关系，既有行政法律关系上的特殊性，因也有民事法律关系上的特殊性，因双方法律地位的差异性，师生之间没有法定监护关系。① 在学校里，学生与教师之间的关系应该是教育教学活动中最基本、最重要、最核心的社会关系。教育法律规范对学校各种法律关系的调整，主要通过学生与教师的关系表现出来，学校的活动主要是以教师与学生的关系为轴心而展开，只是教师的职务行为代表了学校，为学校所吸收。

尽管传统意义上的师生关系是一种不平等的道德伦理关系②，长期缺乏法律范畴的审视和考量，但学生与教师毕竟是教育领域的重要主体，两者关系经过教育法的调整形成了教育法律关系，这种关系是教育法律关系中最重要、最广泛、最普遍的表现形式。根据《教育法》、《教师法》和《未成年人保护法》的相关规定，教师与学生之间的法律关系具体表现为：①教师与学生之间是教育与被教育的关系；②教师与学生之间是管理与被管理的关系；③教师与学生之间是保护与被保护的关系。在师生三种法律关系中，最重要、最核心的就是教育与被教育的关系，其他法律关系都是围绕着教育关系这一中心而展开。由此可见，教师与学生之间的法律关系既不是行政法律关系，亦不是民事法律关系，体现了教育法律关系的特质。当然，作为公民身份的学生与教师，其法律地位是平等的，享有相同的公民权利，相互尊重，互不侵害，更多地适用于民事法律关系，受民法调整。

（四）教育法律纠纷的性质

由于教育法律纠纷的复杂性和多样性，对于各种教育法律纠纷的性

---

① 张周光：《论教师与学生的法律关系》，《宁波教育学院学报》2002年第2期。
② 吴秀霞：《高校学生教育管理中的法律关系及其特点》，《学校党建与思想教育》2017年第4期。

质不能一概而论或一刀切，需要具体情况具体分析。教育，即对人的教化培育、引导启迪，是以提高人的综合素质为目的的实践活动。若仅仅从教育关系的特性来说，狭义上的教育法律纠纷是最能体现其特殊性的，这也是学界争议最大、一直没有形成共识的问题。学校、教师、学生之间的关系是教育法调整的主要对象，基于教育关系而形成的法律关系是教育法律关系。学校与学生、教师之间发生的纠纷是教育纠纷或者教育法律纠纷，无须借助、套用或依附其他部门法律来认定和解释。如同劳动者与用人单位之间发生的纠纷就是劳动争议（劳动纠纷）一样，不能说劳动纠纷是民事纠纷或行政纠纷。因为劳动纠纷有独立的法律体系和解决机制，劳动关系或劳动纠纷适用劳动法，而不是民法或行政法。同理，教育关系或教育纠纷（狭义）应适用教育法，而不是民法或行政法。因此，狭义上的教育法律纠纷在性质上既不是民事纠纷，亦不是行政纠纷，就是其本身。

除狭义以外的教育法律纠纷，如学校与教育行政机关、其他社会主体的纠纷，教师、学生与教育行政机关、其他社会主体的纠纷并无特殊性。相关主体如果以民事主体的身份从事民事活动而发生的纠纷，则应该是民事纠纷；相关主体如果以行政主体或行政相对人的身份从事行政活动而发生的纠纷则应该是行政纠纷。至此，广义上的教育法律纠纷性质争论可以休矣，学界应该更多关注和研究狭义上的教育法律纠纷，进一步发展和夯实教育法理论基础。

第三节 教育法律纠纷的类型结构

从 1998 年田永诉北京科技大学拒绝颁发毕业证、学位证案开始，教育领域的法律纠纷就层出不穷，诉讼案件频频发生，引发了社会广泛的关注和热议，各类教育纠纷案件在各类媒体上随处可见、俯拾即是。教育法律纠纷的大量出现，意味着教育法律秩序的失范以及教育法治的缺陷，校园不再完全是"一方净土"或纯粹的"象牙塔"，学校、学生、教师可能越来越多地陷入各种纠葛和诉讼的旋涡之中。根据学界现有的研究，我们有必要在纠纷的类型和结构上对这些形形色色、纷繁复杂的教育法律纠纷做进一步梳理，以更好地理解和把握教育法律纠纷的本质和特征。

一 教育法律纠纷的类型

人类认识现实世界、万事万物是从分类思维开始的,分类是研究的必经程序,也是第一步,它是根据事物的种类、特征、性质,对其分门别类,把无规律的、复杂无序的事物规律化、系统化,从而更好地认识和区分客观事物的一种科学研究方法。正如卡尔·拉伦茨（Karl Larenz）所言:"当抽象的一般概念及其逻辑体系不足以掌握某生活现象或意义脉络的多种表现形态时,大家首先想到的辅助思考形式是'类型'",① 也就是分类,把具有共性的事物归结为同一种类。具体到法学研究,利用分类研究方法,"不仅可以更好地掌握法律资料或法律规范,更可以发现法律上的漏洞。而对于立法者而言,类型化是为避免法律漏洞,使法律形成体系的方法之一"。② 对教育法律纠纷类型化的研究,有利于对教育法律纠纷的深入理解及其本质的把握,从而为纠纷的解决方式及应对机制创新提供路径依赖,进而形成新的知识和论断,丰富教育法治理论。

（一）教育法律纠纷的范围

相对于概念内涵而言,外延指一个概念所概括的思维对象的数量或者范围,是由它所适用的事物构成,即概念的适用范围。由于分类是一种揭示事物概念的外延关系的逻辑活动,因此,研究教育法律纠纷的类型,必须建立在教育法律纠纷范围的基础上。适合教育法律纠纷概念的一切对象,就是教育法律纠纷的范围。只有厘清教育法律纠纷范围,才能处理好"属"与"种"的关系,进行科学准确的分类。

由于教育法律纠纷的多样化、复杂化,教育法律纠纷概念的外延相对宽泛,但并不是所有发生在教育领域的纠纷都是教育法律纠纷,这应该有一个判断的标准和依据。对于教育法律纠纷而言,我们必须回归教育的本身,应该与教育教学行为密切相关,以学校自主权、教师教学科研权和学生受教育权为核心而展开,这是区别于其他纠纷最本质的特征。例如,学校购置办公用品或修建校舍而发生的纠纷,显

---

① ［德］卡尔·拉伦茨:《法律方法论》,陈爱娥译,台北:五南图书出版公司1996年版,第388页。
② 黄茂荣:《法学方法与现代民法》,中国政法大学出版社2001年版,第502—508页。

然不是（狭义）教育法律纠纷，因为这是跟教育教学行为无关的民事行为，但并不是说它是民事行为或民事纠纷就不是教育法律纠纷。例如，学校与企业进行校企合作、联合办学而产生的纠纷，就是教育法律纠纷，因为它跟教育教学行为密切相关。因此，教育法律纠纷的适用范围大致包括以下内容。

1. 主体范围

（1）学校，是指依法成立实施学制系统内的教育机构，包括各级各类的公立或私立的学校，不包括培训机构以及由宗教机构创办的学校、军队创办的学校。这是教育法律纠纷最重要的主体。（2）学生，是指被学校依法录取、受学校内部规章制度约束、具有正式学籍的受教育者，包括小学生、中学生、大学生、研究生以及其他类型的学生（如留学生）。（3）教师，在教师法上界定为"履行教育教学职责的专业人员"，特指受聘于各级各类学校从事教育教学活动的教师，并成为学校的正式教职工，包括幼儿园、小学、初中、高中、中职、高校教师等。（4）教育行政机关，教育行政机关是依宪法、组织法的规定而设置的，依法享有并运用国家教育行政权，负责对国家各项教育事务进行组织、管理、监督和指挥的国家机关，是学校、教师、学生的行政主管部门。（5）其他主体，这里特指与学校合作办学的企事业单位和个人，还包括在海外合作办学的主体，那些不涉及教育教学行为的民事主体不是教育法律纠纷的主体。

2. 时间范围

（1）学生与学校在教育关系存续期间；（2）教师与学校在聘任关系存续期间；（3）教育行政机关与学校运营期间（终止解散之前）；（4）教育行政机关与教师、学生身份资格存续期间；（5）学校与其他主体合作办学存续期间。

3. 地域范围

（1）学校实施的教育教学活动区域；（2）由学校组织的校外活动区域；（3）学校负有管理责任的校舍、场地及其他教育设施、生活设施区域；（4）广义上还包括中国境内以及海外办学所在地。

（二）教育法律纠纷的分类

教育法律纠纷的范围十分宽泛，主体多样，纷繁复杂。目前，学界对于教育法律纠纷的类型划分，存在诸多争议。由于对教育法律纠纷的范围缺乏共识及对其性质存在分歧，所以，在分类上差异很大。就纠纷本身含义而言，日本学者千叶正士把纠纷的基本类型分为：对争（contention）、争论（dispute）、竞争（competition）、混争（disturbance）和纠纷（conflict），其中纠纷可涵盖前四种类型的对立形态。① 但这种形态划分，对于教育法律纠纷的分类来说并不是主要研究进路。对于在纠纷范围内的各种教育法律纠纷，我们需要按照一定的标准，对其进行类型划分，以厘清不同类型教育法律纠纷的特点和实质，当然任何一种划分都无法穷尽所有纠纷的归类。现就当前学界的一些观点做简要梳理。

1. 以教育纠纷法律关系的性质来划分，可以把教育法律纠纷分为教育行政纠纷、教育民事纠纷与教育刑事纠纷②

（1）教育行政纠纷，是指教育行政主体行使教育行政管理职权时，与行政相对人发生的各种法律纠纷。包括教育行政机关与学校、教师、学生之间，如对违法办学的学校给予行政处罚；取消或注销颁发学历、学位和其他学业证书的资格；撤销教师资格、职称评审资格、免除专业技术职称；停考，停止申请认定资格等，此种情形是比较典型的教育行政纠纷。对于学校与教师、学生之间因学校事务管理而发生的纠纷，目前学界存在争议。但大多数学者认为，招生、录取，毕业证和学位证颁发，开除学籍退学等严重违纪处分，教师资格认定与职称评定等属于行政行为，由此产生的纠纷是行政纠纷。

（2）教育民事纠纷，是指学校在办学或教育活动过程中，与教师、学生以及其他主体之间因财产权和人身权等民事权益③而产生的各种纠纷。学校在依法履行教育职责的同时，还负有对学生保护的义务，若因学校教育管理的疏漏，侵害了学生、教师人身权和财产权而承担相应损害赔偿发生的纠纷，应属于民事法律纠纷，主要适用《民法典（侵权责任编）》。另外，学校在与其他社会主体进行校企合作、联合办学、提供

---

① ［日］千叶正士：《法與糾纷》，東京：三省堂1980年版，第45—50页。转引刘荣军《程序保障的理论视角》，法律出版社1999年版，第2—3页。
② 李婧：《我国高校教育纠纷的法律类型及其解决机制探究》，《社会科学战线》2008年第11期。
③ 《侵权责任法》规定：民事权益，包括生命权、健康权、姓名权、名誉权、荣誉权、肖像权、隐私权、婚姻自主权、监护权、所有权、用益物权、担保物权、著作权、专利权、商标专用权、发现权、股权、继承权等人身、财产权益。

教育服务过程中发生的合同纠纷,也是民事纠纷,主要适用《民法典(合同编)》。

（3）教育刑事纠纷,这是学界争议较大的类型,也有不少学者认为教育法律纠纷不包括刑事纠纷[①]。所谓"刑事纠纷",就是指加害人与被害人之间由于利益、情感等方面的原因通过犯罪这一特殊的外在形式表现出来的不协调的关系[②]。教育刑事纠纷是特指发生在校园内,危害学校教育教学秩序,严重侵害学校、学生、教师合法权益,构成犯罪而发生的纠纷。加害人与被害人均为校园里的教育主体,包括学校、教师、学生等,与教育教学活动紧密相关。例如,扰乱、破坏教育教学秩序的犯罪行为,教师体罚学生导致严重后果的犯罪行为,利用教师职务之便在校园性侵学生的犯罪行为,教育设施重大安全事故行为等。针对新入刑的组织考试作弊和替代考试的犯罪行为,以及招收公务员、学生徇私舞弊的行为,如果没有明确具体的被害人,缺乏加害人的对立主体,没有形成双方或多方的利益、情感争执,则不属于刑事纠纷。由此可见,行为人承担刑事责任,并不意味着存在刑事纠纷。

2. 以教育纠纷法律关系的主体来划分,可以把教育法律纠纷分为学校内部纠纷和学校外部纠纷

（1）学校内部纠纷,是指学校在内部管理过程中,作为教育关系主体的学校、教师和学生基于一定利益争议而产生的各种法律纠纷。[③] 包括：第一,学生与学校的纠纷,这是最常见的教育法律纠纷,主要是围绕着学校教育管理权与学生受教育权而展开。主要包括：招生、录取类纠纷；学位授予类纠纷；违纪处分类纠纷；知识产权类纠纷；食宿管理类纠纷；安全事故类纠纷；人身权类纠纷[④]。第二,教师与学校的纠纷,也是常见的教育法律纠纷,包括聘任合同纠纷、职称评聘纠纷、知识产权纠纷、教学自主权纠纷、违纪处分纠纷以及接受进修培训等方面的纠纷。第三,学生与教师的纠纷,这是一种常常被忽视的教育法律纠纷,

---

[①] 王景斌、赵学云、顾颖：《论教育纠纷的法律关系及法律救济》,《现代教育科学》2006年第4期。

[②] 何挺：《刑事纠纷：一个概念的解析》,《法学论坛》2011年第1期。

[③] 李晓燕、陈蔚：《学校办学法律纠纷现状、成因与对策探讨》,劳凯声主编《中国教育法制评论》(第6辑),教育科学出版社2009年版,第84—104页。

[④] 石英姿：《高校学生教育法律纠纷：类型、归因与对策》,《吉林化工学院学报》2016年第4期。

教师作为纠纷主体往往被学校所取代，但事实上，教师除了代表学校履行职责行为，还会有个人行为或事实行为，包括体罚学生的行为以及侵害学生的受教育权、隐私权、人格尊严权、知识产权、财产权等引发的纠纷，也需要由行为人承担相应的法律责任。

（2）学校外部纠纷，是指学校、教师或学生与其外部相关主体即政府及行政部门、社会其他主体之间基于一定的法律事实而产生的各种法律纠纷。① 包括教育行政机关与学校、教师、学生的纠纷以及学校与其他社会主体的纠纷，前者属于一种典型的教育行政纠纷，后者是一种典型的教育民事纠纷，这两种纠纷在上述第一种分类中有阐述，在此不再赘述。

3. 以引发纠纷的学校权力性质为标准来划分，可以把教育法律纠纷分为行政权力纠纷和学术权力纠纷②

（1）行政权力纠纷，是指学校为了维持正常的教育教学秩序，在日常管理活动中行使行政权力与学生、教师权利之间发生的纠纷，此类纠纷不涉及学术研究、专业知识，主要包括学生、教师因受到学校纪律处分不服而引发的纠纷和学校在招生、录取上侵害学生合法权利而引起的纠纷，以及学校侵犯学生、教师的财产权和人身权而引发的纠纷等。

（2）学术权力纠纷，是指学校在学术管理活动中行使学术权力与学生、教师权利之间发生的纠纷，即涉及高校教学研究专业知识的纠纷，如学生考试成绩评定、学位（毕业）论文专业水准的评定，教师的导师资格授予和职称评定等引起的纠纷。由学术权力引起的纠纷，是一种特殊的教育纠纷，具有高度专业技术性，在解决方式上有其特殊性。

4. 以引起争议的事由为标准来划分，可以把教育法律纠纷分为侵权纠纷、合同纠纷

（1）侵权纠纷，是指因侵害他人的合法权益所引发的纠纷，如侵害相关教育主体的受教育权纠纷、人身权纠纷、财产权纠纷、知识产权纠纷、办学自主权纠纷、教育教学权纠纷等。根据侵害的程度和内容不同，可分为三种情形：一是教育民事侵权，主要是学校在教育教学活动中侵害学生、教师民事权益的行为；二是教育行政侵权，主要是指教育行政机关和学校行使行政管理权时侵害相关教育主体合法权益的行为；

---

① 李晓燕、陈蔚：《学校办学法律纠纷现状、成因与对策探讨》，劳凯声主编《中国教育法制评论》（第6辑），教育科学出版社2009年版，第84—104页。
② 矫志华：《高校教育纠纷问题探究》，《中国成人教育》2007年第7期。

三是教育刑事侵权，是指教育教学活动中，因教育主体实施犯罪而引发的纠纷，如体罚致学生重伤或死亡。

（2）合同纠纷，是指因合同的订立、履行、变更、终止等行为而引起的教育合同当事人的争议，涵盖了教育合同从订立到终止的整个过程。最常见的是合同违约纠纷，即当事人违反教育合同的约定而引发的纠纷，包括合作办学合同、委托培养合同、教育培训合同、教师聘任合同等。近年来，因教育培训机构单方停业引发的教育培训合同纠纷频发。值得一提的是，一般通过正式法定途径招收录取的学生与所在学校之间不存在合同关系，即使是非义务教育阶段缴纳学费的学生在学校接受教育，也不是一种消费行为，两者之间并非民事关系。

5. 以纠纷解决方式为标准进行划分，可以分为可诉性教育纠纷和不可诉性教育纠纷

（1）可诉性教育纠纷，是指教育纠纷发生后，纠纷主体可以将其诉诸司法，能够通过司法诉讼的途径最终解决的纠纷。这是法治国家司法最终原则的贯彻和体现。我国为社会纠纷的解决提供了民事诉讼、行政诉讼和刑事诉讼三大途径，但每一种诉讼都有相应的法律予以规范和调整，并明确了人民法院对每一种诉讼的受案范围。在一定诉讼的受案范围内的纠纷，法院予以受理和解决。事实上，我国大多数教育法律纠纷都可以通过诉讼的方式解决，包括涉及受教育权、人身权、财产权、知识产权等方面的纠纷。

（2）不可诉性教育纠纷，是指教育纠纷发生后，纠纷主体不能通过司法诉讼的途径解决的纠纷，即当事人之间发生的教育纠纷不属于人民法院的受案范围。不可诉性教育纠纷由于缺乏实体法或程序法的依据，不能进入诉讼程序。我国有部分特殊的教育法律纠纷被司法排除，拒绝司法的介入。目前，我国学校内部日常事务管理引发的教育纠纷以及学术纠纷等，即学校自治性的纠纷，只能通过非诉途径解决。当然，纠纷的可诉与否是相对的，随着法治的进步和完善，不可诉的纠纷范围必然被压缩。

6. 以是否具有涉外因素的标准来划分，可以分为国内教育纠纷和涉外教育纠纷

（1）国内教育纠纷，是指当事人因履行国内教育合同或教育侵权而发生的争议，国内法院对此类案件具有当然的管辖权，相关行政机关也

有一定的管理职权。由于国内教育纠纷不具有涉外因素，从解决纠纷的角度看，主要有协商、调解、仲裁和诉讼等，相对于涉外教育而言，程序比较容易，不是很复杂。

（2）涉外教育纠纷，是指当事人因履行的合同或当事人具有涉外因素的争议。所谓涉外因素，是指合同主体一方是外国的公民、法人或其他组织，合同法律关系发生在国外，合同标的和合同履行地位于国外等。近年来，中外合作办学纠纷案件、教育涉外违规案件呈上升态势。解决涉外合同纠纷时，往往会涉及到法律适用、法院管辖、合同语言、解决纠纷的地点以及司法协作与执行问题等，非常复杂，涉外教育纠纷的解决要比国内教育纠纷困难得多。比如，近年来，海外孔子学院办学纠纷①增多，主要受到国家主权、意识形态以及政治、文化、外交等方面因素的影响。

二 教育法律纠纷的结构

基于现代社会的多元化和教育活动的复杂性，教育法律纠纷的结构也更加多样化，涵盖了教育法律纠纷的各种要素及相关内容。一个具体的教育法律纠纷是一个完整的系统，是一种整体性的存在。因此，为了正确认识教育法律纠纷和处理教育法律纠纷，我们有必要对教育法律纠纷的结构及其要素进行梳理和探讨。

（一）教育法律纠纷的基本结构

通过对纠纷结构的深入分析，有助于我们把握纠纷形成的原因和纠纷解决的方式。目前，国内外学者对纠纷的基本结构有一些研究和观点，现做简要的梳理和阐释，为教育法律纠纷的结构分析提供参考和思路。

一是人类学者李伟因（Levine）对研究纠纷所涉及的范畴和因素就明确为五个方面：（1）发生纠纷的社会结构的范围（是家庭内部还是社会内部）；（2）纠纷行为的形态（是肉体攻击还是口论）；（3）与纠纷关联

---

① 海外孔子学院教育纠纷是指孔子学院在海外办学过程中，与各种教育主体之间发生的同教育教学活动相关的社会纠纷。涵盖了孔子学院与外方合作机构、学生、任职教师以及当地政府等主体之间发生的纠纷，涉及人身权利、财产权利、政府权力等方面的内容，表现为纷繁复杂的、性质各异的教育纠纷。参见阮李全《孔子学院境外办学纠纷及其应对策略》，《社会科学家》2015年第4期。

的态度（敌意和隔阂）；（4）纠纷的原因（经济或心理因素等）；（5）处理纠纷的各种形式。①

二是美国学者安杰尔（Angell）在分析纠纷的结构时设定了七个问题：（1）基础概念的确定；（2）纠纷类型的区分；（3）纠纷的原因；（4）纠纷的进行状态；（5）纠纷当事人及其对纠纷过程的影响；（6）激化、缓和或解决纠纷的外部原因；（7）解决纠纷的其他替代手段及其条件。②

三是日本学者千叶正士在前人研究的基础上提出了一个包括基本要素和关联要素两方面的分析框架：（1）纠纷的基本要素：纠纷关系人，包括当事人、纠纷的参加人（直接或间接帮助一方解纷的人）、纠纷的介入人（解纷第三人）、纠纷对象（当事人争执的对象）；纠纷行动（双方为损害或防止对方损害而采取的行动），包括纠纷行为（通过实施积极或消极的行为意图损害对方的行动）、纠纷手段（为实施纠纷行为所使用的策略、战术、攻击防御武器等）、纠纷主张（向对方提出的具体要求）、纠纷的相互影响（当事人之间的影响以及纠纷的社会影响）。（2）纠纷的关联要素：纠纷的社会结构、纠纷的原因、纠纷的社会价值、纠纷解决机制。③

四是我国学者刘荣军对顾培东先生的著作《社会冲突与诉讼机制》进行分析，总结了关于纠纷和冲突的基本结构的分析基础：（1）概念；（2）原因；（3）价值判断；（4）解决冲突的机制；（5）冲突主体的行为；（6）以诉讼方式解决冲突时诉讼的形态和法官的行为④。

上述关于纠纷的基本结构研究，从不同的角度剖析了纠纷的内部构造，对于一个具体的纠纷——作为一个系统存在的事物，从发生到化解是一个闭合状态。无论纠纷多么复杂，它的构成要素都是相同的，因此，具体到教育法律纠纷的基本结构亦是如此。但笔者认为，学界关于纠纷的结构分析过于烦琐，要素过多。单就纠纷而言，可以简化，抓住其核心要素或纠纷构成的必备要素。综合上述学者的观点，可以把纠纷的基本结构归结为五个方面：（1）纠纷的主体；（2）主体间存在的法律

---

① Robert A. Levine, Anthropology and the Study of Conflict, JCR, Vol. 5, No. 1, 1961.
② Robert C. Angell, The Society of Social Conflict, McNeil, 1965, pp. 92—93.
③ ［日］千叶正士：《法與糾紛》，東京：三省堂1980年版，第5页。转引刘荣军《程序保障的理论视角》，法律出版社1999年版，第1—33页。
④ 刘荣军：《程序保障的理论视角》，法律出版社1999年版，第8页。

关系；(3)主体间权利义务的失衡状态；(4)纠纷双方的对抗行为；(5)纠纷解决的介入人。遵循了一个"主体—行为—责任"的逻辑过程，笔者以此作为考察教育法律纠纷结构的立足点。

(二) 教育法律纠纷的基本要素

"要素"是事物必备的本质和组成部分，是构成事物必不可少的因素。教育法律纠纷的基本要素就是教育法律纠纷结构系统中的组成部分或基本单元，这些要素在纠纷系统中相互独立又相互联系，从而结成一定的结构。

1. 纠纷的主体

没有主体，就不可能有纠纷，一切利益的诉求和主张都需要由纠纷主体来提出。教育法律纠纷的主体就是因某种权益受损而抗争引发争议的当事人，以及基于某种法定或关联的关系卷入纠纷的其他主体。当事人是教育法律纠纷存在的前提，是构成教育法律纠纷的关键要素。当事人的利益受损或失衡是导致冲突和对抗的直接原因，在教育教学活动中，纠纷主体之间建立了某种合法的教育利益关系或权利义务关系，在关系受损或遭到破坏时就会从合作走向对抗。为了恢复或获取某种受损利益，进而采取公开的对抗性行动的组织或个人，主要包括学校、学生、教师，这就是教育法律纠纷的当事人。纠纷当事人的个人偏好、地位实力、价值取向等因素都强烈影响着纠纷的解决进程、双方的对抗程度以及解决方式的选择等。除此之外，还有基于某种特定关系或事由卷入其中的其他主体。当然，不同的教育法律纠纷参加人也不完全相同，例如学生与学校之间的纠纷，可能会有未成年学生的监护人。

2. 主体间存在的法律关系

法律关系是法律规范在调整人们行为过程中形成的权利义务关系。如果纠纷当事人之间没有权利义务关系，就不会有权利被侵害的可能性或者因权利义务的不明确而引发的冲突，由此可见，法律关系架起了当事人与纠纷之间的桥梁。目前学界大多数学者认为，教育法律纠纷的法律关系既存在纵向隶属型的法律关系，又有横向平权型的法律关系，因此，在性质上包括民事法律关系、行政法律关系和刑事法律关系。但这些法律关系并没有完全包含教育主体之间的所有法律关系，这也是学界争议较大的问题。既然法律关系理论是我国立法、执法、司法的理论基础，对此笔者认为应该全面彻底贯彻具有指导意义的法律关系理论，教育领域的社会关系（包括教育关系）经过教育法律规范的调整，应该形成一种统一的教育法律关系，而不是其他法律部门性质的法律关系。真正的教育法律关系应该是一种相对独立的、与其他部门法律关系性质并列的法律关系，体现出教育法的独特性以及教育教学活动过程中产生的这种关系的特殊性。

3. 主体间权利义务的失衡状态

教育法是对教育主体之间的社会关系调整后形成的教育法律关系，而教育法律关系的内容就是教育权利义务。教育法律纠纷主体都有教育法上的权利义务，而纠纷双方所争执的就是权利（权力）义务。由于教育法律纠纷涉及的主体多元，具体的权利义务差异较大。以校内纠纷为例，学校在依法行使教育管理职责过程中享有的权利和承担的义务；而学生或教师在学校的教育和管理过程中，同样享有相应的权利和应履行的义务。教育法对相关的教育主体在条文上作出了授权性规范、义务性规范和禁止性规范，对其作为或不作为进行许可和保障，以及可以要求他人作为或不作为的权利和资格予以明确和保护。作为处于被管理的学生或教师，在教育法律规定的范围内，可以根据自己的意愿，依法享有作为或不作为的权利，当学校教育管理行为侵犯其合法权益时，当事人有权请求法律保护，予以救济和恢复。由此可见，教育法律纠纷所争议的内容就是双方遭到损害或破坏的权利义务关系，使得原来平衡和谐的权利义务关系处于失衡状态，这是导致教育法律纠纷产生的直接原因。

4. 纠纷双方的对抗行为

对抗行为是相关主体为了恢复和维护自身被侵害的权益或相关诉求得不到满足并无法容忍时所采取的行为上的对立。如果没有纠纷双方的对抗行为，那么纠纷就无法形成和产生。假如，受侵害一方忍气吞声、无动于衷，或委曲求全、放弃利益诉求或者侵权方积极主动恢复和赔偿对方受损的权益，且获得对方的完全谅解，那么这三种情形缺乏双方的对立基础和条件，对抗行为无从谈起，纠纷自然就不可能形成。反之，双方采取行动后未达成一致而实施了相应的对抗行为，这时纠纷就形成了。教育法律纠纷当事人在"法律事实"发生后所采取的对抗性的行为，是纠纷的外在表现形式，它直接决定着教育法律纠纷的剧烈程度、解决进程以及方式选择。当然，所采取的纠纷对抗手段应该具有合法性、正当性和社会妥当性，否则将会对纠纷的解决进程和后果带来消极影响，严重者甚至被追究相应的法律责任。例如，某些造成严重后果的学生伤害事故得不到妥当解决，学生家长采取过激行为如漫天要价、网络造谣、封路堵门、陈尸校门、丧事校闹、冲击学校等严重破坏学校秩序，造成恶劣的社会影响。因此，对教育法律纠纷对抗行为的考察和分析有利于寻求化解纠纷的策略和路径。

5. 纠纷解决的介入人

人类社会的文明史，可以看作一部纠纷在社会发展中不断兴起又不断消弭的历史。[①] 纠纷如果依靠双方的道德觉悟自行化解当然是好事，但大多数社会纠纷需要第三方的介入予以解决，这完全符合熵增定律，通过外力"做功"实现纠纷系统的熵减。当事人在纠纷过程中由于受到利益诱导、单向认知、情绪波动、沟通障碍、关系失衡和冲突升级等因素的困扰，无法自行解决冲突中的困境，为第三方介入纠纷化解奠定了基础，使无序变得有序成为可能。无利害关系的第三方介入能舒缓双方对立情绪，消除双方顾虑，并给予当事人公正的判断和处理，或者尽可能消除双方的分歧和隔阂，达到双方可以接受的结果，从而化解纷争。教育法律纠纷的当事人原本是互信协作、目标一致的"利益共同体"，相互之间存在一种特定持续的身份关系，却走向互不相让的对立面。因此，对这种特殊纠纷的解决，在制度设计和供给上应该有其特殊性，尽可能采取非诉与诉讼并行的、多元化的、全程的纠纷化解机制。目前，对于校内教育纠纷，教育法提供了教师和学生的申诉制度，成立了校级和教育行政机关的申诉处理委员会，如果在教育系统内部得不到解决，属于人民法院受案范围的，可以通过司法诉讼寻求救济，确定和落实相应的责任。

三 教育法律纠纷的特征

由于教育法的特殊性，教育法律纠纷自身应该存在不以个人意志为转移的特性，体现其质的规定性，即"内在特质"（core characteristics），以探寻教育法律纠纷本身所具有的特质和内在的运动规律。

---

① 孙彩虹：《社会转型期我国民事纠纷解决机制研究》，中国政法大学出版社2016年版，第1页。

(一) 纠纷主体的特定性和多样性

由于教育法律纠纷的概念比较宽泛，狭义上的教育法律纠纷主体主要包括学生、教师和学校，在教育活动过程中，基于教育与受教育的关系，直接涉及的主体是特定的，不可能是其他社会主体。就是说在结成的教育关系中，这三大主体是固定的，也是恒定的。否则，不构成教育关系，也不会引起教育法律纠纷。广义上的教育法律纠纷主体包括教育行政主体、学校、教师、学生、家长以及其他社会组织等，又表现出主体的多样性。因为教育事业不是一个孤立的体系和工程，教育是最大的民生，关系到国家未来、个人幸福，整个社会、各行各业都在参与，必然与政府、市场、社会发生各种千丝万缕的联系。

(二) 法律关系的多重性和争议性

由于教育法兼有公法和私法的性质，无法完全归入哪一方，而是介于两者之间，在性质上属于社会法的范畴。因此，导致了教育法律纠纷（广义）法律关系的多重性，即既有横向的法律关系，又有纵向的法律关系；既有民事法律关系，又有行政法律关系、刑事法律关系，甚至还超越了目前约定俗成的认识框架。基于教育与受教育形成的教育关系，在实施教育活动中因学生的受教育权、教师的教育教学权、科研学术权以及学校办学自主权而引发的纠纷，非民事权益的教育法律纠纷难以归入其中，因此，学界对此种纠纷的法律关系尚未达成共识，具有很大的争议性。当然，对于涉及财产权、人身权等民事权益的纠纷并不存在争议。

(三) 主体关系的持续性和伦理性

学校向来是学生成长成才的象牙塔，高深而宁静，具有很强的封闭性和稳定性，尽可能避免外界的干扰。学生入学接受教育，经历幼年、少年、青年不同人生阶段，学校和教师成为他们人生起航的助推器和引领者。教师被誉为人类灵魂的工程师，不断塑造学生的灵魂和人格，使学生不断成长和发展。学生与学校、教师之间关系的存续时间持续数年甚至数十年。况且，中国历来有师道尊严的传统，"一日为师，终身为父"的伦理，学生的母校情怀是难以割舍的，同学情、师生情都融入其中。教育或学校具有天然的反纠纷、反冲突的倾向，须远离喧嚣和纷争，因此纠纷的预防与调解显得尤为必要。

（四）纠纷内容的专业性和复杂性

学校是教书育人的地方，传播知识、传承知识、创新知识、塑造灵魂，教与学主要是一种脑力活动，涉及的科学知识具有强烈的专业性和学术性，由教育本身所决定。对萦绕其中的专业问题，并非常人或法官可以解决。因此，教育法律纠纷涉及诸多专业知识，技术性很强，比一般纠纷更为复杂，不能由外行来审内行。对教育规律的把握以及人才培养的目标，并不是一般的外界人士可以武断评判的。对教学科研活动的管理除了常规的事务性外，其内在的专业性和学术性则是其本质所在。再加上教育法律纠纷主体之间存在特定的教育与受教育的关系，在判定学校是否已经正确或适当履行管理、教育、保护职责的时候，并非轻而易举、简单明了，甚至存在举证困难、难以认定的情形。

（五）纠纷解决的多元性和内部性

由于教育法律关系的多重性，教育法律纠纷解决途径也相应地多元化，包括协商、调解、申诉、行政复议、仲裁、诉讼等多种途径。然而，学校毕竟不同于一般社会组织，学校的功能和宗旨具有自身的特殊性，不宜外界的过多干涉。因此，《教育法》第28条规定了学校有权"拒绝任何组织和个人对教育教学活动的非法干涉"。学校自治的传统由来已久，得到世界各国不同程度的认可，强调学校的办学自主权，特别是高等教育。对于校内的某些纠纷应该强调学校处理纠纷的自主权。目前，修订后的《高等教育法》规定高校设立学术委员会，可以"审议、决定有关学术发展、学术评价、学术规范的其他事项，处理学术纠纷"。将学术纠纷明确为校内处理，体现了法律对学术的尊重以及介入的谨慎。

第四节 教育法律纠纷的根源和形式

事物的产生都有一定的原因，通过深究原因人们可以掌握事物的发展规律。对于教育法律纠纷原因的研究无疑对教育法律纠纷的正确认识、有效化解和预防具有重大意义。但法学通常并不深究纠纷冲突的形成根源，因为法律制度的现实任务主要是解决业已形成的纠纷冲突，从而对纠纷根源的认识往往局限于某种经验感受或制度化的逻辑推断。这显然是不可取的。如果不了解纠纷的形成原因，那么对于纠纷本身的认识就是肤浅的、表面的、零碎的，至多是一种感性认识还没有上升到理性认识的高度。探究纠纷产生的原因目的在于解决纠纷、预防纠纷、减少纠纷的发生。但如果我们急功近利地仅仅热衷于凭经验和感觉进行纠纷的预防和解决的制度设计，这样是缺乏实效性和针对性的，最终导致纸上制度与现实纠纷的脱节，变得疲弱和虚化。因此，必须重视教育法律纠纷形成原因的研究和分析，从其本源或源头入手。

一 教育法律纠纷的基本根源

根源是使事物发生的根本原因，是一种基本的因果关系。根源分析是一种结构探询程序，是一种系统化的问题处理方法，通过深入事物内部分析，旨在纠正偏差失误、防止重蹈覆辙、降低管理风险，达到标本兼治的目的。因此，对于教育法律纠纷而言，只有追根溯源，把它"连根拔起"，彻底暴露出来，从源头上解释教育法律纠纷产生的根源，才能把握其内在机理、寻得有效化解途径、做到及时预防和积极应对。

（一）教育法律纠纷产生的直接根源

无论是根源也好，还是原因也罢，都是多层次、多种类的。教育法律纠纷形成的原因是复杂的，根源也是多样的。直接根源是指由于教育法律纠纷结构要素属性造成的纠纷，主要涉及主体、行为以及法律规范等方面的原因。

1. 教育异化的普遍性

"异化"作为一个哲学术语，马克思在继承费希特、黑格尔和费尔巴哈异化论的基础上，在《1844年经济学哲学手稿》中首次提出了"异化劳动"的概念，他认为在异化活动中，人的能动性丧失了，遭到异己的物质力量或精神力量的奴役，从而使人的个性不能全面发展，只能片面或畸形发展[1]。在异化劳动中，劳动者成为"机器的附属物"，

---

[1] 蒋笃运：《当前教育异化现象辨析》，《教育研究与实验》2009年第5期。

成为资本家"挣钱的工具"。劳动领域出现了异化,教育同样也发生了异化。一是人对教育的异化,使教育成了为人牟利的工具;二是教育对人的异化,使人成了教育的奴隶。① 教育与人日益对立,失去了为人的本真,变成了统治人、奴役人、支配人的手段。马克思曾对"异化劳动"进行过激烈的批判:"劳动的异化性质明显地表现在,只要肉体的强制或其他强制一停止,人们就会像逃避瘟疫那样逃避劳动。"② 教育又何尝不是如此,每年高考结束后,那种撕书、烧书的壮观场面,令人瞠目咋舌。

异化并非从今日开始,自学校诞生之日起,教育就走上了异化的道路。自古就有"书中自有颜如玉,书中自有黄金屋""万般皆下品,唯有读书高"的观念。柏拉图说过:"教育是心灵的转向",教育产生出一种异己力量,使得教育与它的原初含义相背离,异化变成一种比较普遍的教育现象。①教育观念异化。整个社会只关注学生的学业成绩,不再关注学生个体的身心发展,教育成为以就业为导向的谋生手段。②教育目的异化。在功利主义、拜金主义、技术主义等渲染下,攫取"名利"成了教育的主要目的。③教育制度异化。国家教育政策法律以"社会本位"满足于经济政治发展需要来制定,忽视"个人本位"的自由全面发展。④教育关系异化。教书是为了拿报酬,学习是为了找工作,学校、教师、学生之间的主体关系变成了情感冷漠或赤裸裸的金钱关系。⑤教育评价异化。在应试教育驱使下,考试从手段变成了目的,进入残酷竞争的教育丛林,单一评价体系使学校、教师、学生实行等级化、身份化、利益化,丧失了个性和尊严。种种教育异化的现象导致了严重的教育危机和矛盾冲突,与追求"美好生活"新时代的要求相去甚远。

2. 教育主体的利益差异

"现代社会得以生存的一个根本基石是,承认追求自身利益是人身上最强大的动力。"③ 人与人之间的关系,归根结底是一种利益关系,正如司马迁所云:"天下熙熙,皆为利来;天下攘攘,皆为利往。"利益关系是一切社会关系的核心,马克思一针见血地指出:"人类奋斗所争取的

---

① 苏东霞:《略论教育异化》,《教育探索》2006年第10期。
② 马克思:《1844年经济学哲学手稿》,《马克思恩格斯全集》(第四十二卷)(第一版),人民出版社1979年版,第94页。
③ 张树义主编:《纠纷的行政解决机制研究——以行政裁决为中心》,中国政法大学出版社2006年版,第8页。

一切，都与他们的利益有关。"① 利益是指主体在需要得以满足上所形成的一种社会关系，对于人们的思想和行为均具有根源性和支配性②。利益源于主体的需要，人的需要和利益是一切社会关系运行当中最主要、最直接的动因，从而成为人类文明和经济社会发展的直接动力。利益分化导致社会矛盾和冲突，从法社会学的角度来讲，利益冲突是"利益主体基于利益差别和利益矛盾而产生的利益纠纷和利益争夺"③。可以说，利益是一切社会活动的最终目的，也是引起一切社会冲突、社会矛盾现象的根源。当前我国教育领域涉及的主体具有多元性，既包括教育行政主体、学校和其他教育机构，也包括学生、教师及其他教育工作者，还包括其他社会办学主体及受教育者家庭等。

由于社会主体的不断分化，社会资源和财富的稀缺性和有限性逐渐凸显，正所谓"让生于有余，争起于不足"。④ 不同的主体在求存发展的过程中，有着不同的利益诉求，不同主体所代表的不同利益就很容易产生冲突，正是利益的多元化与差异性导致了各种社会矛盾和纠纷大量存在并容易激化。⑤ 对于学校而言，追求更高的升学率、培养出更多人才和提升办学声誉；对于教师而言，既追求桃李满天下，又追求更高薪酬福利待遇；从当前人民对教育的总体需求来看，"读好书"已经代替"有书读"而成为新时代人民对教育的需要。⑥ 对于学生及家长而言，追求学业成绩优异以及名校梦"成龙""成凤"，享有更优质的教育资源以及更好的就业和前程；对于教育主管部门，则追求教育事业规范有序的发展以及良好的社会效益等。由此可见，基于多元利益主体诉求差异，利益倾向各有侧重，甚至试图利益最大化，这决定了教育领域的利益纠葛和冲突不可避免。教育在现代社会成为人们生存发展状态的重要指标，对当下教育资源的争夺就是对未来生存资源预期的争夺。另外，"零和思维"⑦ 的错误观念也加剧了利益冲突的发生。因此，教育领域必

---

① 《马克思恩格斯全集》（第一卷），人民出版社 1956 年版，第 82 页。
② 卢战军：《利益关系解析》，《河南广播电视大学学报》2010 年第 4 期。
③ 赵震江：《法律社会学》，北京大学出版社 1998 年版，第 250 页。
④ （汉）王充：《论衡》，上海人民出版社 1974 年版，第 274 页。
⑤ 方芳：《论我国多元化教育法律救济体系之构建》，《天津市教科院学报》2007 年第 4 期。
⑥ 罗莎莎、靳玉乐：《新时代教育发展的特点与使命》，《教师教育学报》2019 年第 2 期。
⑦ 零和思维是指相信他人所得必定是自己所失，反之亦然，也称为"总量固定"（fixed-pie）假设。参见 [美] 狄恩·普鲁特、金盛熙《社会冲突——升级、僵局及解决》（第 3 版），王凡妹译，人民邮电出版社 2013 年版，第 27 页。

然聚集大量的利益纷争,暗流涌动,让原本宁静圣洁的校园也会露出狰狞的面目。

3. 教育侵权行为

侵权行为是纠纷发生的首要原因,在教育领域亦是如此。教育侵权行为是指在教育活动中,学生、家长、教师、学校或其他教育机构以及教育行政部门等教育主体所做出的间接或直接导致其他主体的合法权益受损的行为。一般而言,教育侵权的受侵犯者往往是学生、家长、教师此类相对弱势的群体,受侵犯的权益通常为受教育权、人格权①、财产权、学术权、教育教学权等权利。侵权行为是违背法律、漠视权利的一种"暴力"行为,其中最为常见的就是教师职务侵权,还有教育行政机关和学校的侵权,包括"语言暴力"、"行为暴力"和"权力暴力",最为常见的是体罚或变相体罚学生。"人来源于动物界这一事实已经决定人永远不能完全摆脱兽性,所以问题永远只能在于摆脱得多些或少些,在于兽性或人性的程度上的差异。"② 从生物进化史来看,人类是自然的产物,人类社会接续动物社会而来,诉诸暴力是动物世界的丛林法则,在生物界亿万年的进化过程中,中高等动物社会地位和资源的获取都是靠暴力实现的,由此奠定了人性阴暗的一个参照系,人性的基底层里有一种对暴力的崇尚,表达着人性底层的劣根性③,缔造了"成王败寇"这种反文明的野蛮法则。

为了消弭人类的"劣根性",当图腾、习惯、道德等社会规范仍无法规制和避免纷争和暴力时,法律应运而生,通过国家强制力追究侵权者的法律责任,维护社会的安定与正义。尽管简单粗暴的"暴力",成本低且管制最有效,常为人所用,备受青睐,但其与现代人权法治原则背道而驰,为文明社会和国家法律所禁止。一方面,侵权行为基于人类固有的生物规定性的暴力倾向以及自私贪婪的本性,是人性弱点在各个领域普遍的外在展现;另一方面,教育侵权行为是教育领域权力制衡缺位的结果,是引发教育法律纠纷的显性导火索。"法律所传达的是一种超越暴力,超越权利的声音,它所划定的权利边界虽然无形,却深深地刻画在

---

① 公民的人格权包括生命权、身体权、健康权、姓名权、名誉权、肖像权、荣誉权、隐私权等。

② [德]恩格斯:《反杜林论》,《马克思恩格斯全集》(第二十卷),人民出版社1971年版,第110页。

③ 参见王东岳《物演通论》,陕西出版集团2009年版。

人们的心灵之中。"① 随着人类文明进步的赓续演化、经济社会的飞速发展，公民法律意识与法律素养的不断提高，越来越多的公民开始采取行动力图维护自身的合法权益，而非"忍忍就算了"，依法维权是对"暴力"和侵权的理性反抗，只有当公民自身的教育权益能够得到维护和尊重，其纠纷才能得到有效的化解。

4. 教育权利义务失衡

权利与义务是基于利益分配关系基础上的社会关系范畴，也是法律关系的基本内容，权利与义务的统一是社会秩序赖以建立和维持的基础。在"走向权利的时代"，人们摆脱了传统义务本位的束缚，开始了权利的"狂欢"。在"权利主导"的世界，社会上为所欲为、违法乱纪的现象层出不穷，其根源在于权利与义务的分裂和背离，以至于失衡。纵观历史，法的诞生最初以禁忌、习惯的形式出现，从"摩西十诫"到《十二铜表法》、从《汉谟拉比法典》到《撒利克法典》，无不是重视以禁令、义务的方式去实现社会自身的目的。当然，我们并不否认权利的宣告在法律规范体系中的重要意义。就法的价值而言，义务性规则是保障社会基本秩序、支撑个体自由所赖以存在和展开的框架；就义务与权利的关系而言，义务性规则的确定和对义务的信守，是对权利的承认与尊重，也是权利界定和权利获得的依据。② 因此，从法哲学意义上说，权利与义务是相统一的，有权利必有义务。

重权利、轻义务、权利意识膨胀、责任意识淡薄是当前引发教育法律纠纷和冲突的重要因素。然而，在日常的教育活动中，各教育主体往往只关注自身的权利，而无视其义务的履行，即"权力扩张与责任推诿"以及"权利膨胀与义务怠履"，③ 造成权利义务的失衡，引发教育法律纠纷。以受教育权为例，一方面，我国《宪法》《教育法》等法律以及《世界人权宣言》《经济社会和文化权利国际公约》等国际条文都明确承认受教育权是公民的基本权利，但在日常生活或司法诉讼中，接受学校或其他教育机构管理的义务④，包括遵纪守法、努力学习等规定，常常

---

① 《法言世界》，http：//blog.sina.com.cn/s/blog_59ce3df10100acml.html。
② 张恒山：《义务先定论》，山东人民出版社1999年版，第1页。
③ 马焕灵：《教育纠纷：理论观照与消解逻辑》，《现代教育管理》2019年第6期。
④ 《中华人民共和国教育法》第43条规定："受教育者应当履行下列义务：（一）遵守法律、法规；（二）遵守学生行为规范，尊敬师长，养成良好的思想品德和行为习惯；（三）努力学习，完成规定的学习任务；（四）遵守所在学校或者其他教育机构的管理制度。"

被受教育者忽视；另一方面，学校或其他教育机构在行使自身管理权时，往往对受教育者的知情权、隐私权等合法权利视而不见。双方对各自的义务和对方的权利置若罔闻，各执一词，最终导致争执不下，从而引发教育纷争。除此之外，在宏观层面上，在城乡二元结构背景下，不同区域之间存在教育发展策略、教育机会选择、教育资源配置中权利和义务的失衡，造成了弱势群体的"权利贫困"①，这是导致教育领域冲突和纠纷的又一重要因素。

5. 教育立法的缺陷

利益冲突源于人的利益与利益实现方式之间的矛盾，根源于制度安排的缺陷②。人与人之间的纠纷冲突是人的利益实现方式本身的内在缺陷造成的。马克思、恩格斯指出："一切历史冲突都根源于生产力和交往形式之间的矛盾。"③ 法律是调节社会关系的制度化工具，保护公民合法权益、构建和谐社会，完备的法律体系是必不可少的。但"法律是一个带有许多大厅、房间、凹角、拐角的大厦，在同一时间里想用一盏探照灯照亮每一间房间、凹角和拐角是极为困难的。"④ 博登海默跳出凡人的思想圈子，寻找到了法律原本也有缺陷的影子，就"像其他大多数人定制度一样也存在一些弊端。如果我们对这些弊端不给予足够的重视或者完全视而不见，那么它们就会发展成严重的操作困难"⑤。一般认为，法律的缺陷主要有滞后性、模糊性、有限性、不周延性、不灵活性、不合目的性等问题。"法律单是强调对象的一般性，而拒绝过分的因人而异。"⑥ 法律只能做出形式性和普遍性的规定，结果难免牺牲个体正义。

在我国，现行教育立法形成了以《教育法》为基础，以《义务教育法》《高等教育法》《职业教育法》《教师法》等教育法律为主干，以教

---

① 权利贫困是指社会里的部分人群（一般是社会弱者）在政治、经济、社会和文化权利等方面的享有不足的状态。权利贫困是一种一直相伴社会进步与发展过程的社会现象，它意味着资源占有或分配的分化，而分化的基本功能在于它对社会机体的消解作用和对社会秩序的破坏作用。
② 卢战军：《利益关系解析》，《河南广播电视大学学报》2010年第4期。
③ 《马克思恩格斯选集》（第一卷），人民出版社2012年版，第196页。
④ [美] E. 博登海默：《法理学：法律哲学与法律方法》，邓正来译，中国政法大学出版社1999年版，第198页。
⑤ [美] E. 博登海默：《法理学：法律哲学与法律方法》，邓正来译，中国政法大学出版社1999年版，第402页。
⑥ 苏力：《法治及本土资源》，中国政法大学出版社1996年版，第190页。

育法规、规章为"枝叶"的教育法律体系框架。然而，在现行的教育法律规范中，存在大量的倡导性、号召性、宣示性条款，而刚性权利义务条款不足，重实体轻程序，法律责任不明确，成为不长牙齿的"软法"，法律文本的可操作性不强，没有强有力的措施保障其实施，需要借助其他法律条文，教育法缺乏充足的制裁性因素①，导致法的引导、评价、预测、教育、强制等功能没有发挥出来。在现实中，教育利益（权利义务关系）缺乏相应的有效规范，是导致教育纠纷产生的重要因素。

在立法实践中，无论是中央还是地方，都形成了部门立法模式的传统，教育立法也不例外。"利益是部门立法的驱动力，部门立法是利益实现的保证。"② 由政府部门主导的立法模式难免造成趋利性、带有部门色彩，将部门利益法定化、公共权力部门化、部门立法利益化，使部门的行政权力不断扩张，给自己划定势力范围，伤害公共利益。在司法实务中，我国三大诉讼法分野，即《民事诉讼法》《行政诉讼法》和《刑事诉讼法》，使原告方无法依据《教育法》等教育法律提起诉讼，法官也无法将其作为裁判教育纠纷诉讼的依据。由于教育法律纠纷的特殊性，现有的三大诉讼法无法满足其诉讼需求，无法应对涉及受教育权、学术权等特殊权利的纠纷。因此，出现了刘燕文诉北大案、重庆女生怀孕被开除案中无法可依、法院不受理的尴尬局面。

（二）教育法律纠纷的背景根源

事物的发展与其所在的社会背景密不可分。进入21世纪后，我国教育法律纠纷随着经济的腾飞、社会的变迁也接踵而至。"无论社会变迁的成因中是否会有教育的作用，社会变迁或迟或早、或多或少都会对教育产生影响，且最终将导致教育的变迁。"③ 新时代的国际形势、社会环境和文明形态在使得教育领域出现新变化、新局面的同时，也增加了教育领域内外部关系的复杂程度，间接地、深远地酝酿着更多、更复杂的教育法律纠纷和冲突。

---

① 张健：《〈教育法〉司法适用的实践、法理与完善——基于1781份裁判文书的实证考察》，《高教探索》2020年第9期。

② 徐燕华、韩立强：《部门利益——部门立法抹不去的痕迹》，《山西警官高等专科学校学报》2007年第3期。

③ 吴康宁：《教育社会学》，人民教育出版社1998年版，第155页。

1. 市场经济与教育产业化

随着改革开放的开始,我国社会主义市场经济体制改革目标的确立,中共中央和国务院早在1993年的《中国教育改革和发展纲要》中就指出,要"初步建立起与社会主义市场经济体制和政治体制、科技体制改革相适应的教育新体制",这为教育产业化提供了政策依据。教育是一项产业,具备其他产业的一些共性特征,比如生产性、有价性等,在WTO中教育作为国际服务贸易的一类,普遍认为教育是国民经济的重要产业之一,被归属到第三产业中。所谓"教育产业化"是指在市场经济条件下,以市场需求为导向,以实现效益为目标,通过教育产品与其他产品的等价交换,从而实现教育资源的合理配置和教育劳动的价值,并取得维持学校运转和发展的资金。① 在市场经济的大环境下,在产业化的驱动下,20世纪末以高校扩招为标志的教育产业化改革导致高校兼并之风非常盛行,我国通过进行学科整合、集中优势、壮大办学实力,扩建校区,兴建"大学城",依靠规模经营,追求规模效应,实现教育事业的跨越式发展,成为教育体量世界第一的教育大国。

教育产业化为经济社会的发展带来了促进作用,在人力资本、国民素质、经济增量等方面效果显著。但是,把学校当企业来经营,把教育产品当成商品,把教育事业当成一种自负盈亏的有偿服务,这显然违背了教育的公益属性。教育是最大的公益,它能够增加"国家和社会的公共利益",政府应是教育发展的主导者和提供者。学校毕竟不是企业、教育,也不等同于经济,若以盈利为办学目的、变相出售公共产品、追求利益最大化的"教育产业化",必将带来教育资源分配不公,教育功能本质的异化扭曲,将严重损害教育的形象,危及教育公平的实现,动摇社会公平的根基,导致乱收费、乱招生、文凭买卖、恶性竞争、教育质量下降等一系列社会问题与矛盾的滋生。教育可以成为一项产业,但不能"产业化"或"商业化",更不能"市场化"或"私有化"。因此,必须贯彻落实党和国家的教育方针政策,"坚持教育优先发展",坚守教育公益性的原则和底线,促进和保障教育公平。

2. 教育体制及其行政化倾向

我国作为世界文明古国之一,早在夏商时期就有了学校教育的萌芽

---

① 倪嘉敏:《关于高等教育产业化认识误区的辨析》,《高教学刊》2016年第15期。

与起源。西周出现了初步具有学制系统的官学教育制度,官学是由官府直接出资举办和管辖的学校系统,分为中央官学和地方官学(按照地方行政区划设立),设置了专门机构和学官来管理。由此可见,我国教育体制历史久远,发轫于官学,实行"学在官府、学术官守",学术和学校都由官府掌握或举办,教师都由国家的官吏来担任,即"官师合一"。国家奉行"以法为教,以吏为师","官本位"思想发端,"官学一体"的教育体制开始形成,并对后世产生深远的影响。中国古代官学制度一开始就具有鲜明的阶级性和等级性,其办学宗旨是为朝廷培养统治人才。到了隋唐科举制的兴起,在中国实行千余年的科举取士,从秀才至状元,层层与行政级别相关联,封官上任,沿袭"官""学"相通的传统,"学而优则仕"成为封建社会一条亘古不变的法则,科举制成为古代知识分子通往权力阶层的主要渠道。

体制作为一种社会交往关系结构,天然地具有稳定性和凝固性的特征,[①] 需要借助外部强力才能打破。我国现行的教育体制形成于计划经济时代,仿照高度统一的苏联模式,"行政权力高度强化,无限压缩社会自治空间,社会中间层或被高度行政化,或被行政所吸收,各种社会组织都围绕政府权力展开活动"。[②] 各级各类学校自然也成为政府的附属物,这种旧式的教育体制有着深厚的不可分割的历史渊源,是中国传统政治制度的延续和继承。直到改革开放之后,1985年颁布的《中共中央关于教育体制改革的决定》提出了以"简政放权"为核心的教育体制改革措施,《国家中长期教育改革和发展规划纲要(2010—2020年)》明确提出"建立现代学校制度""推进政校分开管办分离""逐步取消实际存在的行政级别和行政化管理模式",但行政化倾向浓厚和办学自主权不足是教育体制改革过程中始终没有解决好的问题。学校内外管理呈现出行政化与官僚化趋势,与教育的专业化发展需求之间形成了错位和矛盾[③]。"很多经验现象表明中国教育体制的官僚化或者说行政化已经到了不可容忍的地

---

① 杨卫安:《中国城乡关系制度的变迁研究》,东北师范大学出版社2015年版,第249页。
② 蔡海龙:《教育体制改革中的高等学校公共性问题》,劳凯声主编《中国教育法制评论》(第8辑),教育科学出版社2010年版,第53页。
③ 范国睿:《教育体制改革与教育生态活力——纪念〈中共中央关于教育体制改革的决定〉颁布30周年》,《教育发展研究》2015年第19期。

步。如果不能引入深刻的变革，体制内部的冲突不可避免地会浮上台面。"①

3. 人口与资源关系紧张及负面影响

中国位于东亚，自古处于一个全封闭地貌②，由黄河冲积而成的中原是人类早期仅有的三大原始农耕基地之一。由于原始社会末期农业耕作的出现，每亩地上产出的人体可利用的能量呈数百倍增长，为人口的大规模增长提供了物质条件。再加上中国地处地球中纬度的温热带地区，光照度以及气候适宜，动植物的生育能力或繁殖能力极强。从而在农业文明和优势区位双重驱动下，中国人口一直持续快速增长，因此，中国人口数千年中历来占世界总人口的1/5—1/4。尽管中国是农业大国，但其可耕地面积却十分狭小。据2013年国土资源部公布的数据，近年来我国人均耕地仍呈下降趋势，从1996年人均耕地1.59亩，到2009年下降到1.52亩，不足世界人均耕地3.38亩的水平的一半（约为世界人均的40%）③。随着中国人口的增长和城市化进程的推进，各种资源的人均占有量还会继续下降。因此，一方面，中国农业社会的可耕地面积狭小、人均占有量极低；另一方面，中国人口繁育能力极强、数量规模巨大，这就是造成中国自古以来人际关系和资源关系格外紧张的主要原因，形成了中华民族独特的生存环境和生存结构。

中国这一独特的生存结构塑造了中国社会的全貌，也造就了偏重社会人伦道德的中国传统文化。由于农业文明会带来人口暴涨，而人口暴涨会造成人际关系和资源关系的极度紧张，人类社会的竞争越来越激烈，甚至不断恶化。因此，中国儒家学说以现成的血缘群团结构来稳定社会秩序，主张德治仁政、内圣外王、克己复礼等，形成了惧法、无讼、耻讼、厌讼的观念④，追求和谐甚至委曲求全的服从或息事宁人的调

---

① 郑永年：《中国教育体制改革急需超越官僚化》，http：//www.ht88.com/article/article_9930_1.html，2007-04-09。
② 中国在地理上所处的位置：北面西伯利亚高寒冻土地带，西面帕米尔高原，西南面青藏高原，南面横断山脉，东面浩瀚的太平洋，造成了一个全封闭地貌。
③ 《国土部：我国人均耕地降至1.52亩 不足世界人均水平一半》，人民网，http：//politics.people.com.cn/n/2013/1230/c1001-23977290.html。
④ 子曰："道之以政，齐之以刑，民免而无耻；道之以德，齐之以礼，有耻且格。"由此可见，孔子儒家学说是反对以法治国的，推崇道德教化。

解，最大限度地压抑人口与资源的紧张关系，造就了中国社会成为世界上以血缘结构维系得最稳固、最长久的一个社会，被马克思称为社会"活化石"。但随着近代工商业文明的转进，中国数千年的血缘社会结构逐渐被稀释和打散，血缘宗法社会和自然经济解体，民主法治和市场经济勃兴，人口与资源的矛盾越发凸显。2017年国家发改委称："中国人口与资源环境的紧张关系不会根本改变。"① 2020年第七次全国人口普查表明，中国作为世界人口第一大国，总人口超过14亿，教育资源同样不足，分布不均衡，发展不充分，高考作为当前教育的指挥棒，依然是"千军万马过独木桥"，教育资源有限，尤其是优质教育资源稀缺，导致从幼儿园到大学出现了生源、师资、学区房、名校及教辅机构等优质教育资源一系列的激烈竞争和争夺，甚至出现毫无效率的过度竞争，即所谓的"内卷化"② 陷阱。

4. 传统文化观念与现代法治的冲突

中国传统文化是中国人安身立命之本，尚且不论对传统文化的态度，普通中国人的故事无不是在以传统文化为基本思想构架的范围中展开的。从中国近代的"器物—制度—文化"发展历程和追寻轨迹中，我们看到文化先于制度，文化是影响社会变迁的重要因素，在某种程度上是一种决定力量。文化是指人类面对其生存环境和生存条件，所产生的谋生行为及意识体系，人类的一切生存都是文化生存，文化观念的形成和积淀都是围绕着人类生存或生产实践而展开。然而，人类某种文化观念一旦形成，它的内在规定性就会逼迫它朝某个既定方向运行，就是所谓的"路径依赖"③，它引领或主导着人们定式思维方式和行为习惯，体现了"惯性定律"在人类社会的贯彻。由于文化天然具有遮蔽性，只有在对撞和交流中才能产生对文化遮蔽效应的消解。因此，我们需要积极借鉴和吸收世界先进文化，实现多元文化观念的融合，为传统文化注入"负熵"。但是，中国传统文化观念的惯性力或回拉力极强，其主基调是保守论而不是进步论，抱残守缺、故步自封的思想观念根深蒂固，"破除心中之贼"极难。

---

① 《发改委：人口与资源环境的紧张关系不会根本改变》，新浪财经，http://finance.sina.com.cn/china/2017-01-25/doc-ifxzuswq3497783.shtml。
② 陈依元：《不能让"教育内卷化"愈演愈烈》，《宁波日报》2021年4月30日。
③ 参见王东岳《东西方文化溯源和东西哲学》，https://m.douban.com/mip/note/692981489/，2018-10-12。

中国传统文化形成于先秦，根植和孕育于农业文明之中，而农业文明发生在氏族部落和血缘族群时代。中国传统文化是由于农业文明的生存结构造成的血缘文化的一脉延续，束缚于"君君、臣臣、父父、子子"的血缘结构和纲常礼教中，它无须法律的介入，也没有平等、自由和权利的法治诉求。由于中国传统文化历经数千年，具有深厚的历史积淀，即使在 21 世纪的今天，依然能感受到传统文化的浓厚气息，它"不仅仅是一个历史上曾经存在的过去，同时还是个历史地存在的现在。因此，我们不但可以在以往的历史中追寻传统，而且可以在当下生活的折射里发现传统"。① 中国传统文化观念与现代法治观念必然存在一系列的冲突：人治与法治、专制与民主、身份与契约、特权与平等、义务本位与权利本位、权力至上与法律至上、惧法厌讼与司法诉讼等观念的冲突。随着全面依法治国的深入，前者不断向后者循序转化，甚至出现反复，这并非一蹴而就，是一个漫长的博弈过程。观念的更新是制度机制变革的先导②，社会文化观念因素是制约社会冲突和纠纷化解机制诸多因素中最复杂、最深刻、最主要的变量，导致教育法律纠纷及其应对机制受到极其深刻的影响。

5. 社会转型及其风险增大

一部人类社会发展史，既是一部人类文明演进史，也是一部社会不断转型史，社会转型常常是由量变的聚积到质变的飞跃。社会转型是社会结构整体性、根本性的变迁，是一个加之更替、秩序重构和文明再生的渐进性过程。③ "转型并不仅仅只包括经济的转型，还包括了生活方式、文化的转型，政治、法律制度的转型等多个方面。"④ 纵观中国数千年文明史，曾出现过两次社会大转型。

先秦时代是中国自有文明史以来的第一次社会大转型时期，从原始采猎时代到半成熟农业文明再向完全成熟农业文明的整体性转进，从氏族部落邦联制向封建制转型，随后又向君主专制转型。春秋战国是一个大动荡的年代，社会纷乱、礼崩乐坏、百家争鸣、人才辈出，诸侯争霸、战乱不休，最终秦一统天下。但这个时期却是整个中国传统文化的

---

① 梁治平：《法辨——中国法的过去、现在与未来》，贵州人民出版社 1992 年版，第 155 页。
② 任洁：《文化与制度关系新探》，《唐都学刊》2005 年第 5 期。
③ 袁曙宏、韩春晖：《社会转型时期的法治发展规律研究》，《法学研究》2006 年第 7 期。
④ ［匈］雅诺什·科尔奈：《大转型》，《比较》（第 17 辑），中信出版社 2005 年版，第 2 页。

奠基期，使得中国后世两千年的社会结构被完全塑成，导致中国第二次社会大转型极为艰难。第二次社会大转型是从1840年鸦片战争迄今，从农业文明向工商业文明转型，从君主专制向民主共和制转型，诚如李鸿章对晚清以来的中国说过的"三千年未有之变局"，可见此话分量之重，社会转型之剧烈，各种社会矛盾的集聚与爆发。在过去短短的180年里，中国社会快速运转、极其动荡，不断翻腾，先后出现了清末民初向民族资本主义工商业转进的阶段，新中国初期向社会主义计划经济转进的阶段，改革开放时期向社会主义市场经济转进的阶段，第二次社会大转型仍在继续。

在全球化的工商业文明大潮中，农业文明退潮早已势不可挽，衰败之局已注定，工商业文明来潮凶猛势不可挡，它是人类更高一级的文明形态，完全打破了人类获取生存资源地域的限制，叠加于农业文明之上，跨地域攫取资源。第二次社会大转型中政治领域向民主化、法治化转变，经济领域向工业化、商品化发展，社会领域向城市化、分层化转型，文化领域向世俗化、理性化转变①。社会转型表现出转型过程漫长、转型过程复杂、转型中矛盾尖锐、转型所处的国际环境复杂多变等特点②。然而，社会转型蕴含着巨大的风险，存在程度不同的制度与治理危机，造成社会混乱和无序的状态可能在长时间内无法克服，原因在于"国家在相当长时间摧残各种社会机制，社会在短期内很难生长出提供秩序的力量"。③ "旧辙已破，新轨未立"——这种转型社会的特点凸显出社会发展的风险性与不规则性④，这种无序和矛盾冲突必然传导到教育领域的每一个角落。

二 教育法律纠纷的表现形式

教育对于每一个家庭、每一个人有着举足轻重甚至决定性的作用，从而成为最大的民生工程和公益事业，极大促进了教育领域活动主体的频繁交往，不可避免地发生各种利益纠葛和冲突，进而形成形

---

① 童星、文军：《三次社会转型及其中国的启示》，《开放时代》2000年第8期。
② 《中国社会转型期的特点是什么》，百度网，https://zhidao.baidu.com/question/413421254.html。
③ 李强：《后全能体制下现代国家的构建》，《战略与管理》2001年第6期。
④ 刘燕、薛蓉、付春光：《中国社会的转型路径与转型风险——兼论"中国模式"》，《财经问题研究》2011年第12期。

形色色的教育法律纠纷，不同主体在纠纷中的表现形式也不尽相同。通过对教育法律纠纷表现形式的分析，有利于了解和把握教育法律纠纷的特点和危害，从而有利于提高教育法律纠纷应对机制的针对性和有效性。

（一）学校的冲突行为

学校作为教书育人的地方，是一个专门培养人才的学习场所，不同于其他企事业单位和社会组织。学校本应是宁静的象牙塔，但也不能把学校当成天堂。校园里的宁静也是脆弱的，由于自身或外部的原因，学校也会做出引发纠纷的行为，以对抗其认为不可容忍的行为，试图维护自身权益和学校正常秩序。

1. 在教育教学活动中，惩戒和处分其认为违纪的学生和教师或拒绝颁发毕业证书、学位证书。在校内纠纷中，这是比较常见的一种冲突行动。学校利用其法定或固有的管理职权，对认为不遵守学校规章制度的学生和教师，而做出对其不利的纪律处分，对认为没有达到一定学术水平和毕业要求的学生，不予颁发毕业证书、学位证书。对教师，可能涉及停课、换岗、解聘或职称评定资格问题等。

2. 在校园伤害事故中，拒绝承担或不接受对方提出的赔偿责任。由于学校对学生有教育、保护和监管的职责，也有提供符合安全标准的场地、设施、设备和器材的义务，造成事故的原因很多，既有学校的原因，也有学生的原因。因此，在责任难以分清的情况下或者学校赔偿能力有限、与对方所提赔偿数额差距较大的情况下，学校可能会拒绝承担赔偿责任或不接受对方提出的赔偿数额。

3. 在民事活动中，不按合同约定履行合同义务可以提起仲裁或诉讼。学校以民事主体从事民事活动，当然这种民事活动跟教育相关，例如承接教育培训、合作办学等。在合同履行过程中，由于种种原因，可能存在学校违约或对方违约的情形，对于合同相对方违约的情形，在交涉无果的情况下，学校可以采取行动，按约定申请仲裁或提起诉讼，而对于自身原因的违约，则往往采取回避、拖延，或被迫应诉。

4. 在办学过程中，不遵守或不执行法律政策以及上级主管部门的决定。学校可能在社会交往中扮演着多重角色，在行政法律关系中，可以行政相对人的身份出现,作为被监管的对象。例如,学校拒收学龄儿童、残疾学生或其他符合条件的学生入学、体罚学生、非法收费、擅自停课、公办学校以营利为目的办学或安排未成年学生从事危害其身心健康的活动等,上级主管部门责令纠正而拒不执行。

5. 在学校日常管理中,打击报复不合作的教师和学生。在现实生活中,有的教师和学生对学校的违法违规行为进行检举曝光,有些教师和学生因对学校不满,采取怠工、罢课或上访的方式,导致学校声誉受损,学校在正常管理程序之外,故意实施打击报复,例如,对于教师,故意不安排工作任务或取消相应工作岗位,换到其他待遇低、强度大的岗位;对于学生,在安排分班、座位、教学过程中被忽视或歧视,在考试、毕业环节"找茬"等。

(二) 教师的冲突行为

古往今来,教师曾被赋予神圣使命和高尚情操,被誉为"人类灵魂的工程师""园丁"甚至"蜡烛",是"阳光下最崇高的职业",充满了浪漫和诗意,铸就了教师光辉无私的形象。以至于社会对教师的道德境界期待极高,完美如圣人,对教师的辛勤付出和利益牺牲看成理所当然,完全扭曲了教师的职业观。但事实上,无论古今中外,大部分教师都不过把教书育人的职业看成一种养家糊口的谋生手段,没有"视金钱为粪土"的超脱。把教师推向不食人间烟火的神坛,是脱离实际的,导致教师维权的尴尬和漠视,把教师推进社会弱势群体,将严重挫伤教师的积极性和创造性,对教育事业危害甚大。面对不公正的对待,教师不应成为俎上之肉,任人宰割和摆布,同样可以抗争,例如, 2013年重庆某高校300名教师在校门口齐唱国歌维权。然而,由于教师自身的无私奉献道德操守,维权往往得不到社会应有的同情和理解。

1. 怠工。教师不满学校的待遇或处分,采取消极怠工、懈怠工作的方式,即教师不离开工作岗位也不进行就地罢工停止工作,只是放慢工作进度或敷衍了事,故意懒散、怠惰或浪费学校的资源,以此达到维持或改善工作条件和待遇的目的。事实上,教师也是劳动者,需要劳动者的团结和共同行动,才能对校方或主管部门产生一定的威慑和影响。据了解,怠工在多数国家被认为是合法的产业行动,我国法律没有对怠工的合法性做出规定。

2. 罢教。罢教是罢工的一种表现形式,"罢工""抗议"运动经常出现在西方社会的画面,这是一种司空见惯的争取利益的斗争方式。虽然我国于 1982 年修改宪法,删去罢工权的内容,但在《工会法》①中有所涉及以及我国加入的联合国《经济、社会及文化权利国际公约》中有规定,即"劳动者有权罢工"。由此可见,我国法律虽没有明确承认"罢工"的合法性,但法律也并不禁止,对公民而言"法不禁止皆可为","罢工"行为的客观存在及其合理性不容置疑。近年来,某些地方政府和学校对教师的权益置若罔闻,致使教师无法继续有尊严地教书和生活,导致矛盾激化。例如,2008 年四川、重庆、辽宁等部分地区教师集体罢教。

3. 上访。在中国形成了一种特殊的政治表达方式——上访,是群众越过基层或相应层级的国家机关到上级机关反映问题并寻求解决的一种维权途径,也是上级政府倾听了解民意的一个重要渠道和信息来源。一般来说,上访是受法律保护的合法行为,是《信访条例》允许的信访形式之一②,即"走访"。但中国政治传统采取中央集权体制,上访者对其所在地的国家机关提出的诉求难以满足或得不到顺利解决,往往采取越级或其他非法的方式进行上访,增加了社会的不安定因素,尤其是集体上访,对社会的和谐稳定造成极大的冲击。教师作为群众,同样也会有自己的利益诉求,加入上访者队伍当中去的可能性并不能排除。如 2018 年 5 月 27 日发生的安徽六安教师集体上访维权"讨薪"事件。

4. 检举。检举是我国宪法赋予公民对国家机关及其工作人员进行监督的一项民主权利,是公民向有关部门或组织揭发举报相关组织、机关及工作人员的违纪、违法和犯罪行为的途径,但不得捏造或者歪曲事实进行诬告陷害。可以通过写信举报、电话举报、媒体举报、网络举报等

---

① 《中华人民共和国工会法》第 27 条规定:企业、事业单位发生停工、怠工事件,工会应当代表职工同企业、事业单位或者有关方面协商,反映职工的意见和要求并提出解决意见。对于职工的合理要求,企业、事业单位应当予以解决。工会协助企业、事业单位做好工作,尽快恢复生产、工作秩序。

② 《中华人民共和国信访条例》中称信访是指公民、法人或者其他组织采用书信、电子邮件、传真、电话、走访等形式,向各级人民政府、县级以上人民政府工作部门反映情况,提出建议、意见或者投诉请求,依法由有关行政机关处理的活动。

方式检举。有关部门或组织包括党组织、纪检机关、公安机关、主管部门等。教师对教育主管部门、所在学校及领导的违纪、违法行为进行举报，特别是公开的媒体或网络举报及曝光，会引发社会大众的广泛关注，给相关政府部门和学校造成巨大的舆论压力，必然会直接或间接地影响甚至危害正常教育秩序和政府公信力。

（三）学生及家长的冲突行动

"学生"一词，有多重含义，现在一般指正在学校或科研机构接受教育的自然人，而跟传统的徒弟、弟子有些类似。这里的"学生"是指在各级各类学校接受教育的人，可以分为小学生、中学生、大学生等。学生是现实社会的重要成员，目前，在校生人数约占全国总人口的1/5。学生阶段是一个人一生中身心发展最为迅速、最为关键的时期，其发展具有极大的潜在性和可塑性。学生既是教育的对象，要自觉服从学校教育管理，又是学习的主体，在教师的指导下，完成学习基本任务，学校教育起主导作用。在现代教育中，学生的地位具有独立性、主体性，不是一个消极存在的客体，并非依附和从属于学校和老师，学生既要尽义务同时又享有权利。随着科教兴国战略的实施，整个社会形成了尊师重教的浓厚氛围，但是并不能遏制和排除学生及其家长在教育法律纠纷中采取某些冲突行动。

1. 冲击学校扰乱教学秩序。当前聚众冲击校园甚至殴打教师的事并不罕见，这被称为"校闹"[1]，起因往往是校园欺凌、校园伤害事故造成严重后果或学校违规办学行为等，其行为涉嫌扰乱公共秩序，要依法承担治安行政责任，情节严重构成犯罪的，依法应追究刑事责

---

[1] "校闹"是指学校安全事故处置过程中，家属及其他校外人员实施围堵学校、在校园内非法聚集、聚众闹事等扰乱学校教育教学和管理秩序，侵犯学校和师生合法权益的行为。"校闹"的本质是一种违法行为，没有法律依据，也不符合法律规定。2019年8月20日，教育部、最高人民法院、最高人民检察院、公安部、司法部共同发布《关于完善安全事故处理机制维护学校教育教学秩序的意见》（以下简称《意见》），以保障学校安心办学。《意见》从事故预防与处置、纠纷化解、打击"校闹"行为等方面构成了治理"校闹"行为的制度体系。《意见》明确了8类"校闹"行为：（1）殴打他人、故意伤害他人或者故意损毁公私财物的；（2）侵占、毁损学校房屋、设施设备的；（3）在学校设置障碍、贴报喷字、拉挂横幅、燃放鞭炮、播放哀乐、摆放花圈、泼洒污物、断水断电、堵塞大门、围堵办公场所和道路的；（4）在学校等公共场所停放尸体的；（5）以不准离开工作场所等方式非法限制学校教职工、学生人身自由的；（6）跟踪、纠缠学校相关负责人，侮辱、恐吓教职工、学生的；（7）携带易燃易爆危险物品和管制器具进入学校的；（8）其他扰乱学校教育教学秩序或侵害他人人身财产权益的行为。

任①。行为人一般都是学生的家长及其亲属等，人数众多，甚至有一些打砸等暴力行为，在有学生死亡的事件中，甚至有亲属陈尸抬棺、贴报喷字、拉挂横幅、焚烧纸钱、摆设灵堂、播放哀乐、摆放花圈，围堵校门和领导，使用扩音器和高音喇叭，导致大批群众围观，学校教学秩序遭到严重破坏，搞得学校鸡犬不宁，乌烟瘴气。甚至有些地方出现了专门而专业的"校闹机构"鼓动家长"闹事"，还帮助家长"大闹特闹"，提供"一条龙服务"。有的校园伤害事故甚至演变成一场社会危机，如2017年"四川太伏中学学生坠楼事件"。其他还有因学校办学的原因而引发聚众冲击的事件，也时有发生，例如，2011年广东省连南县寨岗镇发生一起寨岗部分村民因不满小学办公立幼儿园而冲击校园的事件。校闹事件让学校不得安宁，让教师无法安心，让师生身心备受伤害。因此，事故预防与善后沟通处置的应对显得尤为重要。

2. 辱骂或殴打教师及其他工作人员。在一些学生伤害事故、校园欺凌事件中，受害方在跟学校讨说法而协商不成的情况下，情绪不稳定，矛盾激化，家属会做出辱骂或殴打学校领导和教师的行为。还有其他情形，即对学校处分不满，或因受体罚或被教师批评惩戒而怀恨在心，例如，2016年四川德阳商贸学校7名学生在办公室围殴老师，但该教师始终保持克制未出手还击，由于7名学生均未满16周岁，公安机关未予以治安处罚，由家长带走，事发后学校对涉事的7名学生给予劝退处理。据媒体报道，仅2016年发生的学生殴打老师事件就有13起之多，还不包括学生家长殴打教师的事件，尊重教无从谈起。古人云：一日为师，终身为父。中华传统文化和价值观的缺失，拷问着现代教育的成败。被殴打的教师往往需要为了不扩大事态、顾全大局，忍气吞声；学生或家长大都从轻发落，批评教育，息事宁人。这样会助长不法分子的嚣张气焰，纵容违法犯罪，学校和教师的合法权益被悄然侵蚀和"蚕食"。

3. 集体罢课或出走。现在的学生罢课不再是革命战争年代的那种抗

---

① 2015年11月1日起实行的《刑法修正案（九）》，将《刑法》第290条第1款改为："聚众扰乱社会秩序，情节严重，致使工作、生产、营业和教学、科研、医疗无法进行，造成严重损失的，对首要分子，处三年以上七年以下有期徒刑；对其他积极参加的，处三年以下有期徒刑、拘役、管制或者剥夺政治权利。"关于"聚众扰乱社会秩序"的情节认定里，已经明确包含"教学"一项，可以依法追究"校闹者"的刑事责任。

争形式，为国家独立、民族解放、人民自由走向街头、游行示威，展示一腔爱国热情。目前的学生罢课，主要出于维护自身权益或对校方不满所采取的自发或有组织的行动。例如，2004年江苏省南京市江北建新中学约200名学生抗议学校周末补课进行集体"罢课"；2007年大连天龙计算机专修学院40余名学生称被学校欺骗集体罢课和出走，要求退学返还学费；2009年吉林省公主岭市某小学的学生反对学校调动班主任集体罢课；2013年川大科技园职业技能培训学院的学生，为了维护自身利益向学校讨要说法，集体罢课；2016年河南省上蔡县苏豫中学上千名学生集体罢课，抗议学校伙食太差。学生的集体罢课或出走，导致正常教学的中断，对学校教学秩序带来极大的冲击和破坏，给学生人身安全带来不确定的危险，同时造成不良的社会影响，这是教育领域中最严重的一种冲突行为。

4. 检举学校或教师违法行为。随着依法治国进程的推进，学生及家长的法治意识、维权意识在增强，学生不再唯命是从，对是非对错、违法与合法都有自己的认知和判断。一些有正义感的学生对学校办学的违法行为进行举报，例如，2017年江西赣州于都实验中学学生刘文展接连给多部门写信举报学校违规补课收费，被校方多次"谈话"，后被"劝退"，现辍学在家，引发了社会广泛关注。事实上，早在2015年教育部就印发《严禁中小学校和在职中小学教师有偿补课的规定》，对有偿补课采取整治措施。该规定明确了中小学及在职教师的六种行为构成有偿补课[①]。由于应试教育的恶性竞争愈演愈烈，唯分数是从，"有偿补课"将在一定范围内长期存在。另外，学生举报学校和教师的常见问题，就是体罚以及师德师风问题，例如，2015年湖北潜江市某中学教师被曝用多种手段体罚学生，学生求诉无门，在微博举报，大众哗然。还有一些被举报的情形就是学校乱收费、乱摊派以及教师歧视侮辱学生，甚至导致严重后果。

---

① 严禁中小学校和在职中小学教师有偿补课的规定：一、严禁中小学校组织、要求学生参加有偿补课；二、严禁中小学校与校外培训机构联合进行有偿补课；三、严禁中小学校为校外培训机构有偿补课提供教育教学设施或学生信息；四、严禁在职中小学教师组织、推荐和诱导学生参加校内外有偿补课；五、严禁在职中小学教师参加校外培训机构或由其他教师、家长、家长委员会等组织的有偿补课；六、严禁在职中小学教师为校外培训机构和他人介绍生源、提供相关信息。

（四）其他主体的冲突行动

在教育领域中的法律纠纷涉及的相关主体较多，除了常见的学校、教师和学生外，还有教育行政机关和其他相关主体，包括联合办学或合作办学的法人、自然人、非法人组织。

1. 教育行政机关作出行政处罚或不予行政许可。教育行政机关是依法设置、享有并运用国家教育行政权力，负责对国家各项教育事务进行组织、管理、监督和指挥的国家机关。包括国务院和地方各级人民政府担负教育行政管理职能的专门机关，是国家行政机关中专门从事教育行政管理的行政机关。行政处罚和行政许可是教育行政机关日常执法中最常用、最重要的两种形式，对行政相对人的权利义务产生直接的影响，从而成为引发教育法律纠纷的表现形式和冲突行为。

行政处罚是一种减损行政相对人权益的单方行政行为，是对违法行为人的制裁惩戒。根据《行政处罚法》《教育法》《教育行政处罚暂行实施办法》等教育法律法规设立的处罚性质和形式，教育行政处罚可划分为四大类：（1）申诫罚，包括警告和通报批评；（2）能力罚，包括对教育机构的责令停业招生或停办、吊销办学许可证、停止或取消颁发证书的资格等以及对自然人的取消考试资格、取消考试成绩、停考或限考、取消录取资格、撤销教师资格等；（3）财产罚，包括罚款、没收非法所得、没收非法财物；（4）人身罚，主要就是行政拘留，劳动教养已被废止。教育行政机关对行政相对人作出行政处罚，除了申诫罚外，会引发进一步的对抗和冲突。

行政许可是一种增权赋益的依申请的具体行政行为，赋予行政相对方从事某种活动事项的法律资格或权利。通过许可方式规范主体的市场准入，控制风险和保障安全，维护经济社会秩序和公共利益。根据《行政许可法》《教育法》《实施教育行政许可若干规定》，教育行政许可机关不予许可的情形，主要包括：（1）申请的事项不属于教育行政机关的职责范围；（2）提交申请的材料不齐全、不符合法定形式逾期不补正；（3）提交申请的材料不真实，存在弄虚作假；（4）申请人的资质不符合法定要求等。教育行政许可机关不予许可，必然致使申请人预期利益受损或可期待利益不能实现，从而导致申请人与教育行政机关的冲突和紧张关系。

2. 相关教育合同主体的违约或维权。教育不是单纯的政府公益事业，它跟市场、社会有着密切的联系。在教育领域中，随着社会力量办学的兴起，校企合作的推行，公民、法人参与办学、联合办学得到国家政策和法律的认可和支持，越来越普遍。但在双方履行合作办学的合同过程中，不可避免地存在利益分配的纠葛或行为意志的分歧，教育合同主体违约的事件并不稀奇，例如，2004年四川音乐学院与成都久力公司联合办学因合同违约而引发官司。合作办学纠纷在民办教育中更为多见，在彼此合作办学过程中，一方违约，另一方采取维权措施，致使双方冲突不断升级，特别是中外合作办学纠纷中，双方所采取的冲突行为和纠纷手段更加复杂，甚至牵涉到国与国的关系以及国际教育服务贸易规则。

第二章 教育法律纠纷特点的分析与归结

研究某种事物都离不开对其特点进行分析、归纳和把握。正确认识事物的特点，常用归纳法，尽管休谟对归纳法提出诘难，"归纳问题"一直未能得到完满的解决，但"归纳问题首先应该是一个实践问题……归纳法的实际运用是不会受到多少妨碍的"。① 人类的认识过程总是从个别的事物和现象开始，进而达到对事物和现象的普遍规律的认识，获得普遍知识②，这都离不开归纳法的运用。因为归纳法的实用性比可靠性更重要，在此不必纠缠"休谟问题"。把握教育法律纠纷特点是有效构建应对机制的基础和前提，学界有学者对教育法律纠纷的特点进行过一些归纳研究，但不够全面或已经过时。随着社会主义新时代的到来，社会主要矛盾发生变化，教育法律纠纷特点必然随之发生变化。本书通过典型案例和实地调查，从分析教育法律纠纷若干维度各个方面的表现入手进行归纳和把握。

第一节 教育法律纠纷典型案例剖析

根据前文对教育法律纠纷的内涵和类型的分析，教育法律纠纷从纠纷主体上可划分为：学校与学校的纠纷、学校与教育行政部门的纠纷、学校与教师的纠纷、学校与学生的纠纷、教师与学生的纠纷以及教师或学校与家长的纠纷。这些纠纷的主体虽有所不同，但这些教育法律纠纷往往围绕

---

① 张忠跃:《休谟归纳问题的解决方案评析——马克思主义视域下的新解读》,《长春理工大学学报》（社会科学版）2012 年第 9 期。
② 田华银:《论关于事物的普遍知识——再谈归纳推理的合理性》,《重庆科技学院学报》（社会科学版）2006 年第 1 期。

学校和学生的各项权利展开，主要包括受教育权、隐私权、财产权、人身权、教育教学权、学术权、劳动报酬权等。在此，我们主要对教育法律纠纷较多涉及的受教育权、人身权、财产权和学术权四种权利分别进行典型案例的剖析，以此对教育法律纠纷的特点进行归纳总结。

一 受教育权纠纷典型案例分析

受教育权是《世界人权宣言》《经济社会和文化权利国际公约》等国际文件确认和保障的一项重要的社会基本权利，也是大多数国家宪法规定的基本权利，我国《宪法》第46条明确规定，中华人民共和国公民有受教育的权利和义务。随着社会现代化进程的推进，公民对于教育的诉求与对受教育权的维权意识也不断提升，以受教育权为纠纷焦点的司法诉讼接踵而至。继田永状告母校北京科技大学案开始，在涉及受教育权的教育司法诉讼中不乏学校的身影，并且往往是诉讼中的被告方，尤以高等学校为最。在此，我们以"1998年田永诉北京科技大学学位纠纷案"和2017年发生于江西于都县的"中学生举报学校补课收费遭劝退"为典型案例，对二者进行简单分析。案例详情如下。

案例一：田永诉北京科技大学学位纠纷案

1996年2月，北京科技大学学生田永在参加电磁学课程补考的过程中，随身携带写有电磁学公式的纸条，中途去厕所时，纸条掉出，被监考教师发现。田永随即被停止考试。同年，北京科技大学根据相关规定，决定对田永按退学处理，并填发了学籍变动通知。但是，北京科技大学没有直接向田永宣布处分决定和送达变更学籍通知，也未给田永办理退学手续。田永继续在该校以在校大学生的身份参加正常学习及学校组织的活动。然而1998年田永在临近毕业时，被告知不具备学籍，学校拒绝颁发毕业证、学位证。田永将北京科技大学告上法院。经法院审理判决被告北京科技大学在本判决生效之日起30日内向原告田永颁发大学本科毕业证书。

案例二：中学生举报学校补课收费遭劝退[①]

2017年3月，江西省于都县于都实验中学学生刘文展通过网上信访系统举报了所就读的学校存在周末收费性质补课行为。几天后，班主任

[①] 祖一飞等：《江西一学生举报收费补课遭劝退》，《北京青年报》2017年9月20日。

找到刘文展，就举报事件对其"做思想工作"。然而，刘文展并未撤回举报内容，同时写下了第二封举报信，内容中还增加了学校"收买"举报人信息、教育局"出卖"举报人信息且"放任"补课的行为。他还称，自发出举报信后，校方多次找到他及家人，要求他停止举报。新学期开始前，刘文展的班主任给刘母发了一条劝退信息，让其"换一个学校"。对此，校方回应称，此举系班主任个人行为，并已对涉事老师进行了严肃的口头批评。同时，于都实验中学校董事会对校长进行了解聘处理。刘文展至今仍未复学。

案例一田永案开启了学校作为法律诉讼中被告的先例，而案例二刘文展事件中，刘文展遭受"劝退"疑似与其举报学校违规活动有关。案例一与案例二有相同之处，又有不同之处。从案例一与案例二中不难看出，田永与刘文展的受教育权都受到了不同程度的侵害——田永的学籍在未被告知的情况下被学校注销，程序违法，其被告知权、申辩权、申诉权未得到保障；刘文展在被"劝退"后，其受教育权受到直接侵害。两个案例中，侵害人均为二人所就读的学校。除了两个案例的相同之处，它还存在以下的不同之处：在事件的起因上，案例一田永案更为直接，即其受教育权遭受侵害；案例二刘文展事件中受教育权受到侵害只是其检举学校违规行为的后果，其深层次原因还是县教育局对检举人的隐私疏于保护。在事件的结局上，案例一中田永积极采取权利救济渠道，通过申诉、诉讼的方式维护了自己的受教育权，成功取得毕业证；而案例二中刘文展因种种原因并未通过合法途径维护自己的受教育权，至今仍未复学。

通过对案例一与案例二两个案例的分析我们发现，教育纠纷过程中信息公开和沟通的重要性显得尤为重要。案例一中，北京科技大学在田永向原国家教委高校学生司申诉之后并未与田永本人进行沟通，仅对其违反考场纪律一事进行复查；案例二中，于都实验中学在被刘文展举报后亦未与其沟通交流，反而对其进行威胁与报复，最后造成事件的扩大。处理教育法律纠纷不是应对教育法律纠纷工作的全部，更不是解决教育法律纠纷问题的最好办法。纠纷处理中双方的及时、有效的沟通必不可少，这往往能够遏制事态的进一步恶化。另外，刘文展辍学在家，没有复学，必有种种顾虑，担心被学校师生冷落和歧视。足见，教育关系的敏感性与脆弱性，以及受教育权保护的特殊性。

二 人身权纠纷典型案例分析

人身权是作为一个自然人所具有的基本社会权利，一般分为身份权和人格权两个部分①。身份权是指有特定相对人的人身权，具体有配偶权、亲权、其他亲属权、监护权；人格权的内涵法学界目前未有定论，如卡尔·拉伦茨认为人格权是一种受尊重权，也就是说，承认并且不侵害他人所固有的"尊严"以及人的身体和精神。② 虽然我国教育界积极推行教育改革，教育理念推陈出新，但长期在教师中心教育理念的影响下，学生的名誉权、荣誉权、隐私权等保障学生社会存在的人格权常常被忽视，甚至侵害，造成教育法律纠纷，酿成校园惨剧。案例三与案例四中的丁婷与夏某二人的人身权均受到了不同程度的侵害。

案例三：老师骂学生"坐台都没资格"致其自杀案

2003年4月12日中午，位于重庆市渝中区的某实验学校，有人跳楼自杀，跳楼自杀的该校初三学生丁婷（化名）被送到了市急救中心。经一系列措施抢救无效后死亡。在随后的调查中，警察在丁婷身上发现了一份遗书，其中写道："汪老师您说得很对，我做什么都没资格，学习不好，长得也不漂亮，连当坐台都没有资格。您放心我不会再给您惹事，因为这个世界上不会再有我这个人，我对您的承诺说到做到。"经调查发现，丁婷自杀前，汪宗惠曾在学校办公室有一个教师和另外一个学生陆续在场的情况下，对丁婷说："你长得又矮又丑，连坐台都没有资格"。丁婷的父母以侮辱罪将丁婷的班主任老师汪宗惠告上法庭。他们认为，汪宗惠在丁婷自杀前说的这句话，侮辱了丁婷，导致丁婷跳楼自杀。

案例四：学生被班主任体罚受伤案

2021年7月初，重庆市云阳县某镇初中，发生了一起班主任体罚学生致使学生受伤的案例。初一年级学生夏某（男）在中午放学时和同学对某任课老师直呼其名，恰巧被该老师听到，该老师随即将此事报告给了夏某的班主任并要求班主任对其进行"教育"。之后班主任将当时涉事的几位同学叫至办公室，一番询问后对夏某使用竹条在腿部进行抽打，致使夏某腿部出现大面积击打伤和划伤，多处伤口破裂出血。家长知晓此事后到校进行询问与协商，该班主任愿意出300元医药费给夏某进行

---

① 郭明瑞：《人身权立法之我见》，《法律科学（西北政法大学学报）》2012年第4期。
② 参见［德］卡尔·拉伦茨《德国民法通论》，王晓晔等译，法律出版社2013年版。

治疗并向夏某及其家长道歉。家长不接受，提出1万元赔偿款及学生转班要求，双方未能达成一致。

案例三中班主任汪老师对丁婷的辱骂是导致其跳楼自杀的直接原因，汪老师无疑要对此负主要责任。根据丁婷所在学校其他人员的反映，汪老师平时就有辱骂学生的行为，不仅仅是针对丁婷。《教师法》明确规定：教师应当"关心、爱护全体学生，尊重学生人格，促进学生在品德、智力、体质等方面全面发展"。此外，第三十七条还规定："教师品行不良、侮辱学生，影响恶劣的"，"情节严重，构成犯罪的，依法追究刑事责任"。案例四中夏某的健康权受到了侵害，根据《未成年人保护法》①《教师法》② 等有关法律的规定，对于体罚和变相体罚学生的教师，应该追究相应的法律责任。在该案例中，班主任对夏某的教育惩戒，超出了《中小学教育惩戒规则（试行）》的范围，属于典型的体罚。事实上按照法律程序处理，简单明了，但是据笔者了解的情况并非如此。班主任不接受过高的赔偿，只愿意支付医药费，觉得给学生赔钱很没有面子；而学生本人及其家长面对因体罚而伤痕累累的身心不赔偿难以抚平创伤，觉得如果接受班主任的赔偿担心日后遭到各种非难和麻烦，毕竟师生一场，抬头不见低头见，双方内心十分纠结和矛盾，进退维谷，但都不愿意把事情闹大闹僵。由此可见，教育法律纠纷往往比一般的法律纠纷更为棘手、复杂，涉及各种因素，在熟人社会以及其伦理关系中，教育纠纷并非依法就可以得到妥善处理。因此，应对教育法律纠纷重在预防，纠纷发生后更需要沟通调解，尽可能把纠纷带来的伤害降到最低，这为教育法律纠纷应对机制的建构铺垫了现实基础。

三 财产权纠纷典型案例分析

财产权是生存的前提。根据民法典的规定，公民的财产权是民法调整的内容。在我国《宪法》及相关法律的规定中，财产权包括物权、债券、知识产权以及股票、债券等有价证券。在教育法律纠纷中，财产权

---

① 《未成年人保护法》第二十一条　学校、幼儿园、托儿所的教职员工应当尊重未成年人的人格尊严，不得对未成年人实施体罚、变相体罚或者其他侮辱人格尊严的行为。
② 第三十七条　教师有下列情形之一的，由所在学校、其他教育机构或者教育行政部门给予行政处分或者解聘。（一）故意不完成教育教学任务给教育教学工作造成损失的；（二）体罚学生，经教育不改的；（三）品行不良、侮辱学生，影响恶劣的。教师有前款第（二）项、第（三）项所列情形之一，情节严重，构成犯罪的，依法追究刑事责任。

涉及较多，一般表现为教师薪酬问题、学生奖学金发放、学校收费问题等。例如民办培训机构倒闭，家长追讨预付款问题，此类问题引发的教育法律纠纷相对较少且因一般在民法适用范围内，存在问题较少，故在此不必讨论。

案例五：湖北某高校对学生奖学金"二次分配"案①

"为了倡导一种团结友爱、互帮互助的精神"，湖北省某高校日前"建议"对该校 35 名国家奖学金获得者的奖学金进行"二次分配"，以资助更多的未获奖的贫困生。为达目的，该校院、系领导"亲自"出马，拿着已经填好了"建议捐款数额"的"自愿捐款协议书"对获奖学生进行"动员"，终于使除家庭特别困难、所得奖学金不够交清所欠学费的 3 名学生之外的其他 32 名学生捐出 10.4 万元奖金，引发学生的不满和冲突。

案例六：安徽六安教师上街"讨薪"案②

2018 年 5 月 27 日上午，安徽六安市部分学校约 200 名教师因待遇发放问题集体到该市市政府大门处"上访"。警方在对其劝离无效后，对部分人员进行抓捕，并与讨薪教师发生激烈冲突。其中有一位女教师在被抓过程中因反抗而受伤。5 月 27 日晚间，安徽省六安市公安局官方微博发布《关于六安教师维权处警情况的通报》，引起了社会的广泛关注和舆论的持续发酵。通报指出，如果民警有殴打教师的行为，诚恳欢迎当事人帮助指认举报。5 月 28 日下午，光明网客户端发表评论文章，指出"其薪资有国家财政保障的教师，竟然为拖欠工薪而发出公开呼求，这无论如何都是件令人羞耻的事情"。5 月 28 日晚间，央视网亦刊文，指出"要民警来广场'化解矛盾'，只能是治标不治本"，呼吁"让教师有一个说理的地方"。截至 2018 年 5 月 29 日，六安市政府、市教育局等相关部门的官网，均无对该事件的回应，有记者致电六安市宣传部门，相关工作人员回复，该部门亦无相关信息提供。

在案例五中，为了让更多的贫困生得到资助，湖北某高校此举的出发点无疑是好的，但有"道德绑架"之嫌，显然不合情理，更不合法。根据财政部、教育部关于印发《普通本科高校、高等职业学校国家奖学

---

① 《谁动了我的"奖学金"?》，《中国青年报》，http://zqb.cyol.com/content/2003-07/28/content_704407.htm。

② 《安徽六安教师讨薪事件引关注 当地教育部门未做回应》，大公网，http://news.takungpao.com/society/topnews/2018-05/3573384.html。

金管理暂行办法》的通知中第五条奖励标准与基本条件:"在校期间学习成绩优异……综合素质等方面特别突出"及第十四条规定:"对国家奖学金实行分账核算,专款专用,不得截留、挤占、挪用。"该校这样的做法显然是违背了设立国家奖学金的初衷和要求。获奖者对奖学金的支配权得不到保证,一方面是将打击大学生争取国家奖学金的积极性;另一方面是侵犯了获奖者对于奖学金的财产权,因为奖学金一旦发给学生,就应当属于个人财产,所有者就有权支配其财产。案例六中的事件起因是安徽省六安市没有执行国家政策和法律发放教师工资,侵犯了教师合法权益。为了更好地解决教师待遇,《教师法》立法过程中就教师待遇问题,时时刻刻比照公务员标准。① 2015 年,国家财政部和人社部曾联合发文,对年度考核合格的教师,每年发放不少于 36000 元的工资补贴,但当地政府部门并没有按规定发放一次性工作奖励,安徽此前已有多地发生教师集体上访维权事件。

根据上述两个案例分析,可以看出在教育领域产生"财产权"法律纠纷时相较其他案例有着更为广泛的复杂性:一是在案例五中,学生相较于学校所处的弱势地位使其在保护自己的财产权时三缄其口,瞻前顾后,最后即使是在"不愿意"的情况下也"不得不"接受这样的安排;二是在案例六中教师相较于学校与政府部门所处的弱势地位及工作所属关系,使其在维护自己的合法权益时很难有"合理恰当"的途径选择。在纠纷产生前没有做到信息公开,纠纷发生后也是缺乏沟通协商机制以及应对突发事件的能力,显然对教育法律纠纷应对机制的构建提出了更高的期待。

四 学术权纠纷典型案例分析

科学研究是现代大学的几大功能之一,因此,学术权毫无疑问的是高等学校的重要权力之一。学术权力,简而言之,就是管理学术活动的权力,主要包括管理教学活动、科学研究、学科建设、课程设置、教材建设、师资培养、职称评定、学位授予等活动的权力。② 随着高校学生维权

---

① 孙霄兵、龙洋:《〈教师法〉的法治价值和立法原则——兼论我国改革开放 40 年教育立法传统》,《中国高教研究》2019 年第 3 期。
② 居南生:《用好行政权 强化学术权 尊重和支持公众权》,《中国高等教育》2008 年第 2 期。

意识的增强，涉及学位授予内容的学术权纠纷的诉讼开始司空见惯。

案例七：刘燕文诉北京大学博士学位纠纷案

1995年12月，身为北大1992级无线电电子学系博士研究生的刘燕文提出答辩申请，将其博士学位论文提交学校。次年1月，刘的论文以全票7票通过了电子学系论文答辩委员会的答辩；同月，系学位评定委员会以12人同意、1人不同意的表决结果，建议授予刘博士学位；同月，北京大学学位评定委员会召开会议，应到委员21人，实到16人，投票结果是6票赞成、7票反对、3票弃权。因此，校学位评定委员会不批准授予刘博士学位。1999年9月，海淀法院受理刘燕文诉北大案。12月，海淀法院一审判决撤销北大为刘燕文颁发的博士研究生结业证书，责令北大在判决生效后两个月内向原告刘燕文颁发博士研究生毕业证书。北大不服，提起上诉。北京市第一中级人民法院裁定撤销海淀法院的判决，发回重审。2000年12月，海淀法院以"超过诉讼时效"为由，驳回了刘燕文的诉讼请求。

案例八：西北政法大学申博行政复议案

2009年4月27日，陕西省教育厅根据政务公开的要求，在教育厅网站上发布了《陕西省学位委员会关于对三所院校新增博士、硕士学位授予单位项目建设规划进行公示的通知》，明文"经有关学校申报、专家组评审、省学位委员会审议，确定西安工业大学、西安外国语大学为拟新增博士学位授权立项建设单位"，公示期30天。此前，在获知陕西省学位委员会于4月14日"以举手表决方式决定维持3月27日专家组评审意见，将西安工业大学和西安外国语大学确定为拟立项建设单位"之后，西北政法大学副校长王翰和该校司法官教育院院长朴宗根两位教授代表学校，依法向陕西省人民政府递交了《行政复议申请书》。

案例七刘燕文诉北京大学博士学位纠纷案可谓开创了因学位问题状告母校的先河，成为教育法律学位纠纷中的经典案例。首先，《教育法》《学位条例》等对学生（也包括教员）权利的保障不充分，如对学生被开除学籍、被拒发毕业证和学位证、教师职称评定问题等没有规定需要说明理由，听取学生陈述和申辩等程序制度，更没有规定明确的司法救济。其次，《学位条例》有些条款过于抽象、不具体，在实践中容易引起争议。例如，《学位条例》第10条规定学位委员会决定是否授予学生学位，经全体成员过半数通过。这里没有规定学位委员会开会，法定出席人数是多少;"全体成员过半数",也没有明确是出席会议的全体成员过半数还是委员会全体成员过半数;没有明确规定"不授予学位"的情况;也没有明确投票时是否允许委员投弃权票等。此案中,除了学位授予程序是否公正值得注意以外,司法介入与学术自治之间的博弈亦值得引起深思。涉及学位授予、职称评定问题的教育纠纷诉讼,学术自治往往会成为阻碍司法救济的一大难题。所以,在司法实务中,司法权对于此类教育法律诉讼的介入通常都是不完全介入,即司法机关仅对学位授予或职称评定的程序是否公正作出判决,不对其结果给出裁判。案例八与一般教育法律纠纷案例不同,属于较为罕见的案例。案例八中西北政法大学因质疑申博程序的公平公正性而向陕西省人民政府提起行政复议,且行政复议请求被受理,它被称为中国高校对教育行政部门提出行政复议的"第一案"。但此案例与案例七所反映的问题如出一辙,都是缺乏完善的制度安排,导致管理的公正性遭受质疑。由此可见,完善各项规章制度,不仅仅是指权利救济制度,还有日常管理制度,它是预防教育法律纠纷、降低其负面影响的必备条件。

案例九:姚燕燕教师职称评定"不公"案①

姚燕燕是河南焦作市第十七中学教师,从教 25 年,被评为市级骨干教师。2020 年 10 月她在参加所在学校组织的高级教师职称评选中,基本积分在 17 人中排名第二,却被民主测评分值高的两名教师在总分值上反超,因而落选。此后,她通过社交账号在网络平台发布视频反映本人受到了"不公平待遇",引发社会广泛关注。该市山阳区相关部门随即成立调查组进行调查后,对外发布"通报"和"说明",对事情予以澄清。姚燕燕对此调查结果不予认可,在多次交流沟通无果后,她向区教育局邮寄了《教师申诉书》;次年 1 月,姚燕燕以区教育局行政不作为为由,将区教育局起诉至焦作市山阳区人民法院。4 月,焦作市山阳区人民法院一审认为,因姚燕燕提起的诉讼不符合法律规定的起诉条件,山阳区人民法院依法裁定驳回其起诉,姚燕燕被停课受处分。姚燕燕表示不服,将继续上诉。5 月,河南省相关部门已经介入调查。

近年来,教师职称评定是纠纷的多发区,甚至是重灾区。当前职称制度不合理,特别是中小学教师职称评定成为一线教师心中的痛。有人

---

① 《姚燕燕》,百度百科,https://baike.baidu.com/item/%E5%A7%9A%E7%87%95%E7%87%95/56568346?fr=aladdin#reference-[2]-32004030-wrap。

戏谑称:"学校也是江湖,教师评定职称的竞争何等残酷!"2018年初中共中央、国务院出台的《关于全面深化新时代教师队伍建设改革的意见》中,提到要"深化中小学教师职称和考核评价制度改革",尽量消除目前存在的种种弊端,让职称改革真正能发挥它的初衷和激励的作用。然而,对于任何地方评定职称来说,都是僧多粥少——各种弊端也频仍出现。职称评定关系到多个方面,比如激励的作用、职称高低决定工资高低、教学研究的权益等,关系着教师的切身利益。姚燕燕在此次事件过程中从网上举报投诉,到在媒体上发声回应,寻求舆论支持,再到诉诸法律,以及引起社会广泛关注与民众共鸣,充分反映了学校与教育系统在面对此类教育纠纷事件时的应对能力的"疲软"。其背后更是折射出众多参加过职称评定的教师,对于此类纠纷解决及相关制度完善的关注与期盼,建构多元化的纠纷应对机制势在必行。

第二节　教育法律纠纷的实地调研

古人云:"纸上得来终觉浅,绝知此事要躬行。"中国人历来强调知行合一,实践出真知。毛泽东曾在1930年《反对本本主义》中提出"没有调查就没有发言权"的著名论断,只有通过调查实践才能获取大量的第一手资料。调查研究是对客观实际情况的调查了解和分析研究,目的是把事情的真相和全貌调查清楚,把问题的本质和规律把握准确,把解决问题的思路和对策研究透彻。① 2017年习近平总书记提出要"大兴调查研究之风",认为"调查研究是谋事之基、成事之道"②。中国特色社会主义进入新时代,教育事业面临新形势新任务,对教育法律纠纷的实际情况,也只能通过调查研究来了解和把握。

一　调研的基本情况

党的十八大以来,中国社会发生深刻变革,党的十九大作出了"中国特色社会主义进入新时代"的重大判断,并指出了我国社会主要矛盾

---

① 刘昀献:《学习领会习近平总书记关于调查研究的重要思想》,《北京日报》2018年7月9日。
② 转引《光明日报》评论员文章《调查研究是谋事之基成事之道——论贯彻落实习近平总书记关于在全党大兴调查研究之风的重要指示精神》,《光明日报》2018年2月24日。

的变化。新时代社会主要矛盾的变化必然意味着教育领域的矛盾发生变化，因此有必要对新时代教育法律纠纷的特点及应对机制的现实状况做一个比较全面深入的了解，以及时准确地把握和更新新时代背景下教育领域动态信息。本书调研在重庆市教委的支持下、重庆市教育评估院的帮助下，针对重庆市部分学校、教师、学生教育法律纠纷及应对机制进行详细调查，在课题组统筹安排下，组成4个调研小组共12人，奔赴重庆14个区县的30个学校进行问卷调查和访谈。

(一) 调研的目的和意义

在现代中国，随着公民意识的觉醒和国家法律的完善，民众对依靠法律来解决纠纷也越来越认同。学校自古以来就被认为是教书育人的神圣之地，但是近年来发生了诸多的教育法律纠纷，将学校诉诸法院的案例时有发生，引起了社会各界的广泛关注和热议。尤其是进入新时代以来，人民群众对于教育需求提出了更高的要求，从要"有学上"到想"上好学"[1]，想获得更加公平、优质、多样化的教育资源。如何看待这些教育纠纷背后的法律问题，如何预防和化解类似的纠纷，努力营造学校良好的育人环境，有着极其重要的意义。通过调查重庆市在校学生和教师的教育法律纠纷的现状及解决路径，了解和掌握教育法律纠纷的特点，为教育法律纠纷应对机制的构建提供了现实基础和实践依据，同时也为政府职能部门和学校提供了应对决策参考。

(二) 调研时间和地点

1. 调研时间：2017年11月6日至12月13日。
2. 调研地点：为了保护被调研学校信息，在此不公布学校名称。被调研学校共30所，其中：小学8所，中学7所，中职3所，高职9所，本科院校3所。分布于重庆市14个区县，其中农村学校9所，城区学校21所。

(三) 调研对象和方式

1. 调研对象：本书的抽样总体应该为全国范围内所有的学校、教师、学生以及所有的教育主管部门、法院、检察院等工作人员，但是这

---

[1] 宋孝忠：《习近平新时代教育发展战略重要论述研究》，《华北水利水电大学学报》（社会科学版）2019年第5期。

无疑是不现实的。因此，课题组按照经济性原则确定了将重庆市作为抽样框，并按照随机抽样的方法确定了重庆市 14 个区县的小学、初中、高中、中职、高职、普通本科高校，再采取随机抽样与整群抽样相结合的方法产生出被抽样调查的教师、学生（未抽取小学生）。

2. 调研方式：主要采用问卷调查和访谈调查两种方式。问卷分为教师和学生两种调查问卷，教师调查问卷总共有 15 道选择题，分别为单项 12 道，多项 3 道；学生调查问卷总共有单选 12 道。对 30 所学校采用实地纸质问卷（教师问卷 1500 份、学生问卷 2000 份）的发放；样本为在校的学生和教师。访谈对象也同样是在问卷发放的学校当中产生。

（四）调研内容和过程

1. 调研内容

（1）教育法律纠纷的总体情况

近年来，在全面推进依法治国的背景下，教育部相继下发了《依法治教实施纲要（2016—2020 年）》《全面推进依法治校实施纲要》，对化解校园矛盾纠纷提出更高的要求。随着现代学校管理活动的复杂化、利益的多元化，学生、教师与学校必然会引起这样或那样的法律纠纷。调研工作遵循"深、实、细、准、效"[①] 的原则，通过设计问卷和访谈问题，对受调查者的回答进行分析统计，了解当前我国教育法律纠纷总体情况。

（2）受调查者对教育法律纠纷的看法

改革开放以来，我国的教育事业取得了突飞猛进的发展，目前建成了世界规模最大的教育体系。在数量如此庞大的教育体系中，涉及社会民生的方方面面，利益纠纷在所难免。随着主体的明晰和利益的分化，尽管学生、教师和学校的根本利益是一致的，但也不可避免地存在分歧和差异，发生和可能发生纠纷的风险范围在扩大，纠纷性质类型越来越多样化。通过对受访者的调查，进一步核实和摸清当前教育法律纠纷的新状况、新特点。

（3）受调查者对教育法律纠纷应对机制的看法

健全社会矛盾纠纷预防化解机制，是实现社会公平正义、维护社会

---

① 习近平：《之江新语》，浙江人民出版社 2007 年版，第 1 页。

和谐安定的重要举措。近年来，中共中央、国务院发布了《关于完善矛盾纠纷多元化解机制的意见》，最高人民法院出台《关于人民法院进一步深化多元化纠纷解决机制改革的意见》等文件，对构建中国特色的多元化纠纷化解体系具有里程碑式的意义。这些文件对于教育领域的法律纠纷的预防化解起到重要的指导和引领的作用。通过调查，了解教育领域的相关主体对教育法律纠纷的预防化解机制的认识和态度。

2. 调研过程

2017 年 11 月 6 日由课题负责人开始组织制定调研方案；11 月 10 日至 13 日，组织设计调查问卷的内容和访谈提纲；11 月 18 日至 20 日，进行样本抽取和选择，制作纸质问卷，教师问卷 1500 份，学生问卷 2000 份。2017 年 11 月 23 日至 12 月 13 日实施调查问卷的发放与回收以及相关人员的访谈；12 月 13 日至 18 日课题组成员对原始材料进行汇总、整理、录入、分析；12 月 18 日至 25 日集体撰写调研报告。

（五）问卷回收情况

问卷在回收后进行统计，纸质问卷回收了学生 1639 份、教师 1339 份，学生问卷回收率接近 82%（81.95%），教师问卷回收率超过 89%（89.3%）。对学生这 1639 份有效问卷进行分析：其中男性有 669 人，女性有 970 人；对教师这 1339 份有效问卷进行分析：其中男性有 589 人，女性有 750 人，两类问卷群体中均为女性人数稍多于男性；学生所在学段比例基本为 321∶740∶578（初中∶高中∶高等院校）；教师所在学校学段比例基本为 240∶413∶333∶353（小学∶初中∶高中∶高校）。

二 调研的分析过程

（一）数据的分析方法

本书主要是在调查研究的基础上，涉及对调查问卷的处理和对访谈记录的处理，对调查问卷收集来的资料主要进行的是定量分析，同时对于访谈的内容则是采用定性分析和定量分析相结合的方法。本书所有数据的量化操作都是基于 SPSS17.0 软件进行录入整理、频率统计、描述统计等其他相关分析的。参与本书的数据录入人员都是经过专业培训的有相关专业知识背景的研究生，在参与录入之前经过讨论和协商，录入过程中对问卷严格分类存放，以便纠错时再次准确校对，在录入之后进行了详细的检查和校对，以保证数据的准确性。

本书的问卷数据是针对学生和教师两个群体分别展开调研的，因此在数据的录入和分析过程中也是将两者分别进行统计分析。针对部分共同问题，进行了相应的比较分析。首先，在学生的调查过程中，主要的变量是个人的基本信息，包括性别、年龄、学段（学校阶段）、户籍。教师的调查中的主要变量也是个人的基本信息。其次，本书除了对回答问题中选项出现的频率做了全面的统计之外，还考虑到不同的人群会在面对同一问题时作出不同的回答而进行了相关的交叉分析以及多重响应分析，以期发现更多的规律。

一般来讲，基于学生户籍差别背景下，农村学校和城市学校的学生或教师对教育法律纠纷的认识情况应该各有其特点，但是通过统计研究发现，二者对于问题的回答情况相似，差异性不大，故在做其他相关交叉分析及回归分析时并未再考虑户籍因素。同样地，通过分析比较发现，性别因素对于学生或教师对教育法律纠纷问题的认识的影响不是特别明显，不必就此进行交叉分析。因为学生的年龄因素与学生的学段密切相关，呈正相关分布，因此在分析中也不再对年龄因素的影响进行分析。而通过卡方检验及交叉分析发现教师的年龄对教师在问题回答方面的影响不显著，因此不单独作为变量因素进行交叉分析。

（二）调研结果的描述与分析

教育法律纠纷作为学校教育中最常见的纠纷现象，与教育主体即教师和学生的权益密切相关，对于该问题的调研有助于我们发现当前教育领域存在的不足，从而为更好地促进教育的发展提出建议。因此本书主要面对教师和学生展开调研来研究他们对当前教育法律纠纷的看法，从而得出当前教育法律纠纷的总趋势，以及不同学段面临的教育法律纠纷是否不同、当前存在的教育法律纠纷的性质、受调查者应对法律纠纷时采取的态度和手段及对教育法律纠纷解决效果的态度等主要的结论。

1. 教育法律纠纷总体趋势

（1）教育法律纠纷总体趋于平稳且有下降趋势。受调查者对"当前发生在教育领域的法律纠纷是否严重"的看法在一定程度上反映着当前的社会现实,而他们对当前"所在学校的矛盾纠纷的发生率与往年相比"的看法必然是基于当前的社会现状与之前社会现状的对比以及相关应对机制的效果所作出的判断,从一定程度上也能够反映当前教育法律纠纷的一种总体趋势的走向。以下表格是本次调研所得的相关数据(见表2-1至表2-4)。

表2-1 学生对"当前发生在教育领域的法律纠纷是否严重"的看法　　单位:%

		频数	百分比	有效百分比	累计百分比
Valid	严重	366	22.3	22.3	22.3
	不严重	654	39.9	39.9	62.2
	没有纠纷	328	20.0	20.0	82.2
	不知道	291	17.8	17.8	100.0
	总计	1639	100.0	100.0	

表2-2 学生对其"所在学校的矛盾纠纷的发生率与往年相比"的看法　　单位:%

		频数	百分比	有效百分比	累计百分比
Valid	比往年高	80	4.9	4.9	4.9
	与往年一样	101	6.2	6.2	11.1
	比往年低	756	46.1	46.1	57.2
	不清楚	702	42.8	42.8	100.0
	总计	1639	100.0	100.0	

表2-3 教师对"当前发生在教育领域的法律纠纷是否严重"的看法　　单位:%

		频数	百分比	有效百分比	累计百分比
Valid	严重	292	21.8	21.8	21.8
	不严重	666	49.7	49.7	71.5
	没有纠纷	242	18.1	18.1	89.6
	不知道	139	10.4	10.4	100.0
	总计	1339	100.0	100.0	

表 2-4　教师对其"所在学校的矛盾纠纷的发生率与往年相比"的看法　　单位:%

		频数	百分比	有效百分比	累计百分比
Valid	比往年高	110	8.2	8.2	8.2
	与往年一样	164	12.2	12.2	20.4
	比往年低	771	57.6	57.6	78.0
	不清楚	294	22.0	22.0	100.0
	总计	1339	100.0	100.0	

通过对上述表格（表 2-1 至表 2-4）的分析，学生方面：认为"当前发生在教育领域的法律纠纷""严重"的仅占应答调查学生人数的 22.3%，而认为"不严重"的比例最高，达到了近四成（39.9%）。同时，在对"所在学校的矛盾纠纷的发生率与往年相比"的看法上，仅有少数的学生认为"比往年高"（4.9%），或者"与往年一样"（6.2%），而多数学生认为"比往年低"（46.1%）。教师方面：认为"当前发生在教育领域的法律纠纷""严重"的仅占应答调查教师人数的 21.8%，而认为"不严重"的所占比例最多，接近五成（49.7%）。同时，在对"所在学校的矛盾纠纷的发生率与往年相比"的看法的应答上，也仅有少数的教师认为"比往年高"（8.2%），或者"与往年一样"（12.2%），而多数教师认为"比往年低"（57.6%）。从以上表格的分析中可以看出大多数学生认为在教育领域有矛盾纠纷发生（62.2%），教师方面也是类似的情况（71.5%）。但不论是学生还是教师都是较多数认为发生在教育领域的法律纠纷不是很"严重"，并且多数认为矛盾纠纷的发生率有减少的趋势。

（2）教育法律纠纷发生率从小学到高校呈上升趋势。通过对学生的学段和调查问卷中"当前发生在教育领域的法律纠纷是否严重"问题的交叉分析及学生的学段和调查问卷中"所在学校的矛盾纠纷的发生率与往年相比"问题的交叉分析，我们能够发现不同学段教育纠纷的发生现状及其趋势。下表是本次调研所得的相关数据（见表 2-5 至表 2-8）。

表2-5 不同学段学生对"当前发生在教育领域的法律纠纷是否严重"的看法

单位：人，%

学段		你认为当前发生在教育领域的法律纠纷是否严重？				
		严重	不严重	没有纠纷	不知道	总计
学段	初中	7 (2.2)	49 (15.3)	193 (60.1)	72 (22.4)	321 (100.0)
	高中（含中职）	122 (16.5)	414 (55.9)	118 (15.9)	86 (11.6)	740 (99.9)
	高校（含高职）	237 (41.0)	191 (33.0)	17 (2.9)	133 (23.0)	578 (100.0)
	总计	366 (22.3)	654 (39.9)	328 (20.0)	291 (17.8)	1639 (100.0)

表2-6 不同学段学生对"所在学校的矛盾纠纷的发生率与往年相比"的看法

单位：人，%

学段		你觉得你所在学校的矛盾纠纷的发生率与往年相比？				
		比往年高	与往年一样	比往年低	不清楚	总计
学段	初中	14 (4.4)	14 (4.4)	143 (44.5)	150 (46.7)	321 (100.0)
	高中（含中职）	16 (2.2)	41 (5.5)	486 (65.7)	197 (26.6)	740 (100.0)
	高校（含高职）	50 (8.7)	46 (8.0)	127 (22.0)	355 (61.4)	578 (100.01)
	总计	80 (4.9)	101 (6.2)	756 (46.1)	702 (42.8)	1639 (100.0)

表2-7 不同学段学校的教师对"当前发生在教育领域的法律纠纷是否严重"的看法

单位：人，%

学段		你认为当前发生在教育领域的法律纠纷是否严重？				
		严重	不严重	没有纠纷	不知道	总计
学段	小学	54 (22.5)	121 (50.4)	57 (23.8)	8 (3.3)	240 (100.0)
	初中	109 (26.4)	202 (48.9)	56 (13.6)	46 (11.1)	413 (100.0)
	高中（含中职）	69 (20.7)	159 (47.7)	84 (25.2)	21 (6.3)	333 (99.9)

续　表

		你认为当前发生在教育领域的法律纠纷是否严重？				
		严重	不严重	没有纠纷	不知道	总计
学段	高校（含高职）	60 (17.0)	184 (52.1)	45 (12.7)	64 (18.1)	353 (99.9)
	总计	292 (21.8)	666 (49.7)	242 (18.1)	139 (10.4)	1339 (100.0)

表 2-8　　不同学段学校的教师对"所在学校的矛盾纠纷的发生率与往年相比"的看法　　单位：人，%

		你觉得你所在学校的矛盾纠纷的发生率与往年相比？				
		比往年高	与往年一样	比往年低	不清楚	总计
学段	小学	14 (5.8)	22 (9.2)	179 (74.6)	25 (10.4)	240 (100.0)
	初中	33 (8.0)	56 (13.6)	225 (54.5)	99 (24.0)	413 (100.01)
	高中（含中职）	33 (9.9)	25 (7.5)	220 (66.1)	55 (16.5)	333 (100.0)
	高校（含高职）	30 (8.5)	61 (17.3)	147 (41.6)	115 (32.6)	353 (100.0)
	总计	110 (8.2)	164 (12.2)	771 (57.6)	294 (22.0)	1339 (100.0)

通过对上述表格（表 2-5 至表 2-8）的分析，从学生方面来看：不同学段学生对"当前发生在教育领域的法律纠纷是否严重"的看法的差异较为显著，认为"严重"的应答调查学生中，初中生的比例最小，高中（含中职）学生次之，高校（含高职）学生的比例最多，达到了高校（含高职）应答学生总人数的 41%。同时，不同学段学生在对"所在学校的矛盾纠纷的发生率与往年相比"的看法的应答上，根据表 2-6，回答"比往年高"的学生中，高校（含高职）学生的应答人数占比与其他学段相比是最高的。从教师方面来看：不同学段学校的教师对"当前发生在教育领域的法律纠纷是否严重"的看法的差异偏小且与学生情况趋同。例如，不同学段学校的教师在"所在学校的矛盾纠纷的发生率与往

年相比"看法的比较上,从表2-8中可以看出,在回答"比往年高"的教师中,小学教师的比例最小,在回答"比往年低"的教师中,高校(含高职)教师的应答人数占比与其他学校相比是最低的,而小学(教师的应答比例)是最高的。这在一定程度上是对教育法律纠纷分布趋势的一种反映。因此,从上述的分析中可以发现,教育法律纠纷发生率从小学到高校呈上升趋势。

2. 学生对教育法律纠纷现状的看法

(1)学生认为教育法律纠纷中的受教育权和人身权问题最突出。根据学生对"学生权利最容易被学校或教师侵害"问题的回答一定程度上能够反映学生所面临的教育法律纠纷的现实状况,而他们对所在学校"什么样的矛盾纠纷最为突出"的看法必然是基于当前其所在学校的基本现状所做出的判断,其在内涵上与前一个问题是统一的,能够加强对现实状况分析的准确性。下表是本次调研所得的相关数据(见表2-9、表2-10)。

表2-9　学生对"学生权利最容易被学校或教师侵害"的看法　　单位:%

		频数	百分比	有效百分比	累计百分比
Valid	受教育权	689	42.0	42.0	42.0
	财产权	123	7.5	7.5	49.5
	人身权	511	31.2	31.2	80.7
	其他权利	316	19.3	19.3	100.0
	总计	1639	100.0	100.0	

表2-10　学生对"学校什么样的矛盾纠纷最为突出"的看法　　单位:%

		频数	百分比	有效百分比	累计百分比
Valid	学籍管理纠纷	214	13.1	13.1	13.1
	违纪处分纠纷	769	46.9	46.9	60.0
	学生伤害事故纠纷	497	30.3	30.3	90.3
	毕业证、学位证纠纷	159	9.7	9.7	100.0
	总计	1639	100.0	100.0	

通过对上述表格的分析，可以看出学生认为"学生权利最容易被学校或教师侵害"的主要是受教育权（42.0%）和人身权（31.2%），两者总共的占比达到了总应答人数的73.2%。同时，学生对"学校什么样的矛盾纠纷最为突出"的回答也是与前一问题的结论趋同的，主要认为违纪处分纠纷（46.9%）和学生伤害事故纠纷（30.3%）比较突出，两者总共的占比超过了总应答人数的77%。从对上表的分析以及结合访谈的情况来看，学生的受教育权被侵害的主要表现应该是对于学生违纪的处分，而学生人身权被侵害的主要表现是学生伤害事故。

（2）不同学段学生教育法律纠纷各有偏重。根据不同学段学生对"学生权利最容易被学校或教师侵害"问题的回答和对"学样什么样的矛盾纠纷最为突出"问题的回答能够发现在不同学段间学生所面临的教育法律纠纷的特点是否相同。下表是本次调研所得的相关数据（见表2-11、表2-12）。

表2-11　不同学段学生对"学生权利最容易被学校或教师侵害"的看法

单位：人，%

学段		据你所知，你认为学生权利最容易被学校或教师侵害的是？				
		受教育权	财产权	人身权	其他权利	总计
学段	初中	157 (48.9)	30 (9.3)	120 (37.4)	14 (4.4)	321 (100.0)
	高中（含中职）	309 (41.8)	53 (7.2)	203 (27.4)	175 (23.6)	740 (100.0)
	高校（含高职）	223 (38.6)	40 (6.9)	188 (32.5)	127 (22.0)	578 (100.0)
	总计	689 (42.0)	123 (7.5)	511 (31.2)	316 (19.3)	1639 (100.0)

表2-12　不同学段学生对"学校什么样的矛盾纠纷最为突出"的看法

单位：人，%

学段		你认为学校最近什么样的矛盾纠纷最为突出？				
		学籍管理纠纷	违纪处分纠纷	学生伤害事故纠纷	毕业证、学位证、纠纷	总计
学段	初中	119 (37.1)	111 (34.6)	89 (27.7)	2 (0.6)	321 (100.0)

续 表

		你认为学校最近什么样的矛盾纠纷最为突出？				
		学籍管理纠纷	违纪处分纠纷	学生伤害事故纠纷	毕业证、学位证、纠纷	总计
学段	高中（含中职）	43 (5.8)	438 (59.2)	214 (28.9)	45 (6.1)	740 (100.0)
	高校（含高职）	52 (9.0)	220 (38.1)	194 (33.6)	112 (19.4)	578 (100.01)
	总计	214 (13.1)	769 (46.9)	497 (30.3)	159 (9.7)	1639 (100.0)

根据对上述表格的分析，可以发现不同学段学生在对"学生权利最容易被学校或教师侵害"问题的回答中情况近似，各学段学生都认为"受教育权"占多数，排在其次的都是"人身权"。不同之处如在对"学校什么样的矛盾纠纷最为突出"问题的回答上，初中学校学生的回答排在比例前两位的分别是"学籍管理纠纷"和"违纪处分纠纷"；而高中（含中职）学生和高校（含高职）学生对该问题的回答排在比例前两位的是"违纪处分纠纷"和"学生伤害事故纠纷"；同时，对"学籍管理纠纷"选项的纵向比较发现初中学校的情况显著突出，比例达到了37.1%（远高于高中的5.8%和高校的9.0%）；对"违纪处分纠纷"的纵向对比发现高中（含中职）的情况最为明显，将近60%（59.2%）；而"毕业证、学位证纠纷"在高校（含高职）学生中要更为多见（19.4%）。综合来看，不同学段的学生面临的教育法律纠纷情况总体近似，但是也各有纠纷比例偏重不同的特点。

3. 教师对教育法律纠纷现状的看法

（1）教师财产权被侵害及职称评聘纠纷是教育法律纠纷的主要方面。同对学生的分析方法一样，根据教师对"教师权利最容易被学校或主管部门侵害"问题的回答和他们对"学校什么样的矛盾纠纷最为突出"的看法来分析教育法律纠纷的现实状况。下表是本次调研所得的相关数据（见表2-13、表2-14）。

表 2-13　教师对"教师权利最容易被学校或主管部门侵害"的看法　　　单位:%

		频数	百分比	有效百分比	累计百分比
Valid	受教育权	335	25.0	25.0	25.0
	财产权	397	29.6	29.6	54.6
	人身权	238	17.8	17.8	72.4
	教学科研权	369	27.6	27.6	100.0
	总计	1339	100.0	100.0	

表 2-14　教师对"学校什么样的矛盾纠纷最为突出"的看法　　　单位:%

		频数	百分比	有效百分比	累计百分比
Valid	职称评聘纠纷	673	50.3	50.3	50.3
	违纪处分纠纷	260	19.4	19.4	69.7
	学术评价纠纷	204	15.2	15.2	84.9
	聘用合同纠纷	202	15.1	15.1	100.0
	总计	1339	100.0	100.0	

通过对上述表格的分析,可以看出教师认为其"教师权利最容易被学校或主管部门侵害"的主要是财产权（29.6%）,其次是教学科研权（27.6%）和受教育权（25.0%）,但是三者的差别不大。同时,教师在对"学校什么样的矛盾纠纷最为突出"问题的回答上,超过一半的教师（50.3%）认为职称评聘纠纷最为突出,而对其他三个选项的应答均不到20%。从对上表的分析并结合访谈来看,教师的财产权被侵害的较多产生主要是和职称评聘的待遇报酬相关。

（2）不同学段学校的教师最容易被侵害的权利差异明显。根据不同学段学校的教师对"教师权利最容易被学校或主管部门侵害"问题的回答和对"学校什么样的矛盾纠纷最为突出"问题的回答能够发现在不同学段学校间教师所面临的教育法律纠纷的特点是否相同。下表是本次调研所得的部分数据（见表 2-15、表 2-16）。

表 2-15　不同学段学校的教师对"教师权利最容易被学校或主管部门侵害"的看法

单位：人,%

		据你所知，你认为教师权利最容易被学校或主管部门侵害的是？				
		受教育权	财产权	人身权	教学科研权	总计
学段	小学	65 (27.1)	69 (28.8)	26 (10.8)	80 (33.3)	240 (100.0)
	初中	86 (20.8)	123 (29.8)	102 (24.7)	102 (24.7)	413 (100.0)
	高中 (含中职)	105 (31.5)	71 (21.3)	66 (19.8)	91 (27.3)	333 (99.9)
	高校 (含高职)	79 (22.4)	134 (38.0)	44 (12.5)	96 (27.2)	353 (100.0)
	总计	335 (25.0)	397 (29.6)	238 (17.8)	369 (27.6)	1339 (100.0)

表 2-16　不同学段学校的教师对"学校什么样的矛盾纠纷最为突出"的看法

单位：人,%

		你认为学校最近什么样的矛盾纠纷最为突出？				
		职称评聘纠纷	违纪处分纠纷	学术评价纠纷	聘用合同纠纷	总计
学段	小学	122 (50.8)	38 (15.8)	32 (13.3)	48 (20.0)	240 (99.9)
	初中	209 (50.6)	73 (17.7)	70 (16.9)	61 (14.8)	413 (100.0)
	高中 (含中职)	174 (52.3)	58 (17.4)	54 (16.2)	47 (14.1)	333 (100.0)
	高校 (含高职)	168 (47.6)	91 (25.8)	48 (13.6)	46 (13.0)	353 (100.0)
	总计	673 (50.3)	260 (19.4)	204 (15.2)	202 (15.1)	1339 (100.0)

通过对表 2-15、表 2-16 的分析，可以发现不同学段学校的教师对"教师权利最容易被学校或主管部门侵害"问题的回答情况各有特点。小学应答教师中"教学科研权"出现的频率最高（33.3%）；初中应答教师中"财产权"出现的频率最高（29.8%）；高中（含中职）则是"受教育权"（31.5%）；高校（含高职）也是"财产权"（38.0%）。通过对四个选项在不同学段间的纵向分布的比较分析，情况也与前面的分析类似："受教育权"最容易被侵害是在高中（含中职）；"财产权"最容易被侵害是在高校（含高职）；"教学科研权"最容易被侵害是在小学。不同学段学校的教师在对"学校什么样的矛盾纠纷最为突出"问题的回答中最高的都是"职称评聘纠纷"。综合来看，不同学段学校的教师面临的最容易被侵害的权利有所差异，但是都认为学校里"职称评聘纠纷"最为突出。

（3）教师对当前教育法律纠纷性质和范围的认识存在较大的不统一。通过教师对当前教育法律纠纷性质、范围认识的分析，不仅能够在再次印证之前分析所得出的结论，而且能够比较清晰地反映出教师对当前教育法律相关知识的了解程度，也将在一定程度上反映我国当前在法律的普及和宣传方面所做工作的成效。下表是本次调研所得的相关数据（见表 2-17、表 2-18）。

表 2-17　教师对"教育法律纠纷主要是属于什么性质"的看法　　单位:%

		响 应		应答案例百分比
		N	百分比	
你认为当前教育法律纠纷主要是属于什么性质的纠纷？	民事纠纷	673	23.1	50.3
	行政纠纷	446	15.3	33.3
	刑事纠纷	259	8.9	19.3
	劳动纠纷	622	21.4	46.5
	特殊性质纠纷	388	13.3	29.0
	很难界定	522	17.9	39.0
	总计	2910	99.9	217.4
二分法组按值 1 列出				

表2-18　　　教师对"教育法律纠纷的范围包括哪些"的看法　　　　单位:%

你认为教育法律纠纷的范围包括哪些?		响应 N	响应 百分比	应答案例百分比
	学籍管理纠纷	628	14.6	47.3
	学术评价纠纷	793	18.4	59.7
	教育服务合同纠纷	705	16.4	53.1
	教师聘用纠纷	772	17.9	58.1
	学生伤害事故纠纷	894	20.8	66.8
	学校联合办学纠纷	509	11.8	38.3
	总计	4301	99.9	323.9

二分法组按值1列出

根据表2-17、表2-18，在对"教育法律纠纷主要是属于什么性质"的看法中，可以看出超过一半（50.3%）的教师认为教育法律纠纷主要属于民事纠纷性质，而认为还有其他性质纠纷的教师人数比例也不在少数，从高到低排序依次是：劳动纠纷（46.5%）、行政纠纷（33.3%）、特殊性质纠纷（29.0%）、刑事纠纷（19.3%）。值得注意的是，有39.0%的教师认为教育法律纠纷性质"很难界定"。从上述分析可以看出教师对教育性质和包括的范围的认识存在较明显的不统一，还有较多的教师认为性质难以界定。

（4）教师认为当前产生教育法律纠纷的原因主要是公民个人权利意识的觉醒。教师是教育法律纠纷中的一方当事人，作为学校的教职工，学生的老师，所以教师面对教育矛盾纠纷的可能性要比学生大，对教育矛盾纠纷的认识也更客观理性。因此教师对于"教育法律纠纷发生的直接原因"的看法对本书探讨教育法律纠纷原因的研究就有较大的参考价值。表2-19是对该问题调查所得的相关数据。

表 2-19　　教师对当前"教育法律纠纷发生的直接原因"的看法　　单位:%

		响应		应答案例百分比
		N	百分比	
你认为教育法律纠纷发生的直接原因有哪些?	法律制度不完善	772	18.0	57.7
	公民权利意识觉醒	847	19.7	63.3
	个体利益纷争	780	18.2	58.3
	侵权违法行为	655	15.2	48.9
	学校管理不善	584	13.6	43.6
	预防应对措施不到位	658	15.3	49.1
	总计	4296	100.0	320.8

其中出现频率最高的选项为"公民权利意识觉醒",超过了应答教师总人数的60%(63.3%),而出现频率最低的"学校管理不善"选项也是高达应答教师总人数的43.6%。由此看来,出现教育法律纠纷的原因是多方面的,其中公民个人权利意识的觉醒尤为关键。

4. 受调查者对教育法律纠纷的态度与对策

(1)受调查者应对教育法律纠纷的态度与对策比较积极理性。前面已经讲过,有62.2%的学生和71.5%的教师认为当前教育领域存在纠纷,那么受调查者所了解的纠纷中的主体在面对这些教育法律纠纷的时候会采取一种什么样的态度和对策呢?他们对"今后教育领域的矛盾纠纷"的趋势的看法是怎样的?对这些问题的调研能够反映出受调查者在自身感受的导向下,基于当前纠纷现状及相关应对机制之上的一种合理推断。

第一,分析学生方面的数据(见表2-20至表2-23)。

表 2-20　　学生对"发生纠纷时,你更愿意选择哪种方式维护自己的合法权益"的看法　　单位:%

		频数	百分比	有效百分比	累计百分比
Valid	协商调解	739	45.1	45.1	45.1
	向学校或主管机关申诉	760	46.4	46.4	91.5

续表

		频数	百分比	有效百分比	累计百分比
Valid	提请仲裁	39	2.4	2.4	93.9
	到法院起诉	101	6.2	6.2	100.01
	总计	1639	100.0	100.0	

表2-21　学生对"发生纠纷，通过正常的途径无法解决时"选择的看法　　单位:%

		频数	百分比	有效百分比	累计百分比
Valid	借助媒体力量曝光	367	22.4	22.4	22.4
	上访或写举报信	1146	69.9	69.9	92.3
	聚众围堵学校	19	1.2	1.2	93.5
	自己忍着，不了了之	107	6.5	6.5	100.0
	总计	1639	100.0	100.0	

表2-22　学生对"通过一切途径都无法解决与学校发生的纠纷，双方关系变得紧张时"选择的看法　　单位:%

		频数	百分比	有效百分比	累计百分比
Valid	转学	779	47.5	47.5	47.5
	继续就读	654	39.9	39.9	87.4
	辍学	61	3.7	3.7	91.1
	得过且过	145	8.8	8.8	99.9
	总计	1639	99.9	99.9	

表 2-23　　　　学生对"今后教育领域的矛盾纠纷"趋势的看法　　　单位:%

		频数	百分比	有效百分比	累计百分比
Valid	越来越少	778	47.5	47.5	47.5
	很快得到解决	457	27.9	27.9	75.4
	越来越多	173	10.6	10.6	86.0
	更加严峻	231	14.1	14.1	100.01
	总计	1639	100.01	100.01	

根据表 2-20 可以发现，学生在"发生纠纷时"，大多数人会选择"协商调解"或"向学校或主管机关申诉"的方式，这两者的选择率分别为 45.1% 和 46.4%。学生在面对"发生纠纷，通过正常的途径无法解决时"（见表 2-21），有将近七成（69.9%）的人会选择"上访或写举报信"，也有少部分人会选择"借助媒体力量曝光"（22.4%）。学生如果遇到纠纷"通过一切途径都无法解决"且双方关系变得紧张时（见表 2-22），有 47.5% 的学生选择"转学"，这也是该问题回答中比例最高的选项，其次，还有近四成（39.9%）的学生选择"继续就读"。在对"今后教育领域的矛盾纠纷"趋势的看法（见表 2-23）问题的回答中，超过 75%（达到 75.4%）的人认为会"越来越少"或"很快得到解决"。

第二，分析教师方面的数据（见表 2-24 至表 2-27）。

表 2-24　　　教师对"发生纠纷时，你更愿意选择哪种方式维护
自己的合法权益"的看法　　　单位:%

		频数	百分比	有效百分比	累计百分比
Valid	协商调解	678	50.6	50.6	50.6
	教师申诉	489	36.5	36.5	87.1
	行政复议	74	5.5	5.5	92.6
	提起起诉	98	7.3	7.3	99.9
	总计	1339	99.9	99.9	

表2-25　　　　教师对"发生纠纷,通过正常的途径无法
解决时"选择的看法　　　　　　　　单位:%

		频数	百分比	有效百分比	累计百分比
Valid	借助媒体力量曝光	286	21.4	21.4	21.4
	上访或写举报信	732	54.7	54.7	761
	聚众围堵学校或主管部门	45	3.4	3.4	79.5
	自己忍着,不了了之	276	20.6	20.6	100.01
	总计	1339	100.1	100.0	

表2-26　　　教师对"通过一切途径都无法解决与学校发生的纠纷,
双方关系变得紧张时"选择的看法　　　　　单位:%

		频数	百分比	有效百分比	累计百分比
Valid	继续工作	658	49.1	49.1	49.1
	调动单位	444	33.2	33.2	82.3
	罢工抗议	98	7.3	7.3	89.6
	得过且过	139	10.4	10.4	100.0
	总计	1339	100.0	100.0	

表2-27　　　教师对"今后教育领域的矛盾纠纷"趋势的看法　　单位:%

		频数	百分比	有效百分比	累计百分比
Valid	越来越少	600	44.8	44.8	44.8
	很快得到解决	350	26.1	26.1	70.9
	越来越多	212	15.8	15.8	86.7
	更加严峻	177	13.2	13.2	99.9
	总计	1339	99.9	100.0	

根据表 2-24 可以发现，教师在"与学校或者主管部门发生纠纷时"，大多数人会选择"协商调解"或"教师申诉"的方式来维护自己的合法权益，这两者的选择率分别为 50.6% 和 36.5%。教师在面对"发生纠纷，通过正常的途径无法解决时"（见表 2-25），有超过一半（54.7%）的人会选择"上访或写举报信"，也有少部分人会选择"借助媒体力量曝光"（21.4%）。教师如果遇到纠纷"通过一切途径都无法解决"且双方关系变得紧张时（见表 2-26），有近一半（49.1%）的教师会选择"继续工作"，这也是该问题回答中比例最高的选项，其次，还有近 1/3（33.2%）的教师选择"调动单位"。在对"今后教育领域的矛盾纠纷"趋势的看法（见表 2-27）问题的回答中，超过七成（70.9%）的人认为会"越来越少"或"很快得到解决"，只有不到三成（29%）的人认为会"越来越多"或者"更加严峻"。

综上所述，受调查者应对教育法律纠纷的态度是比较积极的，大多数人认为以后发生在教育领域的矛盾纠纷情况会有所改善，而在处理教育法律纠纷的对策方面，受调查者也是比较理性，大多数都会采取协商调解乃至申诉的方式来维护自己的合法权益。但通过比较分析发现仍然有部分人对未来的教育法律纠纷表示担忧，这意味着以后必须重视教育法律纠纷的预防和化解，注重工作实效。

（2）受调查者认为当前教育法律纠纷的预防和处理效果比较有效。前面已经分析了学生和教师对"今后教育领域的矛盾纠纷"趋势问题的回答结果，显示出学生和教师比较积极的态度。那么出现这种情况的缘由主要是什么？他们对该类事件处理效果的态度是否与上述结论一致？我们通过下面的数据分析将会得到答案。

第一，分析学生方面的数据（见表 2-28 至表 2-30）。

表 2-28　　学生对"学校里发生矛盾时，是否会有相关机构或人员进行及时调解处理"的回答　　　　　　　　　单位:%

		频数	百分比	有效百分比	累计百分比
Valid	每次都有	593	36.2	36.2	36.2
	经常有	489	29.8	29.8	66.0
	偶尔有	443	27.0	27.0	93.0

续 表

		频数	百分比	有效百分比	累计百分比
Valid	没有	114	7.0	7.0	100.0
	总计	1639	100.0	100.0	

表 2-29　　学生对"当前政府或学校处理教育法律纠纷的效果"的看法　　单位:%

		频数	百分比	有效百分比	累计百分比
Valid	很有效	487	29.7	29.7	29.7
	比较有效	695	42.4	42.4	72.1
	没有效	95	5.8	5.8	77.9
	不好说	362	22.1	22.1	100.0
	总计	1639	100.0	100.0	

表 2-30　　学生对"当前政府或学校在预防和应对教育法律纠纷的制度如何"的看法　　单位:%

		频数	百分比	有效百分比	累计百分比
Valid	很健全	494	30.1	30.1	30.1
	比较健全	662	40.4	40.4	70.5
	不健全	257	15.7	15.7	86.2
	不好说	226	13.8	13.8	100.0
	总计	1639	100.0	100.0	

根据表 2-28 可以发现，有 93.0%的学生认为当学校里发生矛盾时有"相关机构或人员进行及时调解处理"，其中有 36.2%的学生认为当学校里发生矛盾纠纷时"每次都有"相关机构或人员来及时调解处理，这也是该问题回答中出现比例最高的选项。在学生对"当前政府或学校处理教育法律纠纷的效果"的看法（见表 2-29）中，认为"很有效"或"比较有效"的学生达到了 72.1%，而有 22.1%的人认为"不好说"，认为

"没有效"的人最少,仅占 5.8%。

第二,分析教师方面的数据见表 2-31 至表 2-33。

表 2-31　教师对"学校里发生矛盾时,是否会有相关机构或人员进行及时调解处理"的回答　　单位:%

		频数	百分比	有效百分比	累计百分比
Valid	每次都有	568	42.4	42.4	42.4
	经常有	372	27.8	27.8	70.2
	偶尔有	284	21.2	21.2	91.4
	没有	115	8.6	8.6	100.0
	总计	1339	100.0	100.0	

表 2-32　教师对"当前政府或学校处理教育法律纠纷的效果"的看法　　单位:%

		频数	百分比	有效百分比	累计百分比
Valid	很有效	399	29.8	29.8	29.8
	比较有效	554	41.4	41.4	71.2
	没有效	116	8.7	8.7	79.9
	不好说	270	20.2	20.2	100.01
	总计	1339	100.01	100.01	

表 2-33　教师对"当前政府或学校在预防和应对教育法律纠纷的制度如何"的看法　　单位:%

		频数	百分比	有效百分比	累计百分比
Valid	很健全	415	31.0	31.0	31.0
	比较健全	521	38.9	38.9	69.9
	不健全	228	17.0	17.0	86.9
	不好说	175	13.1	13.1	100.0
	总计	1339	100.0	100.0	

根据表2-31，经分析可以发现，有91.4%的教师认为当学校里发生矛盾时有"相关机构或人员进行及时调解处理"，其中有42.4%的教师认为当学校里发生矛盾纠纷时"每次都有"相关机构或人员来及时调解处理，这也是该问题回答中出现比例最高的选项。在教师对"当前政府或学校处理教育法律纠纷的效果"的看法（见表2-32）中，认为"很有效"或"比较有效"的人最多，达到了71.2%。在教师对"当前政府或学校在预防和应对教育法律纠纷的制度如何"的看法（见表2-33）中有七成（69.9%）的人认为"很健全"或"比较健全"，同时，还有17.0%的教师认为是"不健全"的，也有13.1%的人认为"不好说"。

对比上述对于学生和教师两方面的分析，这些表明学生和教师对该类问题认识的差别不大，总体趋同。综合上述分析，说明受调查者认为当前教育法律纠纷的预防措施开始得到了重视，相关问题的处理效果也比较有效，但是不容忽视的是仍然有小部分的学生和教师对这两个方面持一种否定或比较模糊的态度，认为"不健全"或"不好说"，这也反映了相关的纠纷应对机制本身还有需要完善的地方，在落实过程中还欠缺公开性，在取得的实际效果上还难以达到令人十分满意的效果。

（三）调研存在的局限与不足

由于课题组成员和参与调研的其他协助人员在调研方面的经验不足，加之数据分析专业素养有限，本书还存在一定的局限性和不足之处，在许多方面有待进一步改进，主要有以下几个方面。

一是样本的局限性。本书是以重庆市的所有学校作为抽样框，然后由课题组展开整群抽样，抽样单位和样本元素在重庆市范围内具有较高的代表性，但是推及到其他地区乃至全国范围内时，可能存在一定的局限性。根据大数定律，样本数量越多，则其平均就越趋近于期望值，但样本数不可能做到海量或无限大，只能在一定能力范围内实施。同时，由于本书采取的是整群抽样的方法，又要关注到每一份调查问卷对于问题反映的价值性，所以在样本的分布上会有一定的不均衡性，比如在不同学段的初中、高中（含中职）、高校（含高职）被调查的学生人数上，分别是321人、740人、578人。

二是问卷设计的局限性。由于本书需要在大量问卷数据支撑的基础上进行，考虑到保证数据录入及分析工作的高效完成，以及初中学生认知水平与高校学生认知水平存在的差异和受调查者情绪方面的诸多因素，本书的学生问卷在题目数量的设计上偏少，学生问卷总共12道题，可能在反映学生现状及其观点认识层面的效度上有所欠缺。基于类似的原因，教师的调查问卷设计总共有15道题，也可能在全面反映受调查者对当前教育法律纠纷的现状、态度和对策以及相关的应对机制和产生的原因的认识，包括受调查者提出自己的建议方面会有所欠缺。

三是数据分析的不足。一方面是数据分析小组人员的经验不足。由于本书的数据分析小组人员相关调研分析的经验有限，在数据的分析方面仅能进行一些比较基本的频率统计、交叉分析、多重响应分析，这难免会在一定程度上影响到我们对于数据分析时的全面多角度的分析，可能影响到我们对于一些细微变量的结论分析。另一方面是数据分析和呈现的不足。除了前述原因，还有一个更重要的原因就是由于本书的篇幅有限，本书的重点比较明确，即主要研究当前教育领域的矛盾纠纷的现状及其应对机制，所以本书在进行数据分析时自行筛选了相关的重要信息呈现，而对于重要性较低的相关分析则不予呈现，这可能会影响到人们全面细致了解该问题的愿望。

四是研究对象的局限性。针对教育法律纠纷的研究应该尽可能多地涉及相关的主体，比如学生、教师、家长、教育主管部门、法院、检察院及公安机关。但是由于本书的着眼点不同及课题组成员时间精力的有限，本书在调研对象上还存在一些局限和不足的地方。本书的所有问卷调查的对象都是通过随机的整群抽样产生的。但是对访谈学生的选择上有的是通过随机的方式抽取的，有的是由被调查学校安排的，在访谈的学生中，有过教育矛盾纠纷的学生只有极少数，因此在访谈对象层面所获取的信息价值比较有限。在教师方面，虽然在对教师的访谈中关注了这个问题，并且也找了几个有过教育矛盾纠纷经历的教师进行了访谈，但是不足之处同样在于没有找到足够多的有过相关经历的教师进行访谈。调研对象的不足还体现在访谈对象没有专门针对学生家长的访谈，但是在被调查的教师里当然也不乏很多是学生的家长；针对教育主管部门的了解局限于工作中有交流并有相关的访谈及记录，但是没有形成广泛的问卷调查；对法院、检察院及公安机关没有进行访谈及调查问卷的调查也是本次调研不足的一个方面。

三 存在的问题及原因

通过此次深入广泛的实地调查，包括问卷和访谈，对教育法律纠纷的基本情况进行摸底，有了"一手资料"。因此，对教育法律纠纷问题也有了"发言权"。

（一）存在的问题

1. 教育法律纠纷的范围广泛，性质复杂

教育法律纠纷范围在学生方面较多存在的包括违纪处分纠纷、学生伤害事故纠纷、学籍管理纠纷等，在教师方面较多存在的有职称评聘纠纷、违纪处分纠纷、学术评价纠纷等。这些方面在具体事件的表现上又是各有不同的，在此难以枚举。而在学生和教师所遇到的教育矛盾纠纷中，大多数是以侵权形式存在的（如表2-9和表2-13所示），但是对于具体形式的纠纷在法律层面对其性质的界定仍然有所争议且不明确。从民法学来看，教育领域中将人身权、财产权、知识产权的纠纷纳入民事侵权类行为有法理依据。不过，受教育权是不是民事权利在学术界还没有比较统一的认识。因此教育法律纠纷的性质比较复杂，这些必然都不利于教育法律纠纷解决中在制度、理论层面的支撑，而在此方面的相关立法和研究工作的推进还有待加强。

2. 学生维权意愿较高，但应对纠纷能力不足

学生在面对教育矛盾纠纷时，出于对自己切身权益保护的考虑，一般来讲都有较强的维权意愿（如表2-21所示）。但是从课题组成员在实地调研中对学生的访谈来看，绝大多数学生在遇到一些教育矛盾纠纷时第一选择是"告诉家长"，让家长来和学校或老师协商解决，而如果该矛盾纠纷不能按照他们的愿望诉求得以解决时，大多数学生不知该如何去做，所以可能会选择"转学"（如表2-22所示）或者放弃继续维权。由此可以发现，学生在应对教育矛盾纠纷时能力不足，这有其自身的原因，如法律知识的匮乏、社会实践能力的欠缺、时间精力的有限等，但是不容忽视的是当前专门应对教育法律纠纷的维权渠道的运行以及它实际产生的作用还是十分有限的。

3. 教师维权意愿不强，顾虑较多

在实地调研的过程中，通过访谈的方式，课题组成员发现当前不少教师都有过相关合法权益被侵害的事件，比如绩效工资的计算和发放，部分女职工的生育意愿难以如愿实现，部分教师希望继续求学的愿望难以实现，教师职称评聘中的公平性难以保证等问题，面对这类矛盾纠纷，他们都希望能够通过恰当方式维护自己的合法权益，但是当维权行为受到阻碍时，又会顾虑较多而显得犹豫不决，甚至是"自己忍着，不了了之"（见表2-25），在这个选择上，教师的比例（20.6%）远远高于学生（6.5%）。由此可以看出，教师应对教育矛盾纠纷时由于顾虑较多，所以造成正当的权益维护方面的意愿不高，这也反映出当前应对教育法律纠纷的制度设计还未让教师感到十分的"放心"，不敢大胆维权。

4. 教育法律纠纷化解机制运行不畅，采用正式程序解决的较少

当前在应对教育法律纠纷方面，虽然有相关的机制已经建立，比如教育申诉制度、行政复议制度，甚至是诉讼制度，但是在实际的问题解决过程中，大多数学生和教师都会优先考虑"协商调解"（如表2-20和表2-24所示）。通过对学生和教师的访谈发现，一旦在"协商调解"都未果的情况下，很少有人会继续采取上述的其他应对机制去解决。无论是出于对采用上述应对机制成本的考虑还是对于其实际效果的考虑，都体现出受调查者在化解矛盾纠纷时采用正式程序解决的较少。这也反映出了教育法律纠纷化解机制运行不畅、阻力较大的现实。

5. 学校应对教育法律纠纷能力不强，处置效率较低

学校作为教育法律纠纷的主要参与者和"调解者"，其预防、协商、处理、解决教育法律纠纷的能力直接关系到学校教育教学和日常管理工作的正常有序开展。课题组成员通过调查问卷及访谈发现，虽然学校矛盾纠纷发生的概率比较低，但是不少矛盾纠纷发生后没有得以及时解决，有的还甚至进一步恶化。所以造成较多学生和教师认为学校的处置只是"比较有效"而不是"很有效"（如表2-29和表2-32所示），甚至有少数人认为"没有效"。显然，说明当前学校应对教育法律纠纷的能力不强，处置效率较低。

（二）问题的原因

1. 师生法治素养不高，缺乏法治思维

一方面，学校管理者的法治素养不高，制定的规章制度也普遍存在重视学校权力而轻视学生权利的问题。相当一部分学校的工作人员在对

待学生管理问题上往往将学生当成被管理的客体，忽视了学生权利的诉求和人格的表达。另一方面，教师和学生的法治素养不高。教师权益维护的意愿和现实因素的顾虑是教师应对教育法律纠纷时的主要问题，出于对相关教育矛盾纠纷解决机制的了解程度的考虑，以及对自身发展的担忧导致教师维权的途径非常有限，并且在维权受阻时也难以采用其他正常的法律渠道继续维权。学生权利意识与义务观念的不对称是纠纷产生的重要原因。学生对自己的权利的关心程度远远超过了他们对相关法律法规和校规校纪方面知识的掌握。由此，学生在与学校发生矛盾和争议时，缺乏必要的法治思维，不能客观地判断学校对其处分的合法性、公正性，容易导致双方发生不必要的法律纠纷。

2. 学校依法治校氛围不浓，法治教育成效欠佳

学生对教育法律法规和校规校纪的了解不够是产生纠纷的重要原因，在处理学生申诉中，绝大部分学生强调自己不知道违法违纪的严重性。法治教育主要是通过学校的各种教育形式，使学生知法、守法并学会用法的过程。当前学校对学生的法治教育存在形式单一、内容枯燥的问题。法治教育形式一般是出好一期板报、班会上由班主任读一些法治教育故事或者听一场讲座，还有就是观看一些老旧的法治教育片等，多数法治教育仅仅停留在"知法"这一层面上，忽视了对学生进行法律情感的陶冶和法律行为习惯的培养。众所周知，法治教育的理论性、实用性较强，需要有较为系统的理论课程的学习，要有鲜活的例子，需要紧密结合实际生活，要融入情感、产生共鸣，空洞的说教难以发挥实质性的效果。

3. 学校治理不善，行政化倾向明显

由于受计划经济体制下的传统行政管理思维的影响，我国传统学校管理观念是权力至上，官本位思想甚浓。一方面，学校在对学生处分时，忽视程序，主要采取行政命令决断式的手段进行处理，对学生处分太重，这是导致学生与学校发生纠纷的直接原因。因勒令学生退学、取消学生学籍或因作弊取消学位授予权，涉及的都是学生最重要的利益，学生和家长都会尽最大努力去挽救、争取，于是发生纠纷在所难免。另一方面，在预防矛盾纠纷发生时，学校可能会出于维护自身声誉的考虑，甚至怕担责而采取行政命令的方式来达到目的，如以惩罚为主要手段的学生行为管理制度，诸如"不准""不得""严禁""禁止"等命令和

禁止意味的用语屡见不鲜。在管理制度的实体上对学生义务的要求非常苛刻，对学生合法权益的规定和保护则较为罕见，某些学校实行人治的管理方式还没有转变，反映出学校治理的不善。

4. 学校规章制度不健全，缺乏执行力

当前在解决教育法律纠纷方面虽然有调解、申诉制度、行政复议等途径，但是在具体的执行过程中难度较大，缺乏执行力。在当前的《教育法》中对申诉只是原则性地规定，缺乏可操作性和公正性。申诉的处理结果往往倒向学校这一边，导致很多学生和教师权益受损也不会运用申诉途径来维护权益。教育申诉制度包括教师和学生两种申诉制度，虽然各地都建立了教育申诉制度，但仍然存在很多问题。首先，制度可操作性差。在申诉机构和人员的设置上、组织上，都未作出具体的规定。其次，申诉程序公正性难以保证。申诉制度是由学校领导的处理内部纠纷的机制，这就造成了申诉委员会在解决各种纠纷时可能会着重考虑学校的利益，从而损害学生和教师的正当权益。最后，并未建立起完善的监督机制。在处理申诉过程中，始终是由学校来主导，其他主体无法介入监督，自我监督难以服人。

5. 教育法律纠纷的应对机制资源缺乏有效整合，难以形成合力

教育法律纠纷的预防和化解需要联动不同部门、动用各种资源予以应对。但目前在很多纠纷化解运行的过程中只注重阶段性的资源配置，缺乏全过程的资源整合。随着学校教育法律纠纷日趋复杂，已有的教育法律纠纷解决机制难以适应和满足。由于缺乏综合联动的应对机制体制，校内外的相关组织机构也难以在对同一事件上形成比较统一的合力，如基层调解组织、信访部门、学校工会、教代会、基层党组织、妇联等。而这也成为教育法律纠纷应对机制资源整合的一个短板，它还没有将各机构职能与力量整合成一种社会基础结构状态，所以每当学校发生教育矛盾纠纷时，都难以及时、有效地吸纳社会资源。如果学校中各职能要素没有纳入社会网络之中，而是游离其外，那必将因社会支持的匮乏而无力从根本上处置教育法律纠纷事件。

四 结论与建议

经过对本次调查收集到的资料和信息进行梳理、分析和研究，就当下教育法律纠纷作出以下结论和建议，供大家参考。

(一) 结论

1. 教育法律纠纷总体趋势趋于平稳，高校矛盾较为突出

上述表格的分析结果表明：大多数学生和教师认为当前在教育领域有矛盾纠纷发生，但在将当前发生的矛盾纠纷与以往的发生率进行比较时，不管是学生还是教师都是较多数认为发生在教育领域的法律纠纷不是十分严重，同时在对未来教育领域产生矛盾纠纷的可能性上，大多数人认为矛盾纠纷的发生率会逐渐减少且很快得到妥善地解决。教育法律纠纷总体趋势趋于平稳，但是其在不同学段的分布上并不"均衡"，体现了新时代的特征。综合学生和教师两方面对教育法律纠纷的回答，课题组成员发现教育法律纠纷的发生从小学到高校大致呈现一种增长态势，亦即高校的教育矛盾纠纷相对而言更为突出。

2. 不同学段教育法律纠纷特点有异同之处

通过对问卷数据的综合分析比较可以得知，不同学段的学生与学生、教师与教师之间的教育法律纠纷有一定的异同之处，如表2-34所示（部分）。

表2-34　　　　不同学段教育法律纠纷特点异同比较

	相　同	不　同
不同学段的学生	（1）"最容易被侵害的权利"均是"受教育权"最高； （2）教育"矛盾纠纷的发生率"中"比往年低"最多（不含"不清楚"选项）	（1）"突出矛盾"方面，初中是"学籍管理纠纷"最多，其他学校则是"违纪处分纠纷"最多； （2）对"当前教育法律纠纷严重程度"的看法中，认为"严重"的高校（含高职）最多，高中（含中职）次之，初中最少。认为"没有纠纷"的则相反
不同学段学校的教师	（1）对"当前教育法律纠纷严重程度"的看法中，"不严重"的选择率最高； （2）教育"矛盾纠纷的发生率"中"比往年低"最多； （3）"突出矛盾"选择人数最多的均是"职称评聘纠纷"	"最容易被侵害的权利"只有高中（含中职）是"受教育权"的选择率最高，其他学校都是"财产权最高"

3. 教育法律纠纷性质复杂、类型广泛、原因多样

调查数据的分析表明：认为当前的教育法律纠纷属于"民事纠纷"性质的人最多，达到了被调查教师人数的一半以上（50.3%），即使选择率最低的认为属于"刑事纠纷"的人也不在少数，占被调查教师总数的将近1/5（19.3%，见表2-17）。因此当前有较多的人认为教育法律纠纷的性质是包含有多种性质的矛盾纠纷存在，同时还有近四成（39.0%，见表2-17）的人认为性质很难界定，这表明还有其他性质的教育法律纠纷存在，在一件教育法律纠纷的性质的界定上它本身包含着多方面的范畴，教师对教育法律纠纷的性质认识也不是十分清晰。在教育法律纠纷的范围的界定上也存在类似的问题，即使选择率最少的认为包括"学校联合办学纠纷"的人也仍然不在少数，超过了被调查教师总数的1/3（38.3%，见表2-18）。这种对于教育法律纠纷认识的"规律"在其"发生的直接原因方面表现"的回答上同样明显，即使选择率最少的认为有"学校管理不善"原因的人也仍然不在少数，达到了被调查教师总数的43.6%（见表2-19）。综合上述分析可以发现，当前教育领域的法律纠纷的性质多样、多重、界定因素复杂，且其包括范围广泛，涉及学生与教师之间、学生与学校之间、教师与学校之间等诸多纠纷类型。在纠纷的原因方面，更是由于主体诉求的多样、利益形式的多样、利益保障制度的多样等因素呈现出一种原因多样的表现。

4. 受调查者维权途径意愿及效果意愿与当前的现实有一定的差距

通过对调查问卷的数据分析和对访谈记录的整理分析表明，当前解决教育法律纠纷的途径是比较明确且比较有效的，如"基层调解组织""工会""学代会""教代会"等，但是在维权诉求遭到阻碍之后，很多人难以寻求到更加有效的维权途径，转而选择其他的"无奈之举"，且在当前政府或学校预防和应对教育法律纠纷的机制及处理效果方面，大多数人认为是"比较有效"和"比较健全"的，并且还有少数人认为是"没有效"和"不健全"的。这表明受调查者无论是出于对自身利益的考量还是对当前社会上教育法律纠纷解决结果的评价，受调查者在教育法律纠纷的维权途径意愿及效果意愿上与当前的现实有一定的差距，受调查者还是希望能够有更加完善的应对机制、维权渠道及得到更加满意的纠纷解决效果。

(二) 建议

1. 全面推进学校依法治校，建章立制，规范学校办学行为

全面推进学校依法治校的关键在"全面"，当前在学校办学过程中虽然有相关的制度、相关的机构、法定的程序进行约束，但是由于在原有的学校管理体制下的规章制度的运行缺乏比较完善的联动合作机制和法律约束机制，以及监督管理机制和自我纠错惩罚机制，"全面"依法治校还有待加强。因此，我们主要有以下几方面的建议。

（1）完善学校章程，健全校内规章制度。学校应该重视章程的制定工作，结合学校实际，在深入调查研究、广泛征求意见的基础上，起草并反复修改完善学校章程，制定出符合学校发展和实际的学校章程。（2）加强民主管理，建立监督沟通的机制，确保学校管理教学透明公开。尽快完善学校党组织、工会、教代会、学术委员会、家长委员会等民主体制的运行机制，健全各个机构议事的规则和民主决策程序，充分尊重教职工的知情权、表达权和参与权，不断完善教职工代表大会制度。坚持"开门办学"，邀请家长委员会代表、教代会、学生会、学代会参与学校的管理和监督。（3）依法推行学校管理体制改革，优化学校内部治理。严格责任落实和问责制；转变观念，强化法治、公平、责任意识；健全正向激励机制，充分调动广大师生的积极性。

2. 加强法治教育，提高师生的法治素养，做到学法用法守法

教育法律纠纷的发生既有客观的原因，也有主观的原因，其主观原因主要是师生的法治素养不高，因此加强法制教育，提高师生法治素养，让师生能够做到学法懂法用法守法，则在一定程度上能够极大地避免教育法律纠纷的发生或激化。我们有以下两方面建议：（1）开设法治课程。前面已经讲过"法制教育不等于法治课程"，但是"法治课程是法治教育"的基础。（2）重视法治教育工作。将法治教育从"行为模式教育"上升为"意识模式教育"，从"规则之治"走向"理念之治"，这样的教育才能真正在塑造师生人格、影响师生行为、培养师生的法律素质和法治信仰，使其在学校师生树立正确的权力观、法治观上充分显示作用。

3. 坚持源头治理、预防为主原则，从源头上预防和减少教育法律纠纷的发生

一般来讲，教育法律纠纷的发生，都是与教师和学生这两大主体相关的，因此着重做好这两方面的教育法律纠纷预防，才能够从源头上相对减少教育法律纠纷的发生。从学校方面来看：（1）严格执行国家教育政策法规，推进依法治校，规范办学行为；（2）完善对教师的考核评价制度，保障教师合法权益。从师生方面来看：（1）要加强师生的心理健康和思想道德素养及法治教育；（2）建立健全师生诉求表达机制，通过法律渠道维护合法权益，防止教育法律纠纷的扩大化。

4. 引导和整合各种力量积极参与教育法律纠纷的预防化解，形成高效完善的应对机制

教育法律纠纷的预防化解需要整合社会力量的介入，形成强大的应对力量。（1）要建立完善多元化教育法律纠纷解决机制，实现各种纠纷解决制度的有机衔接、相互协调，形成教育矛盾纠纷化解网络和工作合力。（2）切实发挥相关组织机构团体的作用。要切实发挥如基层调解组织、信访部门、学校工会、教代会、基层党组织、妇联等组织机构团体的实际运行的作用。要推进部门职责优化配置和统筹整合，减少部门职能交叉，理顺职责关系，解决制度"碎片化"的问题，形成一个具有整体效应、协调统筹、高效运行的应对机制。

第三节 新时代教育法律纠纷特点的归结

鲁迅先生曾经说过，"要极省俭地画出一个人的特点，最好是画他的眼睛"①，尽管教育法律纠纷颇为繁复，归纳特点的方法也不少，但若能够抓住凸显教育法律纠纷特点的"眼睛"，那我们对教育法律纠纷的认识必然会更加清晰明了，更加深刻透彻，起到"画龙点睛"的作用。由于社会主要矛盾的变化影响着我国教育领域矛盾的变化②，因此，本书通过实地的深入调研，结合相关的案例分析、时代背景矛盾变化以及教育法律纠纷本质的把握，试图从不同的维度比较全面深入地归纳新时代背景下教育法律纠纷的特点，为教育法律纠纷应对机制的构建做铺垫和奠基。

---

① 鲁迅：《我怎么做起小说来》，《南腔北调集》，人民文学出版社2000年版，第77页。
② 罗莎莎、靳玉乐：《新时代教育发展的特点与使命》，《教师教育学报》2019年第2期。

一 教育法律纠纷总体趋势的维度特点

（一）教育法律纠纷总体趋于缓和，呈下降趋势

随着我国的经济社会的发展，教育改革不断深化，教育法律关系的主体也在发生变化，涉及的学校与教师、学校与学生以及教师与学生的法律纠纷也是层出不穷。近年来，为了适应新时代教育改革和发展的需要，社会对教育水平的要求和期望越来越高，对人才的培养也提出了更高的要求。随着全面依法治国理念的推进，依法治校理念也深入开展，针对专业的教育人才制定了专业培养方案，在学校管理机制、运行机制和保障机制方面得以更加完善和健全，人性化管理和制度化管理进一步得到结合，学校矛盾纠纷发生率逐步得到控制并呈下降趋势。从图 2-1 和图 2-2 的调查报告中分别可以得出，与往年相比，有 57.58% 的教师认为"比往年低"，这一比例的教师人数为 771 人；同时有 46.13% 的学生认为"比往年低"，这一比例的学生人数达到了 756 人。两个群体中，这一选项的比例都是最高的。可以看出近年来学校教育法律纠纷的发生率逐渐减少，不可否认，这与社会经济的发展和教育体制的改革有着非常密切的联系。

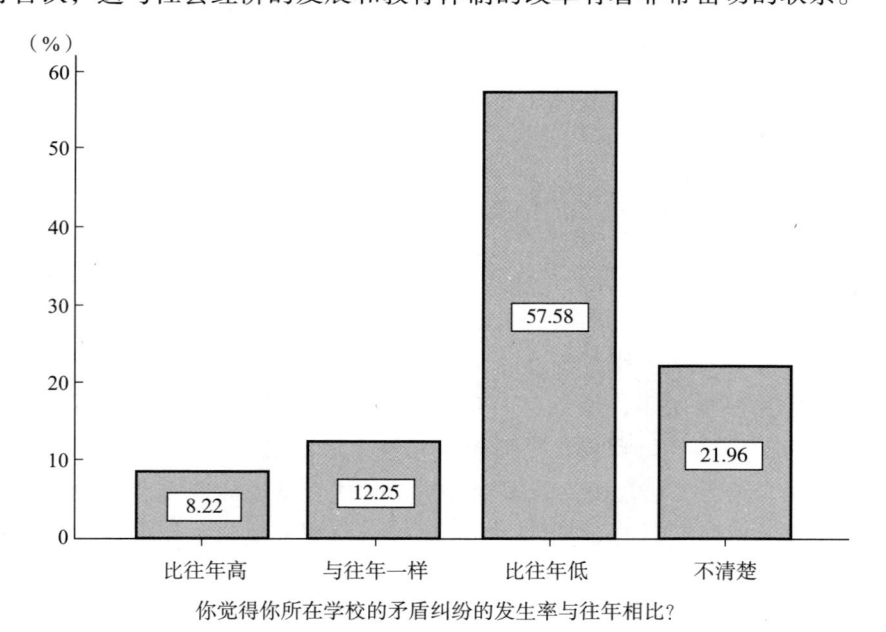

图 2-1 （教师）

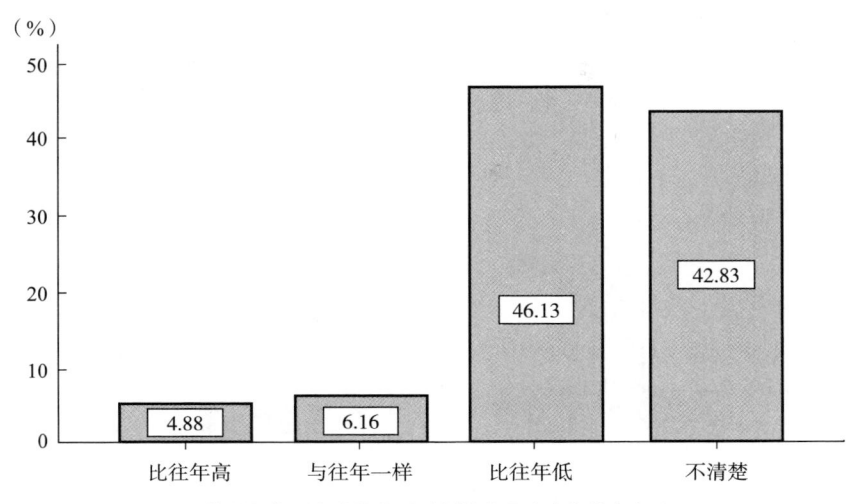

```
(%)
50
40
30
20                              46.13      42.83
10
       4.88      6.16
 0
    比往年高   与往年一样   比往年低    不清楚
        你觉得你所在学校的矛盾纠纷的发生率与往年相比？
```

图 2-2 （学生）

（二）教育法律纠纷状况城乡趋同，并不断融合

改革开放以来，传统农村发生了深刻的改革变化，进入了向城市化转型的高速期。尤其是最近几年，农村生活在政治、经济、文化、社会、生态等方面发生了翻天覆地的变化，在教育资源配置方面联合互联网，使教育公平逐步在城市和乡村慢慢实现。同时，国家政策对于知识人才向偏远农村地区流向给予了大力支持，使乡村教育发展水平与城市教育发展水平趋向于一致。因此，在城乡学校中面临的矛盾纠纷区别性不大。从图 2-3 和图 2-4 的调查数据中得出：农村户籍的教师认为"不严重"的人数占比为 50.4%，城市户籍的教师认为"不严重"的人数占比为 49.4%；农村户籍的学生认为"不严重"的人数占比为 35.4%，城市户籍的学生认为"不严重"的人数占比为 44.7%。从图 2-5 和图 2-6 的调查数据中可以看出：农村户籍的教师认为"比往年低"的人数占比为 67.0%，城市户籍的教师认为"比往年低"的人数占比为 52.4%；农村户籍的学生认为"比往年低"的有 365 人，占比为 42.8%，城市户籍的学生认为"比往年低"的有 391 人，占比为 49.7%。从问卷中我们了解到城乡的教育法律纠纷状况正在慢慢融合，不管是从严重性还是发生率来看，都是慢慢趋向于一致的结局。

◆|◆ 新时代教育法律纠纷及其应对机制研究

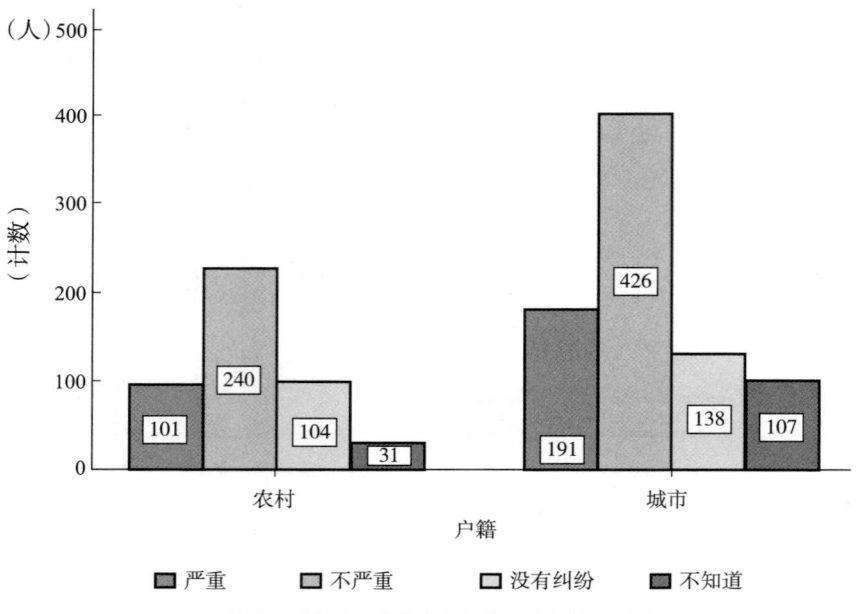

图 2-3 （教师）

你认为当前发生在教育领域的法律纠纷是否严重？

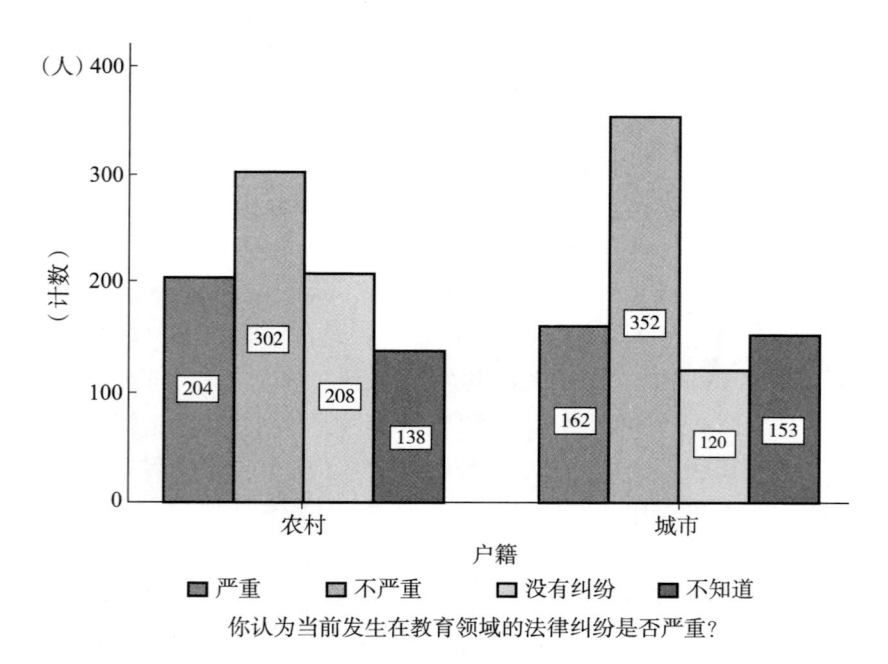

户籍	严重	不严重	没有纠纷	不知道
农村	101	240	104	31
城市	191	426	138	107

图 2-4 （学生）

你认为当前发生在教育领域的法律纠纷是否严重？

户籍	严重	不严重	没有纠纷	不知道
农村	204	302	208	138
城市	162	352	120	153

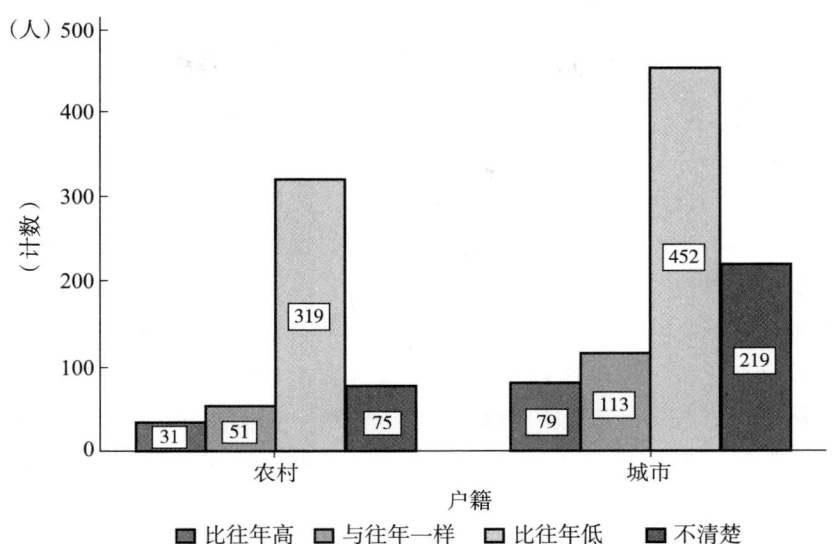

第二章 教育法律纠纷特点的分析与归结

(人) 500

（计数）

农村: 31, 51, 319, 75
城市: 79, 113, 452, 219

户籍

■ 比往年高　■ 与往年一样　■ 比往年低　■ 不清楚

你觉得你所在学校的矛盾纠纷的发生率与往年相比？

图 2-5 （教师）

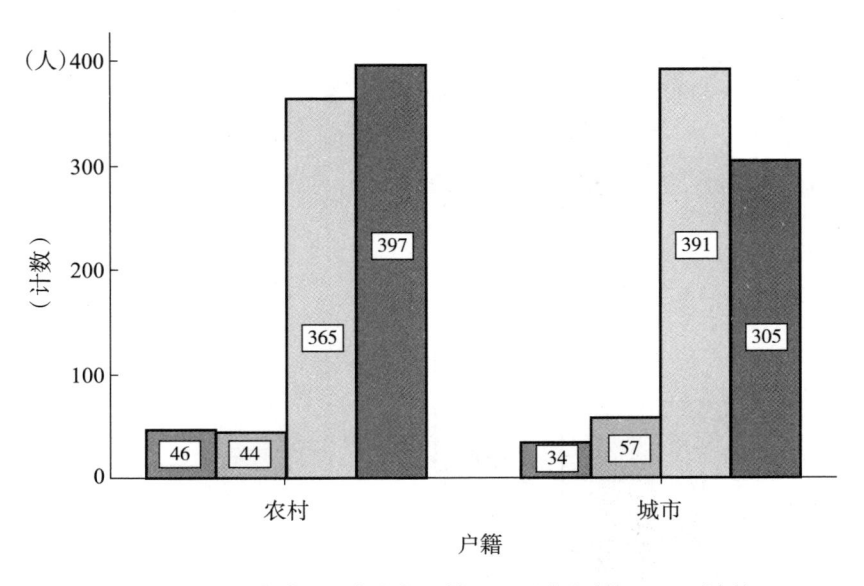

(人) 400

（计数）

农村: 46, 44, 365, 397
城市: 34, 57, 391, 305

户籍

■ 比往年高　■ 与往年一样　■ 比往年低　■ 不清楚

你觉得你所在学校的矛盾纠纷的发生率与往年相比？

图 2-6 （学生）

· 131 ·

（三）教育法律纠纷化解效果增强，但预防不够

随着民主法治的发展，法治观念和法律意识逐渐深入人心，尤其是在一个法治的国家里，法律制度的设计和建立始终是围绕人们的合法利益进行的，当公民的合法权益受到侵害时，法律就成为了身边最快捷、最正规、最有效的保护措施。第一，学校的教师、学生虽然在身份上具有一定的特殊性，但他们的前提也是一位公民，拥有维护自身合法权益的权利，并且作为学校的教师或学生，普遍会接受较高的教育水平，法律意识理应更强。因此，他们更了解如何维权和关注自己的权益保护效果。第二，学校在教育法律纠纷的处理机制上也更加健全，建立了专门处理矛盾纠纷的部门或机构，使教育纠纷的处理比较顺利，但是在防范机制的建设上还不足，缺乏一套完善的预防体系。

从图 2-7 中的数据可以明显得出：认为"很有效"和"比较有效"的教师比例要远远高于认为"没有效"或"不好说"的比例，这也印证了现实存在的司法案例的状况；回答前两者的教师总人数占到了应答教师总人数比例的 71.2%。根据图 2-8 所示，学生对于该道题的回答情况也与教师类似，回答前两者的学生总人数占比约 72.1%。当前政府或学校在处理教育法律纠纷的效果方面是比较有成效的，这体现出我国教育改革正在朝着正确的方向发展，教育制度会越来越完善，但是更要注意在发展中做好预防措施，要做到防患于未然，为学校教师和学生营造一个良好的氛围。

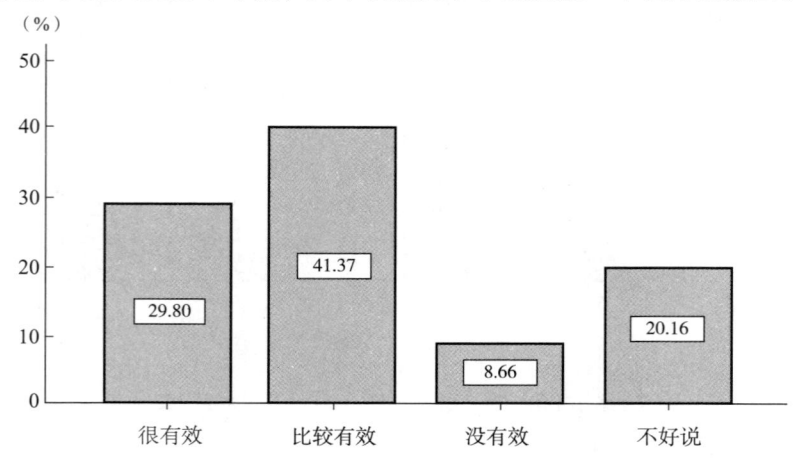

（%）

很有效	比较有效	没有效	不好说
29.80	41.37	8.66	20.16

你认为当前政府或学校处理教育法律纠纷的效果如何？

图 2-7 （教师）

图 2-8 （学生）

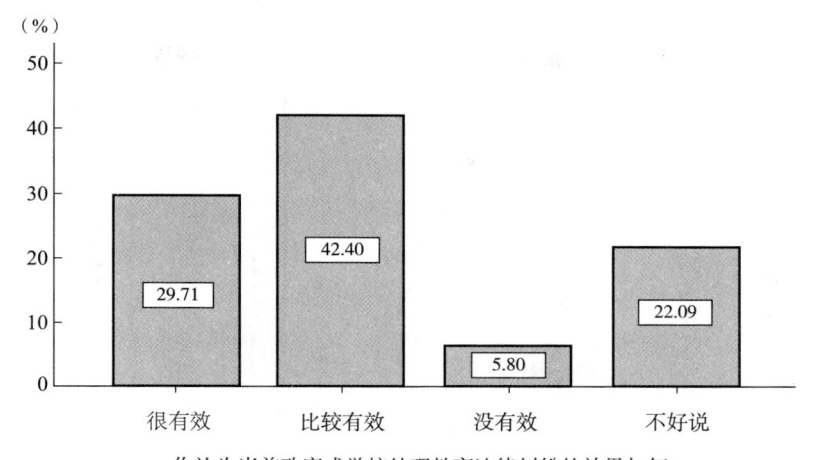

你认为当前政府或学校处理教育法律纠纷的效果如何？

很有效 29.71　比较有效 42.40　没有效 5.80　不好说 22.09

二　教育法律纠纷不同学段的维度特点

（一）教育法律纠纷从小学到大学呈逐渐递增态势

首先，当前社会，国家和社会对于义务教育阶段的发展普遍重视起来，中小学学校逐渐暴露出部分教育法律纠纷，但是由于中小学生的特殊性，其权利意识和法律观念还比较淡薄，从而使得切实发生的教育法律纠纷相对还比较少；而高校的学生权利意识和法律意识普遍要高于中小学学生，他们的法治意识更强，尤其是在关系到他们的切身利益如学籍、学位问题上，他们这种维权意识和能力的增强直接导致了教育法律纠纷的增多。其次，高校教育体制的改革，在管理方式、运行机制上尚不够健全，这也是造成高校教育法律纠纷发生率高于中小学教育矛盾纠纷的一个因素。从图 2-9 和图 2-10 中分别可以看出，深色柱体代表教育法律纠纷的发生率，认为"比往年高"的教师中，小学教师有 14 人，初中教师有 33 人，高中（含中职）教师有 33 人，高校（含高职）教师有 30 人；认为"比往年高"的学生中，初中学生有 14 人，高中（含中职）学生有 16 人，高校（含高职）学生有 50 人。从初中到高中再到高校，越低学段学校矛盾纠纷案件发生率相对越少，越高学段学校面临的纠纷发生率也相对越高，反映出从小学到大学的矛盾纠纷发生率呈递增状态，跟现实中教育法律纠纷的发生相吻合。

◆ 新时代教育法律纠纷及其应对机制研究

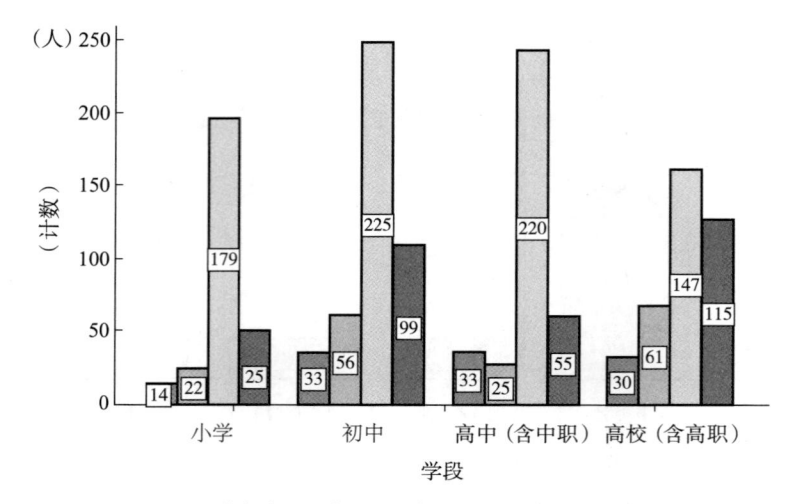

图 2-9 （教师）

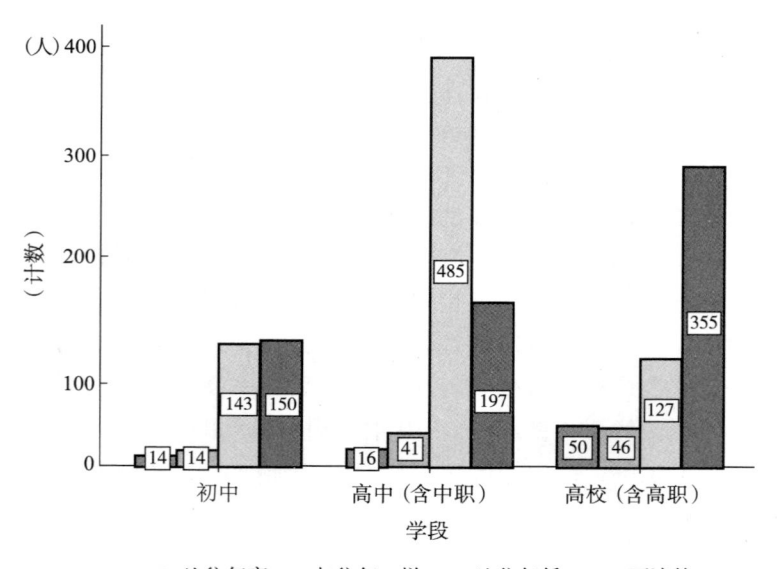

你觉得你所在学校的矛盾纠纷的发生率与往年相比？

图 2-10 （学生）

你觉得你所在学校的矛盾纠纷的发生率与往年相比？

· 134 ·

（二）中小学教师教育法律纠纷以教学科研权和财产权纠纷为主

教学科研权是指教育教学工作者在日常的教学工作中，对某一课题运用系统的理论知识、教学理论和辩证的研究方法进行研究的活动。财产权是指以财产利益为内容，直接体现财产利益的民事权利。这两项权利都是作为教师的基本权利。在教学科研权方面，教师需要足够的时间去思考科学领域的新发现，充实自己的知识，提高自身的专业素养。教学科研对于教师的整体发展起着积极作用和引领作用，在科研活动中，教师的学习能力、研究能力、创新能力以及实践的能力均能得到巨大的锻炼和提升，使之在教学中更具备前沿性、专业性和深度性等特点。但是在部分高校却存在教师教学科研申请受限、教学资源分配严重不公、条件过分苛刻等问题。在财产权方面，对于教师而言，工资是维持自己和家人生存与发展的主要来源，所获得的财产既是教师劳动所得，也是教师在学校自身财产权得到维护的一种体现。但在实际情况中，教师财产却面临着明增暗扣、变相剥夺的现象。从图2-11中可以看出，小学教师中回答比例最高的两个选项是"教学科研权"（80人）和"财产权"（69人），分别占比33.3%和28.8%；初中教师中回答比例最高的两个选项分别是"财产权"（123人）和"教学科研权"（102人，与"人

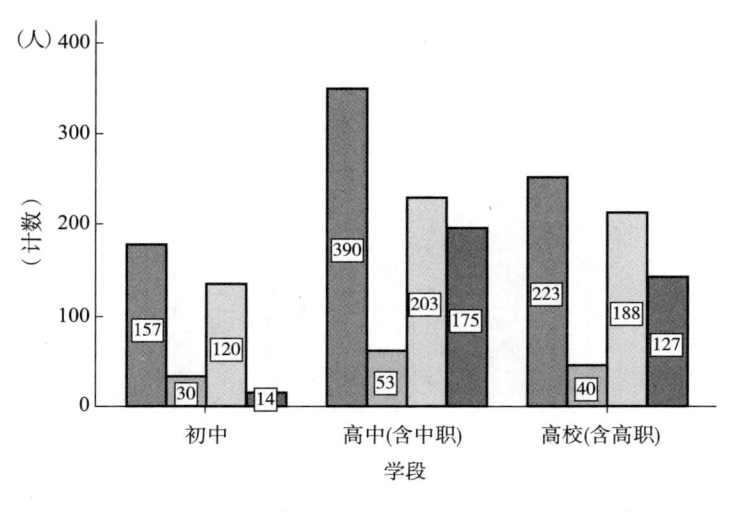

据你所知，你认为学生权利最容易被学校或教师侵害的是？

图 2-11 （教师）

身权"相同），分别占比29.8%和24.7%。中小学校的教师在教学科研权和财产权两方面，最容易受到学校或其他主管部门的侵害，矛盾纠纷的发生率也最高，这也是导致教师整体权利缺损的重要因素之一。

（三）高校学生教育法律纠纷以侵害受教育权和人身权为主

受教育权是指公民所享有的并由国家保障实现其接受教育的权利，是宪法所赋予的一项基本权利，同时也是公民享受其他文化教育的前提和基础。人身权是指与人身相互联系或不可分离的没有直接财产内容的权利，这都属于学生的基本权利。随着我国教育体制的不断改革和教育法治化进程的加快推进，大学生的权利日益引起人们的重视，受到了一定尊重和保护，但是由于现实中一部分高校及其教师的法制观念淡薄，法律意识较低，致使侵犯大学生权益的现象时有发生。另外，再加上一些高校管理人员为了一己之私，片面地认为"生源就是财源"，尤其是一些私立学校乱收学费，压缩学生课程，安排学生参加利益链形式的实习工作，严重出卖学生的劳动力，侵犯了大学生的受教育权和人身权。从图2-12中可以看出，高校（含高职）学生最容易被侵害的权利中"受教

学段	受教育权	财产权	人身权	教学科研权
小学	65	69	26	80
初中	86	123	102	102
高中(含中职)	105	71	66	91
高校(含高职)	79	134	44	96

据你所知，你认为教师权利最容易被学校或主管部门侵害的是？

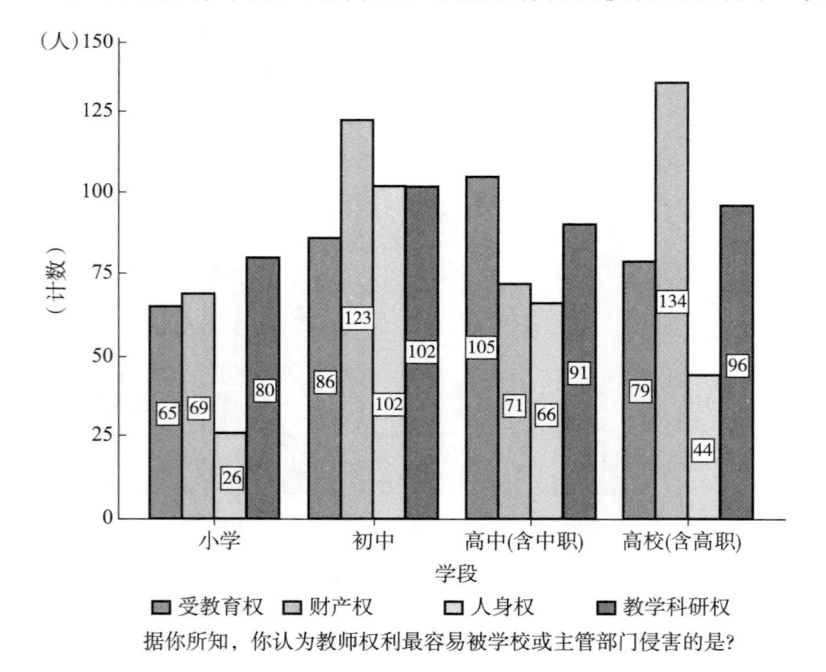

图2-12 （学生）

育权"和"人身权"显著突出,回答"受教育权"的人数为 223 人,回答"人身权"的人数为 188 人,分别占比 38.6%、32.5%,两者的占比之和超过了总数的七成(71.1%)。高校(含高职)学生在受教育权和人身权两方面最容易受到学校或者教师的侵害,尤其是当前我国高校关于受教育权的纠纷呈日趋上升的发展势头,这也是目前教育法律纠纷中司法案例最多的类型。

三 教育法律纠纷性质的维度特点

(一)教育法律纠纷以民事性质为主,其他性质并存

直面教育领域内的纠纷,涉及法律性质和法律关系时,主要分为民事纠纷、行政纠纷以及刑事纠纷等三种类型。教育民事纠纷普遍意义上是指学校与社会之间的民事纠纷以及学校内部主体之间的民事纠纷。前者主要是指学校与公民、企业等平等民事主体之间由于侵权或合同而产生的纠纷;后者主要是指学校、教师、学生之间在教育活动或学校组织的校外活动,以及在学校所负责的校舍、场地等其他教学设施内所发生的纠纷。而在本书所收集的调查问卷中(见图 2-13),在回答"民事纠纷"者中,小学教师的占比为 51.7%;初中占比为 54.7%;高中(含中职)占比为 43.5%;高校(含高职)占比为 50.4%。可以看出教育法律纠纷类型从横向比较来看,普遍认为属于民事纠纷这一性质的偏多。同时,我们从教师的调查问卷中可以得知,其他几种性质也同时存在,这跟当下的实际情况相一致。

(二)教育法律纠纷性质认识不统一,分歧较大

随着我国经济体制的转型,我国的教育也得到了空前发展,办学主体和办学层次呈现多种形式,原有的管理体制已经不能完全适应新形势下的办学要求,各种利益的产生与矛盾冲突接踵而来,导致学校内、外部产生的矛盾越来越多,形成多种类型的教育法律纠纷案件,涉及的法律种类繁多,对教育领域的纠纷案件很难达到一致性的认识,意见分歧较大。从最新的教师调查问卷"你认为当前教育法律纠纷主要是属于什么性质的纠纷"一题中得知,除了民事纠纷性质的占主要比重,其他行政纠纷、刑事纠纷、劳动纠纷和特殊性质纠纷也占有一定的比重,图

2-13 也说明了当前教育法律纠纷不仅以民事纠纷为主,而且其他性质的法律纠纷也占有一定的比重。由此可见,人们对教育法律纠纷性质的认识不同,选择也不同。

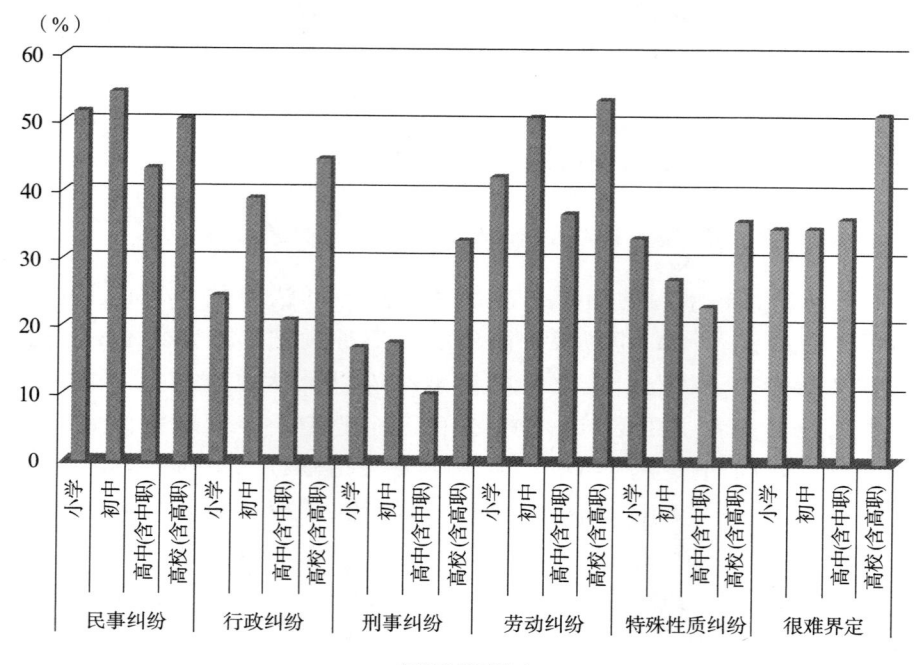

图 2-13

(三) 教育法律纠纷性质复杂,甚至难以界定

学校法律纠纷的多元化与内容的复杂性,决定了教育法律纠纷性质的复杂性。首先是近几年来,学校与政府、行政部门之间的矛盾纠纷,以前二者是隶属关系,自从学校拥有一定的自主管理权后,学校与政府之间的冲突逐渐凸显出来。其次是学校与学生之间的矛盾纠纷,之前两者涉及的纠纷内容比较少,主要是多见于学校的伤害事故与管理欠缺方面,而现在普遍重视学生的权益保障,导致关于学生各个方面的纠纷越来越多,内容复杂。最后是学校与教师之间的矛盾纠纷,因为部分学校自主权利的扩大,在教师聘用、职称评定方面,本来是由教育管理部门负责,现在转为由学校自主管理,造成纠纷的处理手续烦琐,性质复

杂。从图 2-14 来看，认为教育法律纠纷的性质"很难界定"的比例接近四成（39.6%），即使选择率最小的"刑事纠纷"的比例也达到了近两成（19.7%）。说明了教育法律纠纷涉及的范围越来越广泛，性质越来越复杂，对于学校内外部所发生的纠纷性质的把握相对比较困难，甚至已经达到难以界定的程度。

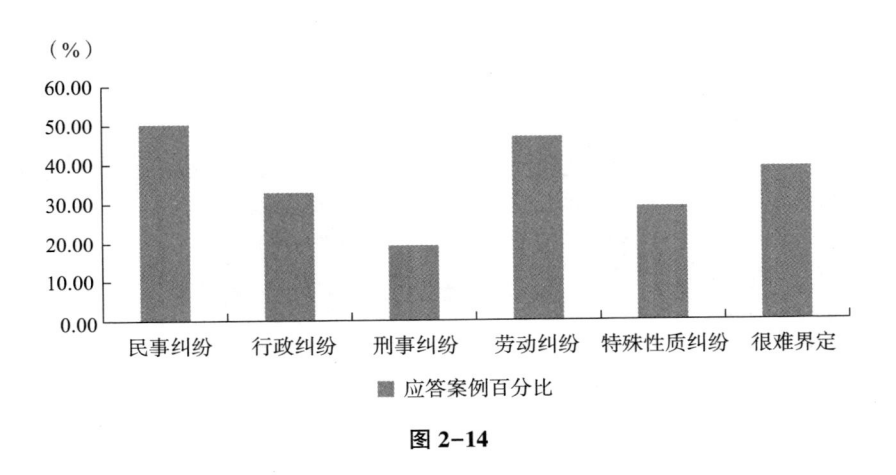

图 2-14

四 教育法律纠纷主体的维度特点

（一）学生涉及的教育法律纠纷以违纪处分纠纷为主

近年来，随着我国教育体制改革的推进，学校与学生的地位慢慢趋于平等，两者之间的关系也逐渐发生深刻变化，呈现出新的特点。自党的十八届四中全会提出全面依法治国目标以来，我国大部分学校也纷纷响应号召，积极推进依法治校，使民主、自由、平等、法治的思想深入人心，学生的权利法律保护意识也慢慢觉醒。从图 2-15 中得出，在学校与学生关联的矛盾纠纷中最为突出的是违纪处分纠纷，选择这一选项的学生人数为 769 人，占比约为 46.9%。在众多纠纷中属于最高的数据，这是由于学校对违纪行为的学生给予一定的批评教育或纪律处分，但是学校给予学生的纪律处分，可能与学生违纪行为的性质和过错不相适应而造成矛盾纠纷。这严重影响着学生与学校之间的和谐关系，影响着受侵犯学生的合法利益，无论是对学校的发展还是学生的学习都产生或多或少的影响。

(%)
50
40
30
20
10
0

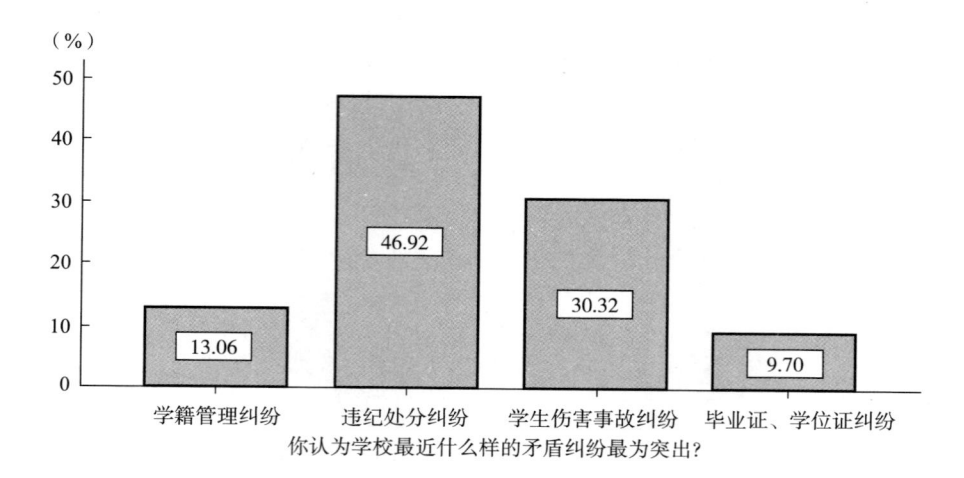

13.06   46.92   30.32   9.70

学籍管理纠纷　　违纪处分纠纷　　学生伤害事故纠纷　　毕业证、学位证纠纷
你认为学校最近什么样的矛盾纠纷最为突出？

图 2-15

（二）教师涉及的教育法律纠纷以职称评聘纠纷为主

对于学校教师来说，职称评定是对他们一段时间以来工作成绩的检验与评价，现如今，无论是在高校或者中小学，还是在城市或者农村，教师职称评聘都面临着艰难的现象。由于评聘政策、管理体制和运作机制等方面的不科学、不合理，导致教师的职称评聘更是难上加难，进而引发越来越多的教师职称评聘矛盾纠纷。学校教师为国家的教育事业做出了巨大贡献，他们也希望得到更高的荣誉，更多的认可。但是由于种种原因，使得教师因为职称评聘而引发的职称评聘纠纷日益增多，这严重伤害了广大教育工作者的热情，也影响着我国教育事业的持续健康发展。从图 2-16 的调查结果来看，教师职称评聘纠纷在所有纠纷中排名第一，有 673 人选择了该选项，占比约为 50.3%。说明了困扰着教师职业发展的职称评聘发挥着重要的作用，也体现出在大部分学校中教师职称评聘纠纷是最为常见的，也是发生率最高和难以处理的矛盾纠纷。

（三）学校应对教育法律纠纷以传统单一管理为主

近年来，校园中学生之间因口角争执、教师管理方法不得当、学校违规收费以及违规奖罚等问题引发的校园矛盾纠纷数量不断上升，由于学校应对手段单一，处理方式简单粗糙，导致在一定程度上扰乱了学校

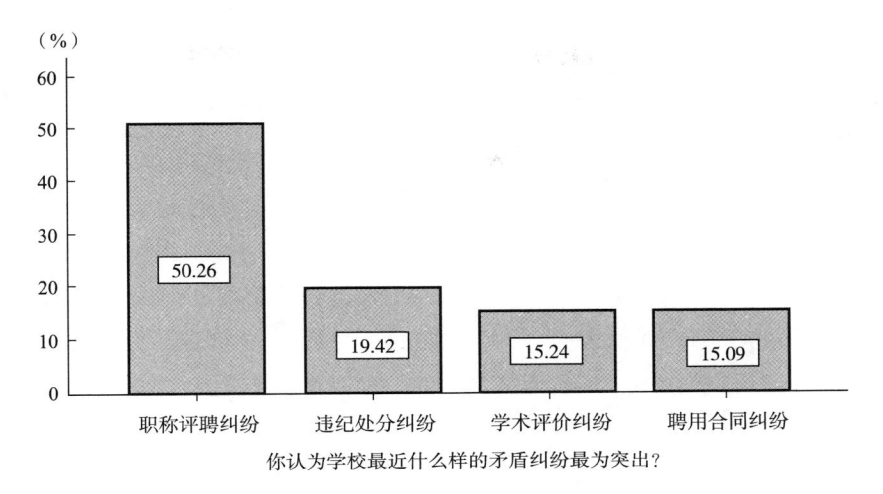

图 2-16 你认为学校最近什么样的矛盾纠纷最为突出？

- 职称评聘纠纷：50.26
- 违纪处分纠纷：19.42
- 学术评价纠纷：15.24
- 聘用合同纠纷：15.09

正常教学秩序，逐渐成为教育管理工作中的难点问题。因此，创新校园矛盾纠纷的有效解决途径和方法显得迫切重要。从教师和学生的访谈问卷中得知，部分学校在应对教育法律纠纷的问题上依然采取因循守旧、传统单一的解决方式，处理问题形式化、简单化，忽略教师及学生的合法利益，这不仅没有从根本上解决纠纷问题，而且还容易激怒矛盾双方的当事人，产生过激的行为，引发出新的矛盾。

五 教育法律纠纷行为方式的维度特点

（一）教育法律纠纷主体行为更趋于理性

随着教育体制进一步深入，学校自身面临的问题也不断出现，不仅在管理体制、运行机制上存在一定的问题，而且在处理一些涉法事务上也存在不规范的情况，依法行政、依法治校并没有落实到学校的各个方面，加之人们的思想观念、价值观念和法律意识慢慢增强，在学校、教师、学生三者之间，各主体之间因为自己的利益诉求不同，容易忽视教师和学生合法权益的保护，逐渐产生种种问题和纠纷。在这个时候，如果采取生硬的手段处理，不但解决不了问题，反而还会产生新的问题。因此，必须理性对待，遵循互谅互助、和谐共处原则，采取合理有效的措施来处置矛盾纠纷。从图 2-17 和图 2-18 的调查结果来看，有超过一半的教师会选择"协商调解"（50.63%），有超过45%的学生也会选择"协商调解"。无论是作为教师还是学生，绝大多数人在面临纠纷时，都能采取正确的方式，理性地对待纠纷处理，选择出合适的方式来维护自己的合法权益。

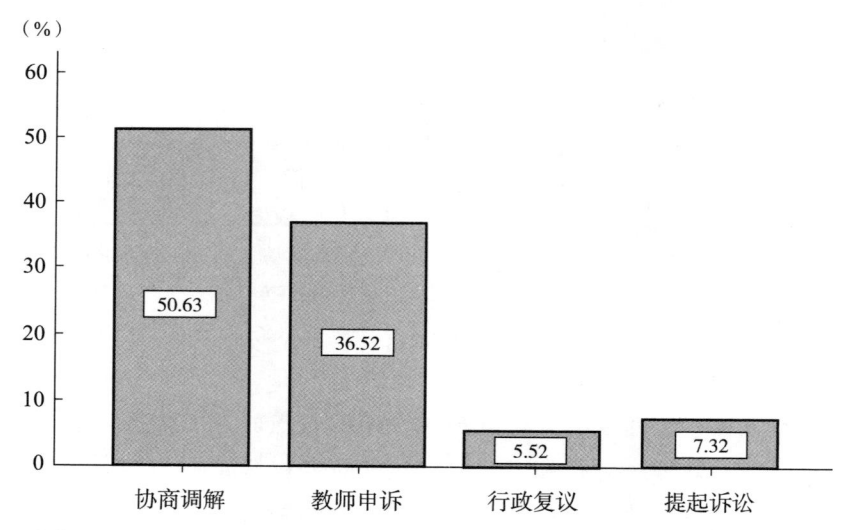

当你与学校或主管部门发生纠纷时，你更愿意选择哪种方式维护自己的合法权益？

图 2-17 （教师）

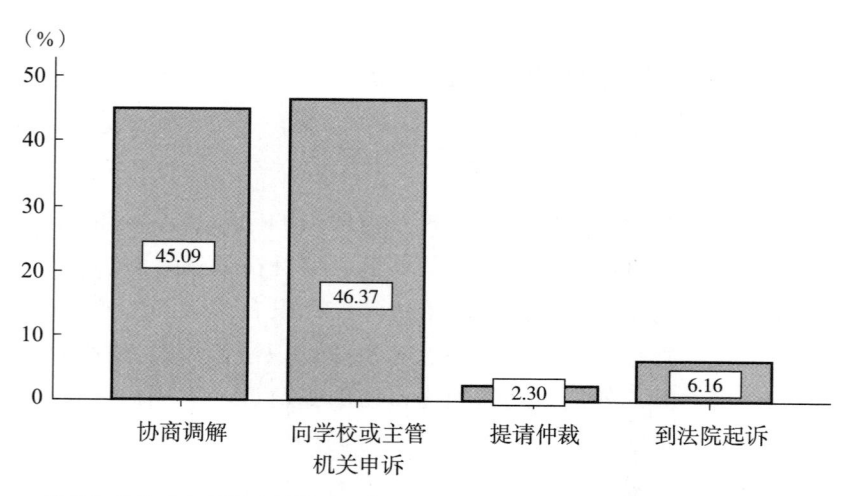

当你与学校或老师发生纠纷时，你更原意选择哪种方式维护自己的合法权益？

图 2-18 （学生）

（二）教育法律纠纷主体偶会选择过激行为

近几年，学校教育法律纠纷仍然较多，不仅在数量上有所上升，并且在内容上也比较复杂，具有后续性，同时我国学校在教育法律纠纷的处理机制上也不够健全。制度规定过于原则性、缺乏可操作性，不能够形成一套快捷高效的处理机制，不但对于纠纷处理没有帮助，反而还加深了矛盾的可能性，相应地刺激了矛盾双方的情绪。另外，在处理方式上，部分高校管理过程行政性过强，在处理纠纷的过程中，对纠纷处理过程程序化，缺乏沟通和协商，严重忽视对教师和学生合法权益的保护，重结果而不重过程，正常的纠纷解决途径俨然已经成了摆设，殊不知在处理过程中极有可能激化矛盾，从而促使教育法律纠纷的主体产生过激行为。从图 2-19 和图 2-20 的调查结果来看，当有教育法律纠纷的教师或者学生通过正常的途径无法解决矛盾时，容易采取过激的解决方式，有 3.36% 的教师和 1.16% 的学生会采取"聚众围堵学校或主管部门"，也证实了"校闹"形式的存在。

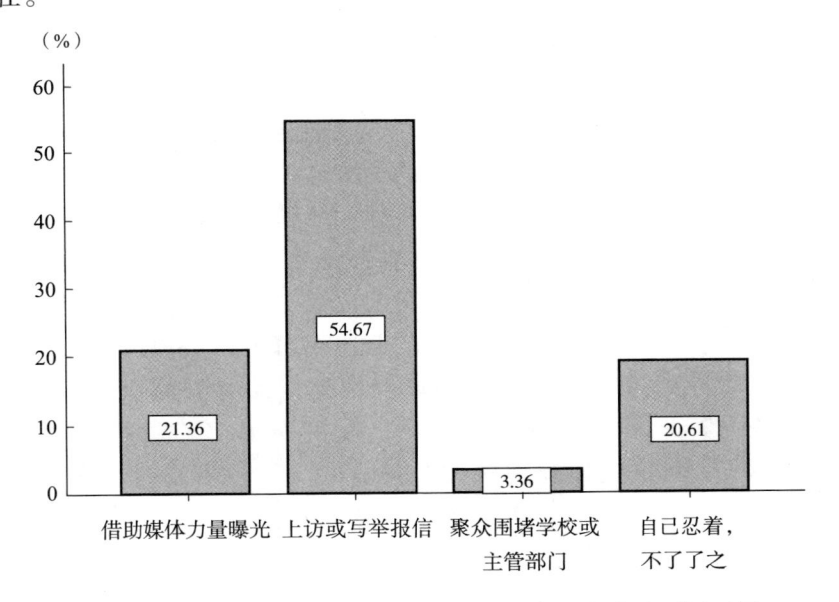

当你与学校或主管部门发生纠纷时，通过正常途径无法解决时，你会选择？

图 2-19 （教师）

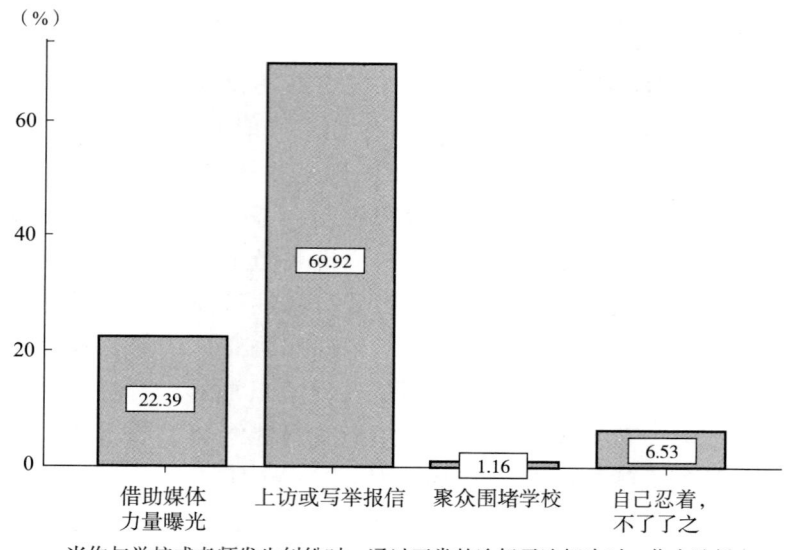

[图表：柱状图，纵轴百分比]
- 借助媒体力量曝光：22.39
- 上访或写举报信：69.92
- 聚众围堵学校：1.16
- 自己忍着，不了了之：6.53

当你与学校或老师发生纠纷时，通过正常的途轻无法解决时，你会选择？

图 2-20 （学生）

（三）教育法律纠纷行为方式更加多样化

如上所述，教育法律纠纷主体的多元化和内容的复杂性，造就了教育法律纠纷行为方式的多样性。当学生或老师与学校部门发生矛盾纠纷时，他们可以采取协商调解、向学校或主管机关申诉、行政复议以及到法院起诉等正常手段来维护自己的合法权益，但是通过这些合理合法的途径都得不到解决时，就容易造成双方的关系紧张、不和谐，促使学生或教师做出一些过当行为或其他行为，在矛盾纠纷通过一切正常途径都无法得到解决时，就会使纠纷主体出现以下几种行为方式。从图2-21和图2-22中的调查结果，我们了解到，当教师与学校的矛盾纠纷得不到解决时，大部分人会选择继续工作（49.14%），其次选择调动单位（33.16%），也有少部分教师选择得过且过（10.38%）和罢工抗议（7.32%）。在学生方面，大部分同学会选择转学（47.53%），部分选择继续就读（39.90%），少部分选择得过且过（8.85%）和辍学（3.72%）。这足以证明当学生或教师与学校发生矛盾纠纷，采取正常的措施都无法解决时，就会造成教育法律纠纷的行为后果的多样性。

第二章 教育法律纠纷特点的分析与归结

(%)
- 继续工作: 49.14
- 调动单位: 33.16
- 罢工抗议: 7.32
- 得过且过: 10.38

当你通过一切途径都无法解决与学校的纠纷,双方关系变得紧张时,你会选择?

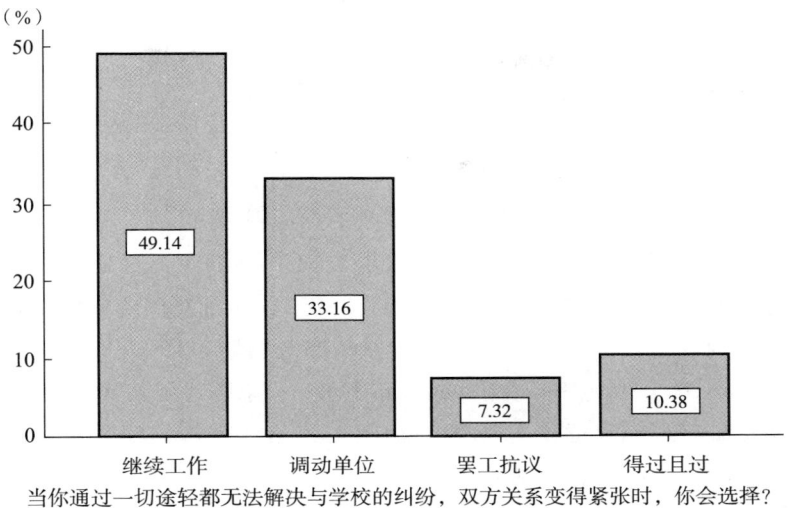

图 2-21 (教师)

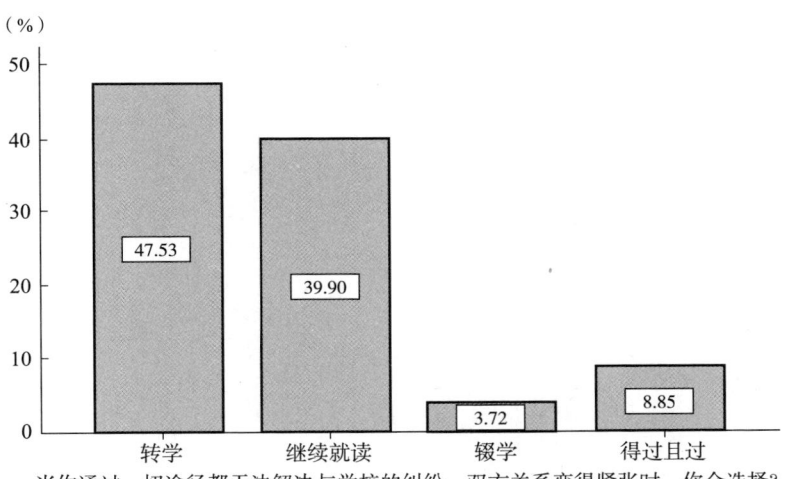

(%)
- 转学: 47.53
- 继续就读: 39.90
- 辍学: 3.72
- 得过且过: 8.85

当你通过一切途径都无法解决与学校的纠纷,双方关系变得紧张时,你会选择?

图 2-22 (学生)

六 教育法律纠纷解决路径的维度特点

(一) 教育法律纠纷解决以协商调解为主,诉讼并非首选

协商调解是指双方或多方当事人就争议的实体权利、义务,在人民

· 145 ·

法院、人民调解委员会及有关组织的主持下，自愿进行协商，通过教育疏导，促成各方达成协议、解决纠纷的办法。它作为预防和处理事关人们合法权益以及矛盾纠纷的有效手段，组成了多元化解决矛盾纠纷的关键环节。当前，仅仅依靠各级行政部门化解教育法律纠纷矛盾，相关部门能力有限，资源也有限。要解决学校的教育法律纠纷，就要采取积极有效的、适合学校师生的便捷、满意的方式。遵循自愿平等原则，尊重双方当事人真实意愿，有效地帮助当事人在平等协商、互谅互让的基础上自愿协商并达成一致。从图2-23和图2-24的调查结果可以得出，当师生与学校或主管部门产生一定的教育法律纠纷时，图2-23（教师）调查表中大部分（50.63%）教师都会选择协商调解的方式来解决矛盾纠纷，使双方在遵循自愿平等原则的基础上，充分保障学校师生的合法权益。而教师申诉制度由于存在一定的缺陷，致使教师申诉这一维护合法权益的途径实效性比较低，选择性较低（36.52%）。另外，从图2-24（学生）调查表中显示出，当大部分学生遇到矛盾纠纷时，更加趋向于选择向学校或主管机关申诉（46.37%）和协商调解（45.09%）两种方式维护自己的合法权益。由此可见，通过诉讼解决的教育法律纠纷只占一小部分，并非主流，印证了现实。

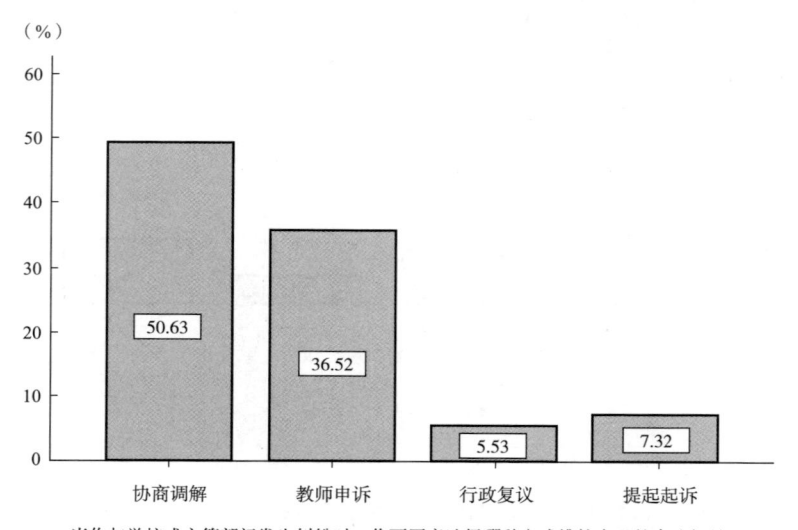

当你与学校或主管部门发生纠纷时，你更愿意选择哪种方式维护自己的合法权益？

图 2-23 （教师）

(%)

协商调解	向学校或主管机关申诉	提请仲裁	到法院起诉
45.09	46.37	2.38	6.16

当你与学校或老师发生纠纷时，你更愿意选择哪种方式维护自己的合法权益？

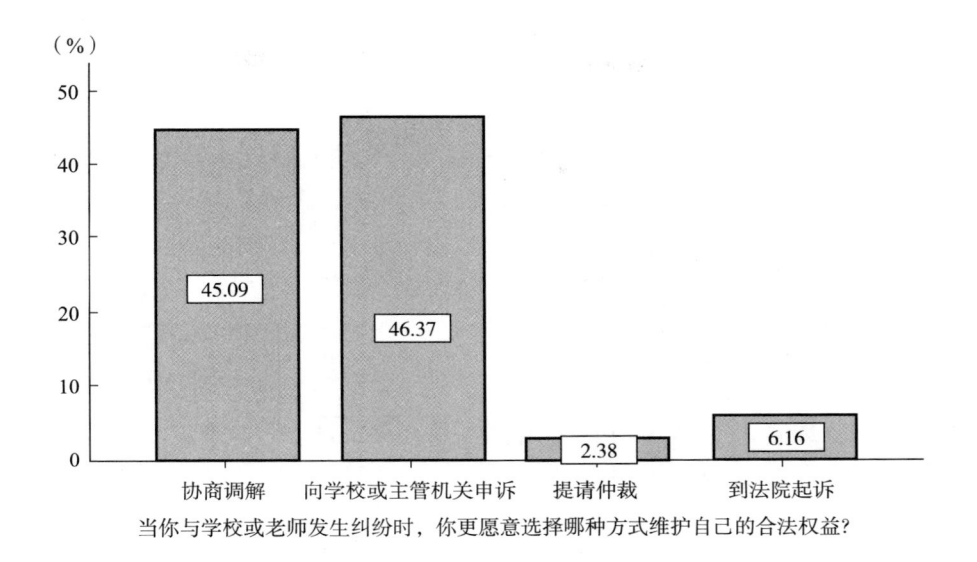

图 2-24 （学生）

（二）通过申诉制度解决教育法律纠纷增多，但实效性差

学校申诉制度作为解决学校教育法律纠纷的一条途径，已经成为维护学校师生合法权益的一项权利救济机制。并且在学生方面，我国《教育法》在第四十二条已经明确规定学生享有申诉权。与此同时，由于学校学生申诉制度尚处于构建阶段，迫切地需要健全和完善，法律对申诉制度依旧缺乏可操作性的具体规范，致使实践中并没有充分发挥出其优势，不能够有效地处理教育法律纠纷。虽然司法是权利救济的最终途径，司法在处理教育纠纷的过程中，注重公平与效率平衡原则，但是对具有复杂性和多样性特征的教育法律纠纷来说，单一的司法救济并不能很好地平衡这两种价值的关系，此时申诉制度的优势逐渐显现出来。但是由于申诉制度还存在一定的缺陷，例如在申诉的适用结果比较模糊、申诉程序过于烦琐、申诉监督机制不健全等方面，导致实效性不佳。从图 2-25 和图 2-26 中的调查结果可以看出有 8.66% 的教师认为"没有效"，还有 20.16% 的教师认为"不好说"，有部分教师和学生认为学校教育法律纠纷的处理结果实效性较低，切实地反映了申诉制度存在的不足。

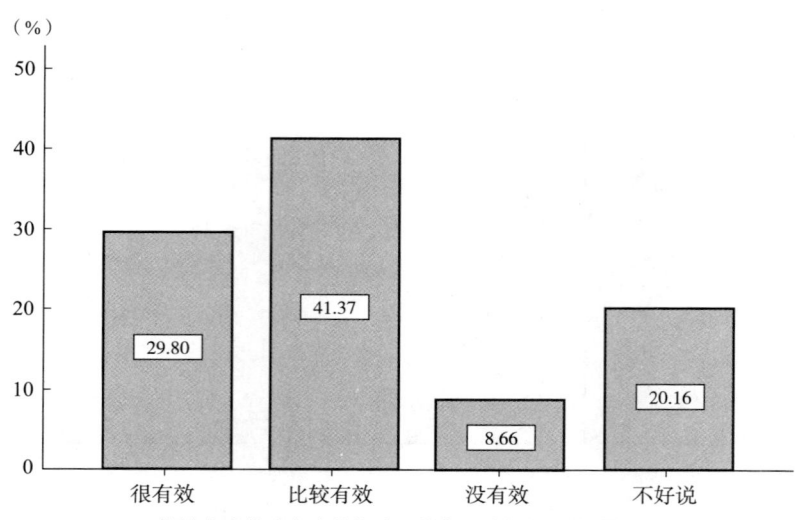

图 2-25 （教师）

你认为当前政府或学校处理教育法律纠纷的效果如何？
- 很有效：29.80
- 比较有效：41.37
- 没有效：8.66
- 不好说：20.16

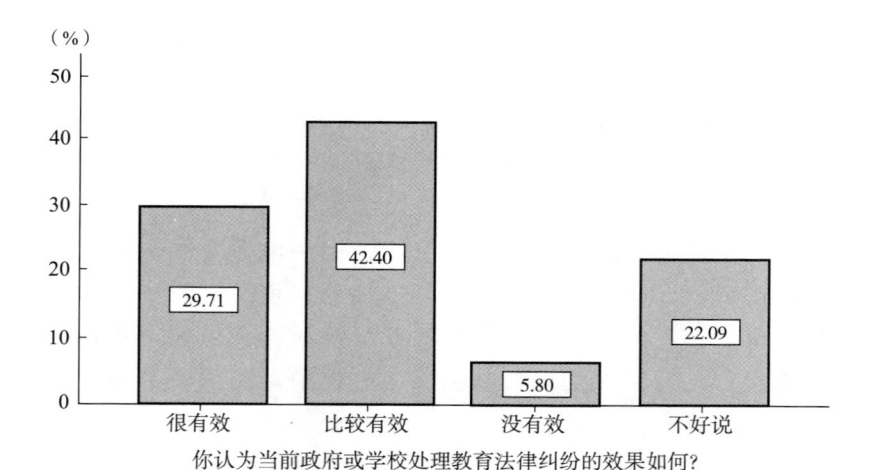

图 2-26 （学生）

你认为当前政府或学校处理教育法律纠纷的效果如何？
- 很有效：29.71
- 比较有效：42.40
- 没有效：5.80
- 不好说：22.09

（三）受教育权法律纠纷的解决最为困难，缺乏有效机制

受教育权具有天赋人权的性质，是人与生俱来的权利。随着社会发展，高校学生的法制观念与维权意识普遍得到发展，显示出学生对受教育权的充分实现极为关注，而大量事关受教育权的纠纷案件也层

出不穷，已经严重影响到学校的正常管理工作，并且由于教育法律纠纷案件的特殊性与复杂性，给传统司法部门的处理工作也带来了一定的挑战，从而导致学生受教育权的保护和救济机制的开展更加困难。通过查阅相关文献我们了解到，合理解决受教育权法律纠纷的案件的确存在一定的困难性，最主要的因素是缺乏有效的机制。尽管新中国成立以来，采取了一系列的保护措施，在保障大学生受教育权的实现方面也取得了巨大的成就。但是学生受教育权保障机制仍然存在不足，例如在立法层面，首先限制学生"受教育权"的立法层次较低，保障学生"受教育权"的程序规则模糊；其次，法律救济机制比较单一，提供给学生"受教育权"救济途径，仅限于行政系统内部的申诉制度，法律救济还缺乏比较完善的体系；最后，在部分高校中，其自主管理权的行使已经超越法律法规的界限，这些都给学生受教育权纠纷的解决无形之中增加了难度，致使教育法律纠纷应对机制的健全和完善、受到一定的阻碍。

（四）教育法律纠纷多元化的预防化解增强，但相互衔接不够

随着社会结构深层次的调整以及教育体制深入的改革，由各类相关教育主体引发的利益冲突也越来越复杂，教育领域中的法律纠纷凸显叠加之势，由此引发的教育纠纷日益增多，各类教育诉讼呈加速上升趋势。而诉讼作为一种必不可少的解决途径，在教育法律纠纷的解决过程中对当事人产生的负面影响不容小觑，受到了普遍的重视与关注。因此完善教育法律纠纷的多元化解决机制，增强教育纠纷的预防化解能力，已成为教育界和法学界这几年研究的课题。因此，多元化矛盾纠纷解决机制是一套以诉讼为核心、各种非诉讼方式为补充的相互配合、相互衔接，全面地运用政治、经济、法律、行政以及教育等多种手段的结合来处理教育法律纠纷的调解机制。从图2-27中可以得知，认为"很健全"或"比较健全"的人占比之和接近七成（69.9%），也有17.03%的人认为"不健全"，有13.07%的人认为"不好说"。我国教育法律纠纷多元化预防和化解的机制有所增强，但是主体之间相互衔接性还不够紧密，没有充分结合各种手段来实现教育纠纷的解决，教育纠纷处理体系尚缺乏一整套严密而健全的构建方案，行政部门与学校相关部门之间、法律法规与学校管理权之间、教师与学生权利之间的立法层次等衔接性有待提升。

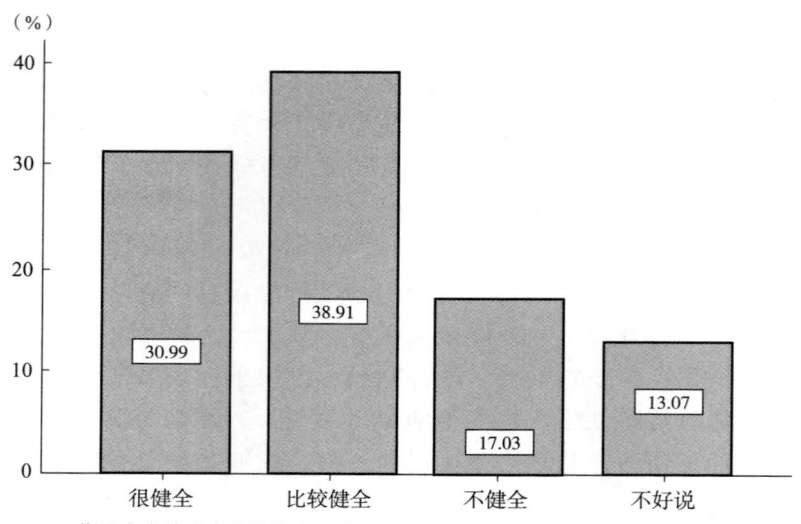

```
(%)
40 ┤
     ┌────┐
30 ┤ │    │ ┌────┐
     │30.99│ │38.91│
20 ┤ │    │ │    │
     │    │ │    │ ┌────┐
10 ┤ │    │ │    │ │17.03│ ┌────┐
     │    │ │    │ │    │ │13.07│
 0 ┴─┴────┴─┴────┴─┴────┴─┴────┴
    很健全  比较健全  不健全   不好说
```

你认为当前政府或学校在预防和化解教育法律纠纷方面的制度措施如何？

图 2-27 （教师）

综上所述，在理论与实践分析的基础上，笔者从各个方面比较全面系统地考察、归纳和把握了教育法律纠纷的特点，基本上能在一定程度上反映现阶段我国教育法律纠纷的基本状况。本书通过选取一定量的样本进行实地调查，从 6 个基本维度归纳和梳理了 19 个特点，涉及面广、针对性强、清晰细致，具有一定的代表性和真实性。这些特点的形成无不根植于中华民族五千年源远流长的文明中，受到过去和现在的经济、政治、文化、制度等一系列因素的深刻影响，并非是孤立地、无因性地形成。因此，存在的问题具有连续性、继承性，从古至今任何社会冲突和纠纷化解机制终究都是在中华民族历史长河中流淌、涤荡和塑成、演变。当然，随着我国进入社会主义新时代，国家治理体系和治理能力现代化建设的不断推进和改革开放的逐步深入，在外力的持续"做功"和介入下，教育法律纠纷应对机制不断完善，整个教育领域的法律纠纷的"熵增"必然受到遏制，进而转向相对有序的"熵减"状态，教育法律纠纷将会呈现出那个时代的新特点，因此它又会悄然发生变化。

第三章 教育法律纠纷的理论构建

教育法律纠纷的理论基础，是构建教育法律纠纷制度及应对机制的逻辑起点，它为教育法律纠纷提供了一种本源性的认知和解读，也是诠释教育法律纠纷性质及构建应对机制的基石。教育法律纠纷应对机制的初衷旨在通过建立一套完善的法律制度以维护师生的合法权益，确保教育事业健康有序发展。但未经理性反思的制度缺乏知识上的正当性和实践中的合理性，没有理论根基或理论根基浅薄的制度容易沦为任人置喙的工具，最终侵蚀的是个人的权利和自由。[①] 当前学界缺乏对教育法律纠纷理论基础的深入探究，或有意回避或安于现状，不一而足。由于教育法历来缺失相对独立的、坚实的理论根基，只是借助其他部门法的"平台"而建立的一个小阁楼而已，只能"寄人篱下"，迷失自我。因此，我们通过对教育法律纠纷的理论构建，以夯实和厚植教育法学以及教育法律纠纷应对机制的理论基础。

第一节 教育法律关系理论

对于教育法律纠纷性质的分析，绕不开法律关系理论。如果总是借用其他部门法理论来解释教育法律纠纷的性质，缺乏学科上的相对独立性和自洽性，必然导致教育法理论根基的消弭和丧失。因此，客观上需要构建新的理论去解释教育法律纠纷的性质。需要重新探寻教育法学科

[①] 胡建淼：《行政强制》，法律出版社2002年版，第32页。

理论根基，重建教育法学科分支的相对独立性，重构教育法律关系理论。既然教育法学是运用法学理论研究和解释教育法律现象及其产生、发展规律的一门法学分支学科①，那么它就离不开法律对教育的审视。"要从学科窘境中突围出来，必须在教育理论之外去看教育理论。"② 同理，教育法学必须在法学理论之外去看它，教育法的特殊性不在于"法"的本身，而在于"教育"。因此，我们必须回归教育的特殊性来研究教育法本身，教育法律关系理论必须从"教育"开始，从教育法调整对象——"教育关系"开始。

一 教育关系的基本含义

教育关系作为教育法的主要调整对象，却往往被教育法学界所忽视和冷落，殊不知这是教育法律关系理论构建的底层基础。教育法律关系不是凭空产生，而是教育法对教育关系调整之后而形成的。因此，我们必须首先搞清楚什么是教育，什么是教育关系？这是教育法律纠纷理论或教育法学研究的起点。

（一）教育的本真溯源

亚里士多德曾经说过："我们如果对任何事物，对政治或其他各问题，追溯其原始而明白其发生的端绪，我们就可以获得最明朗的认识。"③ 因此，研究教育的内涵，应该回到人类的原点、教育的起点，以最纯粹的、最本真的方式追溯它的发生机理和发展过程，才能探寻和洞悉教育的真知和本源。

1. 教育的起源及其发展

目前学界对教育的起源主要存在三大学说，分别为"生物起源说"④、

---

① 杨颖秀：《教育法学》，中国人民大学出版社2014年版，第3页。
② 张诗亚：《教育学的突围》，《教育评论》2003年第2期。
③ [古希腊] 亚里士多德：《政治学》，吴寿彭译，商务印书馆1965年版，第4页。
④ 生物起源说的代表人物有法国的利托尔诺、英国的沛西·能和美国的桑代克。该学说认为，教育活动不仅存在于人类社会中，动物界也存在教育；人类社会教育的产生是一个生物学的过程，生物的冲动是教育的主要动力，人类社会的教育是对动物界的继承、改善和发展。教育的产生完全来自动物本能，是种族发展的本能需要。

"心理起源学说"① 和"劳动起源说"②。尽管众说纷纭,见仁见智,但这三大学说从不同的方面揭示了教育的起源,各有侧重,恰恰说明人们对人类处于不同阶段教育发生和作用的认识。③ 我们从达尔文的生物进化论中得知,人类是从猿猴进化而来的,人类本身就是自然进化的产物。恩格斯说过:"我们连同我们的肉、血和头脑都是属于自然界和存在于自然之中的。"④ 最新科学研究表明,动物在大约 5.4 亿年前的寒武纪早期爆发式出现,生物进化的总体趋势是:从简单到复杂,从低等到高等,从水生到陆生。从猿类到人类的过渡也经历 3000 多万年,人类的诞生从直立人开始至今约两三百万年,而人类文明史至今不过五六千年。相比之下,文明史前人类长期处于原始蒙昧的状态,跟其他动物一样生活在丛林中,过着采集狩猎的原始生活,这一时长占据现在人类整个历史的 99.8% 以上。因此,我们对教育的定义不得不拉开一个大尺度的时空来审视和重建,这样我们才有可能获得追本溯源的、真实客观的认知。

据生物学研究表明,动物世界也存在社会,如蜜蜂社会、蚂蚁社会等。既然人类是由其他动物经过漫长年代逐渐进化而来,那么人类社会也必然是从动物社会中增长出来的,而不是人类有意设计和缔造的。所以人类一开始就跟其他动物一样生活在血缘群团中,为了求得自身的生存和物种的延续,任何动物都有教育后代的天性和本能,都具有学习的能力,而不仅限于人类。从粒子物理感应,到扁形动物感性,到脊椎动物知性,再到灵长动物人类理性,感知能力逐步递升,学习能力也逐步扩展,在自然的一脉演化中,中间没有任何断层或断环。诚如达尔文所言,"自然界里没有飞跃"。由此可见,人类的感知能力或智力,既不是人类独有的,也不是突然发生的,它是在亿万年生物进化的过程中逐步达成的,这是一个自然物演的产物⑤。因此,从纯粹的起源上看,人类所

---

① 心理起源学说的代表人物是美国著名教育家孟禄。孟禄从心理学的角度去解释教育起源问题,认为原始教育的形式和方法主要是日常生活中儿童对成人生活的无意识模仿。
② 劳动起源说的代表人物是苏联教育家米丁斯基和凯洛夫。该学说源于恩格斯"劳动创造了人本身"的论断,认为人与动物的根本区别在于劳动,脑器官和语言在劳动中发展起来,也由此产生了教育;劳动为教育的产生提供了前提条件,教育的产生是劳动的客观需求。
③ 滕星主编:《教育人类学通论》,商务印书馆 2017 年版,第 210—212 页。
④ 《马克思恩格斯选集》(第三卷),人民出版社 2012 年版,第 998 页。
⑤ 王东岳:《论"美"的本质》,百度文库,https://wenku.baidu.com/view/1f0169fa9a89680203-d8ce2f0066f5335a8167e4.html,2017-02-19。

具有的生物规定性是先在的，也是与生俱来的。生物在"进化树"上不是阶梯式的或线性的演化，而是曲线式地走到侧枝盲端，最终进化出人类这种智性动物，其具有的理性思维意识以及创造力是区别于动物的根本标志。

人类薪火相传的主要方式大抵是言传身教、口耳相传、谆谆教诲。文明社会发展史表明：人类的每一次重大进步都表现在对自身的生物属性的超越上。① 尽管人类社会源自动物社会演化，曾在数百万年中跟动物一样生活在血缘群团中，人与动物的教育起源点是相同的，归于生物性，但演化方向和状态却截然不同，超越了生物性。动物在进入演化盲端依然停滞在自发的本能教育，而智性的人类则逐渐转向自觉的、有意识、有目的、有计划、有组织的专门教育。首先，直立行走是从猿到人演化的重要标志，促使手足分离，学会了制造工具，促进脑容量的大增②和智力的提升，为人类教育提供了可能；其次，人类"分节语"的出现，使得人类语言区别于动物的叫声，让原始人类的个体经验和群体经验的积累、传递及创新成为可能，促使人类教育成为现实，并从一般的动物教育中真正分离开来；最后，文字的出现为学校的出现奠定了基础、提供了条件。由于文字的繁复艰深，难以习得，促使人类教育场所从家庭转向学校，步入了组织化、专门化、正规化的轨道。从此，学校教育成为人类教育的主要形式，教师成为一种独立的社会职业，学生成为一种特殊的社会群体，学校、教师和学生之间的关系成为一种特殊的社会关系。

2. 中西方教育的词源及差异

（1）中西方教育的词源分析

在中国古代，"教"和"育"是两个单音字而不是一个词。甲骨文

---

① Peter L. Begrer and Thornas Luckmann, The Social Construction of Reality, Anchor Books, Doubleday & Company Inc., 1966, p. 80.

② 事实上所有爬行动物的脑容量在基因突变的过程中都会随机发生改变，也就是脑容量倾向于随机增大，可是所有动物脑容量增大，它会被自然选择淘汰。因为任何动物在横向运动的时候，前端重量稍有变化，就会失去运动平衡，在生存竞争中被淘汰。可一旦直立，顶端重量发生变化，重心改变不影响运动平衡，因此猿类只有在直立以后，脑容量才会大量增加，不但不被自然选择淘汰反而成为生存优势。因此，在短短300万到500万年，猿的平均脑容量，包括类人猿的脑容量，一般只有400毫升左右。到人类，几百万年骤升到1350毫升以上，为人类的智力潜能和文明进步做了生理铺垫。参见王东岳《人类的没落》，陕西人民出版社2010年版，第175—176页。

的"𦒒"字是个会意字，左上角画一个两个交叉符号🗙，底下画一个 𠀉，即"子"，表示孩子，旁边画一只拿个小棒的手 𠬛。通过查阅文献，发现此字中"子"上的两个交叉符号（爻）有多种释义：①表示鞭打的痕迹，引申为体罚训导①；②表示构成《易》卦的基本符号，引申为所教内容②；③"爻"代表教学内容，像算筹交错之形，表示的是数③；④爻为易学名词，表示绳结，作为记事的方式，引申为知识；⑤"爻"由代表天数五和地数五的两个"×"表示，"爻也者，效天下之动者也"。甲骨文中的"教"由"爻"与手和占卜用的工具构成④。但古代"教"与"学"（同繁体字"斅""敩"）相通，两字同源，与"爻"有关，含义及其读音相近，基本结构是以"爻"为主体，"爻"是教、学的最简体⑤。"学"字甲骨文为"𦥑"、金文为"學"。从臼持爻为学，而不是从"心"或从"言"，这表明学习主要是一个动手的过程，而非思考、言说的过程⑥。加"冖"的屋宇形，表示教、学的场所，金文加"子"，表示接受教育的孩子。《说文解字》："（学），觉悟也。从教，从冂。冂，尚矇也。"在字义上，"学（jiào）"字的本义是"对孩子进行启蒙教育使之觉悟"，即表示"进行教导"，读作 xué 时原本专用于表示"接受教育"，引申而指"互相讨论""效法，模仿""注释，笺疏""讲述，说""知识"等⑦。而"育"与"教"本不相连，甲骨文为"𠫓"，篆文为"育"，都有倒着写的"子"字，"𠫓"为头朝下的婴儿，"毋"为女人，"月"为"肉"，指"肉身"或"身体"，孩子是母亲身上倒着生下来的肉。"育"甲骨文表示女人生孩子的过程。

古人对"教""育"的词源本意进一步地阐发，在《礼记·中庸》开篇："天命之谓性；率性之谓道；修道之谓教。"《学记》："教也者，长

---

① 胡鹏：《"教育"的词源学辨析》，《文学教育》2016 年第 9 期。
② 李圆：《从传统到现代：教育概念与本质的现实疏离》，《黄冈职业技术学院学报》2019 年第 4 期。
③ 肖川、胡乐乐：《"教育"概念的词源考古与现代研究》，《大学教育科学》2010 年第 3 期。
④ 倪胜利、张诗亚：《回归教育之道》，《中国教育学刊》2006 年第 9 期。
⑤ 王贵民：《从殷墟甲骨文论古代学校教育》，《人文杂志》1982 年第 2 期。
⑥ 乌兰：《教育词源透视中国教育传统与国民性》，《内蒙古师范大学学报》（教育科学版）2015 年第 9 期。
⑦ 谷衍奎编：《汉字源流字典》，语文出版社 2008 年版，第 724—725 页。

善而救其失者也。"《荀子·修身》："以善先人者，谓之教。"而楷书的"教"是源自汉"罢黜百家，独尊儒术"，之后演变为从"孝"，即拿着鞭子催人行孝，这是对其本意的政治改造和词义扭曲。东汉许慎在《说文解字》中解释为："教，上所施，下所效也；育，养子使作善。""育者，遂其生也"，但小篆文将其拓展为"生养"，强调从生到养的成长历程，有培养和管教之意。"教"和"育"字开始连用，最早见于《孟子·尽心上》："得天下英才而教育之"。但它仍不是一个独立的词，直到清末民初，随着西方教育理念的传入，"教育"一词才取代传统的"教"与"学"两个词，变成了一个合成词，成为我国教育学的一个基本概念，完成了我国传统教育和现代教育的语言学转换①。

在西方，"教育"也是一个非常古老的概念，词源可以追溯到古希腊。古希腊作为西方文明的重要源头，其教育对后世西方教育同样产生了深远影响。在古希腊语中，表示"教育"的词比较多，主要有 παιδεα、εκπαδευση 等，其词根为 παι!（儿童）。由此可见，"教育"一词源于"儿童"，而"教育"和"玩耍"属于同源词，古希腊语的"学校"源自 σχολή（闲暇）一词②，培养"身心既美且善"的公民。现代英语中，最常用的教育概念是 educate③，来源是拉丁文中的 educere。前缀"e"有"出"的意思，意为"引出"或"导出"④，在词根词缀构成上，"e- 出，向外 + -duc- 引导 + -ate 动词词尾"，意思就是通过一定的手段，把某种本来潜在于身体和心灵内部的东西引发出来。强调教育是一种顺其自然的活动，旨在把自然人所固有的或潜在的素质，自内而外引发出来，以成为现实的发展状态⑤。拉丁语中

---

① 乌兰：《教育词源透视中国教育传统与国民性》，《内蒙古师范大学学报》（教育科学版）2015 年第 9 期。

② 在希腊人看来，学生必须有充裕的时间体验和沉思，才能自由地发展其天性和心智能力。杨赢：《从词源谈教育》，《语文教学通讯·D 刊》（学术刊）2018 年第 6 期。

③ 这个词来自拉丁语 educere，其中的 e 等于 ex，表示 out（出来），ducere 表示 lead（引导），合起来就是 lead out（引导出来，启发）的意思。进入英语后，后三个字母 ere 按照英语拼写习惯改成了动词后缀 ate。

④ 古希腊"教育"词源之所以理解为"从……引出"，是有其生成的哲学与思想土壤的，并非凭空出现的。所"牵引"出来的是一种超验的原型的"相"，而并非是我们日常生活中所谓的知识、能力或潜能。引自木思博《论西方"教育"词源背后的哲学世界观》，《现代商贸工业》2019 年第 32 期。

⑤ 王美君：《中西方教育的差异——从词源学视角进行的分析》，《中国石油大学胜利学院学报》2016 年第 6 期。

还有另一个"教育"概念 humanitas，为"教育"注入了人性修养和美德的内涵。可见，西方"教育"词源含义非常丰富。

（2）中西方教育词源差异及成因

通过前文对中西方"教育"词源的分析，我们发现中西方对"教育"的原初理解在起点上存在根本性差异。①在教育宗旨上，中国对儿童人性假设为恶，强调从善、从正、从众，以适应社会生活与道德秩序；而西方对儿童人性假设为善，强调自然本性，符合儿童个体身心的自由发展。②在师生地位上，中国强调上下尊卑、"师尊"与"生从"的不平等地位，目光关注在施教者上，以老师为中心，学生是被动者；西方强调平等尊重，把眼光始终放在学生身上，以学生为中心，学生是主动者。③在教育内容上，中国过多地注重传授实用知识，强调学以致用，体现出明显的功利主义；西方更多关注教育生成知识的能力、对人内心的开发与思考，体现出浓厚的人文精神。④在教育方法上，中国强调上行下效，老师以身作则，学生顺从模仿；西方注重启发式、诱导式的、"产婆术"式的教育方法。⑤在教育形式上，中国强调管束、监督、惩戒，外在形式上表现为严肃、拘谨、暴力（老师的戒尺、父母的黄荆棍）；西方注重儿童的自然天性和自由发展，教学方式活泼有趣，与"游戏"和"玩耍"相关。

数千年来中国一直沿用最古老的、最原始的象形文字，距今 3300 年以上，它把最原始的文化保留下来，它就像一个保险柜，把人类最原始、最底层的思绪锁定在其中①。所以，"教""育"象形文字表达的是中国先民在原始农业文明早期的内涵，与当时简单落后的农业生产相匹配，与人类血缘群团或氏族部落的生存结构相适应，维护尊卑有序、道德戒律和集体协作，传授实实在在的劳动生产知识和技能，讲求实用，方得温饱和求得生存。远古时代的人类最初都是使用象形文字②，都是直观具象地呈现，但是，由于古希腊比邻地中海，处于欧、亚、非三大洲之间的开放地貌，具有极为便利的经商交通条件，因此缔造了人类原始时代的半农业半工商业文明。由于古希腊商品交流活跃、贸易频繁、进步过快，导致其把原始的前期文化扬弃掉。由于语言文字阻碍了交流和商品贸易，大约在公元前 9 世纪古希腊人在改进腓尼基文字的基础上创

---

① 王东岳：《文字符号到底对思维方式有何重大影响》，知乎，https：//zhuanlan.zhihu.com/p/363383017。

② 包括古埃及的象形文字、古巴比伦的楔形文字、古印度的印章文字和古中国的甲骨文。

立了希腊字母并取代了象形文字,并不断向环地中海地区传播,经过古罗马演变为"拉丁字母",对西方各国文字产生了深远影响。可见中国甲骨文的"教""育"字义比古希腊或古罗马的拼音文字"教育"更原始、更久远,因此内涵显得较为肤浅,但是越原始越低级的东西越具有稳定性和奠基性,它至今仍对中国教育有着深刻的影响。

可见,希腊拼音文字失去了象形文字的概念表征,导致思维方式发生了重大改变,同时把早期农业社会象形文字的最初含义也丢失掉了,古希腊"教育"蕴含了古希腊先进城邦文明的思绪以及原始工商业文明的诉求,深受当时独特的古希腊经济、政治、文化等因素的影响,民主、自由、平等、契约、理性、人文等精神和元素强烈渗透到"教育"当中去。教育主要是对知识的学习,而古希腊的知识认知从"无知"开始,眼见为虚(假象),追求本真,需要高度调动智力、运用精密逻辑,进行纵深追问和挖掘。因此,古希腊"教育"词源内涵似乎直抵本真,反映出底层的逻辑抽象思维。相对于中国而言,由于人类先祖各部族最初发明的文字符号都是象形文字,造字采取近取诸身、远取诸物、以形表意的原则,可以说象形文字就是生活场景中的一幅画。象形文字的字义都是在图幅中的类比关系和具象关系中建立的,而不像拼音文字那样源自逻辑的推导。因此,中国的"教""育"字义表达的更多是外在直观的形式,导致中国古代的知识观念是"全知"[①]、眼见为实,不会对事物本身产生怀疑和思索,形成的是一种唯物具象思维,所以中国的老师是"全知"的,学生是"无知"的、空白的,讲究上行下效,通过严格管束和惩戒的方式进行灌输,注重教育的工具手段和道德目的,而不是教育内在的本真。

(3)教育的概念流变及本质追问

什么是教育或什么是教育的本质?这是长期以来教育学人魂牵梦萦追问的基本问题,这是一个古老而又历久常新的热点问题,古今中外,人们对什么是教育这个问题讨论颇多,但至今依然见仁见智,莫衷一是。

在长达两千多年的漫长岁月里,经过儒家主流文化的熏陶和洗礼,在稳固的农业文明体制下,我们对教育的根本认识没有实质性的改变。

---

① 一般来说,人类的基本知识观念是"全知",认为人类对自己所关心的问题是完全清楚的,一目了然的,并不处在无知状态,可是真正的人类的认知革命是从无知状态开端的。参见[以色列]尤瓦尔·赫拉利《人类简史:从动物到上帝》,林俊宏译,中信出版社2014年版。

从民国时期的《中国教育辞典》对教育之定义，"有广、狭二种：从广义言，凡是以影响人类身心之种种活动，俱可称为教育；就狭义而言，则唯用一定方法以实现一定之改善目的者，始可称为教育。"① 到当代的《教育大辞典·增订合编本》的界定，"教育是传递社会生活经验并培养人的社会活动。通常认为：广义的教育，泛指影响人们知识、技能、身心健康、思想品德的形成和发展的各种活动。……狭义的教育，主要指学校教育。即根据一定的社会要求和受教育者的发展需要，有目的、有计划、有组织地对受教育者施加影响，以培养一定社会（或阶级）所需要的人的活动"。② 由此可见，在过去的一个世纪里，我们对教育的定义基本上沿袭古义，主要从教育现象的层面出发，从"社会本位"的角度展开，将教育视为一种社会活动，突出施教者及社会地位，强调了社会对个体发展的影响以及教育的社会责任和功能③，但开始关注人的身心健康、思想品德的精神状态。

相比之下，西方对教育的认知，尽管经历了漫长中世纪的黑暗，但在"文艺复兴"后，重新找回了古希腊文明的种子，使得西方教育传统又重现光明并在工商业文明的大土壤、大环境下获得了勃勃生机。《西方教育词典》把教育定义为："成功地学习知识、技能、态度的过程。"④《美利坚百科全书》对教育的定义是："从最广泛的意义说来，教育就是个人获得知识或见解的过程，就是个人的观点或技艺得到提高的过程。"⑤ 近代西方教育家、思想家对教育进行了重新阐述：卢梭认为教育是顺应儿童天性发展的自然历程；康德认为教育是养成人的活动，人完全是教育的结果；斯宾塞认为教育应为未来完满生活做准备；杜威认为教育即生活、教育即生长、教育就是经验的不断改造；斯普朗格认为教育是培养个人全人格发展的一种文化活动；雅斯贝尔斯认为教育是人的灵魂的教育，而非理智知识和认识的堆积；西方学者仍然从古希腊教育原初性含义出发，注重人内在的完善和发展，来阐释和探讨教育的内

---

① 王伦：《中国教育辞典》（第六版），中华书局1940年版，第642—643页。
② 顾明远：《教育大辞典·增订合编本》（上），上海教育出版社1998年版，第725页。
③ 肖川、胡乐乐：《"教育"概念的词源考古与现代研究》，《大学教育科学》2010年第3期。
④ 中国科学院经济研究所世界经济研究室编：《世界教育概览》，张曼真、吕千方译，知识出版社1980年版，第1页。
⑤ [英]德·朗特里：《西方教育词典》，陈剑平等译，上海译文出版社1988年版，第79页。

涵，同时开始关注教育外在的功效和价值。

中西方对教育概念定义的差异，是基于中西方教育词源差异的合乎逻辑的延续，中国注重教育的外在形式，西方侧重于教育的内在实质，这是教育不可或缺的两个方面。然而，教育的本质才是教育最根本的特征，中外学者一直以来对教育的本质没有停止过追问，相关学说观点也举不胜举。事物的本质是事物内在的规定性，是纯粹质朴和独一无二的，也是相对稳定的、明确的、普遍的，不会受到外界条件的干扰。它作为事物的亮点或标志，是区别于其他事物的根本属性。因此，对于教育，我们必须正本清源、认清本质。正所谓，"不忘初心，方得始终"，所以，探寻教育的本质，首先要回到"初心"，源自本意。中国古人缺乏从内在本质去思考教育。因此，追问教育本质可以从苏格拉底开始，他认为："教育的本质是唤醒，是开发你的内心。"① 唤醒人类心灵中的真、善、美，焕发出生命的力量。教育的本质是一种"唤醒"，这得到伟大的哲学家、教育家们的高度认同。雅斯贝尔斯说过："教育本质上意味着一棵树摇动另一棵树，一朵云推动另一朵云，一个灵魂唤醒另一个灵魂。"② 斯普朗格认为，"教育的最终目的不是传授已有的东西，而是要把人的创造力量诱导出来，将生命感、价值感唤醒"③。"教育绝非单纯的文化传递，教育之为教育，正是在于它是一种人格心灵的唤醒。"④ 我们追寻到教育的本质，就找到了推动教育的真正力量。

（4）教育的本质特性

通过对教育本质的追问和探索，结合教育的词源本意，从"唤醒"出发，人们将演绎推导出若干教育的本质特性⑤，这是教育的特殊性所在，是区别于其他社会现象或事物的根本特征。以下每一个特征并非是教育本质的孤立表达，而是从不同方面对其整体性的描述。

---

① 参见叶澜《教育概论》，人民教育出版社 2006 年版。
② 参见［德］卡尔·雅斯贝尔斯《什么是教育》，邹进译，生活·读书·新知三联书店 1977 年版。
③ 陈虹：《真正的教育在于"唤醒"》，《北京教育》（高教版）2001 年第 5 期。
④ 周亚平：《教育，是一种精神》，《南通日报》2020 年 4 月 7 日第 A6 版。
⑤ 目前大多数学者都从社会的角度来看待教育的本质，认为教育就是有目的地培养人的社会活动，这是教育区别于其他事物现象的根本特征，也是教育的本质特性，它贯穿于一切教育之中，自古至今而不变。教育的本质特性有：（1）教育是人类社会特有的一种社会现象；（2）教育是人类特有的一种意识的活动；（3）教育是人类社会特有的传递经验的形式；（4）教育是有意识的以影响人的身心发展为目标的社会活动。

① 教育的人文性。教育是对人的教育，人文性是教育的基础。教育因人而生、因人而存，饱含着人性，弘扬人性，教人成人，是对人的终极关怀。"他既不是文官，也不是武人，也不是僧侣，他首先是人。"①康德说过，人受教育才能成为人。教育与人性通融，是人性的生成与改善过程，合乎人性的教育才是焕发真、善、美的教育。不忘初心，就是不忘人性，泰戈尔曾经说过，教育的终极目标是培养学生面对一丛野菊花而怦然心动的情怀。② 这种情怀的背后就是人性的丰满绽放，是美德和爱的表征。教育"唤醒"的是人内心固有的人性。教育是人的一种本体性存在，是生命存在的基本形式，本身就是目的。"考试人"和"作业人"是工具论教育观的产物，使教育远离了生命的本真③。当前社会上存在的形形色色的功利性教育，其实不是"教育"，是"扼杀"，不是进步，而是退化，不是在张扬发展"人性"，而是在压抑泯灭"人性"。因此，教育本身体现了人性的柔软、温情和美好，让人性之花，能在教育的世界里自由呼吸、绚丽绽放。

② 教育的启迪性。教育不是知识的灌输，而是心灵的启迪，是一种精神的交流和智慧型的启发。教育不是知识的抵达而是心灵的觉醒，不是把篮子装满，把知识堆砌起来，而是把灯点亮。真正的教育并不在于传授或接纳多少外在的、具体的知识、技能，而是要从内心深处唤醒内在的心灵能量与人格理想。爱因斯坦说过："所谓教育，就是当一个人把在学校所学全部忘光之后剩下的东西。"教育表面上是在传授知识，累积知识，更重要的是知识之外的见识、智慧、格局、修养、精神、人格与尊严，"涉及的不是知识和言论，而是品性和行为"。④ 通过从心灵深处唤醒孩子沉睡的自我意识、生命意识，促使孩子的价值观、生命感、创造力的觉醒，以实现自我生命意义的自由、自觉地建构⑤。教育是为了引导和帮助孩子进行自我教育，当前满堂灌的"应试教育"，教学生学技能，反复训练，使教育萎缩为职业的附庸和工具，扭曲了教育的本质，

---

① ［法］卢梭：《爱弥儿》（第 1 卷），李平沤译，商务印书馆 1996 年版，第 13 页。
② 参见 ［印］泰戈尔《飞鸟集》，郑振铎译，上海译文出版社 1992 年版。
③ 于世刚：《试论教育的本质和核心》，《中国校外教育》2009 年第 3 期。
④ ［德］Birgit Sandkaulen：《面向自由的教育》，谢永康译，《中国社会科学报》2011 年 4 月 19 日。
⑤ 《苏格拉底：教育的智慧在于唤醒》，搜狐网，https：//www.sohu.com/a/233421422_503420。

摧残了学生的心灵，导致灵魂凋敝。因此，教育必须要从"唤醒"上下功夫，而不是强行地灌输知识，要使学生成为有信仰、有灵魂、有个性、有追求的人。

③ 教育的可塑性。教育不是简单驯化，而是精心雕琢。由于人具有接受教育的天赋素质和潜在能力，因此通过教育可以塑造人的品格和灵魂。教育往往被视为对人的一种规约和教导，使人沿着某一个特定的方向前进，很容易变成对人的一种驯化。"驯化其实是一种对动物的教育，驯化越完备，其野性越丧失，生存能力越降低，生命适应的弹性空间也越小。"① 所以，教育不是驯化，不能制造温顺的"小绵羊"；教育是雕琢，用心灵雕刻，用灵魂塑造，把石头变成"狮子"、把原石变成"美玉"，保留人的天性，而驯化只是把人变得守规矩或圆滑，而野性不在，减损生命之承受。雕琢的过程实际上就是塑造和健全人格的过程，使学生成为有血、有肉、真正的人。当前的应试教育把百年树人的学校变成了动物驯化基地，追逐的目标就是高分和高升学率，学生变成缺乏志趣、丧失灵魂、麻木不仁的人。尤其是，中国自古崇尚"棍棒式教育"，既有老师手中的"戒尺"，还有父母手中的"黄荆棍"，长期以来体罚或变相体罚不绝于耳。教育的目的本来是让学生摆脱现实的奴役，身心得到自由发展，但教育却沦为驯化的工具。

④ 教育的成长性。教育不是冷冰冰的说教，而是快乐的成长，是在爱的呵护下生长。杜威认为，"教育即生长，生长就是目的，在生长之外别无目的"②，使每个人的天性和与生俱来的能力得到健康生长，而不是把外面的东西例如知识灌输进一个容器。③ 教育的真谛就是促进青少年的心智、人格、人性成长，让每个学生得到适合的发展，让每个学生成为他自己，反对用狭隘的功利尺度衡量教育、压制生长。常人道，"教书育人，教书是手段，育人是目的"，"育"本意就是生长、成长之意，需要精心养护才能茁壮成长。教育要使学习者学会认知、学会做事、学会生活、学会生存。教育的意义就在于育人，这是教育的根本所在。④ 教育的成长性是"因材施教"思想的引申，是尊重教育规律，基于"爱"

---

① 张诗亚：《回归位育——汶川大地震周年祭之教育反思》，《社会科学家》2009年第9期。
② ［美］杜威：《民主主义与教育》，王承绪译，人民教育出版社1990年版，第57页。
③ 周国平：《教育的本质是什么?》，知乎，https://zhuanlan.zhihu.com/p/59744431，2019-03-19。
④ 参见联合国教科文组织总部《教育——财富蕴藏其中》，教育科学出版社2001年版。

的宗旨和"进步性""自由性"的标准,是人性化的基本体现①。既然教育是人性所需,天性所在,它应该是温情脉脉的,愉悦快乐的②,但孩子从小就被灌输"不能输在起跑线上"的思想,拼命挤"独木桥",学校成为残酷的竞技场、人才的加工厂,学生被压得喘不过气来,早已丧失了学习成长的快乐。

(二)教育关系的内涵分析

人是一种关系性存在,因此,马克思说:"人的本质并不是单个人所固有的抽象物。在其现实性上,它是一切社会关系的总和。"③ 教育关系作为一种常见的社会关系,源远流长,广泛存在。但国内学界对教育关系的理论研究非常薄弱,研究成果比较罕缺。殊不知教育关系是教育中最基本的关系,是教育法的主要调整对象,是教育法学研究的一把钥匙,如同劳动关系对于劳动法、婚姻关系对于婚姻法一样。教育毕竟不同于生产劳动、恋爱婚姻、商品买卖等,教育关系也不同于其他社会关系。

1. 教育关系的形成及含义

(1)教育关系形成的渊源和演变

自从有了人类,就有了教育,人类最初的教育跟动物的本能生存教育一样,所谓的"教育关系"还不是一种社会关系,而是生物性的亲缘关系,存在于父母与孩子之间。随着人口的增长和氏族部落的兴起,孩子的教育由氏族公社负责,最后原始社会末期由专门的教育机构——学校来承担。这种"教育关系"逐渐转移到其他的成年人和孩子之间,最后主要存在于教师和孩子之间。从当今"教师,教员"单词 pedagogue 的词源来看,它源于古希腊语 παιδαγωγος(paidagōgos),其中 παιδος(paidos)的意思是"小孩""儿童";αγωγος(agōgos)的意思是"带领""引导",合起来词义就是"引导小孩"。值得一提的是,这个词的本义并非指教师和教员,而是担任监护任务的奴隶或侍卫,他们的任务就是代替父母指引孩子上学,"pedagogue"最初的含义是指孩子的带路人,指引孩子怎样到校和返家,给孩子以保护和关爱。因

---

① 王道俊、王汉澜:《教育学》,人民教育出版社 2005 年版,第 67—68 页。
② 希腊语的"教育"源自"儿童"和"游戏",教育应该"寓教于乐,寓学于趣",选择完美的教育内容和方式来滋润学生。
③ 《马克思恩格斯选集》(第一卷),人民出版社 2012 年版,第 135 页。

此，教育关系在古希腊最初是一种"引路"关系。随着学校的出现，教育关系的实现主体由古希腊的奴隶或者侍卫（pedagogue）变成了教师（teacher），教师是代替父母去实现教育关系的人。教师的职责亦不是具体意义上的引路，而是更多地以知识为媒介通过"teaching"方式对学生精神层面进行引导和唤醒来实现教育关系。①

　　教育关系一开始就主要表现为教师与学生的关系，马克斯·范梅南认为，教育关系中最重要的关系是师生关系。② 师生的相互关系可以从师生的地位来考察，在人类初期，语言文字是人类文明的最主要载体，而人类的知识外化为语言文字，传播语言文字的载体是教师，由于文字复杂难习，可以说"教师即知识"，教师完全掌握和控制知识、教学和学生，师生之间的地位落差最大，学生完全从属于教师和学校。私学兴起后的师徒关系，在中国古代"学生"还有"入门弟子""登堂弟子""入室弟子"之分，师生之间甚至还存在严格的等级关系。但随着文字载体的多样化，教师与知识开始初步分离。当造纸术和印刷术被发明创造出来之后，知识的载体发生了重大变革，书籍的便利和推广促使教师与知识进一步分离，学生能够脱离教师的存在而习得知识。另外，由于学校班级授课制的出现，使得教育趋于集中、统一、标准化，学校教师对学生进行规模化、普遍化的管理和控制。苏霍姆林斯基曾经说，"学校首先就是书"③，书对于学校、教师、学生起着关键的作用，书的归属具有决定性意义，书往往掌握在学校教师的手里，从而在很大程度上掌握和控制学生的命运④。

　　近现代以来，在科技革命浪潮下，电子信息技术迅猛发展，各种电子设备（电视、收音机等）及计算机互联网的相继出现和普及，教师与知识的分离愈加明显，超越了主体和时空的限制，教师对学生的控制度急剧缩小，学生获得知识的途径暴增，网络教育方兴未艾，纯粹的教师权威主义被瓦解。特别是2019年末新冠肺炎疫情暴发，线上教学的普遍推进，使网络教育被推到了时代的浪尖，"加速离心运动"，重新塑造和

---

　　① 付静：《师生关系在根本上是教育关系——基于现象学教育学理解的研究》，硕士学位论文，首都师范大学，2009年。
　　② 参见［加］马克斯·范梅南《教学机智——教育智慧的意蕴》，李树英译，教育科学出版社2001年版。
　　③ ［俄］苏霍姆林斯基：《教育的艺术》，肖勇译，湖南教育出版社1983年版，第178页。
　　④ 王天一、夏之莲、朱美玉：《外国教育史》（上册），北京师范大学出版社1993年版，第78—80页。

改变着学校、教师、学生之间的关系。由于网络的虚拟性、开放性、交互性、资源共享性、即时性、流动性和多元性等特征,破除了自由思想和平等参与的巨大障碍,学校教师的教育控制日渐式微,平等、自由的教育关系日益发展,为人类摆脱教育控制创造了条件。由此可见,学校教师对于学生的控制不断减弱,地位落差不断缩小,甚至趋向于零。在人类教育史上先后出现了"教师主体、学生客体"论、"学生主体、教师客体"论、"复合主体"论、"双主体"论、"教师主导、学生主体"论、"主体间性"论①等思想,代表了不同时期对教育与社会、教师与学生的矛盾运动的不同认识及其地位的时代变迁。

(2)教育关系含义的界定

关于教育关系的含义,《教育大辞典》定义为"教师和学生或发展中的人的教育或陶冶关系,即教导者与学习者处于一个团体里,进行教与学工作的关系"。②《软科学大辞典》定义为"教育活动中所形成的社会关系,主要指教育者、教育对象、教育影响三者在教育活动中所发生的联系"。③ 除此之外,目前学界对教育关系的界定不尽相同。纪大海、杜萍教授认为,"所谓教育关系,指围绕教育活动所发生的一切关系的总称,它是社会关系大系统中的一个子系统"④。周光礼教授认为,"教育关系是教育关系主体围绕教育目的之实现而形成的各种关系"⑤。还有学者认为,"教育关系是教育机构与公民、法人、其他社会组织之间为实现一定教育目的而发生的,以实施教育教学行为或提供教育协作行为为内容的权利义务关系"。⑥ 西方学者对教育关系研究的起步较早,如狄尔泰、诺尔、马克斯·范梅南、巴斯·莱维林等对教育关系的概念及其特性做了深入细致的研究。我国学者对教育关系的研究起步较晚,主要利

---

① 主体间性概念是由20世纪初西方哲学家胡塞尔最早提出。胡塞尔针对笛卡尔孤独的"我"所导致的"自我论"的危机,认为现象学必须从"自我"走向"他人",从关注单数的"我"走向关注复数的"我们",并提出"交互主体性现象学"。马丁·布伯、雅斯贝尔斯、维特根斯坦、伽达默尔、哈贝马斯等从不同角度进一步阐释和完善了主体间性理论。该理论很快被应用到社会诸多领域,具有很强的解释性和论证性。但主体间性教育理论仍然不能完全解释教育的本质,因为教育活动本身不同于一般的社会交往。
② 教育大辞典编纂委员会:《教育大辞典》,上海教育出版社1992年版,第227页。
③ 杨斌:《软科学大辞典》,中国社会科学出版社1991年版,第125页。
④ 纪大海、杜萍:《教育关系论》,《教育研究》2002年第12期。
⑤ 周光礼:《论教育关系的调整机制》,《现代大学教育》2006年第2期。
⑥ 付冬梅、李崇刚:《教育关系的法律分析》,《内蒙古工业大学学报》(社会科学版)2005年第2期。

用国外相关理论进行研究，成果比较零散，缺乏系统性和理论深度。

国内学者对教育关系的理解往往比较宏观，包含政府、学校、教师、学生、家庭、社会等多元化的主体，主体关系比较庞杂，范围过于宽泛。国外学者认为教育关系是师生关系这种人与人之间的关系，主体比较单一，范围过于狭窄。尽管教育关系起初源于亲子关系，后演变为师徒关系、师生关系——在教育关系中一直占据举足轻重的地位，甚至把教育关系归结为师生关系。但是，把学校这个最重要的专门教育机构撇开来谈教育关系，是脱离实际、罔顾事实的。特别是近现代以来，教育事关国运兴衰和个人未来，受到世界各国的高度重视，受教育权成为公民的基本人权①，国家和社会兴办各种学校以满足受教育者的需要，保障其受教育权的实现，学校教育成为公民最重要、最基本、不可或缺、不可替代的法定教育形式，不同于家庭教育、企业培训或学徒制，学校成为青少年儿童学习和成长的主要场所、培养人才的摇篮，其他教辅机构、少年宫、图书馆、美术馆、科技馆、博物馆、体育馆等社会文化教育机构只是学校教育的补充和延伸。不言而喻，学校是整个教育事业的中心和中轴，一切教育关系的发生都围绕学校这个最重要的教育场所而展开，学校才是教育关系的最核心因素。

由于师生关系比较广泛，不限于学校，在其他文化教育机构中也存在师生关系，这种临时参加校外（网络）教育培训机构所形成的培训关系或师生关系在法律上不是教育关系而是民事关系。更何况学校的师生关系也不同于其他场所的师生关系，毕竟学校是经国家批准设立、有严密的组织和规章制度，有严格的法律规范，有经费保障的特殊社会组织，不是一个松散临时的机构，不同于"农贸市场"或"电商平台"，教师和学生受到学校的严格管理和纪律约束。另外，也不能把与教育有关的所有社会关系都归为教育关系。有学者认为，"只有与教育目的实现有关的社会关系才是教育关系"。但"教育目的"的内涵非常丰富，含义也不确切，涉及主体甚多，可以理解为广义上的教育关系。笔者认为狭义上的教育关系仅仅包括学校、教师、学生三者之间的关系，这是其特殊性所在。虽然学校是由学生、教师组成，但学校作为独立的法人，是一个有计划、有组织地对受教育者进行系统教育的机构（不同于古代私

---

① 周光礼：《论教育关系的调整机制》，《现代大学教育》2006 年第 2 期。

塾，教师是中心，直接与学生建立教育关系），在这三者关系中，学校是轴心，一定的"教师"和"学生"只有通过正式程序进入学校，才能成为该校的"教师"和"学生"，进而形成教育关系。在现代教育中，学校地位凸显，它是实现"教师"和"学生"身份的前提。

"教育教学关系是教育关系的核心，离开了教学，现代教育将成为一个空壳。"① 因此，教育关系最核心的部分就是学生与学校、教师之间的关系。现代学校不是私塾，其教育关系首先表现为学校与学生的关系，被学校聘任的教师只是学校教育的代理人，其职务行为的后果由学校来承担，学校是对外承担教育任务和教育责任的主体，不是具体的某个"教师"。学校通过招生录取与学生形成教育关系，在教育活动中主要表现为管理与被管理、教育与被教育的关系；学校通过招聘录用与教师形成聘任关系，委任教师完成教育教学任务，教师与学生形成教育与被教育的关系（如图 3-1 所示）。由此可见，学生、教师都是围绕着学校而展开、形成教育关系，学校（通过教师）最终都指向学生，学校与学生的关系才是最基本、最重要的教育关系，代替了传统师生关系的地位②。教师与学校的关系以及学生与教师的关系都是从这一对基本关系中派生出来的。因此，本书的教育关系（狭义）是指学校、学生、教师在教育活动中形成的教育与被教育、管理与被管理的社会关系，并不包括与教育无关的其他社会关系，比如，三者之间的民事关系。

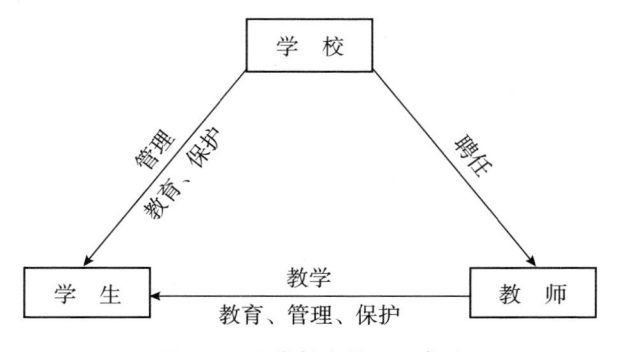

图 3-1 现代教育关系示意图

---

① 周光礼：《教育与法律：中国教育关系的变革》，社会科学文献出版社 2005 年版，第 210 页。
② 因为传统的学校与教师是一体化的，学校即教师，教师即学校，教师与学生的关系最为常见、最为人关注。

2. 教育关系的性质特点

人类社会交织着各种各样、形形色色的社会关系，教育关系作为一种社会关系，存在于具体的教育活动中，需要学校、教师、学生三方共同建立，与教育不可分离，因此它有自身的性质特点。

（1）教育关系具有平等性和不平等性

宪法确立了"在法律面前人人平等"的法治原则，自由平等是现代社会的基本诉求和价值取向，必然贯彻于教育关系之中。一方面，教育关系的平等性主要表现为关系主体各方权利义务表观上的对等，在我国当前的教育政策法律下，体现在以下三个方面。第一，教育者与受教育者双方都要自觉遵守国家现行的教育法律政策。教育者可以在一定范围内享有招生、招聘、处分、教学等方面的自主权，受教育者和应聘者也在一定程度上根据需求选择教育者及其教育方式，享有教育机会和就业机会的平等权。第二，在教育活动中，受教育者按照相关政策要求缴纳教育的费用（义务教育阶段由国家承担），学校按照要求提供教育活动，教师有获得劳动报酬或辞职的权利，体现了双方权利与义务的对等。第三，在教学过程中，还体现了"在真理面前人人平等"，教育者与受教育者的权利义务平等，人格尊严平等，相互尊重，一视同仁，平等对话和探索，是一种超越了代际、地位的平等。

另一方面，教育关系具有人身让渡的隶属性。受教育者、应聘者在完成入学、入职手续之后，就有义务接受学校的管理和监督，按照学校规定的规章制度和纪律要求接受教育或工作，实际上是人身自由权利的一种让渡。受教育者成为学校的学生，应聘者成为学校的教师，在身份上隶属于学校，与学校之间是教育与被教育、管理与被管理的关系。特别是在义务教育以外的阶段，学校有权根据自身的实际需求，对受教育者、应聘者择优录取，制定培养方案、毕业条件、违纪处分、教育教学科研任务考核等方面的规定。这充分体现了教育关系主体的隶属性或不平等性。另外，即使在教育关系平等性质的内部，也具有某些不平等性质，从实际情况来看，双方在力量上的不均衡、实际权力的不对等已是明显的事实，学校作为一个聚集大量资源的教育组织占据更多优势，居于主导地位，而个人在组织面前往往是弱势的、渺小的，造成了教育关系主体事实的不平等。

（2）教育关系具有交互性和伦理性

古今中外，长期存在以教师为中心的传统教育观，忽视学生的主动性，把学生视为客体，如同容器一般灌输和注入"知识"，使之木讷和沉默地被动接受一切。现代教育观消解了主客二元对立，学生成为教育关系的主体，不再完全从属于学校和教师。既然教育本质在于"唤醒"，那么必然存在教育者的一方"唤醒"受教育者的另一方，那么教育就是"唤醒"与"被唤醒"或"接受唤醒"的过程，双方是一种相互依存、不可或缺的"共在"关系。主体性交往范式强调自我主体化与对象客体化，主体间性交往范式重视自我与他者互动①。教育是人与人之间的关系，不是人与物或者主体与客体之间的关系，人是教育的对象，是对象性活动的主体，不是客体。因此，在"唤醒"的过程中，师生的主体间关系是一种自由平等、双向互动的交往。学校应当是教师和学生这两类主体"交互作用"形成的"学习共同体"，② 将教育主体交互性置于日常的交往实践之中。

尽管教育关系具有交互性，体现出一种教学相长、尊师爱生、平等对话、互信互爱的和谐关系，但是教育关系的伦理性却无法被超越和消弭。中国古代一直信奉"师道尊严"的传统，在"敬师如父、爱生如子"的传统教育关系中，暗含着教师与学生是非对等的伦理关系。子曰："爱之，能勿劳乎？忠焉，能勿诲乎？"，"学而不厌，诲人不倦"，正是体现了一种仁爱的伦理精神。自古以来，我国就把教育关系看作一种伦理关系，如历来有"母校"、"师如父母"之说，有别于其他世俗的社会关系。学校教师并不是为了支配和控制学生，也不是谋求地位和权利的平等，更不是捞什么政治上或经济上的好处，而是完全出于对学生的仁爱和责任，不求任何回报，犹如父母对子女般，这就注定教育关系中的仁爱伦理不可能被时间磨灭。就算当下倡导民主平等的教育关系，师道尊严的传统遭到批驳和摒弃，但师道尊严仍有其合理内核，尊师重教不应被轻视。

（3）教育关系具有长期性和三重性

教育是新生一代成长的必要条件，只要人类社会存在，教育就永远

---

① 张心亮：《从主体间性到他者性：高等教育交往范式转型》，《教育评论》2016年第4期。
② 姚锡长：《思想政治理论课教学中的主体交互性模式建构的再思考》，《课程教育研究》2013年第11期。

存在，属于"永恒的范畴"，与人类社会共始终。教育相伴人的一生，常言道："十年树木百年树人"，无论是从教育活动的完成，还是从个体的培养成长的角度来看，时间周期都比较长。在现代社会，一个人一生的成长期间都是在学校度过的，学校教育是人生中所受系统教育最科学、最规范、最集中且时间最长的。根据现行学制，一个人在学校接受教育的时间可长达 25 年以上，占据一个人一生的 1/4 或 1/3 以上，义务教育最短也有 9 年以上，暂且不说在职教育和终身教育。由于教育的长期性，决定了教育关系的长期性、连续性和持久性。因此，在长达十几二十多年的时间里，正是一个人经历成长成熟最关键最美好的青春时光，是一个人的人生奠基期，具有鲜明的可塑性。这种长期的教育关系往往直接决定一个人未来的生存和发展，因此，和谐融洽的教育关系的维系就显得十分必要，不可或缺。

在长期持续的教育关系中，主体具有特定性，教育关系具有三重性，学校与学生、学校与教师、教师与学生之间存在三个相互关联的"双边"关系，不同于劳动关系、婚姻关系等其他的社会关系。因此，教育关系比其他社会关系更复杂，它形成一个三角形的关系结构和闭合循环，既相辅相成又相互制约，构成了一个利益共同体，学生和教师是学校发展的生命线，学校又是学生和教师发展的平台。由于现代学校教育的重要性凸显，从法律层面来看，三对相互关联的法律关系，构成了"一主二附"的格局。其中，学校与学生之间的关系是最基本、最主要的教育关系，决定着其他两对法律关系的性质。学校对学生的教育和管理，通过教师和管理人员来实现，学校作为法律意义上的责任主体，教师只是学校的员工或雇员。学校与教师之间的关系本质上是一种雇佣关系，学校作为独立法人可以自主招聘教师，形成一种特殊的聘任关系，有别于一般的劳动关系。教师与学生之间的关系主要通过课堂教学来实现，对教师而言，这是一种工作关系。

（4）教育关系具有物质性和精神性

任何社会关系都必须建立在一定的物质基础之上，教育关系也不例外，也存在一定的经济利益和财产关系，但差异较大。学校的设立必须有符合规定标准的教学场所及设施、设备等以及必备的办学资金和稳定的经费来源。从这个角度来说，教育关系建立在一定的物质基础之上，当前学校的办学经费主要来源于国家财政拨款、向学生收取学杂费和接受社会捐赠以及校办企业盈利等。除了公办义务教育学校，学生还需要向学校支付学费参加教育活动，所收的学费是学校运营经费的重要来源，但有悖于教育公益性。教师依法获得相应的劳动报酬，但教师被誉为"人类灵魂的工程师"，被比作"园丁""慈母""蜡烛""春蚕"，是无私奉献不求回报的光辉典范，"视金钱为粪土"，造成了教师群体的合理经济诉求遭受严重压抑和道德绑架，在别人看来这种物质性或财产性比较隐晦，或者"有辱斯文"。在这样的教育关系运作中，涉及多方面的财产关系与经济利益，体现出财产在教育关系中的流动。

尽管如此，教育关系又蕴含了更多的精神特质，可以超越一般人间的世俗。教育本身就是需要精神支持的事业，教育的神圣、学校的圣洁、教师的尊严如同宗教般，带来人们心灵的宁静和灵魂的净化。因此，这注定教育关系是高贵的、有气节的、有情操的。在这种社会关系中，每一所学校、每一位教师、每一个学生，就算在物欲横流的社会，也应该保持"出淤泥而不染"的精神追求，在教育活动中表现出强烈的责任感、荣誉感、归属感、成就感。这样的教育关系，是精神性的，而非物质性、功利性的。教育者和受教育者应该"诗意"般地栖居于教育关系之中，彼此心灵沟通，润物无声。这种关系对任何一方来说，远不只为了达到某种目的，更不是达成外在物质利益目的的手段，它是一种精神的体验，本身就具有意义、价值。一旦学生把学校当作"商场"、视老师为"老板"，学校和老师把学生当"顾客"，教育关系将不复存在，教育将蜕变为一桩庸俗的买卖。

3. 教育关系的实质

英国著名教育家夏洛特·梅森认为，"教育是关系的科学"。从社会关系学看，教育关系作为社会关系的一种具体的关系形态，遵循着社会关系发展的规律，只要有教育的存在，教育关系就必然会发生。教育关系也是以人为其主体，是人与人在具体的交往过程中实现的。但人最重要的一个特征就是人具有主观能动性，从而造成包括教育关系在内的各种社会关系的复杂性和多变性，使得社会关系的协调和平衡既十分困难又极端重要。因此，从这个意义上看，教育关系的实质可以归结为合作性与对抗性两个方面，受到教育关系性质特点的制约。正确处理教育关系中产生的纠纷冲突，达成更好的合作效果，是构建和谐融洽教育关系的重要前提。

（1）合作性

教育关系是一种长期稳定的社会关系，具有伦理性、交互性、平等性、精神性、持续性等特质，在传统上具有良好的合作基础。事实上，教育的任务和目的在于通过双方或多方主体的合作予以完成，实现各自的利益和诉求。合作是指在教育活动中，学校、教师、学生为达到共同人才培养的目的，彼此相互配合的一种联合行动、方式。它外在表现为教育关系主体在教育教学以及日常管理过程中能在很大程度上遵守一套既定制度和规则的行为。这些制度和规则包括国家法律法规、学校章程以及相关规章制度和教师聘任合同等。但由于主体的多样性、利益的差异性，实现教育关系中的合作主要是获得满足和被迫接受。

教育关系主体之间的合作首先基于各方的需要"获得满足"，对方确实让自身得到了发展和完善，各自的利益和价值得到不同程度的实现。同时，学生、教师和学校在教育教学和日常管理中建立了互信，自觉遵守规章制度，对自己的学习和工作产生了某种自我价值的满足感。其次是"被迫接受"，它是指教育关系主体迫于压力不得不合作，比如，受教育者受政策要求或个人发展的需要，就必须参与教育者的教学活动，除此以外别无选择。如果受教育者的作为不符合教育者的要求，或对教育者摆出对立姿态，将会受到各种惩罚，甚至被劝退和开除。为了维护和保存各自的利益各方需要在一定程度上进行妥协，以求合作关系不破裂，达到预期的目的。

（2）对抗性

教育关系的不平等性、隶属性、物质性、多重性以及差异性构成了教育关系对抗和冲突的基础。在现实中，教育关系的各个主体的利益、目标和期望不可能时时处处都完全一致，相反，彼此可能会抱有成见与偏见，双方基于自身角色以及立场观点会形成一定的思维定式与固定程式，经常会出现冲突分歧，甚至背道而驰，教育关系的对抗性不可避免。这种对抗并非为哲学或政治学上"对抗性矛盾"的那种"根本利益上的互相对立、不可调和"的敌对阶级或集团之间的矛盾，而是双方根本利益一致、可调和的人民内部矛盾，仅仅是对具体事项或问题双方对立、相持不下的一种抗拒行为或态度而已，不具有外部的斗争性或革命性，它是建立在合作基础上的对抗。

教育关系中的对抗行为是指在某种特定的条件下，双方的言行与对方主观愿望相反，产生一种与常态性质相对的逆向反应，进而采取抗拒措施引发冲突的一系列行为。从人类文明发展规律来看，对抗性是以一种反平衡的手段建构另一种平衡，推动事态的发展和制度的完善。所以，恩格斯说，历史的"最终的结果总是从许多单个的意志的相互冲突中产生出来的"①。教育关系整个制度的形成和发展在这种对抗性的冲突和博弈中得以塑成和演变。教育关系的对抗性具体表现为对权力的对抗，弱势一方对强势一方的对抗，被管理方对管理方的抗拒，后者往往通过各种手段"压服"前者，试图主导或控制争端事态的发展。因此，往往需要外力的介入方可解决。

总而言之，教育关系中对抗和冲突是难免的，然而合作才能保障教育关系中双方主体的共同利益，实现共赢。实际上，相关主体在结成教育关系之初，并没有怀揣着对抗之心去搞破坏，他们的初心和愿景是合作双赢，保持和谐的教育关系。所以，合作是主流，是常态，冲突对抗是非主流，是异常。在维持教育关系的过程中，各方主体必须遵纪守法，在冲突发生后，要理性应对，在保持合作关系不破裂的基础上，通过友好协商、沟通解决问题。这为教育法律纠纷应对机制的构建指明了方向，即要增进合作，减少或避免冲突对抗，必须加强预防和沟通。

二 教育法律关系的界定

教育法律关系是教育法学研究的基本范畴，也是连接教育法学与教育法的桥梁和纽带，是一个理论性与实践性都非常强的课题。学界对教育法律关系的研究不同于教育关系，在"法律关系理论"的指引下，结合教育法律规范，很快到达了教育法律关系的彼岸。相关著述相当丰富，无论是期刊论文，还是学术著作，基本上都套用其他实体法和程序法，把教育法律关系分解为教育行政法律关系和教育民事法律关系，或者还有教育经济法律关系、教育刑事法律关系等。总体而言，学界对教育法律关系理论的研究仍停留在表层，因此，有必要对

---

① 《马克思恩格斯选集》（第四卷），人民出版社2012年版，第605页。

教育法律关系的形成、含义、特点做深入的探讨，以澄清当前学界混沌的认识和分歧。

(一) 教育法律关系的形成及含义

1. 教育法律关系的形成过程

法律作为最为严苛与规整的一种社会规范，一开始跟温情脉脉的、充满爱的教育似乎沾不上边，又何来教育法律关系？这多少说明了人类德行的衰落和社会严酷的加剧。法律的出现标志着人类道德的沦丧、人性的败坏，图腾、习惯、禁忌、道德等其他社会规范，在文明史前数百万年规范和调整的人类社会关系井井有条，在人类文明化之后却不足以维系日益复杂的社会的正常运转。因此，法律以国家强制力的方式重整了人类的社会秩序和生活方式，将其触角伸进了社会的方方面面，甚至突入到具体的教育关系之中。

(1) 调整社会关系的法律与道德

现代社会随着法律干预之幅度、范围和微细性的扩张，导致了一种不断法治化的总体运动。即主要通过立法和司法判决的方式，将社会关系转化为法律关系、将社会冲突转化为法律冲突的过程[①]。法律源于社会，但法律永远落后于社会生活，不可能把所有社会关系都囊括进去。法律是最低的道德，道德是最高的法律，"法律是公民联盟的纽带"[②]，也是维护社会秩序的纽带，道德乃是维护人类生存之规定，处在人类生存的基底层，两者分量孰轻孰重一目了然，远不在同一层面上。法律更不可能取代道德，它只不过是诸多社会规范的一种而已，法律作为底线，只调整基本的、重要的社会关系，不可能调整一切社会关系。如果人们过于迷恋立法和强制，将一切道德问题法律化，那必然会出现"民免而无耻"的社会局面。因为人不是天使，法律乃是道德的补充和维护，是对人性恶的防范和制裁，是对人的外在行为进行的制约和规范，而对人的内心或者精神世界却无能为力，但这是主导或指使外在行为的"元凶"，只能交给道德来感化和评判。道德是扬善的，是人性的指引，发自内心而外化于形，为法律所不及。

---

① [英] 卡罗尔·哈洛、理查德·罗林斯：《法律与行政》，杨伟东译，商务印书馆2004年版，第481页。
② [古罗马] 西塞罗：《论共和国》，王焕生译，上海人民出版社2006年版，第89页。

（2）教育关系的法律化及其有限性

教育关系原本或最初无须法律的介入，仅需要习惯、伦理、道德或宗教的约束即可运作良好，即使在学校出现后，教育关系也无须借助法律，凭借学校的清规戒律来管束依然良好，学校被誉为"象牙塔"，长期是"法外之地"，形成了一种学校自治的悠久传统。然而，近现代以来，"教育从私人事务与民间事业而成为国家的职能"，[①] 教育从社会的边缘走向社会的中心，国家权力开始全面介入传统的学校教育，直接举办学校，设立教育行政机构，管理教育事务，进行专门教育立法，把事实上原来一直存在的教育关系转化为法律关系，把教育纠纷转化为法律纠纷。但并不是将一切教育关系的内容全部转化为法律管制的对象，教育关系更多的具有精神层面的情感、信念、意志、道义、良知、人格、爱心、智慧、真理等是无法通过法律来调整和规定的，表现出法律对教育关系调整的明显局限性。即便是教育关系主体的某些外在的表现或者行为，法律也很难介入，如学校的办学水平、教师的教学方法及教学质量、学生的学习状态等，造成了教育法的可操作性、可塑性品格很差。所以说，教育是一个最讲良心的行业，不能把它当作生意来做，只有德才兼备的人才适合做教育。

（3）近现代教育法的出现

从教育史来看，政府对学校的管理和控制可以追溯到春秋战国、古希腊、罗马时期那个"轴心时代"。亚里士多德说过："谁也不会有异议，立法者最应关心的事情是青少年的教育……应该教育公民适应他生活于其中的政体。"[②] 但它并没有深入学校内部的教育关系，受教育权并没有成为公民的基本权利，而是一种自然权利或私权利。直到工业革命之后，科学技术的迅猛发展，普及初等教育成为西方国家的迫切需要，于是纷纷通过法律的手段，建立义务教育制度，受教育权成为公民的基本人权和宪法权利，是国家和政府必须履行的一项保障义务。随着福利国、法治国的兴起，市场经济的繁荣，办学主体的多样化，国家对保障公民受教育权和规范学校办学行为进行全面立法，教育法律体系得到逐步地建

[①] 吴殿朝：《社会转型中的我国教育法律关系研究》，《武汉理工大学学报》（社会科学版）2010年第3期。

[②] ［古希腊］亚里士多德：《政治学》，颜一、秦典华译，中国人民大学出版社2003年版，第267页。

立和完善，并形成一个相对独立的法律部门——教育法。教育法是调整教育领域中政府、学校、教师、受教育者、社会等多元主体之间关系的法律，教育关系是教育法主要的调整对象，教育法还调整与教育关系密切相关的其他社会关系，形成的是学校外部的法律关系，一般不具有特殊性，属于广义上的教育法律关系。这里所说的"教育法律关系"主要是狭义上的，它是法律调整教育关系的产物，是教育关系在法律上的表现。

（4）教育法律关系的形成

众所周知，法律关系的形成以法律规范为前提。如果没有国家意志的干预，教育关系就完全可以根据双方的意志形成，遵循意思自治，是纯粹的双方行为或事实行为。但是在现代法治社会里，教育关系是不可能离开法律制度的，而教育法律制度，不仅仅是教育关系运行的客观条件，还是教育关系运行的制度环境或者说政治环境。由于国家教育权在世界各国的普遍确立，国家意志已经明确而具体地介入教育关系中去，教育立法成为世界各国立法不可或缺的重要内容。在法治化的大背景和大趋势下，教育关系的性质也悄然发生了变化。当教育关系受到法律确认、调整、干预和保护时，教育关系的建立就不完全取决于学校、教师和学生的意志了。确立教育关系各个方面的内容以及主体各自的行为，包括入学资格、学籍管理、违纪处分、毕业条件、学位授予以及教育关系的变更、解除和终止等，都受到国家意志的制约，使得教育关系既符合当事人的意愿，又不违背国家法律意志的要求，并且任何一方违反法律规范，都将承担相应的法律责任，体现了国家意志的强制性和优先性。

2. 教育法律关系概念的含义

教育法律关系概念不应该是套用字义来表述，需要明确在什么语境下理解和界定其含义，不能再任由其含混不清、模棱两可。教育法律关系的概念必须建立在法律部门的划分基础上[①]，否则教育法律关系就成了无源之水、无本之木的概念。我们需要搞清楚教育法律关系究竟是在哪个层面上提出的，与同类法律关系相比，其特殊性到底是什么，那必须

---

① 蒋超：《论教育法律关系》，《康定民族师范高等专科学校学报》1999年第1期。

回到教育的本身。教育法在法律体系中的地位和性质是揭示教育法律关系含义的关键。

（1）教育法的地位和性质

尽管教育与人类同时诞生，但教育法作为人类比较晚出现的法律，是不断从其他部门法分化出来的。在近代以前，受教育权主要还是公民个人的私权，教育关系属于契约关系或伦理关系，在法律上，主要是一种民事关系，在"个人本位"的时代，"教育法"属于民法的范畴。近代以来，随着民族国家的兴起，政府被赋予广泛的教育责任和权力，教育成为社会的公共事务，政府行使国家教育权，负责国家教育事务的管理，进入"国家本位"的时代。大陆法系国家学者往往按照乌尔比安划分公法和私法的标准，将教育法归入公法，作为行政法的一个分支。由此，教育法从"民法"转入了"行政法"的范畴。我国近代一直受到大陆法系的影响，同样将教育法划入行政法范畴，以至于教育法学界知名学者最初也认为，"教育法是调整教育行政关系的法规的总称"[①]，"教育法就其基本性质而言，可以界说为调整教育行政关系的法规的总称"[②]、都"把教育法看作行政法的范畴"[③]，这种"教育行政法说"的观点在相当长时间里占据主流，成为"通说"，最后也走入了发展的盲端和歧途。

随着第二次世界大战后科技、经济的迅猛发展和现代化急剧转型，人类进入了"社会本位"时代，"大量有关公共卫生、教育、住房和其他公共事业的实体法，从逻辑上看，可以被认为是行政法整体的一部分；但从实践的观点来看，由于它的内容庞杂，很难纳于单一的体系"。[④] 中外学界提出了新的观点和质疑，认为教育法"作为相对独立的法律分支，从行政法规中独立出来"。[⑤] 在市场经济的大潮下，中国于21世纪前后初步建立起了一个教育法律、法规和规章体系的纵向框架以及教育法律规范数量多、门类齐、内容广泛的横向框架，形成了纵横贯通、相互协调的教育法律体系，教育法逐渐从行政法中分离出来，甚至出现了"法典化"运动的倾向，成为我国法律体系中的一个相对独立的部门法。当然它

---

① 劳凯声：《教育法论》，江苏教育出版社1993年版，第24页。
② 成有信：《教育法学概论》，湖北教育出版社1996年版，第31页。
③ 周卫勇：《也谈教育法的地位——兼与李晓燕同志商榷》，《教育研究》1997年第7期。
④ 上海法学所编：《外国法学译丛：宪法》，知识出版社1981年版，第248—249页。
⑤ 李晓燕：《教育法学》，武汉工业大学出版社1992年版，第19页。

不是跟目前通常划分的"七大部门法"① 相并列的部门法，教育法可以看作社会法②之下的子部门法。一方面作为一个新兴的法律门类，社会法调整的社会关系具有四个特征：①非经济、非政治；②以追求人际和谐为目的；③一方是社会弱势群体；④国家需介入。教育法所调整的教育关系完全符合社会法调整对象的特征，纳入社会法领域是合适的。③ 另一方面，社会法属于"公法私法化"或"私法公法化"的兼有公法与私法的第三法域或中间地带，教育法脱胎于民法和行政法，兼有私法与公法的属性，自身又具有民法或行政法不可容纳的特性。至此，教育法从"行政法"又转入了"社会法"的范畴。由于教育法作为基本法律以外的法律，不可能自给自足、独善其身，完全独步于民事、行政、刑事等基本法律之外，它仍需要借助和利用已成熟定型的民事、行政、刑事等基本制度④作为路径来实现教育法上的权利和义务，这是造成教育法律关系的综合性、多重性的主要原因。

（2）教育法律关系的概念及特征

教育法是国家法律体系的一个重要组成部分，是调整教育关系以及与教育关系密切相关的其他社会关系的法律规范的总和。它经历了"个人本位"（民法）、"国家本位"（行政法）、"社会本位"（社会法）观念的演变，刻画出了教育法律关系概念的模样，同时赋予它特定的内涵，使它区别于民事法律关系、行政法律关系、刑事法律关系、劳动法律关系等其他法律关系。既然教育法作为相对独立的法律子部门，那么教育法律关系就不能定义为行政法律关系或民事法律关系，应该有自身独特的话语体系。

---

① 通常将我国现行法律体系按一定的标准划分为宪法、行政法、民商法、经济法、刑法、社会法、程序法七个法律部门。

② 我国学界对社会法的认识存在很多争议，一直是在不同的意义上使用这一词语。从国际上看，社会法在不同的国家有不同的理解，甚至在同一国家也有不同的解释或称谓。社会法是国家制定和颁布的旨在保护弱者生活安全，提供社会福利，促进民生福祉，具有国家和社会帮助或给付性质的法律法规的概称。这一内涵是由社会法的法律性质决定的。在本质上，社会法是弥补私法和市场经济不足的新的法律体系，它调整的是形式平等而实质不平等的社会关系，是市场分配之外的分配法，体现了分配正义、校正正义和实质正义。参见余少祥《社会法的界定与法律性质论析》，《法学论坛》2018年第5期。

③ 俞德鹏、侯强：《高校自主办学与法律变革》，山东人民出版社2011年版，第54页。

④ 事实上，民事、行政、刑事三大制度也是其他法律（如劳动法、环境法、消费者权益保护法等）实现其权利义务必须要借助和利用的基本路径，这是由中国法律体系决定的。这三大法律制度环环相扣，相互配合，相互协调，成为国家基本法律制度。

教育法律关系同其他法律关系一样，都是现实的社会关系经由法律调整后而形成的权利义务关系。广义上的教育法律关系是指教育关系以及与教育关系密切相关的其他社会关系经由教育法律规范调整而形成的权利义务关系，即政府、学校、教师、学生及其监护人、社会等教育主体，在现实的教育活动过程中依据教育法各自享有的权利和应尽的义务。狭义上的教育法律关系是指教育关系被教育法调整而形成的一种法律上的权利义务关系，跟其他法律关系相比，（在此主要探讨狭义的）教育法律关系具有自身的特征，如下。

第一，教育法律关系的存在以国家强制力为保障，符合教育规律。教育关系经由教育法的调整，上升为教育法律关系，即获得国家强制力的保障。其中，禁止性规范和任意性规范体现了国家意志的主导性与当事人意志的主体性，当教育法律关系受到破坏时，需要诉诸国家强制力维护相关主体的合法权益，对于侵犯他人合法教育权益或不履行法定教育义务的行为予以追究和制裁。同时，教育法律关系不但要反映国家意志，而且要反映教育自身发展规律，即是否反映了一定的教育规律，是衡量教育立法是否科学的一个重要标准。[1]

第二，教育法律关系的主体强调和谐性，避免冲突。一般来说，其他法律更多体现"对抗性"，而教育法律更多彰显"和谐性"[2]。相应地，教育法律关系主体之间特别关注其协调性或合作性，而不是对抗性或惩罚性。由于教育活动不是一次性交易或"一锤子"买卖，而是教育关系主体之间保持着一种长期性、稳定性、连续性的伦理关系，需要非常融洽地处在一个共同体之中，这是由教育的本质和教育关系的性质决定的。

第三，教育法律关系的客体侧重于行为，而不是物。一般的法律关系客体往往包括物、行为和智力成果三类，而教育法律关系的客体侧重于教育行为。因为教育法律关系跟其他法律关系不同，它是一种相对的法律关系，是人对人之间的关系，而不是人对物或者物对物的关系。教育活动的目的不是在于物的流转或智力成果的生产，教育行为才是最主要也是最复杂的客体，客体包含教育性行为是教育法律关系不同于其他

---

[1] 蒋超：《论教育法律关系》，《康定民族师范高等专科学校学报》1999年第1期。
[2] 张忠涛：《教育法视角中的"人"：规则性与成长性》，《教育家》2019年第4期。

法律关系的重要特点①。

第四,教育法律关系的内容具有双重性,兼有教育性。由于公民接受教育既是权利又是义务,相应地,学校、教师、学生在教育法律关系之中既是权利主体,又是义务主体,即权利义务的双重性或重叠性。这种权利义务又具有同一性,一般不得放弃或转让,也不得怠于行使或履行。这种权利义务交织性的特点在教育法律关系中表现得较为突出。另外,在内容上,相关主体的权利义务表现出鲜明的教育性,跟知识传授、教学科研密切相关,这也是区别于其他法律关系的显著特征。

(二)教育法律关系的三要素

根据法律关系原理,任何一种法律关系都由主体、内容和客体三个要素组成,教育法律关系也不例外。教育法律关系作为一类特殊的法律关系,其特殊性必然在其三要素中予以呈现,笔者主要从狭义层面予以探讨。

1. 教育法律关系的主体

教育法律关系的参与主体包括两方:一方是受教育者,即通常意义上的学生及学生团体;另一方则是教育者,即学校以及学校教职员工。二者构成了教育关系的重要主体,也是本书主要研究的对象。而政府及其他教育职能部门对学校与学生进行的间接管理,也会在行政法上形成监督、督导、授权等行政法律关系。另外,教育活动期间发生的其他法律关系,如校园欺凌、第三人侵权等民事法律关系及欺诈、拐卖儿童等刑事法律关系,还有在校外参加教育培训机构所形成的合同关系等民事法律关系,则不属于此类。

(1)学校

学校是最古老的社会组织之一,在原始社会氏族公社末期出现了学校的萌芽,古史有载:"成均,五帝之学""米廪,有虞氏之庠也"。学校最初源于敬老养老的地方,由这些长者老者凭借其丰富的生产经验和社会阅历负责教育下一代,传授经验、传播知识,后来发展的官学和私塾皆以此为宗旨。西方学校"school"源于希腊语

---

① 蒋少荣:《教育法律关系的含义及其界定》,《教育评论》1998年第3期。

"skhole"（=leisure）①， school 即 sc（science），"知识"+hool "hol" "神圣的"。字面本义"知识的神圣殿堂"，引申义"学校，教育"，是指用来讨论学问的休闲地方。尽管中西方学校的起源有所差异，但学校作为一个特殊的社会组织，是知识的殿堂，自从诞生那天起便以培养社会所需要的人为己任，是人才培养的摇篮，为人类社会的文明进步做出了不可磨灭的贡献。

现代社会，学校是最主要又最重要的教育机构，是教育的中心。在法治进程的推动下，学校不再是"法外之地"，依法治教、依法治校成为时代的呼声。学校在社会中存在多重角色，1995年《教育法》把学校明确赋予法人地位，法人是1986年《民法通则》制定后才出现的概念，当时关于教育的法律建置薄弱，学校管理零乱，行政机关仍然主导教育单位，至1997年《社会力量办学条例》的颁布才对教育使用了法人的规范。从性质上讲，学校是依教育法成立的机构，它首先是一个教育主体，也是一个公益法人，是一个培养人才、教书育人的场所，承担着实现教育的公益使命；其次，学校作为社会生活中的民事法人，享有民事权益，可以从事民事活动，成为民事主体；再次，在国家行政管理活动中，相对于国家行政机关而言，学校又成了行政相对人；最后，学校作为特殊的社会组织，可以根据法律法规的授权，在特定条件下，行使一定的行政职能，又成为行政主体。②

2020年《民法典》总则中明确了营利法人、非营利法人、特别法人等概念。我国的教育属于公益性事业，公办学校均为非营利法人，民办学校既可以是营利法人，也可以是非营利法人③。而"法人"系指具有民事权利能力和民事行为能力，依法独立享有民事权利和承担民事义务的组织。由于《教育法》规定了设立学校及其他教育机构，必须具备下列基本条件：①有组织机构和章程；②有合格的教师；

---

① The word school comes from skholē, the Greek word for "leisure". School 这个词是从希腊语 schole 一词来的，意思是"闲暇"。在古希腊人看来，那些从事战争和搞政治的人是辛苦的，而只有"闲暇"的人才有时间读书学习。后来，古希腊的哲学家柏拉图、亚里士多德给青年讲课的地方就被称作 schole，这个词后来转变成拉丁语词 school，后又被英语借用。
② 余立力：《论我国教育法律关系之构成》，《法学评论》1996年第3期。
③ 国家对营利性和非营利性民办学校分类管理，非营利性民办学校的举办者不取得办学收益，办学结余继续投入教育，形成的资产归学校法人所有。营利性民办学校的举办者可以取得办学收益，办学结余依据国家有关规定进行分配，形成的资产归举办者所有，学校自主运营、自负盈亏。

③有符合规定标准的教学场所及设施、设备等；④有必备的办学资金和稳定的经费来源。同时也赋予了学校特殊的法人地位，学校被视为一个独立的组织体，享有相应的办学自主权，是最主要、最基本的教育主体。

据统计，2019年全国共有各级各类学校53.01万所，其中，各级各类民办学校19.15万所，占全国比重36.13%①。根据现行法律的规定，民办学校及其教师、受教育者与公办学校及其教师、受教育者具有同等的法律地位，相关主体所形成的教育关系的性质和地位相同。中国境内依法成立的学校，不能因为举办者或出资者的差异而不同，"在法律面前人人平等"。民办学校及其教师、受教育者的合法权益以及形成的教育关系受到法律平等保护。任何学校都有保护教师和学生、维护教师和学生合法权益的法定义务。学校以外的其他教育辅导或培训机构，不属于学制内的国民教育序列，是市场经济的产物，从事教育经营活动的商业机构，虽然为教育法所调整，但相关主体所形成的社会关系不是教育关系，而是民事关系，并不具有教育法上的特殊性，说明教育法具有很强的综合性。

（2）教师

古人云："师者，所以传道授业解惑也"。教师作为人类最古老的职业，古往今来，承担着"传道授业解惑"的职责，成为人类灵魂的工程师、学生成长的照明灯。尊师重道的伦理道德普及天下，常言道"一日为师终身为父"，由此可见古人对知识和技艺的渴求和尊重，在古代教师的身份地位大都很高，收入也很高。自古以来一直被尊称为"先生"，在古今的各种职业里，能够被称之为"先生"的只有教师和医生，"医者治病救人、师者教书育人"，由此可见这两种职业对社会的作用和贡献举足轻重。由于近现代以前受教育权一般是私权，能接受教育的人是极少数，学校和教师的数量和规模很有限。到了现代社会，教师成为了一个庞大的群体，是知识分子聚集的阶层。据统计，2019年全国共有各级各类学校专任教师1732.03万人②，承载着教育的使命和国家的前途，要建设教育强国关键在教师。正所谓，"百年大计，教育为本；教育大计，教师为本"。然而，现实中侵犯教师权益的事件层出不穷，"尊重知识、尊

---

① 教育部：《2019年全国教育事业发展统计公报》，2020年。
② 教育部：《2019年全国教育事业发展统计公报》，2020年。

重人才、尊师重教",不应该只是一句响亮的口号,要"不断提高地位待遇,真正让教师成为令人羡慕的职业"①。

纵观古今中外,教师是人类文化科学知识的继承者和传播者,又是学生知识智力的开发者和个性品格的塑造者。从概念的界定来看,"教师是受一定社会、阶级、阶层、团体或个人授权委托,专门从事以教育教学为职业的,以培养人为目的的专门化的教育工作者",② 充分体现了教师的职业性和专业性。《教师法》明确规定了:"教师是履行教育职责的专业人员,承担教书育人,培养社会主义事业建设者和接班人,提高民族素质的使命。"教师是一种专业性很强的职业,因此国家实行教师资格制度。因此,成为教师必须具备以下条件:①具备完全的民事行为能力,即年满18周岁且智力与精神健康状况正常;②具有中国国籍,是中国公民,或经国务院教育行政主管机关特别许可的外国或无国籍人;③具有《教师法》规定的学历并取得国家教师资格证书;④没有受到剥夺政治权利或者因故意犯罪受到有期徒刑以上刑事处罚。教师资格的取得必须由相应的国家教育行政机关认定。公民取得教师资格后,只有与学校或其他教育机构建立聘任关系,才能从事教师的职业。

教师作为宪法上的公民,在现实社会中兼有多重身份和角色,在民事法律关系中,可以作为自然人,成为民事主体;在行政法律关系中,可以成为行政相对人(如被吊销教师资格证的处罚);在刑事法律关系中,可以成为被害人或被告人(犯罪嫌疑人)等。教育法律关系中的教师受聘于学校,是学校的代理人,是具体从事教学活动、行使教育权的教育工作者。教师在教育活动中,依法执教,根据学校的要求开展教育教学工作,我们可以认为教师的教育教学行为贯彻了国家教育方针政策和执行了学校教学任务,在教学过程中针对教师引起的问题,校方应该承担无过错责任的义务,受学校保护。因此,在讨论教育者主体的时候,我们可以将教师与学校视为完整的教育者整体。教师对学生的行为后果,一般认定为职务行为而由学校承担责任,要保护教师的合法权益。但对与教育无关的、严重的民事侵权或违法犯罪活动,教师还要承

---

① 国务院:《中共中央 国务院关于全面深化新时代教师队伍建设改革的意见》,2018年。
② 胡乐乐、肖川:《论"教师":从词源考古到现代释义》,《上海教育科研》2010年第12期。

担相应的法律责任，学校承担赔偿责任后，对有故意或重大过失的教师进行追偿。

（3）学生

相对于学校和教师而言，学生是其对应的对象，是最主要的受教育者。"受教育者"比"学生"的外延要宽泛得多，内涵也有一定的差异。《教育法》作为国家教育法律体系的基本法，主要调整教育领域的社会关系，涉及面较广，以"受教育者"为法律关系主体，它泛指所有通过接受各种形式的教育和学习获得各种知识和技能的人。《义务教育法》《教师法》则使用"学生"作为法律用语，说明"学生"一词是在特定的语言环境下使用。就此而言，所谓"学生"，就是指根据教育法律法规的相关规定，在法定学龄期间，满足各级各类学校等正规教育机构设定的入学资格，并取得相应学籍的受教育对象①。据统计，2019年我国各级各类学历教育在校生2.82亿人②，是一个极其庞大的群体，代表着国家和民族的希望和未来。

"学生"是一种表示身份认同性质的概念，是伴随着教育专门化过程中学校教育产生之后的产物，③ 存在于具体学校之中，即通过一定程序登记注册并建立学籍档案或个人档案，才取得了某所学校的学生身份，是法律意义上的"学生"，受法律和学校的双重保护。由此可见，学生的这种身份或主体资格是须依法取得的，并非自然形成，它是一种法律身份。根据民法典的规定，学生在不同教育阶段的年龄差异，具有不同的行为能力。①未满8岁的未成年学生为无民事行为能力人，一般为小学低年级6—8岁的学生，由其法定代理人代理实施民事法律行为。②已满8岁的未成年学生为限制民事行为能力人，一般都是中高年级的小学生或中学生，实施民事法律行为由其法定代理人（学生的父母）代理或者经其法定代理人同意、追认，但是可以独立实施纯获利益的民事法律行为或者与其年龄、智力相适应的民事法律行为，否则属无效民事行为或可撤销的民事行为，而且监护人对未成年学生的侵权行为承担无过错责任。③年满18周岁的成年学生为完全民事行为能力人，可以独立实施民事法律行为和承担相应的法律责任。

---

① 任海涛：《论学生的法律地位》，《东方法学》2020年第1期。
② 教育部：《2019年全国教育事业发展统计公报》，2020年。
③ 陈浩：《"受教育者"概念研究：批判与分析》，《中国教育科学》2016年第1期。

学生作为宪法上的公民，同样具有多重身份，在不同的法律关系中会具体表现为不同的法律主体：在民事法律关系中，可以作为自然人，成为民事主体，如侵权人或被侵权人等；在行政法律关系中，可以成为行政相对人，如被治安管理处罚者（年满14周岁）、被注销学历或学位证等；在刑事法律关系中，可以成为被害人或被告人（犯罪嫌疑人）等；在教育法律关系中，学生是教育（法律）关系的主体，"在传统的教育教学模式中，教师往往居于主体地位，学生只是扮演着接受知识灌输、服从学校管理的被动角色"。[1] 但教育毕竟是一项以培养人为宗旨的社会活动，学生是教育的对象，而不是客体。学生个体的独立性已从曾经历史的桎梏中解放出来，得到法律认可和社会的尊重，"要以学生为主体，充分发挥学生的主动性"[2]，促进学生的成长成才是学校一切工作的出发点和落脚点，也是现代学校存在的根本意义。另外，未成年学生的父母及其他监护人不是教育关系的当事人，而是责任人。总的来说，基于各种因素限制，学生仍属于现实社会中的一种弱势群体，是教育法律关系中最重要的法益主体。

2. 教育法律关系的客体

主体与客体是用以解释人的实践和认识活动的一对哲学范畴。从语义上看，"客体"是与主体相对应的概念，指主体的意志和行为所指向、影响、作用的客观对象[3]，它是法律关系产生和存在的前提。法律上的客体是指由法律规范确认和保护的，法律关系主体的权利义务所指向的对象，它是法律关系主体的权利与义务的中介或桥梁。教育法律关系亦是法律关系中的一种，客体具有诸多共性之处，亦有某些个性之处。同其他法律关系客体一样，教育法律关系的客体一般包括物、行为、非物质财富三个种类，其中教育行为是教育法律关系的最重要的客体，教育领域中存在的各种纠纷，往往都是因之而引起的。

（1）物。作为客体的物，是以一定物理形态存在的可感知之物，包括天然物和人造物。法律意义上的物，不仅要具有物理属性，还必须具有法律属性，它指一切可以成为财产权利对象的自然物和人造物。作为

---

[1] 任海涛：《论学生的法律地位》，《东方法学》2020年第1期。
[2] 国务院：《国家中长期教育改革和发展规划纲要（2010—2020年）》，2012年。
[3] 蒋超：《论教育法律关系》，《康定民族师范高等专科学校学报》1999年第1期。

教育法律关系客体的物，跟教育用途有关，一般可分为动产与不动产两类。①不动产。包括资金和教学仪器、小型设备等。②动产。包括学校占有的土地、房屋和其他建筑设施，如学校的场地，办公、教学、实验用房及其必要的附属建筑物。教育资金包括国家教育财政拨款、社会捐资等，其表现形式为货币以及其他各种有价证券，如支票、汇票、存折、债券等。

（2）行为。在通常情况下，作为法律关系客体的行为是指义务人按照法定或约定的义务而必须实施的行为，包括作为与不作为两种情形①。行为是教育法律关系客体中最为重要的内容，是教育法律关系主体为达到一定的教育目的而实施的行为，也是引起教育法律关系产生、变更和终止的最主要的原因。在教育领域中，学校的管理行为和教育教学行为都是教育法律关系赖以存在的最基本的行为，广义上还包括国家教育管理行为，包括教育拨款、贷款、办学、学校招生、教学、思想工作、学习、社会实践、奖惩、教师资格审定、许可以及教职工的聘任、考核、晋升、教育督导行为等。

（3）非物质财富。法律关系客体的非物质财富包括脑力劳动创作活动的精神财富和其他与人身相联系的非财产性的财富。前者也被称作智力成果，它不同于有体物，在教育领域中主要包括各种教材、著作在内的成果，各种有独创性的教案、教法、教具、课件、专利、发明等。其他与人身相联系的非物质财富包括公民（如教师、学生和其他个人主体）或组织（学校和其他组织）的姓名或名称，公民的肖像、名誉、身体健康、生命等人格利益。

3. 教育法律关系的内容

根据法律的一般原理，法律关系的内容就是权利义务。权利义务是法律调整的特有机制，是法律区别于道德最明显的标志。同理，教育法律关系的内容就是教育法律关系主体的法律权利和法律义务，区别于其他社会规范的内容。按主体来划分，可以分为学校、教师、学生的权利和义务。

（1）学校的权利和义务。《教育法》对学校的权利和义务作出了全

---

① 张文显主编：《法理学》（第三版），高等教育出版社、北京大学出版社2007年版，第164页。

面的规定①,《高等教育法》对高等学校的权利进行了具体规定②,《教师法》和《高等教育法》规定了学校对教师履行的义务③。从规定上看,由于教育的公共性,学校作为公益法人和教育主体,学校的权利带有职权性的特点,它是不可以任意处置或放弃的权利。同时,学校享有这种"职权"的同时又具有一定的自主性,即办学自主权,学校承担的义务以积极作为的义务为主④。学校不仅要保护学生,还要保护教师,尊重和维护师生的合法权益是当前最薄弱的环节。

(2) 教师的权利与义务。《教师法》对教师的权利和义务作出了

---

① 《教育法》第二十九条:学校及其他教育机构行使下列权利:(一) 按照章程自主管理;(二) 组织实施教育教学活动;(三) 招收学生或者其他受教育者;(四) 对受教育者进行学籍管理,实施奖励或者处分;(五) 对受教育者颁发相应的学业证书;(六) 聘任教师及其他职工,实施奖励或者处分;(七) 管理、使用本单位的设施和经费;(八) 拒绝任何组织和个人对教育教学活动的非法干涉;(九) 法律、法规规定的其他权利。国家保护学校及其他教育机构的合法权益不受侵犯。第三十条规定:学校及其他教育机构应当履行下列义务:(一) 遵守法律、法规;(二) 贯彻国家的教育方针,执行国家教育教学标准,保证教育教学质量;(三) 维护受教育者、教师及其他职工的合法权益;(四) 以适当方式为受教育者及其监护人了解受教育者的学业成绩及其他有关情况提供便利;(五) 遵照国家有关规定收取费用并公开收费项目;(六) 依法接受监督。

② 《高等教育法》第三十二条:高等学校根据社会需求、办学条件和国家核定的办学规模,制定招生方案,自主调节系科招生比例。第三十三条:高等学校依法自主设置和调整学科、专业。第三十四条:高等学校根据教学需要,自主制定教学计划、选编教材、组织实施教学活动。第三十五条:高等学校根据自身条件,自主开展科学研究、技术开发和社会服务。国家鼓励高等学校同企业事业组织、社会团体及其他社会组织在科学研究、技术开发和推广等方面进行多种形式的合作。第三十六条:高等学校按照国家有关规定,自主开展与境外高等学校之间的科学技术文化交流与合作。第三十七条:高等学校根据实际需要和精简、效能的原则,自主确定教学、科学研究、行政职能部门等内部组织机构的设置和人员配备;按照国家有关规定,评聘教师和其他专业技术人员的职务,调整津贴及工资分配。第三十八条:高等学校对举办者提供的财产、国家财政性资助、受捐赠财产依法自主管理和使用。第五十一条:高等学校应当为教师参加培训、开展科学研究和进行学术交流提供便利条件。

③ 《教师法》第九条:为保障教师完成教育教学任务,各级人民政府、教育行政部门、有关部门、学校和其他教育机构应当履行下列职责:(一) 提供符合国家安全标准的教育教学设施和设备;(二) 提供必需的图书、资料及其他教育教学用品;(三) 对教师在教育教学、科学研究中的创造性工作给以鼓励和帮助;(四) 支持教师制止有害于学生的行为或者其他侵犯学生合法权益的行为。《高等教育法》第五十一条:高等学校应当为教师参加培训、开展科学研究和进行学术交流提供便利条件。

④ 陈珠琳:《试论我国教育法律关系中各类主体的权利义务及其特点》,《中国成人教育》2009年第13期。

具体规定①，《义务教育法》也有对教师义务的规定。② 从相关规定上看，教师作为专业性强的职业，其权利具有岗位职权性、权威性以及在行使过程中具有一定自由裁量的自主性。教师义务多为积极作为的义务，具有强烈的道德性，导致法条中概括性、宣示性、号召性的表述缺乏可操作性。从教师的职责和使命来看，教师是一种神圣的职业，国家和社会对师德师风的要求特别高。"师者，人之模范也。"教师道德是教师的灵魂，也是教师职业活动最基本的要求。因此，社会大众对教师的师德言行特别看重，教师要做到"学高为师，身正为范"，力争个个都是道德模范或时代楷模。然而，教师也并非圣贤，不可能不食人间烟火，也会有常人的七情六欲和人性弱点，不能以圣人道德制高点来绑架每一位教师。将教师推向神坛，实质是对教师群体的戕害，令其身心憔悴、隐隐作痛。常人以法律为底线，教师却要以高尚为标准，教师的自尊心、获得感无从谈起，教师的权利义务应该理性回归，让"道德的归道德，法律的归法律"，要正大光明地维护教师的合法权益。

（3）学生的权利与义务。学生是最主要的受教育者，《教育法》对受教育者的权利和义务作出了明确的规定③，《高等教育法》对高校学生

---

① 《教师法》第七条：教师享有下列权利：（一）进行教育教学活动，开展教育教学改革和实验；（二）从事科学研究、学术交流，参加专业的学术团体，在学术活动中充分发表意见；（三）指导学生的学习和发展，评定学生的品行和学业成绩；（四）按时获取工资报酬，享受国家规定的福利待遇以及寒暑假期的带薪休假；（五）对学校教育教学、管理工作和教育行政部门的工作提出意见和建议，通过教职工代表大会或者其他形式，参与学校的民主管理；（六）参加进修或者其他方式的培训。第八条：教师应当履行下列义务：（一）遵守宪法、法律和职业道德，为人师表；（二）贯彻国家的教育方针，遵守规章制度，执行学校的教学计划，履行教师聘约，完成教育教学工作任务；（三）对学生进行宪法所确定的基本原则的教育和爱国主义、民族团结的教育，法制教育以及思想品德、文化、科学技术教育，组织、带领学生开展有益的社会活动；（四）关心、爱护全体学生，尊重学生人格，促进学生在品德、智力、体质等方面全面发展；（五）制止有害于学生的行为或者其他侵犯学生合法权益的行为，批评和抵制有害于学生健康成长的现象；（六）不断提高思想政治觉悟和教育教学业务水平。

② 《义务教育法》第二十九条：教师在教育教学中应当平等对待学生，关注学生的个体差异，因材施教，促进学生的充分发展。教师应当尊重学生的人格，不得歧视学生，不得对学生实施体罚、变相体罚或者其他侮辱人格尊严的行为，不得侵犯学生合法权益。

③ 《教育法》第三十七条：受教育者在入学、升学、就业等方面依法享有平等权利。第四十三条：受教育者享有下列权利：（一）参加教育教学计划安排的各种活动，使用教育教学设施、设备、图书资料；（二）按照国家有关规定获得奖学金、贷学金、助学金；（三）在学业成绩和品行上获得公正评价，完成规定的学业后获得相应的学业证书、学位证书；（四）对学校给予的处分不服向有关部门提出申诉，对学校、教师侵犯其人身权、财产权等合法权益，提出申诉或者依法提起诉讼；（五）法律、法规规定的其他权利。第四十四条：受教育者应当履行下列义务：（一）遵守法律、法规；（二）遵守学生行为规范，尊敬师长，养成良好的思想品德和行为习惯；（三）努力学习，完成规定的学习任务；（四）遵守所在学校或者其他教育机构的管理制度。

的义务也有相关的规定①。法律主要规定了学生的受教育权，以学习活动相关，其权利和义务具有重合性或同一性，是一种特殊权利和义务，即"对人权利"和"对人义务"，其权利义务的实现既需自己积极行为，也要义务人积极行为予以配合。学生的权利与义务具有平衡性，不能只看到权利而忽视了义务。传统教育中的学生犹如"受缚之人"，学生的正当权利被压抑和捆绑。当今学生的地位从过去赫尔巴特的"教师中心论"到现代杜威的"学生中心论"发生了根本性的变化，学生的权利在教育教学过程中受到了尊重。在教育过程中，学生没有特权，不能单方面地迎合或满足学生受教育的权利，更不能把学生当"顾客"、当"上帝"，还需要督促学生履行受教育的义务。否则将会导致教育关系的扭曲和变态，破坏教育的规律和尊严。

第二节 受教育权理论

党的十九大之后，作为新时代人民群众"美好生活需要"的重要构成，教育在国计民生中的优先性和重要性进一步凸显，解决人民日益增长的美好生活需要和不平衡不充分的发展之间的矛盾，成为教育需要承担的艰巨而重要的历史使命，② 充分保障青少年儿童的受教育权备受瞩目。自1919年德国魏玛宪法以来世界上绝大多数国家的宪法规定了公民的受教育权，乃至联合国的《世界人权宣言》和《经济、社会、文化权利国际公约》都确认和宣示了作为基本人权的受教育权。尽管如此，但学界对受教育权的研究，起步晚，争论多，理论研究还不够深入。受教育权与教育权作为教育法学的基本范畴③，它是教育法的理论与实践的逻辑起点，有其特定的价值和内涵。

一 受教育权的基本内涵

由于受教育权的极端重要性，近现代宪法和国际人权法都确认了受

---

① 《高等教育法》第五十三条：高等学校的学生应当遵守法律、法规，遵守学生行为规范和学校的各项管理制度，尊敬师长，刻苦学习，增强体质，树立爱国主义、集体主义和社会主义思想，努力学习马克思列宁主义、毛泽东思想、邓小平理论，具有良好的思想品德，掌握较高的科学文化知识和专业技能。
② 本刊编辑部：《新时代新特点：两会教育热点再关注》，《教育》2018年第14期。
③ 尹力主编：《教育法学》，人民教育出版社2015年版，第30页。

教育权的宪法权利和基本人权的神圣地位。然而，受教育权作为人人应该享有的普遍人权观并非一蹴而就，而是自中世纪后期历经一系列伟大思想解放运动的结果，也是人类社会发展到一定历史阶段的产物。它与人类社会经济、政治、文化的发展息息相关。人权是指作为一个人所应享有的权利，是一个人满足其生存和发展需要应当享有的权利。人权是人本身所固有的，既不是上帝或君主恩赐的，也不是国家或宪法赋予的。① 同时，人权也是具体的、历史的、发展的，"权利决不能超出社会的经济结构以及由经济结构制约的社会的文化发展"②，人权的发展和实现不能仅仅停留在神圣的、抽象的道德和自然权利上，而是扎根于社会的经济、政治和文化之中。受教育权的产生和发展也孕育于具体的社会经济、政治和文化之中。

（一）受教育权的概念

1. 受教育权的文本含义

自1948年联合国通过《世界人权宣言》以来，一系列的国际人权法对基本人权和自由作出了明确的规定，得到了国际社会普遍的关注和尊重，诸多国际人权法文件都重申受教育权的人权地位，绝大多数国家的宪法都确认了公民受教育的基本权利。我国政府已经签署了《世界人权公约》、《经济社会文化国际公约》和《世界儿童权利公约》等一系列国际公约。"入世"后，公民受教育权的保障和救济存在与国际接轨的问题，受教育权被认为是现代宪法所确立的一项最重要的公民基本权利，也是最能体现国家权力与公民权利相关系的一种实体性宪法权利。它决定着现代社会公民其他各项人权的实现，决定一个人能否真正成为一个合格的现代社会成员。每一个社会公民都有平等地享有支配和利用与自己的潜能和主观努力对应的教育条件和公平机会，通过一定的教育方式和途径谋求自己更好地生存与发展的意志行为能力和资格。受教育权是《世界人权宣言》《经济社会和文化权利国际公约》等国际文件确认和保障的一项重要的社会基本权利，也是大多数国家宪法规定的宪法权利。

我国宪法第46条明确规定：中华人民共和国公民有受教育的权利和义务。受教育权的宪法规定，在宪法上有三重含义：其一，确认了公民

---

① 林来梵：《从宪法规范到规范宪法》，法律出版社2001年版，第80页。
② 《马克思恩格斯选集》（第三卷），人民出版社2012年版，第364页。

有受教育权；其二，国家应当制定保护公民受教育权实现的法律并积极创造条件；其三，国家在制定法律时不得侵犯公民受教育的权利。由此，受教育权的权利主体是公民，义务主体是国家；国家的义务可以分为尊重的义务、保护的义务和实现的义务。国家通过举办学校和发展教育来保障权利主体公民的受教育权利的实现。广泛而真实的受教育权，理所当然的是现代人的一项极其重要的生存权和发展权，甚至可以说，受教育权的落实程度既是一个社会民主、法治发展程度的标志，也是民主法治社会支撑稳定程度的检验指标。①

2. 受教育权概念的学理讨论

在我国，近年来频繁涉及"受教育权"的诉讼案，引起了社会广泛关注和激烈争论，受教育权随之成为法学界和教育界研究的热点问题，由此许多学者从不同角度和层面提出受教育权的概念。目前，学界普遍接受的概念是从公民与国家权利义务的关系出发，强调受教育权概念中的国家积极作为的义务因素，把受教育权视为社会权。正如劳凯声教授所言："在法学理论中，尽管对权利的分类和表述存在不同看法和做法，但受教育权都属于公民的基本人权这一范畴，是公民的自身利益，要求国家一定行为的权利，是公民从国家那里获得均等的受教育条件和机会的权利。"② 因此，可以说"现代社会的受教育权，是指公民作为权利主体，依照法律规定，为接受教育而要求国家依法做出一定行为或履行一定义务的权利。"③ 日本宪法学者中村睦男也指出，受教育权是要求国家对教育的条件设施及对教育机会给予积极的关照，从而使之充分实现的权利。它与生存权一样，具有要求国家给付的社会权的特点。④ 这些定义的可取之处在于切中了受教育权的实质，即受教育权作为公认的社会权，国家应该主动承担积极作为的义务并充分利用国内外资源予以保障。

龚向和博士曾对受教育权的各类概念进行过全面的考察，在此基础上，他认为，受教育权是指公民依法享有的要求国家积极提供均等的受教育条件和机会，通过学习来发展其个性、才智和身心能力，以获得平

---

① 姚建宗：《法治的生态环境》，山东人民出版社2003年版，第179—180页。
② 劳凯声：《教育法论》，江苏教育出版社1993年版，第92页。
③ 秦惠民：《走入教育法制的深入——论教育权的演变》，中国人民公安大学出版社1998年版，第191页。
④ ［日］芦部信喜编：《宪法》，林来梵译，北京大学出版社2006年版，第381页。

等的生存和发展机会的基本权利。这一概念从权利的本质、权利的价值目的、权利主体、权利的义务相对人、权利实现的途径及权利的法律依据等多方面、多层次地概括了受教育权的基本属性,回答了受教育权"是什么""为什么""怎么样"等方面的基本问题,做出了较为清晰、完整、准确的定义,不失为一个可接受的界定。他进一步指出:(1)受教育权最根本的属性是学习权,这是对受教育权"是什么"的回答;(2)受教育权的根本目的是发展人的个性、才智和身心能力,获得平等的生存和发展机会,这是对受教育权概念中"为什么"问题的回答;(3)受教育权的主体是所有公民;(4)受教育权的义务相对人是国家;(5)受教育权实现的主要途径是国家积极提供均等的受教育的条件和机会;(6)受教育权的法律依据是宪法和法律,因而这既是宪法权利,又是法律权利。①

3. 受教育权含义的拓展

学界对受教育权概念的研究,取得了一定的共识和进展,但仍有深入的空间。笔者认为:首先,受教育权是一种复合型权利,具有权利义务的同一性,即接受教育既是权利也是义务,对于受教育权的实现,公民的权利和义务不可偏废。学界往往只强调公民接受教育的权利,而忽视了其义务。潘恩说过,"从相互作用来说,权利宣言也就是义务宣言","义务意味着权利",受教育权更是如此,两者是相辅相成、相互依存、相互支撑的。受教育者或者学生,如果不履行受教育的义务,不认真学习甚至扰乱课堂秩序、逃学等,那么其受教育的权利事实上无法实现。其次,受教育权是一种特殊权利义务。特殊权利亦称为"相对权利",这种权利主体由特定的义务人(国家)与之相对,还可以要求义务人做出一定行为或抑制一定行为。特殊义务亦称为"相对义务",其特点是义务主体由特定的权利主体与之相对,义务主体应当根据权利主体的合法要求做出一定行为,以其给付、协助等行为使权利主体的利益得以实现。② 受教育权的实现不仅需要自己的积极作为,同时还需要义务人的积极作为予以配合和协助,其本质被认为是"被协助的学习权"③。

---

① 龚向和:《受教育权论》,中国人民公安大学出版社2004年版,第29—35页。
② 张文显主编:《法理学》(第三版),高等教育出版社、北京大学出版社2007年版,第144—145页。
③ 陈韶峰:《受教育权纠纷及其法律救济》,教育科学出版社2010年版,第34页。

（二）受教育权的特性

1. 受教育权的宪法性质

受教育权入宪是 20 世纪人权发展的重要成果之一。在人权谱系中，受教育权属于社会权。社会权是相对于自由权而提出的人权概念，其特质在于为了实现社会经济生活中的实质自由、平等，公民可以要求国家积极介入提供保障。①

受教育权作为社会权，从其产生来看，是强调国家积极干预社会的产物，是在自由权基础上作为自由权的补充物而出现，它不是对自由权的取代，而是服务于人类获取更大自由的目的。法国公法学家狄骥在其《宪法学教程》中将受教育权置于"公民自由"目录上，认为受教育权问题是受教育自由的问题。这种观点在 20 世纪之前十分盛行，但 20 世纪之后，许多国家将受教育权载入宪法，大多数国家宪法将受教育权视为社会权，也有一部分国家（如泰国、斯洛文尼亚、多米尼加等）将受教育权当作一项自由权。

然而，社会权与自由权虽都属于公民的基本权利，但两者存在许多的差异。第一，二者产生的背景差别。自由权是资产阶级为反对封建专制并建立一个自由竞争的环境而提出来的，从根本上反对国家进行干涉；而社会权则起源于资本主义国家为防止社会弊病而基于福利国家的观念之上而提出的。第二，二者的目的不同。自由权的目的是个人私生活领域的不受干涉，要求国家权力不得介入和干涉公民私生活领域自由的权利，是一种形式上的平等；而社会权则以社会整体生活的和谐为目的，要求对于弱势地位的特定公民予以不同于一般公民的实质自由平等的保障。第三，二者所对应的国家义务不同。自由权相对应的是国家的消极不作为，要求国家不得侵害；社会权则要求国家必须采取积极的作为，要求国家应当采取措施予以保障。第四，二者在权利体系中的地位不同。自由权是目的和原则，是社会权存在的前提；社会权是自由权的一种补充，其内容在总体上由自由权规定。② 当然，社会权也并非与自由权截然分离、毫无联系。

社会权通常也具有自由权性质之层面，亦得排除国家权力之干预或

---

① 许庆雄：《宪法入门》，月旦出版社股份有限公司 1996 年版，第 134 页。
② 戴学正等：《中外宪法选编》，华夏出版社 1994 年版，第 207 页。

请求国家不作为①。毕竟受教育权产生于自由权的基础之上，属于社会权的范畴，并有自由权的性质，是自由权的补充或叠加。为此，将受教育权理解为自由权补充物的社会权，意味着国家、社会在发挥积极作用保障公民的受教育权时，不得以牺牲自由为代价。国家的积极作为应当有一个合理的"度"。"政府必须关怀它所治理的人……也必须尊重他们……政府必须不仅关怀和尊重人民，而且要平等地关怀和尊重人民"，② 表明国家对人民的关怀，既有保障义务又有尊重（不干涉）义务，不得强制人民去做选择，尊重人民的自由权。

总而言之，受教育权具有自由权和社会权的双重性质，只是在不同方面和不同阶段表现出的性质有所侧重、表现的程度有所不同而已。公民在义务教育阶段的受教育权要求国家采取积极的措施予以保障，其社会权利的性质色彩更浓厚些；而对于非义务教育阶段的受教育权，则自由权利的性质更明显。"国家保护公民受教育权的核心在于平等"③，平等保护公民的入学机会权和教育条件保障权，使学生获得国家及其举办学校的平等对待。

2. 受教育权的自身特性

学生的受教育权作为宪法意义上的基本权利，具有一般权利的共性和特点。受教育权是因教育而生的权利，应该具有自身的特殊性，这为教育法律纠纷应对机制的构建提供了理论指引。

（1）终身性

人生因学习而完整，受教育权具有终身性。正如《世界人权宣言》中所阐述的："人人都有受教育的权利，教育应当免费，至少在初级和基本阶段应如此。初级教育应属义务性质。技术和职业教育应普遍设立。高等教育应根据成绩而对一切人平等开放。"教育作为实现个人发展的重要方式，应当贯彻于个人生存发展的始终。个人成长具有终身性，因此通过不断地学习与积累，促进个人成长，加深个人对社会与世界的认识，以实现个人价值，是每个社会个体自身进步的

---

① 许志雄等：《现代宪法论》，元照出版社2000年版，第184页。
② R. D Workin, *Taking Rights Seriously Creviced Edition*, Harvard University Press, 1978, pp. 272-273.
③ 冉艳辉：《我国国民受教育权的平等保护——以法权中心主义为进路》，中国政法大学出版社2013年版，第46页。

必由之路，也是寻求个人成长发展的内在需求。从这个角度出发，受教育权也必然有其终身性，正所谓"活到老学到老"，学无止境，年龄不会也不应该成为公民接受教育的障碍，任何以年龄为由拒绝、剥夺公民受教育权的行为，无疑也是对人权的侵犯。比如，前些年高考取消了考生年龄的限制以及研究生入学考试放宽年龄限制。接受教育的方式和途径是多样的，所以，受教育权还包括学制教育毕业后，有参加各种继续教育和岗位培训的权利，国家和社会有尊重和保障的义务。

（2）持续性

由于教育周期的长期性以及教育的过程性，导致受教育权具有持续性，这是由教育关系的特点决定的。受教育权强调个体从学校和其他教育机构中接受教育的过程。过程性是教育行为的基本属性，教育过程也是一个生成与构建的过程，其中具备反复性、复杂性、思想性、实践性与连续性。因此公民接受教育的过程也是一个持续的过程，遵循着教育科学的规律。因此，在公民行使受教育权的过程中，受教育权也具有持续性，无故中断学生受教育过程的行为，破坏了教育进程的连贯性与知识传授的规律性，将会对学生的受教育权造成极大的不良影响。学习是循序渐进的过程，从低级到高级、从简单到复杂，层层推进、步步衔接和环环相扣，遵循一定的教育规律。因此，任何组织和个人不得干预和扰乱学校的教育教学秩序，不得摊派或强制学校师生参加各种与教育教学或学生学习无关的活动，去占用教学时间或中断教学和学习。当前有些部门和个人，不时利用上课时间安排学生从事与学习无关的活动，这是一种严重侵犯学生受教育权的行为，但没有引起相关部门和学校的足够重视。

（3）阶段性

个人成长具有阶段性，社会发展也具有阶段性，因此受教育权具有阶段性，即学生的受教育权在不同的阶段也将有所侧重，这也是受教育权阶段性的体现。从宏观上来讲，根据社会发展水平与文化认知的差异，不同的社会阶段有着不同的受教育权。16世纪以前，教育属于私人事务，不受法律保护；16—20世纪教育成为公民义务，受教育权受到法律的保护；第二次世界大战后至今，联合国教科文组织明确规定受教育权为基本人权，对受教育权的内涵有了更进一步的阐述。从人本角度来看，不同阶段的受教育权应根据当前学生的身心发展特点与公民个人追求出发。在我国，从当前现行的教育制度出发，目前实行九年制义务教育，义务教育阶段的受教育权主要侧重于公民基本文化知识的掌握与普及，在这个阶段受教育权在国家强制力的影响下也是权利与义务的统一体；非义务教育阶段的受教育权主要侧重于学生享有平等的教育机会与自主选择权。从教育阶段来讲，我国实行学前教育、初等教育、中等教育、高等教育的学校教育制度，不同的学校教育阶段学生的受教育权也会有所不同。

（4）不可补偿性

受教育权之所以具有不可补偿性（Non Compensatable），是因为：其一，由于时间的一维性、人体生理发展的规律性，对学生受教育权的损害后果不可逆转；其二，教育的对象是人，教育关系具有人身性，不可与人身相分离，受教育权寓于人身之中不可转让、不可替代；其三，身份的唯一性、隶属性、确定性以及不可替代性，而通过接受教育获得的知识、能力、气质不可转移或抛弃。受教育权的损害无法弥补、损失无法抵消。在诸多受教育权受到侵害的事件中，如"冒名顶替上学"案，除去加害者受到法律制裁外，受害者难以获得经济赔偿之外的补偿，"被顶替者"无法直接去替代"顶替者"的身份和工作岗位，人生命运的改变已成定局。即便在维权后，就算受害者恢复了接受教育的权利，但是青春不再，时过境迁，人生命运被无情地改变，无法复原和弥补，任何赔偿都无法挽回，被侵权期间教育的空缺对个人未来发展的影响不可估量。路遥说过，"人生的道路虽然漫长，但紧要处常常只有几步，特别是当人年轻的时候"[①]。未来不能补偿现在，现在也不能补偿未来，因为"未来"和"现在"不同质，不能用金钱来为生命、青春、精神、智慧定价，再加上身份不可替代，所以"迟来的正义是非正义"。尽管受教育权具有终身性与阶段性，甚至在每个阶段都能行使这项权利，但是时间不可倒流，错过了就会影响一辈子，人生的轨迹被曾经的时间定格。受教育权作为一项不可替代的基本人权，一旦受到侵害就意味着对个人发展影响深远，而这种影响并不是可以通过金钱的多少来弥补的。因此，受教育权的不可补偿性决定了，任何一个时间段受教育权的缺失所带来

---

① 路遥：《人生》，北京十月文艺出版社2000年版，第1页。

的影响都是难以承受的、无法弥补的。因此，预防教育侵权或法律纠纷的发生意义重大。

（三）受教育权的内容

由于权利的社会经济制约性，受教育权的内容在很大程度上受本国经济发展水平和教育发展状况的影响。在教育发达的国家，公民的受教育权更多地体现为受教育的自由选择权，以适应公民最大限度发挥个人潜能的需要，促进人的个性发展。在经济与教育欠发达的国家和地区，公民受教育权的内容更多地体现为受教育的平等权，使所有公民接受教育的愿望能够得到最大限度的满足，保证所有公民最低限度地接受教育的程度（义务教育）。在我国，根据《宪法》对公民受教育权的规定和《教育法》第九条和第四十二条的规定，受教育权应当包括受教育机会权、受教育条件权、公正评价权。

1. 受教育机会权

受教育机会权是一种重要的社会资源，是受教育权存在与发展的前提性和基础性条件。首先，世界各国对受教育机会的具体获得都有一套程序化、法制化的运行机制。尽管从柏拉图时代开始，人们已经意识到家庭对于机会平等的理想是一块绊脚石[1]，但从总体上讲，平等是受教育机会获得的主要原则。[2] 受教育机会权首先表现为受教育者入学升学机会权，在义务教育阶段受教育者享有平等的入学、升学机会。但在非义务教育阶段，受教育者所享有的入学升学机会权只是向受教育者提供平等的竞争机会，保证这种竞争机会的平等。其次，受教育机会权体现为受教育的选择权。由于受教育者具体情况千差万别，为了使受教育者获得最充分的自我发展机会以达到最佳的教育效果，国家有义务为受教育者提供多样化的教育。最后，受教育机会权还体现为学生身份权。只有获得了学生身份权，才能进一步享有受教育条件权和公正评价权。因此，学生身份权就是受教育者的学生权不受任意剥夺和侵害，对于学生身份权的剥夺，法律应赋予受教育者以各种救济手段直至司法诉讼。

---

[1] ［澳］布赖恩·克里滕登：《父母、国家与教育权》，秦惠民、张东辉、张卫国译，教育科学出版社2009年版，第204页。
[2] 蒋少荣：《公民受教育权及其现实中的法律关系》，劳凯声主编《中国教育法制评论》（第1辑），教育科学出版社2002年版，第387页。

2. 受教育条件权

受教育条件权是指受教育者有权请求国家提供受教育条件并保证其平等利用这些条件,在其利用这些条件确有困难时,有权请求政府给予资助和帮助。受教育条件权有三种表现形式:受教育条件建设请求权;受教育条件利用权;获得教育资助权。受教育条件在很大程度上依赖于国家,没有国家相应教育条件的配备,受教育权就不可能完全实现。

3. 公正评价权

受教育者的公正评价权主要是指公民在学业成绩和品德上获得公正评价,完成规定的学业后有获得相应的学业证书和学位证书的权利。依照该项权利,学校有义务建立科学客观的评价标准和体制,对学生的学习成绩和品德给予公正的评价;在学生经过学习达到国家或学校规定的毕业和授予学位的条件时,学校有义务为学生颁发相应的毕业证书和学位证书。为规范和保障获得学业证书和学位证书的权利,国家建立了教育考试制度、学业证书制度和学位制度,凡通过规定的考试并符合规定的条件,任何人都有权获得相应的学业证书和学位证书。

(四)受教育权的历史演变

从社会学层面上看,教育作为人类文化传承与获得知识技能的一种重要手段,与人类相伴而生,自人类社会以来就已存在。教育这种古老的社会现象,至今绵延不绝,且愈来愈受重视,人的社会性决定了人经过教育才能成为社会人,否则跟"动物"毫无区别(如"狼孩")。教育对人、对国家、对社会不可或缺,是人类社会进步的源泉,也是个人生存、发展、幸福的前提。而法学层面上的教育,即法治化的教育则是近代民主政治发展的产物。把受教育权视为人类平等成员应该享有的不可剥夺的人权,却始于近代,并经历了一个较为漫长的时期,最后载入宪法,成为公民的一项基本权利。受教育权的演变过程大致可分为两个阶段:自然或道德的受教育权与法定的受教育权。

1. 自然或道德的受教育权

在原始社会,教育自发地存在于以血缘关系为基础的成人群体和儿童群体之间,教育与受教育的权利义务关系,不存在于个人与社会之间,而存在于个人与家庭或家长之间。对晚辈的教育,成为长辈天经地义的、自然而然的权利和义务;而接受教育,对晚辈来说则表现为一种道义上的受教育的权利和义务。这种客观上存在的教育者和受教育者的权利主体与义务主体合一，是以血缘关系为背景的"应当性"教育，亦可称为"道德意义上的教育"。① 由于没有国家和法律，所以受教育权是以权利和义务的第一种形式即道德权利和义务的形式而存在，而不是也不存在国家或社会的职责。

2. 法定的受教育权

在古代无论是中国还是西方，古人接受教育的资格及权利更多是一种特权而不是公民普遍的权利。从孔子的"有教无类"到"建国君民，教学为先"开始，学校教育存在了两三千年的历史，但是古人都把公民接受教育看成进入仕途和修身的一种手段，没有将其上升到"法律权利"的高度。西方工业革命爆发后，随着西方资本主义的发展，近代意义上的公民受教育权才产生，最初只是一种自由权，往往被认为不被国家和外界干预的一种私权而已。西方资本主义由自由竞争发展到垄断阶段，诱发出了贫困、失业等一系列社会问题，垄断资本主义所信奉的个人主义和自由主义思想受到前所未有的冲击，并逐渐失去其所赖以存在的社会土壤。显然，资本主义自由权利体系不能适应垄断资本主义的发展，那种"最小干涉的守夜者式"的警察国家已经跟不上工业化社会的发展步伐。国家有必要对社会生活进行积极的干预，为个人提供必要的帮助，因而团体主义与干涉主义成为主流思想，影响并支配着人们的人权观念和政府观念。受社会主义思潮的影响，"福利国"的理念日益盛行，并为世人所接受。

3. 宪法权利的受教育权

1919 年魏玛宪法的颁布是现代宪法产生的标志和分界线，它首先确定了政府对人民生存照顾的义务。魏玛宪法的经济、社会宪章，确认了个人得到生存保障，唯有依靠社会团体的力量，并将生存照顾由公民个人自行负责，转为由社会集体负责、再转为国家的政治责任。② 即"20 世纪（不是 18 世纪）的政府不仅有责任保护个人不受邻居欺侮（或不受外来侵略）的权利，而且有义务帮助社会全体成员满足他们基本的人的

---

① 秦惠民：《走入教育法制的深处——论教育权的演变》，中国人民公安大学出版社 1998 年版，第 3 页。

② 陈新民：《公法学札记》，中国政法大学出版社 2001 年版，第 62 页。

需要"①。并且在"福利国"观念的支配下,"社会权利"异军突起,改变了以"自由权利"为"政治的中心"和"法学理论的根轴"②的局面,逐步成为与"自由权利"并重的基本人权,极大地丰富了人权内容。社会权利是相对于传统的自由权利而言的,它是以个人的立场,要求国家必须建立起某些社会福利制度及提供服务,使国民的生活可以享有最起码的人类尊严③。"国家是保护受教育权的最重要的主体"④,国家有必要有义务积极作为,而人民享有受益的权利。1948年联合国通过并宣布了《世界人权宣言》,其中第26条规定:"人人都有受教育的权利。"1966年联合国通过的《经济、社会和文化权利国际公约》又扩张了《世界人权宣言》受教育权的内容,专门规定受教育权,将它作为"最低生存权利"。

纵观世界各国有关受教育权立法的发展,作为法定人权的受教育权从无到有,从隐到显,从小至大,并发展成为宪法规定的神圣权利⑤。第二次世界大战后,受教育权作为宪法基本权利从国内走向国际,成为国际法中确认和保障的普遍的基本人权。

二 受教育权的实现方式和障碍

受教育权是宪法规定的一项基本权利,也是教育法律法规确定的法定权利,毕竟它属于上层建筑的范畴。"徒法不足以自行",作为公民基本权利的受教育权,不能飘荡在空中,要"接地气",需要有具体的实施路径和实现方式,而在落实公民受教育权的过程中目前还存在种种障碍。

(一) 受教育权的实现方式

受教育权产生于自由权的基础之上,属于社会权的范畴,意味着国家应当积极作为,保障公民的受教育权能够顺利实现。受教育权是公民的一项基本权利,只是一项应然权利,宪法仅作原则性的抽象规定,属

---

① [美] L. 亨金:《权利的时代》,信春鹰等译,知识出版社1997年版,第56页。
② 林纪东:《宪法论集》(第2版),东大图书公司1991年版,第66页。
③ 陈新民:《宪法学导论》,三民书局1995年版,第171页。
④ 冉艳辉:《我国国民受教育权的平等保护——以法权中心主义为进路》,中国政法大学出版社2013年版,第43页。
⑤ 龚向和:《受教育权论》,中国人民公安大学出版社2004年版,第69页。

于"纸上的人权",需要立法机关通过立法明确公民受教育权的内容、标准、义务主体和救济途径等,进而通过行政和司法活动来落实,公民的受教育权才能实现。因此,受教育权的实现应当以宪法为统帅,将以教育性法律为主体的法律法规作为保障体系,使受教育权以作为宪法权利和一般法律权利的方式得以实现。由此,公民受教育权法律关系必须包含宪法法律关系和一般法律关系。受教育权的实现分为事前保障和事后救济两种,因此这两种不同的法律关系,在保障和救济的方式上就应当有所不同。

1. 作为宪法权利的受教育权的实现方式

受教育权最初不是以宪法权利的形式出现的,而是以一般法律权利的形式出现的。受教育权入宪是进入 20 世纪后开始的,在大多数国家的宪法中都已获得比较明确的宪法地位。

一方面,由于宪法权利的描述性和纲领性特征使得受教育权更多地成为一种宣言和承诺,缺乏具体的保障措施。我国公民依照规定享有的基本权利有相当一部分在司法实践中长期处于"睡眠"或"半睡眠"状态,公民的受教育权就是这样一种在宪法上有明确规定而又没有具体化为普通法律规范的权利。[①] 导致公民的这种权利遭受侵害时,法院往往因没有具体的法律规范可以援引,而得不到应有的保护。为此,作为宪法权利的受教育权的实现方面要求立法机关根据宪法制定法律,使宪法权利具体化,为行政机关的执法和司法机关的适用法律提供明确的依据;立法机关应通过批准政府的社会经济发展计划和财政预算,增进公民宪法层面的受教育权的实现,此为事前保障。另一方面,作为宪法权利的受教育权,还有可能遭到来自立法机关的立法和其他国家机关做出创制性行为的侵害,存在事后救济的问题。由于宪法权利存在于公民与国家之间,其宪法关系主体不包括其他公民和一般组织。公民的宪法权利的受教育权受到侵害时,应当启动宪法诉讼或违宪审查程序进行救济,而不能采用普通诉讼进行救济;相反,当公民一般法律权利的受教育权受到侵害时,则应求助于普通诉讼或其他救济渠道,不能启动宪法救济程序。

现行宪法第 46 条规定了公民的受教育权,由于宪法作为国家的根本

[①] 袁祥:《不容侵犯的受教育权》,《光明日报》2001 年 9 月 4 日。

法，具有最高的法律效力，是其他立法的前提和基础，其他法律法规不得与宪法相抵触。因此宪法对受教育权的规定是其他法律法规落实受教育权的原则。从积极方面而言，宪法关于公民受教育权的规定包含三个方面的基本含义：第一，公民享有受教育的权利；第二，国家有义务保障公民受教育权的实现，采取积极措施和创造条件；第三，国家在制定法律时，只能将公民的受教育权具体化，而不得侵犯公民的受教育权。从消极方面而言，宪法对公民受教育权的保护主要是通过违宪审查来实现的，即由全国人大及其常委会对侵犯公民受教育权的法律法规违宪审查，否定其法律效力，从而对公民受教育权的保护起着防患于未然的作用。至于公民提起的宪法诉讼，在我国现行法治体制和宪法尚未"司法化"的背景下，由于宪法难以得到适用及尚未建立宪法法院解决宪法纠纷和冲突，因此受教育权在我国作为宪法权利还得不到宪法诉讼的救济。

2. 作为一般法律权利的受教育权的实现方式

由于宪法条款抽象性、原则性的规定，立法机关需要对宪法受教育权条款法律化、具体化。在绝大多数情形下，受教育权的实现只能在法律层面才能得到切实保障。30多年来，全国人大及其常委会积极地有步骤地全面展开受教育权立法活动，先后颁布了一系列的教育法律，确认了公民受教育权的具体、详细内容。再加上有关教育的行政法规、地方性法规和行政规章，已初步形成了中国特色社会主义的教育法律体系，从而使作为一般法律权利的受教育权，在教育法律法规中予以确立和落实。而教育法意义上的受教育权涉及公法和私法的属性，因此，受教育权的实现方式主要有以下三种。

（1）行政法上的实现方式

作为基本权利的受教育权，在性质上主要是一项社会权，强调国家的积极保障义务。因此，立法机关根据宪法规定，通过立法的形式将公民受教育权体现在法律中，并赋予各级政府和各类公立学校保障公民受教育权的责任。这时，相对于各级政府和公立学校而言，这是公民受教育权在行政法上的实现方式。它是公民在行政法律关系中所享有的权利，这种法律关系包括公民与行政机关、公民与公立学校间的关系，在这些关系中，公民享有均等的受教育的权利，有权要求行政机关和公立学校提供教育服务，有权要求行政机关和学校采取措施保障其受教育权得到实现。

依据我国宪法和地方组织法等法律的规定,我国各级政府和有关行政机关是具体管理教育事业的主体。我国公民受教育权主要由行政机关采取各种措施保障,国务院、地方各级人民政府及其教育行政部门保障公民受教育权的手段和方式,主要表现为:在各自职权范围内制定行政法规和规章,发布行政措施,举办各类学校或对各类学校给予资助,保护社会其他组织的办学权,裁判教育领域的纠纷,等等。1999年修订的《行政复议法》将行政机关保护公民受教育权的法定职责纳入了行政复议受案范围,使得公民受教育权的行政法保障及其可操作性增强。

当前学界普遍认为,公立学校可视为公务法人,受国家资助,向社会提供公共教育服务,公立学校与学生间的关系是一种特殊的行政法律关系,适用行政法的基本原则,在公民受教育权保障体系中,公立学校根据行政机关的安排具体提供教育服务,它是公民受教育权的具体保障者和实施者。公立学校在提供教育服务时在某些方面与公民形成特殊的行政法律关系,是国家行政服务的延伸,公民享有到公立学校接受教育的权利,并有得到恰当的教育和公正对待的权利。公民行政法层面上的受教育权遭到侵害,可以提出申诉、行政复议或提起行政诉讼予以解决。因受教育权受到侵害而引起财产损失的,还可以要求赔偿。当然,对公立学校侵害公民受教育权的行为要区别情况对待,如果公立学校以平等主体资格与公民发生关系,此时应当采用民事救济方式予以救济。①目前,司法机关利用行政主体理论解决被告适格问题,引入高校学位纠纷的行政诉讼。

(2)民法上的实现方式

由于受教育权兼具自由权和社会权的双重性质,社会权作为受教育权的主要表现形态,其实现需要国家积极的作为予以干预和保障,作为自由权时的受教育权则要求国家表现出消极不作为的方式予以尊重和保障。因此,立法机关除通过立法赋予各级政府和公立学校以保护公民受教育权的责任外,往往也通过立法要求其他社会组织和个人不得侵犯公民接受教育的自由权,公民有请求排除妨碍其受教育权实现的权利。《公民权利和政治权利国际公约》第18条第4款规定了受教育的选择权,即

---

① 徐继敏:《公民受教育权研究》,《河北法学》2004年第2期。

公民在对自己是否接受教育以及接受什么样的教育有自己的个人选择方式自由。有学者认为："私法意义的受教育权本质上是平等权和自由权，其实质为民事权利，民法上的受教育权正是现代社会人格权的丰富与发展。"[①] 还有人主张："受教育权可以而且应当作为具体人格权在未来民法典中加以规定。"因为"受教育权符合人格权属性"，"受教育权确定为人格权可使其获取民法请求权体系的全面完整的保护"[②]，等等。这种观点忽视了受教育权的社会权属性，其自由权毕竟不是绝对的、不受约束的，在义务教育阶段更是如此，用民事权利来对应解释受教育权的自由权性质是站不住脚的。

现代社会的受教育权不是民事权利，我国2020年颁布的《民法典》没有受教育权的规定，民法理论上也没有受教育权的概念，国外民法也不承认受教育权是民事权利。因为受教育权已经从自由权进入了社会权的范畴，尽管它来自或脱胎于自由权，保留若干因子或要素，自由权属性已退为背景，不占主流。那为什么受教育权会跟民法相关，这是因为受教育权的实现带有财产性或经济性的一面，涉及经济利益。因此，在特定情形下它可以成为民法调整的对象。在市场经济条件下，教育作为一种服务贸易或商业活动，某些类型或性质的教育通过购买服务的方式可以获得，并支付一定对价来实现其受教育权。这是基于平等主体之间而形成的财产关系，是一种纯粹的民事行为，一般发生在教育培训领域，通过签订教育培训合同明确双方的权利义务关系，纳入民法调整的范围。2001年最高人民法院在齐玉苓案的批复中实际上是确认了陈晓琪等侵犯的是齐玉苓作为民事权利的受教育权，但这种认定是经不起推敲和实践检验的，该批复2008年被废止。由此可见，如果受教育权因涉及财产的流转（学费、赔偿等），可以通过民法的方式予以实现。

（3）教育法上的实现方式

受教育权是现代教育法产生的逻辑起点，教育法是以保障和维护公民受教育权为宗旨。因此，教育法是公民受教育权实现的主要途径和基本方式。受教育权作为公民的基本权利，首先得到宪法——根本法的确

---

① 苏林琴：《最高人民法院就受教育权的性质与公民基本权利保护做出的批复——追踪一起引出高法司法解释的案件》，劳凯声主编《中国教育法制评论》（第1辑），教育科学出版社2002年版，第416—423页。

② 吴传凯：《受教育权的侵权法保护相关问题浅议》，《黑龙江省政法管理干部学院学报》2010年第12期。

立，进而在普通法中予以贯彻和落实，成为一般的法律权利。教育法作为落实和保障受教育权的专门立法，是介于公法与私法之间的新部门法，属于社会法的范畴。因此，受教育权在教育法上的实现方式有其特殊性，具有不可替代性。从立法体系来看，教育法包括法律、法规和规章三个层面的教育立法。

① 教育法律。由于教育法为非基本法律，因此，教育法律由全国人大常委会制定，它构成了教育法律体系的主干。首先，1995年颁布的《教育法》是教育领域的基本法，在教育法规体系中居于教育核心的地位，对受教育权的规范和保护起着主导性的作用。它贯彻了教育平等理念，规定了公民依法享有平等的受教育的机会以及受教育权的内容，明确了各教育主体的权利义务，为受教育权的保护确立了基本准则，为其他教育法律、法规、规章的制定提供了依据和指导。其次，2006年新修订的《义务教育法》指明了义务教育均衡发展这个根本方向，确立了义务教育经费保障机制，保障接受义务教育的平等权利。再次，2016年新修订的《高等教育法》规定了高等教育的基本制度、投入和条件保障、高等学校独立法人地位以及教师和学生的权利义务等内容，并建立了受教育权的救济机制。最后，还有《教师法》《职业教育法》《民办教育促进法》、《学位条例》规定了义务主体对公民受教育权提供更多更全面的规范和保障。

② 教育法规。根据《宪法》和《立法法》的规定，国务院依据教育法律的授权或行政管理职权制定教育行政法规，效力仅次于宪法和法律，全国范围内适用。例如：《残疾人教育条例》《教育督导条例》以及部分教育法律的实施细则或实施条例等。省、自治区、直辖市以及设区的市的人大及其常委会，依据上位法和立法权限可以制定地方教育行政法规，效力低于宪法、法律、行政法规，仅限于本行政区域范围内适用，包括执行、补充性的地方性教育法规和自主性的地方性教育法规。据不完全统计，各地出台的地方性教育法规有百余件，它是根据地方实际情况，因地制宜，更好地解决地方教育问题、落实和维护公民受教育权。

③ 教育规章。根据《宪法》和《立法法》的规定，作为国务院主管教育的部门，教育部有权根据法律和国务院的行政法规、决定、命令，在本部门的权限范围内，制定教育部门规章，效力低于宪法、法律、行

政法规，在全国范围内适用，例如：《国家教育考试违规处理办法》《普通高等学校学生管理规定》《学生伤害事故处理办法》等数量众多，有200多部。省、自治区、直辖市以及设区的市的人民政府，可以根据法律、行政法规和本省、自治区、直辖市的地方性法规，制定规章，亦称为地方政府规章，效力低于宪法、法律、法规，仅限于本行政区域范围内适用，数量繁多，难以统计，构成了教育法律体系金字塔的厚重底部，它是教育法律法规具体保障受教育权的补充和完善。教育法规和教育规章是教育法律主干上的枝叶，如今可谓枝繁叶茂，为规范和保障公民受教育权编织了厚厚的法网和打造了坚实的护盾。

（二）受教育权的实现障碍

受教育权作为社会权，其实现程度首先离不开社会经济文化的发展和支撑，其制度的建构及其实践离不开正确的理论指导。我国受教育权的实现还不充分，存在多重障碍。究其原因，主要存在理论上和现实上的障碍。

1. 理论障碍

（1）"社会权利非法律权利"观

社会权是人类进化和历史进步的产物，是人类社会经济、政治、文化发展的产物。近现代兴起的"福利国"理念，要求政府承担对公民的生存照顾义务并积极作为，以提高公民的福祉。而不仅仅是要求政府消极不侵害和防止其被侵害，因此被称为"积极权利"。受教育权属于社会权的范畴，是一种"积极权利"。诸多西方保守主义和自由主义理论家认为，积极权利不是人权，不承认社会基本权利的法律权利性质，而把社会权视为"社会福利"。因此有少数国家不承认社会权是公民的法律权利，让受教育权的实现在理论上存在障碍和困难。

有西方学者认为，社会权利的实现依赖于政府政策，而政府政策又主要地依赖于社会经济环境的状况。权利的这种政策纲领性的特点，不是公民的法律权利，不具有可司法性。社会权利被视为对政府的"指导规范"，而不是个人的法律权利，它们不能成为提起诉讼的事由，进而社会权性质的受教育权只是国家政策的裁量目标，不是法律权利也不具有可诉性。该主张曾在20世纪中叶十分盛行，是占主导地位的一种观点，并导致1966年联合国通过《公民权利和政治权利国际公约》与《经济、社会、文化权利国际公约》的实施机制分道扬镳。前者建立了一种多元性的实施机制,规定缔约国有为受到侵犯的个人给予司法救济的义务;而后者却没有与此相同的规定,只建立了单一的实施机制(即报告制度),没有赋予个人在国内或国际法院对社会权利提出请求的机会,即不具有可司法性。因此,作为"积极权利"的受教育权在理论上一开始就存在争议和挑战。

(2)传统特别权力关系理论

特别权力关系理论起源于德国,最早可以追溯到中古时期领主与其家臣之间的关系。1794 年普鲁士一般邦法把"穿制服的国民"和一般的国民区分开来,从国家法律的角度对特别权力关系的内容加以确认。正式提出"特别权力关系"之概念并开始为其架构理论体系的,首推德国法学家拉邦(Paul Laband)。拉邦提出该理论的学术基础是"主体封闭说",他认为法律关系是仅存于主体与主体之间的关系,而国家是一个封闭不可分割的主体,在该主体内,国家机关与公务员之间并不存在一般法律关系,而是一种"特别权力关系"。根据该学说,国家对公务员之指示、命令以及一切规范,是为主体之运作而产生的,并不发生外在的法律效力,不属于法律规定的范畴,也不适用法律保留;不需要法律授权,不接受司法审查。即把特别权力关系排斥在法律关系之外,不适用法律关系的所有规则。

19 世纪,德国行政法学鼻祖奥托·麦耶(Otto Mayer)进一步将特别权力关系和主体封闭说连接起来,主张所谓"志愿不构成侵害之说",认为"基于维护行政之功能和目的以及国家或营造物的特别依存关系,个体进入国家或营造物时,就必须放弃其个人的自由权利,而特别权力关系由此而产生"。① 在特别权力关系中,双方当事人之间形成的是一种"紧密型持续关系",权力主体对个人行使的特别的公权力不受"法治原则"的支配与控制,个人对权力主体的依附性更强,个人权利要受到更多限制,个人主张权利的空间更小。传统特别权力关系凸显出的权力服从的特质,与当时德意志君主立宪体制下,要求官僚对国家绝对效忠服从的历史背景,及强调行政权优位的宪法体制有密切关联,其主要功能之一就是排除法律保留原则的适用。② 尽管我国大陆行政

---

① 蔡震荣:《行政法理论与基本人权之保障》,五南图书出版公司 1999 年版,第 9 页。
② 温辉:《受教育权入宪研究》,北京大学出版社 2003 年版,第 147—148 页。

法学理论中并无明确的特别权力关系概念，但是我国公法人内部特别权力关系不仅客观存在，而且在立法、执法上也深受"特别权力关系"理论的影响，把学校与学生的关系视为一种典型的"特别权力关系"，排除司法的介入和干预。随着法治进程的深入，学校不再是法外之地，在司法个案的推动下开始有所松动，对某些重大事项进行有限的司法审查。

2. 现实障碍

（1）物质障碍

由于受教育权作为社会权，要求政府承担积极作为的义务，以增进人民受教育权的实现。然而，任何权利的实现都不可能超越社会经济的制约。权利的物质制约性同样是受教育权实现的主要因素，公民受教育权的实现程度同该国的经济发展状况密切相关。其中教育经费的投入直接或间接地影响着一个国家人民整体的受教育的状况，受教育权作为一项经济社会权利，其实现程度最终决定于社会经济发展水平，社会经济的发展是受教育权充分实现的根本性保障。国家的义务首先在于尽最大可能地采取积极行动以发展经济，并使其对受教育权的实际保障水平不低于其实际能力所应达到的水平，使教育的发展同步于社会的发展和国家承受能力的增长。

我国最早于1993年提出教育经费支出占国内生产总值比例达到4%的目标，经过近二十年的努力，于2012年终于达到，并且连续保持4%以上。教育经费占国内生产总值比例是国家财政性教育经费占国内生产总值投入指标的一种世界衡量教育水平的基础线。据统计，在国家财政性教育投入上，世界平均水平为7%左右，其中发达国家达到9%左右，经济欠发达的国家也达到了4.1%，说明我国整体上教育发展水平仍处于欠发达国家行列。由于城乡和区域发展不平衡，我国发达地区的受教育权有比较充分的保障，但老、少、边、山、穷等落后地区的青少年儿童的受教育权保障仍是短板，受到户籍制度的限制，大量农村留守儿童和城镇流动儿童以及残疾儿童的受教育权还缺乏有效的保障。

（2）制度障碍

权利的实现有赖于制度性保障，制度是主体与权利联系的桥梁，权利主体在任何状态下都能找到接近权利并与权利相结合的具体制度，权利的实现才真正成为可能。① 制度障碍主要是有关教育法律制度的缺漏。我国教育立法明显滞后于社会的发展，还不能完全适应社会发展的需要。尤其是普通法律法规没有提供足够的、有效的制度支持，缺乏对受教育权救济的有效途径，特别是行政救济的失效和司法救济的缺失。如教育法规定的受教育者的申诉权很难落实，学生申诉制度的建立依然解决不了受教育权纠纷的问题。再加上教育法律规范缺乏可操作性或可操作性不强，严重影响执法和适用法律的效果。由于制度本身的缺陷，对公民的受教育权要造成不可弥补的侵害，成为受教育权实现的又一个主要障碍。

制度障碍源于立法的设计，立法体制主要是关于立法权限的划分和配置的组织制度。目前我国立法体制是由 1982 年宪法确立的两级多元立法体制模式，我国地方人大和政府分享了国家立法权。然而，无论是中央还是地方，都已经形成了政府各部门提出和起草法案的惯例和传统，即部门立法的模式。近二十年来，在全国人大及常委会通过的法律中，由国务院各相关部门提交的法律草案占总量的 75%—85%②。同样，在地方性法规和地方政府规章的制定上，大多数法案都是由相关的政府职能部门起草的，教育立法亦是如此。以部门为主导的立法模式不仅有挟持公共利益和法律正义性的危险，还可能导致立法流于形式、成为无实质意义的摆设，严重抑制和损害了教育法律制度的创新，导致对受教育权的保障受到各种牵制，难以突破。所以，对受教育权的保障应该超越部门权限之争，以最大限度保障受教育权的实现。

（3）观念障碍

在中国语境下，儒家思想强调"爱有差等、礼有尊卑"的等级性与伦理性的社会观念，没有类似于近代社会中的权利观念。法律认知是权利观念的前提和条件，在漫长的中国古代专制社会中，视法律为"帝王之具""驭民之器"，"明礼以导民、定律以绳顽"，与个人权利毫无相关。长期受"义务本位"和"国家本位"思想影响，我国形成了"重义轻利""知足忍让""使民无讼"等观念，特别是在宗法制度和孝道文化下，从小就开始对国人的过度压制及对其主体性的消解，在根本上成为权利观念在我国形成和发展的传统障碍。在观念层面，近代中国的"权

---

① 曲相霏：《受教育权初探》，《政法论坛》2002 年第 3 期。
② 汤耀国、朱莹莹：《超越部门立法》，《瞭望·新闻周刊》2007 年第 4 期。

利"总与"国权""民主""权力"关联在一起,而且比对之后,"国权""民主""权力"最终会先于"权利"、高于"权利"成为终极价值,"权利"则变得无足轻重。① 因此,现实中的"权大于法"、"以权压法"、用权力侵害权利的现象也层出不穷。

然而,"权利是人类文明社会所具有的一种实质性要素,它既是人的基本价值追求,也是社会文明演化进取的不可缺少的力量"②,表现为人类社会文明从"义务本位"向"权利本位"的演进,是人类理性的自然回归。权利观念是法治观念的核心,是保护和实现权利的思维方式。然而,中国历来侧重于集体利益、国家至上,轻个人权利和利益。因此,公民的权利观念比较淡薄,特别是基本权利观念尤为如此,受教育权又首当其冲。如在"齐玉苓案"中,一审法院把受教育权视为宪法权利——人身自由权之下位权——人格权来看待。权利观念、意识的匮乏使之直接作用于主体对权利的欲求和实现的无动于衷。正如弗里德里希所言:"无论在哪里,人们因为没有意识到他们所拥有的权利,或者没有真正地懂得这些权利,而为这些权利的实现造成了很大障碍。"③ 在现阶段的我国,应注重通过救济手段,尤其是司法个案(如著名的"田永案""齐玉苓案"等),寻找法治的突破口,大力推动教育领域法治进程的深入,增强人们的法治意识和权利观念、培育权利文化使法治的生长有深厚肥沃的土壤。

(三) 受教育权的法律救济

受教育权的实现除了事前保障外,还需要事后的补救,这就是所谓的"救济",它是指"纠正、矫正或改正业已发生或业已造成伤害、危害、损失或损害的不当行为"④。受教育权的法律救济是指公民享有接受教育的合法权利遭到国家机关、公民、法人或其他组织不法侵害时,依法请求国家有关机关或组织予以补救的制度和活动。它是受教育权得以实现的最终保障,也是实现受教育权的最有效措施。

---

① 柳飒:《近代中国权利观念的嬗变与重构》,《法学评论》2012年第3期。
② 程燎原、王人博:《赢得神圣——权利及其救济通论》,山东人民出版社1993年版,第1页。
③ [美]卡尔·J. 弗里德里希:《超验正义——宪政的宗教之维》,夏勇等译,生活·读书·新知三联书店1997年版,第101页。
④ 《牛津法律大词典》,光明日报出版社1998年版,第764页。

1. 受教育权法律救济的法理依据

由于宪法权利是公民最基本、最重要的权利，在法律效力上，即使对国家的立法机关、行政机关和司法机关都有最高的约束力。国家应采取最有力和最有效的手段加以保障和实现。宪法权利一旦受到损害或侵犯，则要求必须予以补救、恢复或对侵害行为予以纠正和惩罚，即所谓宪法权利的救济。一般而言，权利救济是权利保障的最后手段，也是权利保障的一个不可或缺的环节。受教育权无论是作为宪法权利还是具体化为法律权利，其保障和实现都离不开相应的救济手段。由于受教育权作为社会权，一种"积极权利"更容易遭受侵害，所以更需要救济。笔者将探讨权利救济权的法理依据，以试图解说、建构受教育权法律救济制度的正当性和合理性。

（1）国家对公民基本人权的保护义务

人权是人之所以成为人而应当享有的权利，是无论基于自然属性或是社会属性都应当享有的权利。米尔恩称之为"最低限度的权利"，[①]即作为人起码应当享有的权利。人权对于每个人来说是不可或缺、不可取代、不可转让、不可更换、不可支派、不可删减的。人权是人本身所固有的，既不是上帝或君主恩赐的，也不是国家或宪法赋予的[②]。一切制度的设计和运行其出发点和归宿都是为了规范和限制权力的行使，防止权力对权利的侵害，保障人权的真正实现。因此，"保障基本人权"是世界各国宪法所追求的最高价值和所确立的基本原则，要求以人权作为一国的立法基础和社会必须遵奉的最高准则，宪法是"一张写着人民权利的纸"，是人权的宣言书和保障书。

公民的基本人权是国家权力的源泉，前者派生后者，决定后者，后者服务于前者，即人权的正当性是先在的，国家和政府是衍生的；人权是终极性的，人权本身就是目的，国家和政府相对于人权是工具性的，保障人权是国家和政府的责任和义务。国家和政府的建立其目的在于实现"人民的和平、安全和公众福利"，保障公民的各项权利和自由。国家享有的权力和行使这些权力的目的都在于促进人权的实现，从而把国家视为保障人权的工具。国家对一种权利体系所承担的基本义务，主要有

---

① ［英］A. J. M. 米尔恩：《人的权利与人的多样性——人权哲学》，夏勇等译，中国大百科全书出版社1995年版，第6页。

② 林来梵：《从宪法规范到规范宪法》，法律出版社2001年版，第80页。

两个方面：一是通过法律形式对这种权利体系予以确认；二是保障法律化的权利充分而有序地实现①，国家的重要职能就是保护权利和促进权利的实现，履行政府对公民"生存照顾"的义务。受教育权则是最重要的人权之一，一般来说，受教育程度是直接决定一个人生存与发展状态的关键要素。

（2）没有救济就没有权利

"哪里有权利，哪里就应该有救济"，这一古老的英国法谚蕴含着深厚的法理底蕴，闪烁着璀璨的哲理之光。没有权利也没有救济，合法权利的存在是救济的前提和依据。反之权利也不能离开救济，一种无法诉诸法律保护的权利，实际上根本就不是什么法律权利。一个人权利的存亡不仅取决于它是否受到侵犯，更在于它受到侵犯后能否得到及时有效的救济和恢复。宪法和法律确认和宣布"人"应当有哪些权利，而且通过法律建立起有效的人权保障和救济制度。如果没有救济，公民再多的权利也只算是纸上的人权，落不到实处。权利的赋予与权利的救济如同车之双轮、鸟之两翼，二者同等重要。② 人权的属性决定了权利一旦受到损害或侵犯，则要求必须予以补救、恢复或对侵害行为予以纠正和惩罚，以恢复社会正义，维持社会秩序。一般而言，权利救济是权利的最后手段，也是权利保障的一个不可或缺的环节。

获得权利救济的权利，是实现基本人权的重要手段，是民主与法治发展到一定阶段的必然要求。1950年的《欧洲人权公约》第13条，责成国家保证："当公约所规定的权利和自由遭受侵犯时，人们有权从国家机构获得有效的救济，即使该损害系由执行公务的人所为。"民主政治最基本的含义是公民的合法权益不受侵犯，受到损害之后能够得到恢复和补救。③ 同时"有效的救济最为重要"，④ 一方面要求救济渠道广泛而畅通；另一方面，救济途径制度化、程序化，有法律保障，最能体现公平正义，给权利受损害主体找个排泄苦怨的管道，保障公民的"公平对待的公正权"，使权利主体获得平等感、正义感。受教育权作为最低限度的人权，获得救济，理应不可或缺。

---

① 程燎原、王人博：《赢得神圣——权利及其救济通论》，山东人民出版社1993年版，第183页。
② 张俊浩：《民法学原理》，中国政法大学出版社1997年版，第8页。
③ 张树义：《冲突与选择——行政诉讼理论与实践》，时事出版社1992年版，第6页。
④ [英]威廉·韦德等：《行政法》，徐炳译，中国大百科全书出版社1997年版，第233页。

2. 受教育权法律救济途径

由于受教育权本身的特性，往往在实现的过程中受阻。作为实现方式之一的事前保障可能存在保障义务主体未尽其应尽之义务，包括作为宪法权利的受教育权和一般权利的受教育权的保护义务和尊重义务。由此，造成对受教育权的侵犯和损害，从而引起受教育权主体与义务相对人之间的冲突与纠纷。客观上产生了对纠纷解决的需求，这就进入作为受教育权实现的另一种方式——事后救济的程序中，这是权利保障的最后一道防线和最有力的手段，以确保受教育权的最终实现。对于任何一个纠纷，如果得不到根本解决，那么，社会机体上就可能产生溃烂的伤口；如果纠纷是以不适当的和不公正的方式解决的，那么，社会机体上就会留下一个创伤，而这种创伤的增多，又有可能严重危及对令人满意的社会秩序的维护。① 因此，受教育权的实现关键在于对受教育权纠纷进行有效的化解和消弭，需要有健全完善的受教育权救济途径。同时，又由于社会经济文化的制约性成为受教育权实现一时不可跨越的历史障碍，因此在探寻受教育权的实现方式上，除要积极制定法律、厘定规则，以预防或减少教育法律纠纷的产生外，应更注重完善救济渠道，即创建和提供有效、充分的救济制度、设施等，通过解决教育法律纠纷，促使公民受教育权的得以实现。

受教育权法律救济的基本功能就是解决有关受教育权的法律纠纷，排除不法侵害，恢复或弥补受损的合法权益。受教育权实现受阻或不顺畅，其存在形态往往以教育法律纠纷的形式出现和持续，是一种外化的形式，而对教育法律纠纷的解决或化解只是受教育权法律救济的运作方式。受教育权法律救济实际上就是国家有权机关或有关组织依法处理和解决教育法律纠纷的过程。国家和社会为公民实现受教育权的享有和恢复提供一系列的救济渠道和解决通道，包括正式途径与非正式途径、ADR途径和诉讼途径等，建立多元化的受教育权救济制度或纠纷解决机制。权利的法律救济与法律纠纷的解决是不同视域、含义相近而在一定意义上又可相互转换的概念。因此，受教育权法律救济就是对有关受教育权法律纠纷的解决，受教育权纠纷是一种最为典型的教育法律纠纷。由此，对受教育权法律救济的探究就有必要从外化的教育法律纠纷入

---

① ［美］E. 博登海默：《法理学：法律哲学与法律方法》，邓正来译，中国政法大学出版社1999年版，第489—490页。

手，认清教育法律纠纷的性质特点，才有利于教育法律纠纷的解决，才最终有利于受教育权的法律救济。教育法律纠纷本质上不过是有关教育关系的权利义务的纠纷冲突在法律层面上的表现而已。解决教育法律纠纷的主要目的在于保障和救济教育主体特别是学生的受教育权及其他合法权利，维护正常的教育教学秩序，保证国家教育事业优先发展战略方针的实施，推进新时代的教育公平。

第三节 学校办学自主权理论

办学自主权最早是在高等教育领域提出①，随着教育的改革和发展，建立现代学校制度提上了日程，原来局限于高校的办学自主权逐渐扩大至各级各类学校。一般认为，1995年我国《教育法》对学校的办学自主权作出了规定。为落实和扩大学校办学自主权，2010年国家出台的《国家中长期教育改革和发展规划纲要（2010—2020年）》首次明确提出"扩大普通高中及中等职业学校在办学模式、育人方式、资源配置、人事管理、合作办学、社区服务等方面的自主权"和"扩大中等职业学校专业设置自主权"。这意味着为各级各类学校行使办学自主权提供了最新政策依据，为构建现代学校制度提供了有力的政策保障。办学自主权的研究对于进一步认识教育法律纠纷的性质特点以及应对机制的构建具有重要的导向性和解释性。

然而，对于办学自主权理论研究而言，高校办学自主权更具有代表性、典型性，其他学校的办学自主权，特别是义务教育阶段的中小学由于自身缺乏独立法人资格，其办学自主权不完整、受到某些限制。因此，笔者对高校办学自主权进行理论分析，以管窥一斑。高校办学自主权是镶嵌在现代大学制度的一颗内核，成为大学体现个性、彰显特色的原动力。高校办学自主权是西方"大学自治"之精髓在我国的移植，是一个中国化的学术概念，但又似乎是一个有争议的概念，众说纷纭，研究者众，是权利还是权力或权威、能力等。学界的观点论述大都不是含糊其词、模糊不清，就是偷换概念、生搬硬套，缺乏全面深入的剖析和解构。

---

① 1979年12月6日《人民日报》发表苏步青等4位高校领导的文章，呼吁"给高校一点自主权"。

一 自主权含义

自主权（autonomy）的内涵比较丰富，不同的学科，含义亦不同。因此，有必要对其含义进行全面的分析和概念辨析，深入把握其要义和内涵。

（一）不同学科的诠释

1. 语义上的解释

"自"是指本人，己身。"主"有多重含义：对事物的意见或认为应当如何处理，决定；对事物有决定权；等等。自主的含义主要有：自己做主，不受他人支配，如独立自主；自己管理的，如自主企业；等等，符合现代汉语中"自主"为"独立地管理自己事务"的意思。权，也有多种意思，此处可以作为权力或权利解，权力对应职责，权利对应义务。因此，自主权实际上是指自我主持的权力或自我主张的权利。通俗地说，自己决定和处理自己事务的权利。意味着在不违背国家法律和政令的情况下，自己做主，不受外力支配和驱使的权利。

2. 心理学上的描述

人的行为离不开自己的意识，自主权的行使需要主体必须具备自主意识或自主性。自主性是指人们掌握或主宰自己命运的意识、意志和行动。人区别于动物的主要特征在于人的独立思维和自觉意识，正是这种独立思考、自主选择命运的独特性构成了千差万别、丰富多彩的人生画卷。自主性是现代人的立人之本，是现代人格的必备内涵。心理学家迪斯和瑞安提出了自我决断理论，他们把自主定义为自我管理的自由，并认为自主是一种促进成长与适应功能的心理需要。个体或组织体的成长、成熟的发展，需要主体的自主意识，积极行使自主权利，维护和促进自身的完善和发展。

近年来，Hill 和 Holmbeck 关于自主性的研究也得到了心理研究者的推崇，他们指出自主性包括自我依赖和自我管理，自主性不是从他人那里获得自由的权利，而是在与人交往中，通过采取行动维护自己的利益以实现自身的自主性。[①] Higgins 提出自主性是一种能力，是一种对自己

[①] Hill, J. P., Holmbeck, G., "Attaehment and Autonomy During Adoleseenee", In G. Whitehurst (Ed.), *Annals of Child Development*, 1986 (3), pp. 178-183.

行为负责的能力，以及做出自身决定和保持合作关系的能力，而不仅仅是一种权利或本能。①

3. 哲学上的解说

康德在《道德形而上学原理》中将自主正式定义为"意志所拥有的作为自身的一种法律"，在《实践理性批判》中，自主被表述为实践理性的基本准则。康德认为自我是自由的、无条件的自主，不处于因果关系的强迫之下。自我是自身行为法则的制定者和服从者，自我按照法则自主地行动，但这种行动不是被引发的，而是"意志的自发行为"。迪尔顿将自主看作是本质上包括了独立判断的行为。②

自主权（英文 Autonomy，直译为"法""自我设置并约束自我的法律"），也称自治权、自决权，它是一个广泛存在于道德、政治、生物、伦理等领域的哲学概念。在这些领域中，它往往指的是一个理性的个人有能力做出成熟的、不被胁迫的决定。在道德与政治哲学中，自主权经常被视为决定个人行为的道德责任感的基础。自主权的一个最佳诠释是经由康德哲学而发展的。它与哲学上的主体性概念有着密切的关联。主体性原则被公认为在康德哲学中的基本形式。从最一般的意义来说，主体性是人在对象性活动中本质力量的外化，是能动地改造客体、影响客体、控制客体，使客体为主体服务。主体具有为我性、创造性、能动性、自主性等特性。主体从"我"出发，使客体为主体服务。主体的为我性是指主体是从满足自身的需要出发的，是从主体的内在尺度来把握客体的。能动性是主体的一个根本特性，主体能动性表现在认识过程中就是认识能动性，表现在行为取向上就是行为选择性，表现在实践过程中就是实践改造性。而自主性是与自律性、独立性相近的，而与他律性、依赖性相对立的概念，指的是在一定的条件下，主体对自己的活动所具有的支配和控制的能力。自主权源于主体的能动性、自主性等特性在行为选择、自我支配和控制方面的权利。

4. 法律上的阐释

现代社会的自主只能是法律范围内的自主，自主权是"对自己事务

---

① Higgins, E. T., Self-disere Pancy: A Theory Relating Self and Affect · Wiley——Inter Science Publication, 1987 (6), pp. 112-116.

② [英] 詹姆斯·马歇尔：《米歇尔·福柯：个人自主与教育》，于伟、李珊珊译，北京师范大学出版社2008年版，第10页。

在职责范围内独立自主地进行支配",是指人或组织拥有法律全权为自己或组织自身的发展而进行活动,不从属于他人或其他社会组织的权威。法律上解释就是权利义务关系,自主权法律关系中,权利主体行使基于法定、约定或委托的权利,义务主体有不得干涉的义务。自主权实际上是为权利主体在法律范围内提供了多大的自由度、独立性及自主性的问题。因此,自主权的法律含义,可以表述为:在法律不禁止的范围内,个人或者团体为了自身的发展和利益具有按照自己的意愿来选择和决定自己一切事务的权利,他人不得干涉、强迫,也不得侵害或者破坏这种权利。

(二) 自主权与自治权

1. 自治权语义上的含义

在汉语里,"自"是指本人,己身。"治"字含义比较丰富:①管理,处理;②整理;③惩办;④从事研究;等等。自治(autonomy；self-government)是指行政上相对独立,有权自己处理自己的事务。语义上包含以下含义:①自行管理或处理;②修养自身的德行;③自然安治;④民族、团体、地区等除了受所隶属的国家、政府或上级单位领导外,对自己的事务行使一定的权力,如民族区域自治。自治是一个抽象概念,可以从多方面理解。自治可能指个人行为,但通常指较大规模的行为,即以一个行业、行业团体、宗教、政府等为单位的行为,例如一些国家在原住民聚居区设立自治地方。

2. 自治权法律上的含义

自治,一个古老而崭新的话题;自治权,一个法律的盲点和真空。"自治"在汉语词典中的解释为:"民族、团体、地区等除了受所隶属的国家、政府或上级单位领导外,对自己的事务行使一定的权力。"由此可知,自治一开始就是强调的权力,起初是作为政治概念来界定的,"当我们谈论国家政治的概念时,我们强调的是这个国家的最高公共权力,而在这个公共权力涉足不到的或者不去涉足的地方,自治的概念就产生了"。[①] 西方历来有自治的传统,最早的则是地方自治,出现于古罗马时代。当时,意大利人组成了一种自治邑,享有地方自治权力,是一种

---

① 桑玉成:《自治政治》,生活・读书・新知三联书店1994年版,第3页。

政治权力。英国从盎格鲁—撒克逊时代起，将筑有城堡自卫或有市场的地方称作自治市。自治市有自己独特的习惯、特权和法院，一直有延续并且从政治国家不断扩展到市民社会，发展到大学自治、行业自治、公司自治、个人自治（意思自治）等。与此同时，自治经历了从政治概念转向法律概念的过程，"自治"在法律上并没有明确的界定。

在我国，从"意思自治""民族自治""村民自治"等法律概念来观察，"自治"的主要意思是指个人或者群体对于与其有关的事务，享有依照其个人或者群体的意志为一定行动的权利。《布莱克法律大辞典》对自治的解释是"自我管理"（Self-governing）的权利或自治政府①，是指某个人或集体管理其自身事务并且单独对其行为和命运负责的一种状态。Self-regulation 是自我管理或自律的意思。自治的这些内涵都强调了组织体排除外部干涉的重要意义，也就是将组织体的自主权定位于内部事务或私法范畴，表示自己管理自己事务的一种能力与权利。自治这种管理权应涵盖规章制定权、强制实施权、惩罚权等②，是非常完整的权利，也就是一种自足的权利，其自足性表现为独立性、非依附性，既不对团体外发生作用，也不受外界权力的非法干涉。而在我国，"自治权"作为一个特定化的政治概念属于公法范畴。它是民族自治地方自治机关拥有的一种自主权，即自治地方的公共权力。③ 这显然是从政治学的角度在使用自治权。但就本书所说的自治权是指任何社会组织在遵守法律的前提下拥有的自我决定、自我实施、自我承担责任的权力或权利。

从法律概念上讲，自治横跨公法和私法的领地，具有权力和权利两种不同的法律属性。现代意义的自治是在法律范围内的自治，只有在法律框架下的自治才被政府和社会允许和接受。从自治的发展历史和文化传统来看，自治是人权的反映。现代民主法治以保障和尊重人权为其核心内容。因此，自治是保障和实现人权的重要方式，也是以人权为核心的，是他治的逻辑前提。据此，自治权应是一个集体或团体在一定程度上和一定范围内自己当家做主、管理和支配自己的事务，具有法律权利和权力。

---

① Garner, Bryan A. Black's Law Dictionary 7th Edition, West Publishing Company, 1999, p.30.
② 鲁篱：《行业协会经济自治权研究》，法律出版社 2003 年版，第 105—106 页。
③ 张文山：《论自治权的法理基础》，《西南民族学院学报》（哲学社会科学版）2002 年第 7 期。

3. 自治权与自主权的关系①

在含义上，自治权是一个与自主权最接近的名词。仅一字之差，在英文翻译上可同用"Autonomy"一词，人们在很多场合都在混用，或者相互解释。自治权与自主权共同之处都有自我管理、排除干涉之意。二者之间的关系，从某种意义上可以说，自主权是自治权行使的能力或程序的体现，是自治权行使的理性基础；自治权是自主权行使的结果验证。从概念上看，所谓自主权是一种不受外来干涉或强迫决定，自主地决定行为和自主地享有权益与承担义务的权利。它既可以表现为一种行为，也可以表现为一种能力。说它是一种行为，即行为主体的行为是否是受外力影响的行为。就具体自治权而言，就是自治权是否自主地行使。说它是一种能力，即行为主体是否具备独立享受权利和承担义务的能力。就具体自治权而言，就是有无行使自治权的能力。

最早探讨自主权，是和人的自然理性联系在一起的。人的自主能力则来源于人的理性。自主权的内涵就是理性和意志自由。所谓理性和意志自由，用法律的语言表述，就是行为能力。只有具有理性，才能够意志自由，进而才能够自主决定自己的行为。自主权与自治权之间的关系可以这样表述：自主权的本质是体现行为主体的行为能力，自治权的实质是体现行为主体的权利能力。一般来说，法人的行为能力以其权利能力为前提并与权利能力相一致，法人必须在其权利能力内实施其行为能力，这样其行为能力将得到保护。从法理上讲，自主权的行为主体，可以是自然人，也可以是法人。那么，就自治权而言，行使自治权的行为主体是自治组织（法人），其自主权的反映，一方面是自治组织（法人）是否具有依照宪法和其他法律规定的权限，另一方面，根据本自治组织（法人）的实际情况，自主地管理本自治组织（法人）事务的能力。由此可见，能否拥有自主权，是自治组织（法人）是否具有行使自治权的能力的标志。如果没有行为能力（自主权），就不能行使自治权。如"文革"期间，民族区域自治制度遭到了破坏，虽然1975年宪法也规定了民族区域自治，但由于自治机关没有行为能力，不能自主地行使权力，也就是失去了自主权，自治权自然也名存实亡了。除此之外，自治权与自

---

① 此部分内容援引和借鉴了张文山教授的《论自治权的法理基础》一文的观点，《西南民族学院学报》（哲学社会科学版）2002年第7期。

主权的区别还表现在：①在性质上，自治权是一个法律概念，显得比较严谨和正式，有源远流长的传统和制度体系的保障；自主权还是一个学术概念，非法律化的概念，强调行为主体的主观性与自主性、能动性与创造性，缺乏制度的传统和保障。②在状态上，自治权是一种静态的制度安排，强调行为规则的制定；自主权是一种动态的运作机制，强调制度规范的执行能力或者说自治权行使的能力，是能力与效果的表现。

二 高校办学自主权问题的由来

高校办学自主权是西方"大学自治"在我国的移植，是一个中国化的学术概念，也是大学本质的固有属性。笔者通过对西方大学的自治传统以及中国高校办学自主权的生成与发展的梳理，深入探究我国高校办学自主权问题的出现和由来。

（一）西方大学自治传统的形成与嬗变

西方大学经历了中世纪的大学与教会的联姻，得到了教廷的资助和支持。一方面，在民族国家兴起之后，宗教势力让位于世俗王权，大学逐渐受到政府当局的渗透和主导。然而，源于中世纪的大学自治"是指大学作为一个法人团体享有不受国家、教会及其他官方或非官方法人团体和任何个人，如统治者、政治家、政府官员、宣传人员或企业主干预的自由，它是大学成员的自由。这些成员以代表的资格而非作为个人来决定大学自身的管理"。中世纪大学自治可以在三种意义上来理解：作为办学理念的大学自治，强调大学机构办学的独立性，办学不受国家、教会及其他官方或非官方法人团体和任何个人的干涉；作为一种制度的大学自治，强调其制度意义上的工具性价值，目的是对学术自由的保护；作为一种权利的大学自治，强调大学本身的管理权和教师的教学权、研究权，以及学生的学习权。但在文艺复兴和宗教改革之后，民族国家政权的壮大和稳固，使政府成了全能的政府，主宰着整个社会的发展，成为社会资源的最大掌控者和调配者。另一方面，大学的数量激增以及大学本身的规模和设施不断扩充，使大学丧失了稀有的价值和迁移的可能性，传统上大学保持独立的最有效的武器（即罢教和迁徙）便失去了作用，大学在财政方面越来越难以维持独立性而依从于政府，政府权力开始介入大学。

在彰显人权理念的时代里，在法治国思想的影响下，大学自治权进入法治的轨道，从直接依据特许状变成了以法律权利为基础的章程自治，实现了大学自治权从特权向法律权利的转变。由此，基于现代大学起源和发展的自治传统，西方国家在法律上明确了大学的自治原则，确立了大学自治制度，使其取得了非常充分的办学自主权。政府对大学的直接干预和管理减少，间接干预的多样化，政府职能结构的转变，地方分权及权力下放，政府阶级统治职能和社会管理职能更为巧妙地隐藏于其中。但管理方式和手段的改进无法消解政府实质上的对大学自主、大学自治的侵蚀，就世界范围来看，现代大学仍然无法摆脱政府的干预和控制。国家对大学的干预日益增强，大学自主权与国家权力在不断的博弈中趋于减弱，完全的大学自治时代已经过去了。

（二）中国高校办学自主权的生成与发展

大学对于中国而言是舶来品，中国在鸦片战争之后逐渐沦为半殖民地半封建社会，大学是在民族危机与救亡图存的时代悲壮背景下产生的。显然与西方发达国家有着显著的不同，中国大学既不是由追求学问的学者自发创办在追求捍卫学术自由宗旨的历史传统中成长起来的，也不是直接源于存在于中国封建社会千年的书院演变而来，而是在政府官员"图存救亡"的愿望中建立的。"教育救国成为当时大学在东方国家产生和发展的最重要理由。"[1] 大学的诞生一开始就是由政府主导，属于政府行为，因此"政教合一"的传统由来已久，表现出大学对政府强烈的依附性。"西方教育发达国家的大学模式，一方面通过殖民侵略，另一方面也作为殖民地国家自发图强的途径而移植到东方国家。这使大学在东方国家的成长与国家政治紧密地联系在一起。"[2]

我国的西式学堂教育起始于洋务运动，在"师夷长技以制夷"观念影响下，掀起了学习西方的科学技术增强国力的热潮。为了开展洋务活动，清政府从19世纪60年代开始，在全国的一些地方开办了一批新式学堂。在中国近现代高等教育史上，最有影响的是1898年建立的京师大学

---

[1] 赵婷婷：《自治、控制与合作——政府与大学关系的演进历程》，《现代大学教育》2001年第2期。

[2] 赵婷婷：《自治、控制与合作——政府与大学关系的演进历程》，《现代大学教育》2001年第2期。

堂（北京大学的前身），被普遍认为是中国近现代大学的开端。但在成立之初实际扮演着国家最高教育行政机关的角色，辛亥革命以后，民国政府对教育进行了一系列改革。在蔡元培担任教育总长和北京大学校长期间，确立了以西方大学为榜样、以学术自由为基础的大学自治制度。

由此可见，中国的近代大学是仿效西方而建，大学自治、学术自由、教授治校等西方大学的理念或制度通过学术引介，北京大学等大学的实践，借鉴和延续了西方大学自治的传统，逐步形成了中国独特的高校自主办学制度。这一结论也为很多学者所认可。"近代大学发起并发展于西方大学理念的形成、展现与完善，也根源于西方，而中国近代大学的办学体制亦是从西方引进而来。"① "中国大学理念和大学制度都是西方大学理念和大学制度传入中国的产物，中国的大学理念萌发于清末，经蔡元培、梅贻琦等发展而逐渐确立。"② 蔡元培先生本人也指出中国近代大学"乃直取欧洲大学之制而模仿之，并不自古代大学演化而成"。③ 当时的高校自主办学自主权源自大学自治的传统，尽管受到外界的强烈影响，但在现代大学创始之初，还没有成为教育领域的严重问题。

（三）我国高校办学自主权问题的出现

中国的大学从诞生到发展壮大无不受到西方的影响，虽然其中几经周折和磨难，从整个发展历史来看，可以说中国大学是伴随着西方高等教育的传播而发展起来的且不断学习借鉴的过程。我国高校办学自主权演进路径可以简要地梳理：在"教育救国"的思想下政府建立大学，并以西方大学为蓝本和榜样，将大学自治理念"移植"到中国，同时坚持中体西用，以依附皇权为主要特征的封建主义教育传统，西方大学自治理念在冲突中内涵被不断修正、被中国化，自主或自治程度低，尽管在动荡和战争空隙中，中国的大学有自主发展的有限空间，但大学自治理念不足以形成和固化为自身的传统和内涵。新中国成立后，原来的大学被颠覆式地改造——以苏联模式为蓝本，以高度集中、计划指令为主要

---

① 韩延明：《大学理念论纲》，人民教育出版社2003年版，第92页。
② 刘宝存：《大学理念研究》，博士学位论文，北京师范大学，2002年。
③ 蔡元培：《中国教育的历史现状》，高平叔《蔡元培教育论著选》，人民教育出版社1991年版，第448页。

特征的中央集权型高教管理体制得以确立,大学自治被"打碎",由政府对大学的直接管理所取代。在新中国成立后的30年岁月里,尤其是"文革"期间,国家权力全面进入大学,大学甚至被"改造为无产阶级专政的工具",完全变成了政府的附属机构或下级机构,完全听命于政治权威或政府的发号施令,大学精神已经迷失,甚至走到了崩溃的边缘。"我国的大学在整个社会中失去了自我,高等教育自身的逻辑犹如大学的灵魂,失去灵魂,失去自我的大学,又谈何自主权?"[①]

"文革"结束后迎来了改革的春天,我国高等教育也迎来了恢复和发展的机会,自1979年四位知名大学负责人在《人民日报》呼吁"给高等学校一点自主权"开始,高校办学自主权问题的研究逐渐进入学界、政界的视野和话语范畴。时至今日,无论是官方的政策文件、领导人的讲话还是民间学者的研究都已逐渐聚焦在高校办学自主权的落实和扩大上。高校办学自主权改革与经济体制改革相适应,国家从宏观角度与政策层面——被誉为计划经济最后一座堡垒的高教体制改革开始破冰前行。但在如何落实和扩大的过程中高校办学自主权往往进入了循环怪圈——"一放就乱、一收就死"。从新中国成立以来,中国政府一直徘徊、纠结于集权与分权、放权与收权之间不可自拔、进退维谷。相应地,一方面高校的办学自主权也被动地隐藏于中央与地方对高等教育管理权力划分的背后。而另一方面,高校既渴望自立自主,但在行使自主权上又力不从心,对政府表现出若即若离、无所适从的状态,而落实高校办学自主权的呼声一直不绝于耳。这种荒诞的现象令人深思,迫使我们思考和探索高校办学自主权到底是什么?

三 高校办学自主权的解构

自改革开放以来,"高校办学自主权"一直是长期困扰我国高等教育改革发展的核心问题之一。然而,高校办学自主权似乎是一个有争议的概念,众说纷纭,学界基本上没有正视、直面过"高校办学自主权"概念本身,缺乏全面深入的剖析和解构。笔者将主要从法学分析的新视角,对附着在"高校办学自主权"上的覆盖物进行层层剥落,试图揭示其内核、含义及未来发展趋势。

---

① 黄厚明:《大学自主权的历史、文化视角》,《理工高教研究》2002年第6期。

(一) 高校办学自主权的要素分析

前文对自主权进行了比较深入的探究,其实自主权不是单纯的权力或权利的问题,还涉及行为能力或主体的问题。举个简单的例子,一个适婚年龄的人,在法律上既具有结婚的权利也具有离婚的权利,可谓享有婚姻自由的权利。但如果他/她是一个精神病患者——无行为能力,其婚姻自主权虽然丧失了,婚姻的法定权利还是存在的。还有,法律虽然规定了公民婚姻自由的权利,但具体到个体时,就会发现,基于个人的婚姻自主权,个体之间婚姻状况差异性极大,构成了人生百态的社会。由此可见,享有和行使自主权的主体不同产生的效果和现实也不同。因此,构成或制约自主权的要素可以归结为三个方面:权利能力、行为能力和主体性。同理,高校作为社会中的一个主体,其办学的自主权也不外乎三个要素。不同的高校理应通过行使自己的办学自主权谋求自身的更好发展,面向社会办出水平,形成不拘一格、各具特色、富有个性的办学格局,正所谓"八仙过海,各显神通"。以下就高校办学自主权要素进行分析。

1. 高校的权利能力

权利能力是指权利主体和义务主体所应具有的能力和资格。按照通说,权利能力是作为法律关系主体、享有权利承担义务的资格,是"人格"的别称。权利能力相当于人格,具有高度的抽象性。法人从其本质上看是被赋予人格的组织,因而具有团体人格。人格是人之所以为人的基础,人格人人平等,体现了主体的平等性。权利能力的平等性在于构造一个超越特定社会结构和经济结构的基本价值,在法律面前,任何主体都享有平等的主体资格。"作为具有法律人格的表现,法人的权利能力与自然人的权利能力一样,一律平等。"[1] 法人的权利能力作为享有权利的资格,是指法人享有法律允许享有的一切权利。1998年《高等教育法》明确了高校法人地位,高校法人的权利能力应包括法律规定的一切权利。在一般意义上,所有高校的法律权利是一致的、平等的。因此,我国《教育法》《高等教育法》等规定的高校的权利其实就是高校权利能力的规定。如果把高校的法律权利当作是高校的自主办学权则必然会丧

---

[1] 尹田:《论法人的权利能力》,《法制与社会发展》2003年第1期。

失不同高校的办学个性和特色，结果导致千篇一律、千校一面的办学困境。高校的法律权利只是高校自主办学的依据而已。

然而，法人的权利能力并不是无限制的，通常受到三种限制。首先，受到自然性质的限制，不能享有自然人的有关身份属性的权利能力。其次，法人的权利能力受法律的限制。法人不能从事法律禁止的活动，如高校从事金融业务、对外提供担保等。法人的权利能力为法律限制是合理的，但法律对法人权利能力的限制不宜太过严格，否则不利于法人积极性、主动性的发挥。最后，法人的权利能力受到其目的的限制。这是指法人是根据一定目的而成立的组织体。其章程所规定的目的，成为对法人活动的限制。由此可知，高校的权利能力必须受到法律的限制，在法律规制的范围内从事办学活动，越权则无效或构成违法。高校的权利能力受到其章程的限制，大学章程是高校办学的依据，高校必须依照章程依法办学。由此可见，大学章程的授权也是高校办学自主权的依据之一。因此，目前各种场合和政策文件所说的"扩大"高校办学自主权，其实质就是减少对高校权利能力过多的不必要的限制，收缩政府不适当的干预。

2. 高校的行为能力

行为能力是指能够以自己的行为依法行使权利和承担义务的能力。权利能力是行为能力的前提，但有权利能力未必都有行为能力。法人的权利能力表现在法人对外法律关系中的一种法定能力，是一种赋予性的、自身拥有的"静态权利"，立足点为法人的整体。而行为能力则是法人的对内法律关系的一种事实能力，立足点为内部机关通过机关的行为享受权利承担义务，是一种"动态"的需经过法人机关加以实施才可以体现的能力。权利能力提供了一个权利开放的平台，使得不同主体享有完全的、平等的权利能力。至于能否实际享有和实现，则由行为能力来判定。对于高校法人而言，赋予它的权利能力是平等的，但是要实现权利背后的利益必须通过自身的行为为自己取得相应权利、承担相应义务的能力，这种能力体现了高校法人对办学权利的行使和运用，彰显了高校办学的自主权。因此，不同的高校根据自己的章程建立的内部治理结构不尽相同，进而形成千差万别的行为能力，相应地生成了不同高校之间办学水平和风格各异的形态。

法人作为社会实在物，有团体意思或组织意思，基于此种意思而行动，故法人有行为能力。法人是通过自己的机关实现其意思的，法人以其机关的行为作为自己的行为。法人的行为能力因自身的不同各有差异，对法人行为能力的分析应立足于法人机关上。正如自然人的行为能力根据其本人是否具有意思能力[①]一样，法人机关是否具有团体意思能力，则决定着法人机关是否具有行为能力，法人机关形成其团体意思[②]的大小，即决定法人机关行为能力的大小，也就是法人行为能力的大小。由此可见，法人的行为能力主要受其内部机关行为能力的限制。因此，高校法人内部治理结构建设和完善是提升高校法人行为能力的主要途径和物质载体。除此之外，法人的行为能力还受其权利能力的影响。我国公立高校属事业单位法人，但因产权属于国家，不具有独立法人财产权，高校实质上仍是政府的附属机构，其行为能力并不充分，也难以真正独立承担相应的法律责任。致使高校难以摆脱政府部门对其内部活动的干预，使其本应依法享有的各项办学自主权难以真正落实。由此可知，当前所说的"落实"高校办学自主权，其实质就是增强高校自身能力的建设，建立健全高校法人内部治理结构，提高高校法人的行为能力，就是提升高校办学的自主权。这也回应了当前高校办学自主权"落实难"的原因，关键是高校内部治理结构和自身能力建设的问题。

3. 高校办学的主体性

从我国高校办学自主权的演进历程可以看出政府是影响高校办学自主权演进的主导因素。我国大学在政府主导下产生，与政府"难舍难分"地"胶合"在一起，基本完全受制于政府权力之下，可以说政府是中国大学的"催生婆""助产妇"。我国历来是单一制的国家结构形式，素有中央集权的传统，特别是新中国成立后，在计划经济体制下，政府权力表现出高度集中和一元化、国家化的特征，政府垄断和掌控着社会的权力和资源，各个社会组织都是政府的附庸，把一切社会组织和个人捆绑在国家这部机器上。"高校与社会的联系被政府切断，政府成为高校与社会的中介。高校的外部关系只有高校与政府的关系。"[③] 政府成为高校的直接管理者，同时集管理者、举办者和办学者三重身份于一身，

---

① 意思能力是法学上的一个重要概念，是指行为人能够判断自己行为性质和后果并作出意思表示的能力，必须具有生理、心理上的精神状态和法律上赋予的能力。

② 《法人的行为能力及限制》，《法律快车》，立法网，https：//www.so.com/s？q＝&src＝srp&fr＝hj_ llq1a_ suggest_ b_ cube&psid＝8880795a72d4992b8df32019214c41be。

③ 劳凯声：《高等教育法规概论》，北京师范大学出版社1999年版，第216页。

使得高校的主体性、独立性丧失殆尽，成为对政府负责的分支机构，高校办学主体地位没有得到承认和确立，高校办学的自主权完全消解于政府的管理体制之中。直到改革开放，特别是市场经济体制建立之后，高校的办学自主权、主体地位才逐渐得以明确，特别是1998年《高等教育法》的颁布，确立了高校法人的法律地位。

高校自主办学是市场经济条件下高等教育发展的必然选择。在市场经济条件下，高校作为特殊商品（高级劳动力和科技知识产品）的生产者，不可避免地受到市场力量的主导性的调节作用，使得大学已经成为市场经济体系中的一个相关构件。将市场逻辑引入高等教育的过程，通过竞争与价格机制引导高校响应市场的需要，以增强对市场经济的适应性，服务社会发展。从市场介入大学到大学的市场化是一个渐进的过程，是市场在大学的发展中从影响因素演变成主导力量的过程，是一个从市场手段的运用到市场目标渗入的过程。因此，高校必将成为一个市场经济中的独立主体，必须面向社会依法自主办学，成为真正的办学主体——独立的高校法人。这要求高校一方面要具有主体意识，发挥高校办学的能动性、创造性、自主性、选择性，充分行使高校的办学自主权，创新办学思路、更新办学理念、增强自身的造血功能与活力；另一方面，从自身优势出发，遵循高等教育规律，探索不同类型高校的优势和发展路径，形成自身的个性和特色，最终形成多样化的高校办学格局，"不拘一格降人才"。

但我国高校一直以来作为政府的附属物，是"被抱大的一代"，缺乏主体性，习惯于依附政府。一方面，计划经济时代的惰性以及根深蒂固的"等、靠、要"思想并没有消除，自我发展、自我管理、自我约束能力不足，严重制约着高校办学自主权的落实。因此，高校要想获得充分的办学自主权，就必须不断提高自主办学能力，焕发大学的独立自主精神，逐步从不成熟走向成熟。另一方面，政府必须尊重高校办学的主体性，保障其办学主体的地位，激发其创造性、能动性，创新高校管理机制，转变政府职能，促进高校办学自主权的落实。

（二）高校办学自主权性质的讨论

对于高校办学自主权的概念定义和内涵解析其实核心在于高校办学自主权的性质或属性的界定上。高校办学自主权是一种什么样的权，权力或权利，具有哪些内在的质的规定性？学界对于高校办学自主权的性质有着不同观点。

1. 认为高校办学自主权是政府下放或授权给高校的权力

这种观点和认识有一定的历史素材和政策依据的支撑，符合中国国情，得到了学界较为广泛的认可。但这种观点经不起推敲：其一，如果高校办学自主权源于政府手上"下放"和"赐予"的话，表明这种权力属于政府，大学就是政府的附属机构，而非作为一个面向社会自主办学的法人实体，中国高校难以走出国家行政组织的序列。这有悖于《教育法》和《高等教育法》的规定以及党中央、国务院一系列的政策文件精神。其二，若把高校办学自主权定性为下放的政府权力，意味着高校行使其自主权必须依法行政，遵循"无法律则无行政"的原则，并取得行政主体的资格，教师和学生成为行政相对人，高校与师生之间的关系是行政法律关系，高校作出的行为是行政行为，受到行政程序、严格执法、司法审查等方面的制约，但事实并非如此。这种对高校办学自主权的定性暂且在当前一定空间和时间范围内，有其存在的合理性。但随着《国家中长期教育改革和发展规划纲要》的深入贯彻实施，"去行政化"的推进，此种观点必然遭到摒弃。

2. 认为高校办学自主权是教育法律中规定的高校权利

由于该观点有《教育法》《高等教育法》的直接支持，因此获得了官方和学界的广泛认可和接受。"世界上无论实行何种高等教育管理模式的国家，在形式上都承认高等学校的办学自主权。"①《教育法》和《高等教育法》规定高校的权利，意味着全国所有高校法律权利都是相同的、平等的、无差别的。"法律条款的一致性等于条件的相同，也许并没有什么根据。可以说，形式自主权所主要具备的不是其功能性意义，而是其象征意义，但它是教学科研人员学术自由的屏障和稳定剂。"② 事实上，并非全国所有高校的办学自主权都是一样的，"学校水平的层次性制约着办学自主权的层次性，不同层次的学校面向社会自主办学的能力不同"。③ 因此，"将高校的法律权利与高校办学自主权混为一谈，破坏了

---

① 马陆亭：《高等学校的分层与管理》，广东教育出版社2004年版，第281页。
② [英] 迈克尔·夏托克：《高等教育的结构和管理》，王义端译，华东师范大学出版社1987年版，第164页。
③ 马陆亭、范文耀：《大学章程要素的国际比较》，教育科学出版社2010年版，第11页。

高校办学自主权的个性，使高校办学自主权无法与高校自身的学术能力相契合，进而使高校办学自主权个性化，在实践上阻碍了高校特色的形成"，① 导致中国高校办学模式雷同、缺乏特色、千篇一律、千校一面的现象。显然，此种观点也站不住脚，可谓危害甚大。

3. 认为高校办学自主权是法律法规的授权

在我国，传统上把学校视为不同于机关单位、企业单位的事业单位。在司法实践中，法院往往以学校是事业单位而非行政机关为由拒绝受理以高校为被告的行政诉讼。在高校被诉的浪潮中，为了维护受教育权，确立了高校的行政诉讼被告资格。理论界和司法实务界在此取得了共识，尝试利用我国《行政诉讼法》等现行法上的术语，将作为事业单位的高校定位于具有行政诉讼被告资格的"法律法规授权组织"。法律法规的授权，形式上的要求是以法律法规为依据，似乎体现了依法治教的精神；内容上所授的权力，则是国家行政权力。正因为如此，所以一经法律法规的授权，高校就可以在授权范围内以行政主体的身份行使行政权力，但必须按照行政法方式运行。此种理论下的高校并未真正走出国家行政组织窠臼，属于政府附属机构，高校办学自主权在实质上也仍是政府权力的派生或附庸之物。实际上就是将高校办学自主权定位于"国家授予的行政权力"。另外，法律法规规定的权利是国家授权给高校的高等教育管理权，是国家教育权力的延伸。因此，此种观点和理论与前面两者属于殊途同归。

（三）高校办学自主权的基本含义

高校办学自主权是一个极其复杂的概念，内涵非常丰富。高校办学自主权西方大学自治的发展及其中国化的历程，为我们理解高校办学自主权建立了一个动态的标准。在此基础上，结合自主权的要素和特性，以及我国高校办学自主权的演变历程，对高校办学自主权做一界定。高校办学自主权是西方大学自治理念的中国化，主要吸取了西方大学学术自由理念，但似乎也是一个不甚严密的术语，非法律化的概念。按我国的话语语境，高校办学自主权就是指高校作为独立办学主体所具有的，以法律权利为依据，以学术自由为原则，结合自身的目标定位和办学特

---

① 蒋后强：《高等学校自主权研究：法治的视角》，法律出版社2010年版，第76—77页。

点，面向社会依照章程自主决策、自主实施、自主承担责任从事办学活动的权利自由或资格能力，并且不受其他任何组织和个人的干涉和侵害。该概念包含了以下五层含义。

第一，高校办学自主权的主体是高校，是一种法人组织的权利。从高校的举办者、办学者、管理者三者关系看，高校办学自主权的主体是办学者，既不是举办者也不是管理者，高校以办学主体的身份面向社会独立自主地办学。其义务主体则是政府、其他社会组织以及个人，有义务保障高校办学自主权的实现，其他任何组织和个人不得干涉、强迫、侵害或者破坏高校的办学自主权。

第二，高校办学自主权的依据是教育法律规定的高校权利，是高校权利能力的表现，体现了它的合法性与平等性。虽然高校办学自主权的形成以高校法律权利为依据，但不直接成为高校的办学自主权，只有通过学校章程才能使高校的法律权利内化，转化为具体的、内部的高校办学自主权，成为约束和保障举办者、办学者、管理者行为的组织性契约。章程是一所大学个性、特色的缩影，一经批准就成为规范学校行为的"宪法""基本法"，是连接大学内外制度的纽带。高校通过制定章程，依照章程自主办学，体现了高校自身的行为能力，不同高校因行为能力差异形成了章程权利，进而形成千差万别的办学自主权，这凸显了办学行为的主体性、能动性、自主性。

第三，高校办学自主权的宗旨是保障学术自由，遵循高等教育规律。这是区别于政府、企业等其他社会组织的根本标志，也是它的生命线。高校作为一种学术组织，在办学目标确立、专业设置、培养方式的选择上应该独立自主，遵循学术组织的发展逻辑，为排斥、拒绝外界的不当介入或非法干预提供了正当性与合理性，延续和传承了大学的传统和彰显了大学的精神，可以说"把根留住"了。

第四，高校办学自主权是一种权利自由或资格能力的总和，不仅仅只是权利或权力。目前大多数研究人员把重心集中到自主的"权"上，显得肤浅而不严谨。高校办学自主权是西方大学自治中国化的概念，并非仅用权利或权力就可以涵盖。高校办学自主权是一个综合、复杂的概念。其中，"权利"是"自主权"的外在表现形式；"自由"表示"自主权"具有一定的自由度，在法律上可以解释为"自由裁量权"；"资格"是强调主体行为的可能性、法律平等性，是外部赋予或确认的；"能力"

具有"内在性"和"固有性",是其原本就拥有的,不依附于其他的事物而存在,表明"自主权"是一种能力的体现。

第五,高校办学自主权外在表现为一种权利,但高校享有依法自主办学权利的同时,也有遵守国家法律、履行社会责任、接受政府监管的义务,是权利与义务的统一。高校是一个社会组织,高校的活动对社会具有重要影响,因此具有公共性。对高校进行公共管理是政府提供公共服务的重要内容之一。不论从纵向的历史上来看,还是从横向的国别来考察,对于以公共财政投入为主的大学,承担了更多的社会责任,因此在一定范围内总是受制于政府监管和法律约束,以确保办学质量和受教育者权益。

(四) 高校办学自主权的边界

高校作为独立法人,而法人必须有自己的章程,章程被学界誉为大学的"宪章"或"基本法",是大学治理的基本纲领和行动准则,是连接高校与政府的纽带,为大学依法自主办学提供可行的自治规范,是规范和理顺高校与政府、社会的关系以及完善高校内部治理结构的主要依据,是实现高校面向社会自主办学的第一步。大学章程在保障高校办学自主权中具有重要价值,明确了高校办学自主权的边界。其中,厘清政府与高校的权职边界是章程制定最重要、最核心的问题。"在我国高等教育法律的诸多规范还都比较原则抽象的情况下,高校享有章程式的自主权是维护高校与政府关系的权利与权力边界的有效手段。"[1] 在分析和明确高校办学自主权定位的基础上,需要通过章程进一步明确高校办学自主权与政府职权的边界。

"如果曾经有过一个'黄金时代',这时的大学是真正自主的,可以不受外界权力机构的干预而处理自己的事务,那么,这个时代早已过去了。"[2] 大学作为"象牙塔"的航程已经结束,驶入了危险的水域。绝对意义上的自治已无法存续,"现代大学已经不再是传统的修道院式的封闭组织,而变成了沟通各界、身兼多种功能的超级复合社会组织"。[3] 处于社会学术中心的大学,作为资源依赖型的组织,事关国家和公众利

---

[1] 郭为禄:《高等教育法制的结构与变迁》,南京大学出版社2008年版,第432页。
[2] [美]阿特巴赫:《比较高等教育》,符娟明译,文化教育出版社1985年版,第57页。
[3] Derek Bok, Beyond the Ivory Tower, Cambridge, Massachusetts and London, England: Harvard University Press, 1982, p. 74.

益，特别是有赖于政府的资助，不可避免地受制于政府，"适当的干预是有益的，但是，一旦政府干预过多，这种干预就会具有不适当、功能紊乱、官僚化、意识形态倾向或政治化等特征。不适当的官僚化的政府干预主要是由于过度管制造成的，它使高等教育系统的管理丧失灵活性"。① 政府对大学的控制和干预必须是适当的、合理的，绝不是事无巨细、随心所欲、毫无边际地管制。

现代政府对大学的干预总是有边界的，"当政府认为受到保护的高等教育的'自治部分'的权力过大时，想的并不是废除这些特权，而只是想缩小它的范围"。② 大学的某些"特权"应该就是关于大学自治和学术自由的权利，由于大学作为学术组织，学术自由和自治是大学的本质特征。因此，政府对大学的干预应止于"这些特权"，"不能超越大学作为一个具有独立法人地位的学术组织所拥有的对自身内部事务的基本自治权利"。③ 然而，高等教育作为准公共产品，"政府干预大学发展具有合法性和合理性，但并不意味着政府可以全面干预乃至控制大学，政府干预应当局限在公共领域的范围之中"。④ 其"公共领域"包括国家事务和社会事务，如国家教育方针执行、国家考试、人事编制、教育公平、教学质量、经费使用、学生受教育权以及师生合法权利的保障等事务的监管、控制和救济。

"学术自由是大学自治的核心，大学自主权归根结底是学术管理的自主、自由和自律。"⑤ 因此，高校办学自主权内容主要限于学术自由范畴之内，跟学术事务直接相关，包括法定权利和章程规定的其他权利。诸如内部人事任免、机构的设置、教师聘任、学科专业的设置、课程设置和教材选编、学位资格审查、学生招录和毕业、学术交流与科学研究以及校内规章制度制定等事项，应由高校自主决定和实施。除此之外，"法人制度在高校与政府等外部权威因素之间划清了界限，从而保障高校拥有最大限度的自主权"。⑥ 高校作为民事法人主体，根据法律和章

---

① 杨晓波：《责任与自治：美国公立高校和政府的关系》，《高等教育研究》2003 年第 3 期。
② ［美］伯顿·克拉克：《高等教育新论——多学科的研究》，王承绪译，浙江教育出版社 1988 年版，第 165 页。
③ 刘虹：《控制与自治：美国政府与大学关系研究》，复旦大学出版社 2012 年版，第 83 页。
④ 刘虹：《控制与自治：美国政府与大学关系研究》，复旦大学出版社 2012 年版，第 53 页。
⑤ 秦惠民：《有关大学章程认识的若干问题》，《教育研究》2013 年第 2 期。
⑥ 刘虹：《控制与自治：美国政府与大学关系研究》，复旦大学出版社 2012 年版，第 63 页。

程，行使相应的民事权利，如知识产权、诉讼权等权益，同时还遵循"法无明令禁止即可为"的原则。但高校办学自主权也有不可逾越的底线，即"不能超越其作为高等教育领域社会公共组织的范围，不能威胁和损害到社会公共利益和国家利益的实现"。①

然而，高校与政府权力边界的划定，是一个具体的历史过程，两者关系处于动态平衡状态。"大学自主权反映了大学与政府之间的权力变化关系，在这一权力变化过程中，政府是影响大学自主权演进的主导因素。"② 政府不是妖魔，大学也不是天使，政府对高校办学的规范和监督是必要的，但必须通过章程予以明确其权职范围和界限。因此，"章程建设的'立法'过程，应该是大学与政府主管部门通过充分的谈判协商，明确划定大学自主权边界的博弈过程"。③

（五）高校办学自主权的实质

纵观自主权的提出，是从我国改革开放后的农村土地联产承包责任制开始，经过国有企业的改革和实践，自主权概念已深入人心。但随着市场经济体制的建立健全，国家权力从社会经济领域的逐步退出，国家与社会一元化开始解体、逐渐走向二元性的分化，市场经济的迅速发育和社会生活的逐渐非政治化，市场逻辑在经济领域的作用日益增强④。现代企业制度的完全确立，昔日常常见诸领导讲话、政府文件和刊物报端的"企业经营自主权"话题和问题逐渐减少，在学术研究方面趋于销声匿迹，进而转向公司自治、法人内部治理结构的研究。然而，教育界对于"高校办学自主权"的问题仍然在孜孜不倦、乐此不疲、如火如荼地继续进行着。因为高等教育领域的"高校办学自主权"被认为是一个长期讨论而又非常复杂、重要、棘手的难题。我们可以回顾和审视国企改革的成败历程，几乎同时开始，遇到的也是同样的问题，都是统得过多、管得过死。过去对这个问题的讨论主要关注办学自主权为什么要下放，自主权下放的广度和深度以及落实情况如何，等等。但对于办学自主权的来源与归属这个本质问题鲜有涉猎，到底是政府放权或分权，抑

---

① 刘虹：《控制与自治：美国政府与大学关系研究》，复旦大学出版社2012年版，第83页。
② 许杰等：《政府：影响大学自主权演进的主导性因素》，《华中师范大学学报》（人文社科版）2005年第5期。
③ 秦惠民：《有关大学章程认识的若干问题》，《教育研究》2013年第2期。
④ 伍俊斌：《中国市民社会的文化建构：从身份走向契约》，《学术界》2006年第2期。

或大学自身所固有的？

　　一直以来在国家领导人讲话、政府政策文件、专家学者的呼吁中"扩大和落实高校办学自主权"就是基于"放权"、站在政府角度所提出来的。但把高校办学自主权视为从政府手上"下放"给大学的，是一种权力的"赐予"或"授予"，表明这种权力属于政府或源于政府，大学属于政府的附属机构，而非作为一个面向社会自主办学的独立法人组织。这有悖于党中央、国务院一系列政策文件和国家法律的规定和精神。再者，如果把高校办学自主权定性为下放的政府权力，就意味着高校行使其自主权必须依法行政、严格执法、接受司法审查，这显然不能成立。这种论调在当下极具代表性，并且被多数人所认可和接受，这是认识高校办学自主权的误区和偏差，导致对高校办学自主权的理论与实践已无法深入、陷入困境。

　　中国高校并未真正走出国家行政组织的窠臼，高校办学自主权在实质上也仍是政府权力的派生或附庸之物。笔者认为只有真正确立高校独立法人地位才能保障办学自主权的实现。高校法人是高校办学自主权的庇护所，办学自主权是高校法人所固有的特定权利，是大学与生俱来的权利，它不是下放而是回归于高校。法人源于也存在于社会和市场之中，高校作为法律上的独立法人，是面向市场依法自主办学的社会组织，应回归市民社会，大学与政府是一种契约关系而不是身份关系，不依附于政府而存在。而市民社会所具有的独立性和自治性，也是大学所固有的品质和特性。

　　在"政治国家—市民社会"二元划分中，高校属于市民社会中从事教育活动的公益组织，而非公权力机关或行政组织。随着市场机制替代了行政指令成为占主导地位的资源配置方式，高校不可避免地受到市场经济强大的影响和压力，必然逐渐转向和回归民间社会，褪去国家行政的色彩。同时，行政权力正从社会诸多领域逐渐退出，扩大了各种社会组织的独立性与自主性。中国在改革进程中正在不断地限制政府社会职能的范围，减少行政审批项目，简政放权、还权于社会，党的十八届三中全会让民众看到以市场为取向改革的坚定决心。事实上，从改革开放至今，中国高校改革一直朝着法人化的道路迈进，构建现代大学制度，轨迹路径已清晰可见，也是建设教育强国和世界一流大学的必由之路。

　　自主权，小到个人大到一个组织甚至国家，任何主体都有其自身存在和发展的权利与资格，个人对自己的人生目标、生活方式、事业追求的选择权和决定权；一个国家有权自主选择和决定自己的发展道路、社会制度、发展模式。一方面，自主权是社会主体自身所固有的，是普遍存在的；另一方面，我国高校的办学自主权，虽然不等同于西方传统的大学自治权，它的提出有其特定的时代背景和内涵，但是，两者在功能价值、精神宗旨上实际上存在一种内在的一致性，都赋予了大学法人地位，没有本质的区别，可以说是同一个概念不同语境下的两种表述。高校办学自主权是大学自治理念在中国语境下的权利表达形式，是中国化的概念，而大学自治或办学自主权是大学作为学术性组织谋求自身发展的内在逻辑需要，是大学本质的固有属性，与大学共生共存。

然而，高校办学自主权是一个带有鲜明时代印记的概念，产生于在计划经济体制向市场经济体制过渡的特定的社会转型期，必然随着现代大学制度的建立，而退出话语平台，取而代之的是大学自治的回归，还原大学精神的本色和学术逻辑的推演。在当前落实和扩大高校办学自主权的喧嚣和尘世中，随着时间的推移，"高校办学自主权"问题定会逐渐淡出人们的视线，销匿于报端和文件之中，与"企业经营自主权"殊途同归。其实，"高校办学自主权"问题与其说是个法律问题，不如说是个广义上的政治问题。因为它的答案不能从法律规范和原则中演绎推导出来，而只能依靠对历史经验教训的认识和对社会现实情势的判断。①

综上所述，作为独立法人的高校，其办学自主权是对抗和抵御外界不当介入的武器，理应获得法律的保障和尊重，在教育法律纠纷面前应有自己独立的意志和利益，它是一个可以独立承担法律责任的实体。

---

① 金自宁：《大学自主权：国家行政还是社团自治?》，《清华法学》2007年第2期。

第四章 教育法律纠纷应对机制及其困境

由于人口的暴涨，资源的稀缺，人类从最初的自然状态的宁静有序到社会状态的纷扰无序，这逼迫着社会管控机构的出现，以公权力的方式调节和化解社会纷争和冲突，逐渐从"私力救济"转向"公力救济"，这是人类文明化的曙光展现。回望人类文明进步的演化史，站在人类公元后第三个一千年的初始，在全球化的浪潮下，人类已然是地球村里的一个"命运共同体"，共同应对日益增多的社会冲突和纠纷。既然"纠纷数量增长是社会现代化过程中的普遍现象"①，那么在新时代下的教育领域，需要一个更文明、更理性、更有效的机制和制度，进一步完善多元化纠纷解决机制，以便平和、优雅地化解教育纠纷冲突，更符合教育的宗旨和本质，更好地回应新时代人民"美好生活"的需求。

第一节 教育法律纠纷应对机制的概述

"任何社会和社会发展的任何阶段，都会有这样或那样的纠纷，无一例外，而关键在于社会必须对冲突纠纷进行适当的调节，使冲突不以将会毁掉整个社会的暴力方式出现。"② 因此，纠纷的关键在于如何应对、调节和化解，教育法律纠纷也不例外，需要对教育系统进行"外力做功"，即建立和完善教育法律纠纷的应对机制，使教育关系变得和谐有序。

---

① 黄文艺：《中国的多元化纠纷解决机制：成就与不足》，《学习与探索》2012 年第 11 期。
② ［英］彼得·斯坦、约翰·香德：《西方社会的法律价值》，王献评译，中国法制出版社 2004 年版，第 45 页。

一 教育法律纠纷应对机制的含义

在教育法学中,关于教育纠纷的研究学界通常会采用纠纷解决这一概念。纠纷解决机制研究主要突出和强调行动者个体或纠纷当事人在纠纷产生后所采取的应对策略或解决方式,以及人们选择和采用不同解决方式的原因。① 然而,仅仅在纠纷发生后亡羊补牢并不是处理纠纷的积极态度。面对错综复杂的教育法律纠纷,寻找事件的起因与其折射出的政策法律漏洞,在冷静地分析事态后有条理地向当事人与社会各层级反馈事件全貌,力求将纠纷带来的损失降到最低并为今后类似事件的发生敲响警钟,未雨绸缪,防患于未然,才是教育法律纠纷应对机制的功能和价值所在。

(一) 教育法律纠纷应对机制的概念

在众多的学术专著和论文中,即使是以某一特定问题的应对机制为题展开研究,也往往缺乏对"应对机制"自身的研究和解释。这可以说比比皆是、司空见惯,成了"只可意会不可言传"的概念,反倒成了约定俗成、不可言状的东西。因此,有必要对"应对机制"的含义做深入全面的认识。

1. "应对机制"在不同学科视角下的含义

"应对机制"英文表述为"coping mechanisms"。其中"机制"(mechanisms),根据权威词典的解释:原指机器的构造和工作原理。生物学和医学通过类比借用此词,指生物机体结构组成部分的相互关系,以及其间发生的各种变化过程的物理、化学性质和相互关系。现已广泛应用于自然现象和社会现象,指其内部组织和运行变化的规律。② 在《现代汉语名词辞典》中对"机制"的解释是:"对事物变化的枢纽关键起制衡的限制、协调作用的力量、机构和制度等"。在社会科学领域中,有学者认为,"机制是社会系统内部诸要素之间通过有机结合,在相互影响和相互作用下共同产生的良性运转方式"。③ 通过系统内部各要素间的相互作

---

① 陆益龙:《转型中国的纠纷与秩序——法社会学的经验研究》,中国人民大学出版社2015年版,第36页。
② 《辞海》(缩印本),上海辞书出版社1979年版,第1250页。
③ 肖薇薇:《高校思想政治工作协同机制研究》,博士学位论文,华中师范大学,2017年。

用、相互衔接、相互分工、相互制约等，形成一种特殊的系统运转方式。

至于"应对"（coping），最初是生理学或医学上的概念，从心理学意义上来讲，"应对是个体对环境或内在需求及其冲击所作出的恒定的认知性和行为性努力"[①]，是个体对抗应激的一种手段，它具有两方面的功能：一是改变现存的人与环境关系；二是对应激性情绪或生理性唤醒的控制。美国著名生理学家罗伊认为："人是一个包括生物、心理、社会属性的整体性适应系统"，该系统在结构上包括"应对机制"，是人作为一个适应系统，面对刺激时的内部控制过程。在生理学上，人的内在应对机制包括生理调节和认知调节，前者是天生的，后者是后天习得的。因此，从"应对机制"本意引申出来，它是指"人在成功地适应、解决问题和接受考验时采用的所有方法"。[②]

自工业革命以来，人类步入了科学时代，新科技革命为社会科学的研究提供了新的手段和途径，自然科学对社会科学不断渗透，为其建构提供了方法模型。人类社会是自然接续的产物，社会事物是一种特殊的自然事物，社会规律也是一种特殊的自然规律，它必定会在人类社会中予以贯彻和表达。因此，两者之间没有不可逾越的鸿沟，"应对机制"概念从一般的自然科学跨越到社会科学。在社会科学视角下，"应对机制"概念的内涵和外延发生很大变化，不再限于"人"对环境变化的反应或对应激源做出调整的方式，而是扩展到对某社会事件或行为，从主体到制度、从时间到空间的全程全方位调动或利用各种因素抑制或促成其发生以及善后处置一系列的措施和方法。"应对机制"成为社会科学研究的对象，也是社会活动调控的重要手段和对策，在社会生活的各个领域被广泛使用，如社会公共危机、学校突发事件、教育法律纠纷等方面的应对机制，不断丰富和扩张"应对机制"的内涵。

2. 教育法律纠纷视角下应对机制的含义

由于当前对教育法律纠纷的处理，学界普遍关注其"解决机制"的研究。本书运用"应对机制"这一概念，主要是区别于"解决机制"及

---

① Smyth, K. A., Willians, P. D., Patterns of Coping in Black Working Women, Behavioral Medicine, 1991 (11), pp. 40–45.

② 百度百科：《应对机制》，https://baike.baidu.com/item/%E5%BA%94%E5%AF%B9%E6%9C%BA%E5%88%B6/1105875?fr=aladdin，2021-05-10。

传统研究范式。纠纷解决机制概念的内涵主要包括：（1）纠纷当事人；（2）纠纷事件；（3）行动选择；（4）对纠纷的解决。从内涵可以看出其具有两个显著特征：一是个体性的行为选择；二是针对事件的解决方式。而在谈论纠纷应对机制时所需要考虑的不仅限于当事人与纠纷事件本身，还包括：（1）个体应对纠纷的行动方式选择；（2）纠纷的成因与管理策略；（3）对纠纷事件的沟通与处理；（4）对事件影响的善后。由此可以看出，纠纷应对机制不仅包含了纠纷当事人所采取的纠纷处理策略，而且也包括了对整个事件由产生到结束所涉及的各个方面的把控。应对机制所侧重的并不是"发生纠纷—解决纠纷"这样简单的因果关系，而是在事件发生前、发生中、发生后分阶段采取措施，注重事前预防、事中沟通、事后处置、善后恢复，保障纠纷得到彻底地解决，将纠纷对各方面带来的损失降到最低，特别是教育领域的法律纠纷，由于教育关系的特殊性更需要温和而优雅地应对和解决。

教育法律纠纷的应对机制与一般的突发事件或公共危机的应急机制，有相同之处也有不同之处。从范围上讲，"应对机制"包含"应急机制"，它是针对特殊或突发事件的紧急处理机制或应急预案，旨在避免事件进一步扩大或事态加重，减小损失，控制事态的发展。另外，应急机制往往波及面广，需要开展大量的公众动员，这是应急机制的基础。而应对机制主要依靠制度建设和常规化的手段。再者，应急机制处于紧急状态或其他特殊管制状态，公民的某些基本权利很有可能受到限制，不仅仅针对当事人，也可能针对不特定的多数人。而一般的应对机制主要针对当事人，往往不涉及当事人合法权利受限的问题。

综上所述，教育法律纠纷应对机制是指为了防止教育法律纠纷的发生或顺利化解教育法律纠纷，依法控制、减轻、消除教育法律纠纷带来的负面影响而形成的一整套预防、处置、善后等应对策略和管理体系。这种应对机制是建立在法律基础之上，从法律角度出发，立足于依法治校的理念，旨在构建一个以人为本、运行规范、渠道畅通、主体明确、权责明晰的应对机制，具有秩序性、强制性和权威性。教育法律纠纷应对机制目的在于保障师生的生命、财产安全，依法保障师生的合法权益，维护学校正常的教育教学秩序。

（二）教育法律纠纷应对机制的构成

目前，学界对于教育法律纠纷应对机制构成的研究十分罕缺，基本属于语焉不详，残缺不全，只能从一般的应对机制构成中进行窥探，获得点滴借鉴。然而，学界对应对机制构成的研究也并不多见，主要集中在突发事件或公共危机中有所涉及，但并不系统，各有千秋。

1. 一般应对机制的构成

由于应对机制是一个比较宽泛的概念，在理论与实践中不断丰富和发展，因此其基本构成或结构体系尚未有确切的答案。我们可以从与应对机制相关的概念出发来把握其构成，例如应急机制、危机管理机制等。

应急机制是一定范围内社会各种组织、群体和个人对各种紧急状态采取应急反应的过程，它的基本构成：（1）协调机制；（2）指挥机制；（3）应急预案制定、评审和备案制度；（4）预警机制；（5）分级响应机制；（6）保障机制[①]。危机管理机制是指社会主体对于各类危机事件进行统一管理的运行机制，它的基本构成：（1）预警与预防机制；（2）领导与决策机制；（3）控制与处理机制；（4）动员参与机制；（5）信息与沟通机制；（6）保障与配合机制；（7）善后与评价机制；（8）责任追究机制。[②] 根据《突发事件应对法》的相关规定，结合应急管理工作流程，我国应急管理机制可分为四大构成：（1）预防与应急准备机制；（2）监测与预警机制；（3）应急处置与救援机制；（4）善后恢复与重建机制。

对于应对机制的构成，不少学者从突发事件的视角认为包括"主体联动机制、危机预警机制、虚实协同机制以及合理疏导机制"[③] "预警机制、紧急处置机制、善后协调机制、评估机制"[④] "预防机制、决策机制、动员保障机制、心理干预机制以及新闻发言人机制"[⑤] "预警机制、解决机制、反馈机制"[⑥]。从教育法律纠纷视角提出应对机制的构成，主

[①] 寇丽平：《浅谈公共安全应急机制的基本构成》，《山东警察学院学报》2007年第1期。

[②] 姜平、贾洁萍、孔庆兵：《公共危机管理与突发事件应对》，红旗出版社2011年版，第83—84页。

[③] 吕宛青、贺景：《旅游危机事件网络舆情系统的主体构成与应对机制》，《重庆社会科学》2018年第12期。

[④] 孙大敏：《突发事件应对机制构想》，《湖北日报》2003年6月5日。

[⑤] 参见杨馨玫《高校社会性突发事件应对机制研究》，硕士学位论文，南昌大学，2008年；苏远新：《上海市监狱系统突发事件应对机制研究》，硕士学位论文，上海师范大学，2014年。

[⑥] 参见郝晨《山东省"贸易救济"应对机制研究》，硕士学位论文，青岛科技大学，2014年。

要有"约束机制与解决机制"①"防范机制与解决机制"②"预警机制与调处机制"③ 等观点,但显然不够完备、不成体系。由此可见,应对机制的构成要件需要结合实际情况或具体领域来确定,学界的各种相关研究为教育法律纠纷应对机制的基本构成铺垫了良好的基础。

2. 教育法律纠纷应对机制的基本构成

由于学界对教育法律纠纷的研究,主要停留在解决机制上,缺乏系统性和完整性。因此,面对纠纷,一个完整的应对机制应该包括在事前对潜在的纠纷风险进行排查与预防;在事件发生时一方面保持信息通畅,及时与当事人和其他相关群体沟通事态进展,另一方面根据政策法律尽快处理纠纷;在纠纷解决后应当对事件进行合理善后,从而降低已造成的不良影响,并对事件进行总结与反思,作为应对今后可能产生纠纷的参考和预防。在教育法律纠纷解决机制的基础上,笔者认为纠纷应对机制更符合当前处理教育法律纠纷时之所需,将其向前延伸至预防阶段,向后延伸到善后阶段。因此,教育法律纠纷应对机制的基本构成应该包括以下内容。

(1) 预防机制。教育法律纠纷往往不是突然产生的,而是种种问题与矛盾的堆积,并在一定的诱因之下而爆发的。从这个角度出发我们可以认识到,教育法律纠纷的发生很多时候是可以预防的。在学校日常的活动中制定完善的规章准则供全体教职员工与学生进行学习和遵循,防止因交流不畅而带来的麻烦,抑或是及早发现可能存在的苗头,将其扼杀在萌芽状态,都有助于降低纠纷事件的发生率。笔者认为,在教育法律纠纷应对机制的建构中,最重要的就是积极采取措施。通过多种方式,预防纠纷的发生,因为"防火胜于救火",防患于未然,乃为上上策。

(2) 沟通机制。信息的沟通是双方达成信任、平等交流的前提。如果缺乏彼此的沟通,有误会不去解释,有隔阂不去消除,有矛盾不去化解,那么将导致误会越来越深,隔阂越来越大,矛盾越来越尖锐。单方

---

① 参见杨挺、李伟《教育法律纠纷的特点与应对机制研究——基于对司法案例的分析》,西南师范大学出版社2017年版。
② 参见李伟《我国教育法律纠纷的特点与规律研究——基于对163个司法案例的分析》,硕士学位论文,西南大学,2014年。
③ 参见陈国湘《高校的教育法律纠纷的特点与应对机制研究》,硕士学位论文,广西师范大学,2013年。

面对重要信息的隐瞒而导致纠纷事件越发严重的事件不胜枚举。因此，在处理教育法律纠纷的过程中，加强沟通联动是应对机制之中的重要手段。通过沟通，加强了双方当事人之间的了解与信任，消除了彼此的隔阂或误解，尽量降低纠纷的损害，防止矛盾纠纷的激化和升级，同时也可以向社会其他关注纠纷事件的组织、个人等传达出真实可信的处理信息，避免社会各界无意义的猜测而引发舆情矛盾。

（3）解决机制。任何社会中都存在矛盾纠纷，发生了纠纷就要及时、有效地解决纠纷，因而需要解决纠纷的各种手段，继而形成纠纷的解决机制。纠纷解决是指在纠纷发生后，特定的纠纷主体依据一定的规则和手段，消除冲突状态，对损害进行救济、恢复秩序的活动。[1] 根据对纠纷解决过程干预的性质和强度的不同，分为私力救济（包括自决与和解）、社会救济（包括调解和仲裁）和公力救济（包括诉讼和行政裁决），这种划分符合"自治—调解—裁判"的纠纷递进解决基本规律。[2] 当前我国教育法律纠纷解决的正常途径主要有调解、仲裁、行政复议以及司法诉讼等，初步建立起了一套多元化的纠纷解决机制。

（4）善后机制。当教育法律纠纷或突发事件解决、消退之后，并不意味着所有的事情已经完全结束，还有一个必不可少的善后恢复、评估、总结环节。"善后"是指妥善地料理和解决事件发生以后遗留的问题或处理事务的后续问题，因此，要做到善后机制妥善解决处置教育法律纠纷矛盾后的遗留问题或后续问题，必须及时调查评估、问责纠错、总结经验、吸取教训，不断完善制度机制，尽快恢复学校正常教学科研秩序、实现秩序和形象的重建，从而减轻教育法律纠纷事件造成的负面影响，控制和减少损失，起到尽快恢复教育教学和工作生活秩序的作用。

二 国外教育法律纠纷应对机制的概况

由于文化观念、法律传统以及民族性格的差异，世界各国在应对教育法律纠纷问题上采取的对策存在较大的差异。国外教育法律纠纷的应对机制主要体现在受教育权纠纷的解决机制上，世界各国因文化传统、法律制度与技术以及教育体制的差异，教育法律纠纷解决机制从实施救

---

[1] 范愉：《纠纷解决的理论与实践》，清华大学出版社2007年版，第71页。
[2] 俞灵雨主编：《纠纷解决机制改革研究与探索》，人民法院出版社2011年版，第11页。

济的主体看，有立法机关的救济。行政机关的救济和司法机关的救济；从救济途径来看，在宪法层次上，对侵害受教育权的救济主要有三种违宪审查的基本模式，即立法机关审查模式、司法机关审查模式、专门机关（宪法法院或宪法委员会）审查模式；在法律层次上，有申诉、复议、仲裁、调解、教育法庭起诉、教育裁判所裁判等途径。现主要就法律层次的受教育权的各国法律救济制度作一比较分析，以求借鉴国外的有益经验。

（一）英美法系国家教育纠纷处理制度概况

1. 美国教育纠纷处理制度

美国的公立教育受到一套复杂的规则体系的管理，它由宪法条款、制定法、机构规章和法院判例构成。[①] 而教育法律制度在其方法上主要是以判例法为主的，而判例法产生的前提是各种教育纠纷的出现和对教育纠纷的处理。所以从一定意义上讲，处理教育纠纷也是教育执法的一项重要内容。另外，沿袭英美法系国家的传统，遵循程序优先原则，十分重视程序法，首先在宪法中确立正当程序原则，其次又于1946年颁布《联邦程序法》确立了程序保护的一些基本原则和具体的程序设计，第五巡回法院指出："针对学生所受到纪律处分的严重程度，纪律处分正当程序的数量和质量应该与之相应地变化。"[②] 由此可见，美国对学生受教育权的救济制度有十分详尽的程序规定。

美国教育纠纷十分复杂，涉及的范围、产生的影响也各不相同。因此教育纠纷的处理也是多种多样的。按照其处理机构大体可分为民间处理和官方处理。

（1）民间处理，它是指一些非官方机构根据法律和有关地方规则对教育纠纷的解决和裁定。这些机构包括校董会、学区教育委员会等。同时，在学校内部，尤其是大学，建立校内学生申诉制度，并对申诉范围、申诉程序、适用对象、基本原则申诉时效以及申诉期间学生的受教育权等一系列问题均有相应的规定。美国法院认为校方在做出惩戒处分

[①] ［美］内尔达·H. 坎布朗-麦凯布、马莎·M. 麦卡锡、斯蒂芬·B. 托马斯：《教育法学——教师与学生的权利》（第五版），江雪梅、茅锐、王晓玲译，中国人民大学出版社2010年版，第24页。

[②] Pervis v. LaMarque Indep. Dist., 466F. 2D pp. 1054-1057（5th Cir. 1972）.

前，应遵循以下正当程序：①申诉之适时提出，将学生之停学原因与举办听证会之地点、时间及程序进行书面通知，且应有足够时间让学生准备申辩；②举行完整而公正的听证会由公正不倚之仲裁人进行仲裁；③学生有权利聘请法律顾问或者其他已成年人代表出席听证会；④让当事人有提出证人或证据的机会；⑤让当事人有交叉诘问对方证人之机会；⑥书面记录必须能显示其决定是基于听证会上所提出的证据。在美国，根据法院判例法，公立学校给予学生的纪律处分行为也受行政程序法上正当程序原则的规制。施瓦茨认为："在有关学生纪律的案件中，受教育利益上的财产权和名誉权上的自由都处于危险中""根据正当程序要求，在学生因其不轨行为而被公立学校开除以前，必须给其通知并给其听证的机会。法院一致确认，正当程序条款适用于公立学校做出的开除学生的决定"①。这对于我们重视处分学生的正当程序，建立相应的学生申诉制度、教育仲裁制度以及以诉讼方式解决处分学生的法律纠纷具有重要的借鉴意义。

（2）官方处理，就是指法院系统对教育纠纷的判决。这种处理是目前美国处理教育纠纷常用的办法。诉至法院的教育纠纷基本属于民事纠纷，因此一般要按民事诉讼程序进行，即经过初审和判决两个阶段②。在美国，一切教育领域的纠纷包括学生与学校之间的纠纷均可以诉诸法院，通过司法予以解决。虽然曾经也存在一种教育特权观念，即社会对于由税收支持的教育有一种特权，从而政府有权对其受教育的机会加以剥夺。但到1964年狄克逊诉阿拉巴马教育委员会案及之后的一系列案件，法院依据美国宪法第5条、第14条修正案关于"未经正当程序，任何人的生命、自由或财产不受剥夺"的规定，认为教育已经成为一种根本性的需要，而必须被看作是一种实体权利，因而要求在这一领域中使用正当程序。随后，美国法院相继受理了各种教育纠纷案件，并且在平等保护受教育机会、克服种族歧视等方面还形成了一批影响深远的判例，如闻名于世的布朗诉托皮卡尔教育委员会，推翻了"隔离但平等"的原则。1975年美国最高法院在一个判决中宣布"公立学校学生享受教育，是一种法律上可以主张的财产利益，受到正当法律程序的保

---

① ［美］伯纳德·施瓦茨：《行政法》，徐炳译，群众出版社1986年版，第217页。
② 郝维谦、李连宁主编：《各国教育法制比较研究》，人民出版社1998年版，第144—147页。

护"①。这确立了受教育权司法救济机制。因此,在美国教育领域中的纠纷大都可以由法院给予审查,学生受教育有关方面的权利都能寻求司法救济。

2. 英国的教育纠纷处理方式

英国2002年《教育法》第三章,对学生惩戒做了相关规定,特别是对永久开除学生规定了严格的程序,要求学校成立一个专门复审委员会进行按规定的程序处理。另外,英国还设有全国学生联合会,受理或协助学生的包括受教育权利的申诉,并规定了详尽的申诉程序。第一,学生会内的申诉程序,简单明了,在申诉中学生代表可以向学生提出建议(主要是校内申诉);第二,如果学生认为其申诉没有得到充分的处理,还有权向一个独立的仲裁机构申诉。该机构应当专门指派一名调查舞弊情况的独立的政府官员来对这样的申诉进行听证。

行政裁判所是英国最具特色的纠纷解决机构,专门设有教育行政裁判所审理来自对地方教育当局及学校管理机构的上诉案件,这一分庭包括根据1998年的学校标准及结构法设立的独立委员会、根据该法设立的负责审理关于永久将学生开除的上诉委员会。②

行政裁判所因其只具有法律规定在某一特殊领域内的管辖权,因此不同于一般管辖权限的法院。向行政裁判所上诉也是英国抱怨链③的重要一环。从行政救济的角度看,设立行政裁判所作为解决部分对行政抱怨的一个主要动因在于成本的考虑:通过法院程序太正规也太昂贵,难以适应绝大多数抱怨者的诉求(complainants)。对于此类不满,一个制定法设立的行政裁判所将给当事人提供简便的帮助,使那些虽有怨言但却

---

① 曾繁正等编译:《美国行政法》,红旗出版社1998年版,第56页。
② 张越编著:《英国行政法》,中国政法大学出版社2004年版,第615页。
③ 在英国有抱怨链之说:所有的不平,都可以按照这个链的指引去申诉,这个抱怨链的重要内容大致包括:1)向原决定机关的申诉;2)向部长的申诉;3)向上级行政机关的申诉;4)对警察的不满向警察当局的申诉;5)就专门领域的问题向该领域专门设置的行政专员申诉;6)就专门领域的问题向该领域专门设置的行政裁判所申诉;7)向专门行政裁判所的上诉裁判所上诉;8)向法院提起民事诉讼;9)向法院申请民事特权令状;10)向法院提起刑事诉讼;11)向法院申请行政特权令状——司法审查;12)向议会行政监察专员申诉;13)向本国会议员或者地方议事会议员申诉;14)向欧洲人权法院申诉;15)向欧洲法院申诉。其中,第1—7项属于行政救济的范围。第8—11项属于司法救济的范畴。第12—13项属于政治性而非法律性的议会救济,其中向议会行政监察专员的讨论合并在行政监察专员一章,而向议员的申诉权从制度角度偶有提及。第14—15项属于域外救济,但绝不是没有救济,英国政府在这种场合败诉的情况非常多(参见张越编著《英国行政法》,中国政法大学出版社2004年版,第597页)。

认为不值得起诉的不平者、抱怨者有一个合理的发泄渠道。获得法院司法救济的权利确实是公民权利的一项重要的保障，但是法院的机制并不适宜于解决政府工作中产生的每一个纠纷，原因之一是缺乏公正而经济的解决某些纠纷所需的专门知识。由此可以得出在英国设立行政裁判所有三个关键性的理由：专业性；公正性；经济合理性。① 这种准司法机构对解决特定领域的专门问题效果十分显著。在教育领域的法律纠纷，由于专业性强等特点，通过教育行政裁判所解决不失为一条行之有效的途径，值得我们去研究借鉴以完善我国受教育权救济制度，为教育仲裁制度的构建提供有益的参考和启示。

3. 印度、加拿大的教育法庭制度②

教育法庭是一些国家为处理学校、教师学生权益纠纷而实行的一种准司法制度，加拿大的教育上诉法庭、印度的学院法庭均属于这一类制度。

在印度马哈拉施特拉邦和古吉拉特邦，普遍建立了学院法庭，学院法庭的庭长并非一定由法官担任，可以由学院院长兼任该职。但事实上，这个职位通常是由政府任命的具有丰富司法经验的人担任。学院法庭的裁决是终裁，无须再将案子提交法院审理。然而，根据印度宪法第226条和第227条，如果学院法庭缺乏裁判力，诉状出现明显的法律错误，或者违背了公平正义的原则，当事人也可将案子提交邦最高法院审理裁定。

加拿大的教育上诉法庭主要受理对教育行政当局作出的复议决定不服的权益纠纷案件，其法庭组成人员由省教育厅长任命并独立审理有关教育的上诉案件。教育上诉法庭的裁决是终局性的，其裁决应送最高法院备案，同时抄送教育厅厅长。

这种由教育行政机关任命的教育上诉法庭制度，既不同于行政机关的行政复议制度，又区别于审判机关的司法审判制度，有利于及时受理各种教育权益纠纷，避免烦琐、冗长的诉讼程序；也有利于排除行政主管机关的不当干预，保证教育纠纷处理的公正性；还有利于针对教育权益纠纷的特点，根据教育规律的要求来处理教育纠纷，这是一种很值得我们进一步研究并加以借鉴的权利救济制度。

---

① 张越编著：《英国行政法》，中国政法大学出版社2004年版，第606页。
② 郝维谦、李连宁主编：《各国教育法制比较研究》，人民出版社1998年版，第34页。

(二) 大陆法系国家教育纠纷处理制度概况

1. 法国教育司法制度

法国教育司法制度相当健全，教育纠纷有两种司法救济途径：教育系统内部的司法制度和教育系统外部的行政诉讼制度，一般遵循先系统内后系统外的程序。教育系统内部分为两级。学区国民教育委员会行使第一级司法权，可对教员作出惩戒处分，并对违法行为作出裁决。当事人不服学区国民教育委员会裁决的，可以上诉至国民教育高级委员会复裁。国民教育高级委员会是一个部级咨询和司法机构，受理的案件一般为行政诉讼和纪律惩处，并主要行使第二级司法权。国民教育高级委员会必须遵守法律规定的程序，否则其裁决可被国家行政法院撤销。法国法院分为普通法院和行政法院。凡涉及行政行为的诉讼案件和涉及国家公务人员的法律纠纷，均由行政法院受理和裁定。由于法国视教育为公共事业，各级教师均为国家公务员，故涉及教育、教师的诉讼案件均由行政法院受理。行政法院实行两级审判，中央的国家行政法院和地区的行政法庭。教育行政诉讼分为违法撤销诉讼、损失赔偿诉讼、政令解释诉讼和刑事处分诉讼四种。

2. 日本、韩国教育纠纷处理机构和程序

日本的受教育权纠纷一般按照先民间、后行政、再司法的程序办理。首先由主管教育的行政部门来处理，如各级各类国立学校、公私立大学和高等专门学校等由文部省主管，故有关纠纷首先由文部省来处理；公立中小学校由都道府县教育委员会主管，故有关纠纷首先由都道府县教育委员会来处理；私立中小学校由都道府县知事主管，故有关纠纷首先由都道府县知事来处理。对主管部门的处理如果不服，可上诉所在地区的人事院或者人事委员会、公平委员会。如对人事院或人事委员会、公平委员会的裁决仍不服，可上诉司法机关。根据规定，若没有特殊情况，不经过人事院或人事委员会、公平委员会的裁决，不得上诉司法机关。

韩国的一般教育纠纷事件是根据以宪法和《教育法》为核心的较完备的教育法律体系来处理。处理教育纠纷首先由主管教育的行政部门来处理。其一般程序是：由学校直接的上级教育主管行政部门进行处理；如果学校对主管部门的处理不服，可上诉到上一级教育主管行政机关；

仍不服仲裁者，可转诉于司法机关。

3. 我国台湾地区教育纠纷解决途径

在我国台湾，由于沿袭德国法律体制，故接受了传统的特别权力关系理论。即在教育领域产生的纠纷不得援引诉愿法提起诉愿，也不得向法院提起诉讼。直到 1995 年，对学校与学生之间的特别权力关系规则上才有重大突破。台湾司法院"解释文"指出："各级学校依有关学籍规则或惩处规定，对学校所为退学或类似之处分行为，足以改变其学生身份并损及其受教育之机会，自属对人民宪法上之受教育之权利有重大影响，此种处分行为应为诉愿法即行政诉讼法上之行政处分。受处分的学生于用尽校内申诉途径，未获救济者，自得依法提起诉愿及行政诉讼。"由此可见，台湾地区公民受教育权的法律救济包括申诉、复议和诉讼等多种途径。

（三）我国教育法律纠纷应对机制的现状

由于受到传统法治思维的影响，我国教育法律纠纷应对机制更注重纠纷的解决，更关注权利的法律救济。教育法律纠纷中涉及人身权、财产权和受教育权等权益纠纷，因受教育权具有特殊性，处理起来比较棘手，备受关注。因此，笔者主要对受教育权纠纷的解决和权利救济进行现状分析。根据我国现行教育法律、法规的规定，目前有关受教育权的法律救济制度主要是行政救济制度和司法救济制度，同时这也是解决教育法律纠纷的主要途径。至于受教育权的宪法救济制度，尽管受教育权是宪法确认的一项公民的基本权利，但在我国司宪程序制度缺失的前提下，宪法难以得到适用，在尚未建立宪法法院的背景下，受教育权还不能寻求宪法救济。

1. 在行政救济方面，主要有学生申诉和行政复议两种途径

（1）学生申诉。根据《教育法》以及 1995 年原国家教委印发的"关于实施《中华人民共和国教育法》若干问题的意见"规定，要求"各级教育行政部门建立和健全教师、学生的行政申诉制度；各级各类学校应建立健全校内的申诉制度，维护教师、学生的合法权益"。新修订的 2017 年施行的《普通高等学校学生管理规定》专章规定"学生申诉"，加强了学生申诉制度建设，要求学校进一步健全学生申诉处理委员会制度，明确学生申诉委员会的职权，规范对学生的处分程序，完善学

生申诉程序。然而,尽管建立健全了学生申诉制度,但学生的申诉事项因大多数争议被视为学校的"内部行为",学生申诉往往流于形式,还没有发挥其预期的价值和效果。

(2)行政复议。1999年《行政复议法》第一次明确规定将教育行政行为纳入复议范围。但在实际运作中,由于行政复议仅将被申请人限定为教育行政机关,而不是学校,其范围一般限于对教育行政机关做出的具体行政行为,而不是学校的管理行为。另外,针对受教育者做出退学、开除学籍等违纪处分的管理行为在现实中被认为是一种内部管理行为,属于学校的办学自主权范畴,而不是行政行为。因此,行政复议在救济受教育权方面有着极大的局限性。

2. 在司法救济方面,主要有行政诉讼、民事诉讼和刑事诉讼三种途径

(1)行政诉讼。从《教育法》第四十三条有关规定来看,学生提起申诉的原因主要有两类。一类是"对学校给予的处分不服向有关部门提出申诉"。此类情况下,学生与学校争议的对象是学校给予学生的处分是否适当的问题。虽然通过"授权行政主体"理论,可以部分解决学校行政诉讼被告主体资格问题(这只是司法实践中的一种尝试,至今仍缺乏明确的法律支撑),但"处分权"的行使似乎是学校的内部管理行为,属于学校自主权的范围,不属于行政诉讼的受案范围。学生申诉的另一类是"对学校、教师侵犯其人身权和财产权等合法权益"可依法提起诉讼。但此类诉讼在实践中应以民事诉讼为妥,由此看来,目前我国的学生申诉难以获得行政诉讼救济。

(2)民事诉讼。目前对受教育权能否纳入民事法律保护范围的问题,学界主要有两种观点:一种观点认为,我国民事法律只有人身权和财产权的规定,没有受教育权的规定,民法理论上也没有受教育权的概念,国外也没有将受教育权作为民事权利的情形;另一种观点认为,如果将受教育权作为一种民事权利,就需要对其内涵外延做出界定,而实际上这种界定是非常困难的,一种作为民事权利的抽象的受教育权不仅在实践中没有意义,在适用上也势必造成混乱。① 这种观点在理论和实务界一直处于主流地位,造成受教育权的救济处于十分尴尬的境地,既得不到宪法的救济,也得不到民事救济。将受教育权排除于民事救济的

---

① 宋春雨:《齐玉苓案宪法适用的法理思考——受教育权的性质与公民基本权利保护的法律研究》,《人民法院报》2001年8月13日。

现状在近几年有所改观，越来越多的当事人向法院寻求民事救济，致使某些受教育权纠纷可以通过民事诉讼来解决。

（3）刑事诉讼。我国刑事法律对受教育者的人身权和财产权做了规定，而对受教育权产生极大妨害的招考舞弊行为没有明确的规定。这种行为因得不到应有的惩治，而不断蔓延和升级，例如2020年爆出的山东数起"冒名顶替上学案"，严重侵害了受教育者所享有的平等受教育的合法权利。这既有立法上的缺失，也有司法上的漏洞，追究刑事责任的较少，对冒名顶替者及其相关责任人员基本上以民事赔偿和行政处分为主，对负有监管责任的单位和个人的制裁和惩处力度不够。

3. 现阶段我国受教育权纠纷处理机制存在的不足

受教育权纠纷是最典型、最难处理的教育法律纠纷。尽管受教育权是我国宪法规定的一项公民的基本权利，我国在教育立法上已初步形成了体系，但由于在我国学校一直以来被视为是事业单位①，而不是大陆法系国家行政法学上所谓的公务法人。因此，我国法律一般将学校与学生的关系视为"内部法律关系"，其实就是德国传统行政法学上"特别权力关系"的翻版。一方面，长期以来，在立法和执法上深受传统"特别权力关系"理论的影响以及对学校法律地位②的模糊定性是导致教育纠纷缺乏明确的法律救济的一个重要原因；另一方面，由于我国法院设置不全、教育立法责任机制薄弱以及对受教育权和教育纠纷的性质认识不清、受教育权法律救济制度不健全等因素，大量存在的受教育权受到侵害的案件得不到有效及时的救济和保护。现阶段我国受教育权纠纷解决机制或法律救济制度存在的缺陷主要表现在以下几个方面。

（1）救济制度设计欠完备，缺漏甚多，缺乏法律明确有力的支撑。学

---

① 过去，事业单位概念之存在，把公立学校与学生的关系掩蔽起来，使人们忽视了对这实际存在的关系的类型化梳理。由于我国的司法救济习惯于建立在对法律关系性质的清醒认识之上，所以，缺乏类型化梳理直接导致了司法救济的尴尬、法治的真空（参见马怀德《公务法人问题研究》，《中国法学》2002年第4期）。

② 1986年的《民法通则》初步确认了学校事业单位法人的法律地位。但随着政治、经济的发展，事业单位体制本身所固有的缺陷日益显露，学校的法律地位也变得十分尴尬。直到1995年《中华人民共和国教育法》颁布后，学校独立法人的法律地位正式在法律上得到明确的认可。确立学校公法人的法律地位符合当前学校公法人化的普遍趋势。但公立学校不是政府机关，不同于一般机关公法人，而是依据《教育法》享有独立自主权，与国家机关保持一定独立性，并具有相当的自主、自治特色，为公共利益而存在，为公众提供服务，从事一定公共事务（教育）的公务法人，即所谓的公法人中的特别法人。

生申诉制度缺乏可操作性和有效性，没有完备严格的申诉程序和公正权威的处理机构等，法律效力层级较低，行政复议、行政诉讼的受案范围有明显的局限性，而西方法治国家大都有健全的行政和司法救济制度，对受教育权的救济比较充分。

（2）救济途径单一性和封闭性，缺乏有机衔接。例如，学生对学校做出的处分不服，只能向有关部门提出申诉，主要强调通过行政系统内部机制解决，很难为处于弱势的学生提供有效、公正的解决纠纷的保障。而教育纠纷的特殊性和多样性，需要有多元化的、多样性的解决途径，如调解、仲裁等非诉方式，各种解纷制度衔接不足，机制运行不畅。

（3）对教育纠纷专业性的忽视，救济不充分。无论是通过教育行政申诉还是行政复议和行政诉讼，都不能完满解决教育纠纷专业性的问题。对教育纠纷专业性认识的欠缺成为现行教育纠纷解决机制的严重不足。由于教育纠纷往往交织着学术性问题，专业性很强，无论是教育行政机关，还是法院都无法胜任，导致此类纠纷得不到合理的解决，权利救济不充分。

（4）对教育纠纷复杂性的认识不足，缺乏有效的解决机制。教育纠纷往往因多种权力与权利相互冲突而生，十分复杂，难以对其进行准确归类。现行的教育纠纷解决机制有时也无能为力，缺乏一种具有很强专业性、中立性和权威性的纠纷解决机制，如英国的教育行政裁判所、印度的学院法庭和加拿大的教育上诉法庭等。

4. 外国教育法律纠纷处理机制的借鉴与启示

法律制度创新是通过重大的变革手段，对原有的法律制度进行扬弃，建立新的法律制度的活动。法律制度的创新与继承，是一种历史的纵向运动，是有时间上的前后联系。与法律制度发展与变迁相关的另外一个问题是法的横向关系，即法的移植。任何移植的法律制度都不可能照搬，照搬不仅没有成功的先例，甚至难以找到一个典型的样板。因此，我国教育法律纠纷处理机制或受教育权救济制度的设计和构建不能完全照抄照搬别国模式，应结合我国实际情况批判性地借鉴和吸收。

通过对相关代表性的国家和地区教育法律纠纷处理机制的研究分析，对我国解决教育法律纠纷，保障公民的受教育权，有着重大借鉴意义。纵观英美法系和大陆法系国家的教育法制，基本上都设置了诉讼方式和非诉方式相结合的模式，通常按照先民间、后行政、再司法的程序处理并坚持司法仲裁与解纷方式多元化并行不悖的原则。基于教育法律关系的特殊性，即一种复合型的社会关系：既有平权型法律关系又有隶属型法律关系，还有伦理道德等方面的社会关系。这决定了教育纠纷的特殊性和多样性，继而决定了必须有相应的、多样化的纠纷解决方式或多元化的法律救济途径来处理教育法律纠纷、维护公民的受教育权等合法权益。因此，借鉴别国有益经验和先进制度成果，结合我国教育立法及教育实践，建立健全我国受教育权法律救济制度，确保公民受教育权的实现，推进教育领域的法治化、规范化、制度化，有以下几点重要启示。

（1）建立非诉讼方式和诉讼方式并行、民间手段和官方手段并存的多元化纠纷解决机制，完善受教育权的法律救济制度，为教育法律纠纷应对机制画上浓墨重彩的一笔。

（2）充分发挥非诉方式、民间手段的功能，建立健全教育申诉制度，充实调解、行政复议制度，引入教育仲裁等非诉机制，并解决好各种救济方式的相互衔接关系，形成完整的权利救济体系。

（3）坚持司法最终原则，对影响公民受教育权等重大事项应纳入司法救济的受案范围，在尊重学校办学自主权的前提下，允许行政、司法机关依法适当地介入，进行有限审查和干预。

（4）结合有关受教育权的教育纠纷的特殊性，在保障学校的办学自主权基础上，落实我国《教育法》第四十三条对申诉权利的规定，使学生申诉制度化，建立符合我国国情的、能有效运行的学生申诉制度，切实完善教育申诉制度。

（5）加强和完善教育立法，改变目前教育法律缺漏、滞后的被动局面，增强教育法律的可操作性，明确教育法律关系主体的权利义务，从制度上减少教育纠纷的发生，同时建立健全各种救济制度，提供解决教育纠纷的畅通渠道。

综上所述，目前国内外学界对于教育法律纠纷的关注，往往集中在末端的处理上，即解决机制的理论研究与实践。当前，预防机制比较薄弱，得不到应有的重视；而沟通机制往往融入解决机制之中，还看不到其独特价值，尽管在某些高校内部申诉制度中甚至设置了听证程序，但大多数都是走过场，效果甚微；善后机制缺失，没有形成教育法律纠纷应对机制的完整闭合回路。因此，我国现行教育法律纠纷应对机制的现状主要表现在解决机制上显得不够完整，而其他机制又缺乏制度化、体系化，这是我国教育法律纠纷应对机制建设面临的重大问题。

第二节 我国现行教育法律纠纷应对机制的困境

进入新时代后，为更好地应对我国当前教育领域矛盾纠纷的高发态势，不断满足学校和师生的解纷需求，我国在构建多元化纠纷解决机制方面取得了一定的成效，从中央到地方高度重视，出台了诸多政策法律文件，近二十年的多元化纠纷解决机制的实践探索，积累了比较丰富的经验。然而现有的教育法律纠纷解决机制存在诸多不足，教育法律纠纷得不到及时有效的解决，当事人的合法权利难以保障，紧张的教育关系并没有得到根本性的缓和和消减，加大了社会风险的酿积。由于目前我国现行教育法律纠纷应对机制仍集中在解决机制上，因此对当前教育法律纠纷应对机制缺陷的分析，应以点带面，主要以解决纠纷的相关制度作为路径，再进一步分析和归纳现行教育法律纠纷应对机制的困境及其原因。

一 我国现行教育法律纠纷应对机制的缺陷

基于当前我国现行教育法律纠纷的理论与实践的实际情况，大都关注在解决机制上，缺乏对应对机制进行完整系统的深入研究。然而，即使研究教育法律纠纷应对机制，也绕不开当下的现实，不得不从教育法律纠纷的解决机制的缺陷进行探究和分析，以管窥教育法律纠纷应对机制的困境。

（一）教育申诉制度存在缺陷

教育申诉制度是指相对人在其合法权益受到损害时，向国家有权机关申诉理由，请求处理或者重新处理的制度。我国的教育申诉制度在《教育法》、《教师法》和《普通高等学校学生管理规定》等几部教育法律法规和规章中都有明确规定。《教育法》第四十三条规定，受教育者享有"对学校给予的处分不服向有关部门提出申诉，对学校、教师侵犯其人身权、财产权等合法权益，提出申诉或者依法提起诉讼"的权利；《教师法》第三十九条规定，"教师对学校或者其他教育机构侵犯其合法权益的，或者对学校或者其他教育机构作出的处理不服的，可以向教育行政部门提出申诉"；《普通高等学校学生管理规定》中关于学生的权利规定，"对学校给予的处分或者处理有异议，向学校、教育行政部门提出申诉；对学校、教职员工侵犯其人身权、财产权等合法权益，提出申诉或者依法提起诉讼"。从上述的规定可以看出，我国教育申诉制度包括教师申诉制度和学生申诉制度。

关于教师申诉制度，现行法律并未设置非常严格的程序，使解决纠纷的效率大打折扣。其一，申诉管辖规定缺失。规定中只说明了权益受到侵害时可以向"教育行政部门"申诉，但没有明确是哪一级的教育行政部门，是按照隶属关系还是按照地域关系选择管辖呢？造成了发生纠纷时教师不知道如何选择申诉部门或递交了申诉申请，受理申诉的部门相互推诿的现象。其二，申诉制度的不完备。受理申诉的行政机关对处理的申诉案件表现出较大的随意性，缺乏公正性。教师对申诉处理的不服往往会引发教师与学校或教育行政机关的矛盾产生，从而使纠纷复杂化，处理纠纷的机构反而成为纠纷的制造者或当事人。

关于学生申诉制度，这些年有了长足的发展。根据教育行政部门要求，我国学校普遍建立了学生申诉制度，并对申诉的机构设置、人员组成、受理范围、程序等做了一些规定。学生针对学校一些不恰当的管理行为和处分决定能够通过申诉的形式保护自身的权益，减少了不必要的纠纷。但是，我国目前建立的学生申诉制度仍然还不健全。例如，《普通高等学校学生管理规定》中规定了学生申诉委员会由学校负责人、职能部门负责人、教师代表、学生代表等几部分人员构成，但对于构成比例、选人途径等没有指导性的规定。学生申诉委员会只能对处理决定进行复查，不能改变学校原有的决定，需要改变决定的，仍必须提交学校重新做出研究决定。这就意味着学生申诉委员会的功能只是程序性复查，并不能直接纠错，使得申诉委员会的权威性遭到质疑，对纠纷解决的效果不甚令人满意。

（二）教育行政复议程序作用有限

教育行政复议是指教育行政机关在行使教育行政职权时对作为被管理对象的相对人做出具体行政行为，相对人不服，向其上一级教育行政机关申请复议，由该教育行政机关对引起争议的具体行政行为的合法性和合理性进行复查并作出决定的一种法律制度。

我国的行政复议制度是现行法律明确规定的，程序较完备的非诉讼的法律救济途径。从性质上看，属于行政系统内部的监督和纠错机制。教育行政复议主要是依靠教育行政体系上下级领导监督关系来解决纠纷，因而复议的处理和最终决定的落实都十分有效。再加上行政复议是不收取复议费用的，对于处于弱势群体地位的广大教师、学生而言，无疑是最经济的法律救济途径。但是，由于我国目前学校与教育行政机构之间的关系在法律上界定不明确，这就使得在复议活动中二者的权利义务关系不够明晰，复议活动的规范性也大打折扣，这造成我国教育行政复议制度的发展比较滞后。《行政复议法》第八条规定："不服行政机关作出的行政处分或者其他人事处理决定的，依照有关法律、行政法规的规定提出申诉。"也就是说，只规定了对人事处理决定的申诉救济途径，而未规定对复议的救济程序。在教育行政救济制度中，由《行政复议法》《教育法》《教师法》的规定可以看出，目前的教育法律法规只规定了教育行政部门对学生、教师作出具体行政行为的行政复议，相关的主体和事项极为有限。

如果遇到教师或学生对学校的行政处分决定不服的，只能通过申诉途径解决，而无法通过行政复议途径获得救济。如果学校作为一种法律法规授权的组织，具有行政主体资格，那么学校的某些管理行为也可以纳入行政复议范围。同时，依据我国现行行政复议理论，一旦当事人不服行政复议决定，要去法院进行诉讼的话，复议机关就有可能成为被告，面临被诉的危险，这往往使得复议机关为避免风险而消极对待复议或者推卸自身负有的责任，采取维持原决定的方式来规避。因此，要切实发挥行政复议的作用，有必要对学校与教育行政机关的权利义务关系加以明确规定，规定教育行政机关在行政复议程序中的职权和责任，促使教育行政复议活动的有效进行。在此基础上，将可能损害学生受教育权的较重的几类处分纳入行政复议的范围，以适应全面依法治国及保障公民受教育权的需要，应当是可行的、有必要的。如果有健全的行政复议救济制度，有些纠纷在行政诉讼之前就能得到有效解决，而不至于讼累不止，官司缠身。

（三）我国现行教育法律纠纷解决机制实效性不佳

我国现行的法律，规定了包括教育纠纷在内的法律纠纷的解决途径主要有协商、调解、仲裁和诉讼。其中，当事人之间自主协商和调解，完全取决于当事人的意愿，不具有强制性和权威性，但是如果双方能够尽快达成一致并实施，对于当事人权益保障是效率最高的。从现实上看，由于协商不具有强制性，双方达成的协商或调解结果也会往往得不到切实履行，导致当事人另寻途径，从而使得诉前程序不受青睐，加剧了教育法律纠纷解决效率的低下。由于教育法律纠纷没有专门设置仲裁制度，我国目前常见的仲裁主要是商事仲裁和劳动仲裁，尽管仲裁具有"一裁终局"的高效率特点，但因缺乏法律依据，一般的教育法律纠纷仍不适用仲裁程序。于是，大量的教育法律纠纷只好涌入司法诉讼通道，造成司法资源的极度紧张，双方解决争议的周期过长、成本过大，令当事人望而却步，维权之路遥遥无期。

我国当前的教育法律纠纷处理重视司法诉讼的做法从法律精神上来说，是值得肯定的，依照程序依法审理，保障了纠纷双方的合法权益。然而，即便进入司法程序，最终的审判结果也未必真正地维护了当事人的实际利益，往往争执到最后，所获得的只是一个名誉上的认同，却未必能够真正保证其合法权益不受到损害。这主要是因为受教育权跟人身权有密切关系，具有时间上的阶段性和不可补偿性，造成"迟来的正义为非正义"的结果。因此，我国教育法律纠纷的解决存在严重的时效性与公平性的问题，种种解决机制在时效性与公平性方面无法得到有效平衡，导致当前解纷机制的效益大打折扣。

例如，我国首例学校学生状告母校拒发双证案——田永诉北京科技大学拒绝颁发毕业证、学位证案[1]，在当时，可谓轰动全国。田永于1998年年中提起诉讼，至1999年年底得到结果，历时一年半最终得以保证了个人的学历学位恢复。而1999年，同样因学位、学历纠纷而状告母校北京大学的"刘燕文案"也接踵而至，拉开了学生与学校之间的长久拉锯战，经过数场官司，耗时两年多，最终以刘燕文的失败而告终。在这过程中刘燕文奔波于诉讼与取证，严重影响了个人家庭与事业的发展，这也恰恰是我们当前的教育纠纷解决机制下所难以避免的尴尬境况。

---

[1] 参见《田永诉北京科技大学拒绝颁发毕业证、学位证行政诉讼案》，《中华人民共和国最高人民法院公报》1999年第4期。

二 我国教育法律纠纷应对机制面临困境的原因

当前我国教育法律纠纷应对机制面临诸多困境，主要表现为：应对机制不完整，缺乏系统化和实效性，轻视纠纷预防及纠纷发展过程的控制，注重解决机制，但解决机制的设计和制度安排存在诸多缺陷，不能有效化解和应对教育法律纠纷。

（一）对教育法律纠纷采取消极态度

当前，国家对普法教育越来越重视，无论做什么事情都要遵循法律。习近平总书记指出："要提高领导干部运用法治思维和法治方式开展工作、解决问题、推动发展的能力，引导广大群众自觉守法、遇事找法、解决问题靠法，深化基层依法治理，让依法办事蔚然成风。"[①] 随着经济的发展、社会的进步和教育的改革，我国教育事业进入新时代后获得了良好的发展机遇。从总体上看，在校生规模庞大，教育改革稳步推进，教育领域的矛盾和冲突也层出不穷，映衬出社会的转型和时代的巨变。在全面依法治国的方略下，依法治教、依法治校不断深化，教育法律纠纷基本上做到了有法可依。

然而，曾经一片安宁与寂静的教育领域，在市场经济的大潮下，出现了把教育活动"产业化""商品化""市场化"的倾向，引起了我国教育一系列的矛盾和问题，甚至造成了人们对教育的信任危机。如某些学校受到工具理性的影响，在应试教育的喧嚣下，知识的传授不是作为目的而存在，而是作为追逐利益的工具而存在。更有甚者，一些办学者出于私利或迫于环境，制定种种存在争议的规章制度，限制了学生的权利和自由发展。由此可见，被誉为"象牙塔"的学校必然也会纷争四起，让人猝不及防。

首先，由于纠纷的冲突性与学校的教育属性的不相容性，纠纷的发生对于教书育人的学校来说，是一种耻辱、一种"负能量"，为人所不齿。因此，对教育法律纠纷应对机制的建立和执行往往不加重视，习惯于息事宁人，走走过场，甚至为了领导个人政绩、为了局部利益而牺牲教育正义，相关的解纷制度和应对机制没有发挥应有的效用。

---

① 中青在线：《习近平这样告诫领导干部》，http：//news.cyol.com/content/2018-03/17/content_ 17028836.htm。

其次，当事人遇到教育法律纠纷往往表现出种种茫然和无助，大多数人缺乏法律知识和维权意识，要么发发牢骚、愤愤然而已；要么忍气吞声，自认倒霉。即便想通过法律途径维权，但是面对漫长、陌生、烦琐的诉讼程序，便已拒人于千里之外，既费力耗时，又费钱伤神。唯一的一根救命稻草——作为维护社会正义的最后一道防线——司法诉讼对某些当事人来说，正义很难接近，成为遥不可及的奢侈品。因此，当事人对于教育法律纠纷有追求公平正义的诉求，但不得不屈从于现实，表现出消极的态度和无奈的心态。

最后，由于教育法律纠纷是一种新型的社会纠纷，在理论和实践上尚未成熟和定型，甚至各地法院判决都差异较大。在现实中，法院在受理此类争议较大的案件时显得力不从心，由于法院每年面临结案率考核指标的压力，对一些疑难、复杂案件或者矛盾尖锐、难以处理的教育纠纷诉讼案件，法院和法官往往采取消极排斥态度，能不立的则不立，能协调的则协调，导致有些教育法律纠纷难以进入司法程序。再加上当事人的因素，因此，每年通过司法诉讼解决的教育法律纠纷相比其他社会纠纷，也屈指可数，只是"冰山一角"，教育领域中大量的冲突和矛盾大都通过各种各样的非诉方式、非正式的方式来缓和或化解，甚至置之不理或打压。

（二）学校内外机构缺乏联动

对于教育法律纠纷，学校始终都是一个核心因素，其应对机制都绕不开学校的主导或参与。教育法律纠纷的解决应对是一个系统工程，根据"系统论"原理，构成整体的每一要素都会对整体的性能产生影响，各要素之间相互关联，构成了一个不可分割的整体，每个要素在系统中都起着特定作用。因此，教育法律纠纷应对机制的各个要素需要积极联动，以把握教育法律纠纷的系统整体，达到最优的应对目标。教育法律纠纷应对机制系统要素涉及较多，其中参与主体是最为关键的要素，但系统内部的参与主体之间目前大多彼此孤立脱节，衔接联系不足，若其中某一要素出现联动断裂，会极大地影响纠纷应对效果。

一是学校外部联动不足。当教育法律纠纷甚至突发的教育事件发生，由于历史原因存在的条块分区域管辖致使应对责任主体不明确，教育纠纷或事件的应对管理的参与主体比较单一，往往局限于学校与教育主管部门，公安司法、工商物价、劳动人事等相关部门的介入比较滞后，学生家长、社会媒体等比较容易捕风捉影，甚至肆意猜测，失实信息可能不断被扩散，造成各方信息在纠纷事件的全过程中呈孤岛状态，无法联通，严重影响了政府或学校对纠纷事件发展态势的把控。在应对纠纷或突发事件的过程中，某些学校以及上级主管部门在与外界沟通的过程中，依旧奉行"疏不如堵"的做事理念，将一切信息封锁在校园内部，担心信息外流引起社会非议，影响官员政绩。以2017年4月1日四川"泸州太伏中学坠楼事件"为例，由于学校与外部联动机制不健全，暴露出教育主管部门以及公安部门、学校对纠纷事件应对能力不足的问题。

二是学校内部联动乏力。每一所学校都是一个完整的内部系统，内含诸多子系统，在应对教育法律纠纷时，学校应该建立起专门的工作联动机制。目前，大多数学校都按要求建立了学生申诉制度，应对和处理受学校处分学生的诉求。但是，对于其他事项纠纷，学校往往缺乏相应的制度或机制，尤其是在应对突发事件方面，由于校内缺乏明确的管理主体，可操作层面的应对或应急预案缺乏，风险评估机制未能有效建立，信息管控能力较弱，预警信息平台建设不到位，没有建立专门的应对处理机构，一旦发生突发事件或重大纠纷，往往很难及时确定相关职能部门，对于这种"烫手山芋"各职能部门甚至还会出现互相推诿的现象。另外，据笔者调查，大多数学校日常管理的内部规章制度，甚至有长期不修订、不完善的情况，对上位法的废改立以及政策的变化没有及时跟进，有些规章制度照搬样本或网上抄袭，没有根据本单位的实际情况来制定，基本上就是一种应付式的摆设或装饰。

因此，校内外各部门如何"联动"是核心，需要政府部门或学校行政力量的及时干预，迅速反应，统筹协力，分工合作，沉着应对，妥善处理。否则，会导致遇事慌张，乱成一团，高度紧张，处理失当，甚至局面不可控，造成不可挽回的损失。

(三) 纠纷应对机制理念滞后

理念是行动的先导，是思想的集萃，一个人有什么样的思想就会有什么样的行动，一个组织有什么样的发展理念就会有什么样的治理水平。思想理念对于行动和发展而言，旨在提供内生动力、规划蓝图和行动指南。因此，教育法律纠纷应对机制的设计和实施必然需要先进的发展理念和文化氛围。由于教育关系的特殊性，对教育法律纠纷的应对机制提出了更高的要求。教育或学习的过程，是人心灵的洗礼、熏陶和启迪，容不下焦虑、对抗和纷争，否则教育或学习效果将会大打折扣或无法持续。因此，和谐校园或宁静校园一直是人们所希望达成的一项共识。然而，"矛盾"无处不在、无时不在，具有普遍性和客观性。随着改革开放的深入、市场经济的发展，教育关系呈现复杂化特征，各类矛盾纠纷层出不穷，教育法律纠纷大量涌现出来。当前，包括教育纠纷在内的应对机制理念没有与时俱进，显得有些滞后。

其一，受到"维稳"思维的影响进入恶性循环的怪圈。稳定是任何社会治理的基础，邓小平同志曾指出："中国的问题，压倒一切的是需要稳定。没有稳定的环境，什么都搞不成，已经取得的成果也会失掉。"[1]由此，维稳一直备受各级政府及各单位部门的重视，一度成为政治任务加以考核。21世纪以来，各级政府将大量的人力物力财力用在维稳上，但社会矛盾和社会冲突的数量不但没有减少，反而不断增加，进入了"维稳怪圈"[2]。曾几何时，"稳定是硬任务""稳定压倒一切"的政治任务导致各级政府和单位承受着巨大的维稳压力，逐渐形成"一切都要给维稳让路"的思维。维稳存在重堵轻疏、重权力轻权利、重人治轻法治的趋向，"不加区别地将许多社会矛盾都视为不稳定因素，一味地将公众的合理利益表达与社会稳定对立起来，把公众正当的利益诉求与表达视为威胁稳定的因素，导致公众利益表达机制缺失"。[3]出现了"花钱买平安""以妥协求和谐"的怪象，或者"搞定即是稳定，摆平才是水平"简单粗暴的对立。这种"治标不治本"的做法不仅无助于矛盾的化解、问题的解决，还会纵容民众"缠闹获利"的错误心理预期，形成恶性循环。因此，在校园纠纷中，不乏"校闹"事件发生。

其二，注重末端处理，忽视防微杜渐。和谐社会并非没有矛盾、没有纠纷的社会，对于违法者、侵权人，根据违法必究的原则，人们一贯的主张是严惩凶手、救济权利、恢复正义。由于法律是对已发生的行为

---

[1] 邓小平：《邓小平文选》（第三卷），人民出版社1993年版，第284—285页。
[2] 清华大学课题组：《以利益表达制度化实现长治久安》，《学习月刊》2010年第23期。
[3] 王祯军：《法治视域下"维稳怪圈"之成因及破解路径研究》，《行政与法》2016年第12期。

进行调整的社会规范,因此诉诸法律是一种典型的末端处理方式,是问题发生后的被动做法,纠纷的预防和预警机制往往不被法律所关注。它如同污染防治一样,要求将纠纷控制的重点由末端处理转向纠纷源头预防,在教育过程活动中进行全程控制,在源头处消除矛盾和冲突。因此,应该关注过程控制,各级政府和各类学校将在教育纠纷预防工作的基础上,建立健全自下而上的预警机制,加强信息沟通和协商,防止冲突升级和矛盾激化。由于协商是理解和合作的基础,通过协商共同找出冲突原因和分歧所在,寻找双方可接受的方案和解决途径,在充分沟通的前提下,纠纷的化解会更彻底。然而,现实中,对于一些校园侵权或违法行为,听之任之;对于一些师生反映的问题和抱怨,置若罔闻,放任自流,在不断的量变中促成质变,最终导致江心补漏,于事无补,酿成严重后果。

(四) 纠纷应对机制不健全

随着教育纠纷的增多和加剧,致使教育法律纠纷的应对机制越来越遭人诟病,主要由于纠纷应对机制不健全、不完整,缺乏有效的预防和预警机制,仅仅注重解决机制这个环节。党的十八届四中全会通过了《中共中央关于全面推进依法治国若干重大问题的决定》,提出要"完善调解、仲裁、行政裁决、行政复议、诉讼等有机衔接、相互协调的多元化纠纷解决机制"。党的十九届四中全会通过的决议,推进国家治理体系和治理能力现代化,以提升社会治理水平。"多元化纠纷解决机制旨在将大量的矛盾纠纷在初期阶段通过社会组织予以分散、快速化解,避免矛盾纠纷过分集中到法院动用冗长的诉讼程序解决。"[①] 由此可见,从国家层面上看,对于社会纠纷矛盾的处理特别重视在事后的纠纷解决上,导致我国教育法律纠纷应对机制不健全、不完整,缺乏预防机制和沟通协商机制,忽视了事前、事中、事后的处理应对能力的建设和制度设计。

当前,我国应对教育纠纷或学校突发事件的管理在立法上也不完善,相关的法律法规零星分散、不够统一、不成体系,相互之间缺乏必要的逻辑联系,没有形成应对教育纠纷或突发事件管理的法律体系。一

---

① 卞文林、梅贤明:《多元化纠纷解决机制如何成长完善》,《人民法院报》2017 年 11 月 7 日。

且出现纷争或突发事件,就会陷入困境而束手无策,对学校、教师和学生的权益造成损害。学校和政府在应对教育纠纷或突发事件时采取的行政干预措施在法律层面上,由于缺少相应的法律依据,极易造成教育纠纷或突发事件中的冲突各方主体因权责不清、界限不明,导致矛盾加剧,事态恶化。在当下纠纷应对机制既有整体上的不健全,又有局部上的不完善。即使在整个教育法律纠纷应对机制中占据举足轻重的解决机制也存在诸多漏洞和不足。当前多元化纠纷解决机制在大力推进,当事人可以通过协商和解、调解、行政处理、仲裁、诉讼等方式来解决教育法律纠纷。但各种方式的发展程度不尽相同,一些纠纷解决方式的制度化、法制化程度不高,各种纠纷解决方式之间未形成统一协调、良性互动、功能互补、程序衔接的有效机制,尚未形成一个较为完整的纠纷解决体系。

一方面,当事人对诉讼外解决方式的功能、程序和优点了解不够,难以利用,尤其是诉讼外解决方式处理结果缺少法律强制力的保障,并不受人青睐;另一方面,当某些学生权益遭到侵害欲寻求司法救济时,由于司法审查无法或不能有效介入,导致权利无法救济。例如,无论是一般的警告处分还是剥夺学生受教育基本权利的开除学籍的处分,若学生不服处分,除了能够提出申诉,别无他法。现行制度为学生不服处分仅仅提供了一种救济途径,暴露出学校教育纠纷解决机制能力的不足。在司法实践中还有一些教育法律纠纷因法律规定不明确,出现当事人申诉无门,相关部门甚至相互推诿"踢皮球",而法院又拒绝立案的现象,使教育法律纠纷得不到有效解决。由此可见,当前我国教育法律纠纷应对机制的建立健全还任重道远。

第五章　教育法律纠纷应对机制的顶层设计

教育法律纠纷应对机制的构建不能局限于其自身，爱因斯坦曾说过，"我们不能用产生问题的同一思维水平来解决问题"。① 因为产生问题的角度永远都是问题，思维被限定在提出问题的方向上，就会难以突破。因此，要解决问题一定要另寻角度、另辟蹊径，在产生问题的方向上进行延伸分化，转换思路，确立价值目标，更新理念，提升解决问题的维度。由此可见，教育法律纠纷应对机制的构建，首先就是跳出问题的本身，站在更高的位置来俯视它、更高的维度来审视它，才能看清其全貌、轮廓和脉络。因此，教育法律纠纷应对机制的构建，需从其顶层设计开始，统揽全局，在最高层次上寻求问题的解决之道，为教育法律纠纷应对机制的具体制度设计提供理论指导和思想指引。

第一节　教育法律纠纷应对机制的价值追求

价值作为哲学范畴具有最高的普遍性和概括性，它是描述主客体之间的关系范畴。罗素曾说过，"追求一种永恒的东西乃是引人研究哲学的最根深蒂固的本能之一"。② 价值是有目的的行为的决定因素，对价值的追求是人类社会进步发展的动力，也是制度建构的方向指针，是引出和规定相应的理念和原则的基础。这里的"价值追求"就是教育法律纠纷应对机制构建过程中应实现的某种价值目标，以及对该价值目标的执

---

① No problem can be solved from the same level of consciousness that created it. —— Albert Einstein.

② [英]罗素：《西方哲学史》（上卷），何兆武、李约瑟译，商务印书馆1996年版，第82页。

着向往并力图达到此目标的强烈驱动倾向。① 教育法律纠纷应对机制，化解的不仅仅是纠纷冲突，其背后是人格尊严、民主法治、公平正义、和谐稳定等价值目标的支撑。"任何值得被称之为法律制度的制度，必须关注某些超越特定社会结构和经济结构相对性的基本价值。"② 因此，笔者认为教育法律纠纷应对机制的基本价值至少包括四个方面：和谐、民主、效益和人权。其中，和谐是首要价值，民主是过程价值，效益是结果价值，人权是目的价值，形成了一个相辅相成、有机结合的教育法律纠纷应对机制完整的价值体系。

一 和谐

中国传统社会和文化历来把"和谐"视为"最高的智慧和道德境界"③，和谐的价值观为社会冲突和纠纷解决提供了新思维、新思路，成为社会进步发展的主基调，贯穿于社会各领域。特别是在教育领域，和谐的价值显得弥足珍贵，是教育法律纠纷应对机制构建的首要价值，起到了高屋建瓴、提纲挈领的关键作用。

（一）和谐的基本内涵

党的十八大报告把"和谐"作为国家层面的社会主义核心价值观之一。中国古老的智慧——"和谐"价值观提供了认识世界的新思维，克服了片面强调"文明冲突"的认识缺陷。"和谐"价值观由来已久，甚至还有"天人合一"的传统观念。古代中国以实现"和谐"作为社会的最高理想，是一个"以和为贵""以讼为耻"的社会。"和"与"谐"最早出现在《尚书·尧典》之中，"（舜）帝曰：夔！命汝典乐，教胄子：直而温，宽而栗，刚而无虐，简而无傲。诗言志，歌永言，律和声，八音克谐，无相夺伦，神人以和"，通篇的意思也是着重在表达教育的终极目的要达到"和"。佛语中说："和谐是一切好运的源头。"传统的儒家思想对"和谐"的推崇贯穿于人伦社会之中，强调内部关系的和谐，以化解人类激烈的种内竞争，特别强调种内和谐。这是中国传统文化的精髓，也是

---

① 王伦光：《论价值追求》，《社会科学辑刊》2006年第2期。
② [美] E.博登海默：《法理学：法律哲学与法律方法》，邓正来译，中国政法大学出版社1999年版，第1页。
③ 李进金主编：《社会主义核心价值教程》，北京大学出版社2015年版，第142页。

解决问题的最高智慧，对于保持人类内部的协调，避免过度恶性的种内竞争，维护人类的良好生存和持续发展意义重大。当前人类面临的最重大最棘手的难题就是种内竞争问题，它构成了人类内部最大的压力和危机。

2003年以来，胡锦涛同志提出"和谐中国"的理念和构建社会主义和谐社会的目标，将"和谐"作为党带领人民建设社会主义现代化强国的奋斗目标之一，赋予"和谐"一词丰富的现代内涵。和谐社会的核心内容是民主法治、公平正义、诚信友爱、充满活力、安定有序、人与自然相和谐。然而，"和谐是基于差异性、多样性并尊重个体构建的秩序"。① 和谐社会应当是一种和而不同的理性社会，能够全面回应多元价值诉求。② 现代社会是由多元利益主体共同构成的，以公民全方位参与为特征的社会治理模式，正在日益发展成为社会秩序的主导方式。社会治理的目标是构建和谐社会，即"形成全体人民各尽其能、各得其所而又和谐相处的社会"。但和谐社会绝不是"调处息争""无讼是求"的社会，而是承认纠纷存在的客观性但力求和谐解决纠纷的社会。③ 教育领域的矛盾纠纷绝不可能被完全消灭掉，它跟其他社会纠纷一样客观存在。面对教育领域的各种冲突、矛盾和纷争，稳定、和谐、有序成为学校、师生、家长渴望的理想状态，构建和谐校园，必须建立妥善化解各种纠纷的有效机制。

（二）教育法律纠纷应对机制中"和谐"的价值目标

当前和谐观念已逐渐深入人心，成为社会追求的普遍价值。一方面，和谐是人际关系的协调、矛盾冲突的化解，"和谐社会视野下的纠纷解决，能够充分利用个人、社会、国家各个方面一切有利于纠纷解决的各种因素、机制和资源，而纠纷解决的设置也应当以和谐为出发点，寻求体现和谐精神的纠纷解决机制才是最明智的选择"。④另一方面，基于受教育权以及教育关系的特殊性，和谐对于教育领域、对于校园、对于师生关系有着不同寻常的价值和诉求，胜于其他领域的交易关系。因此，"和谐"是教育法律纠纷应对机制的首要价值。纠纷解决体系是构成

---

① 齐树洁主编：《纠纷解决与和谐社会》，厦门大学出版社2010年版，第31页。
② 罗豪才、宋功德：《和谐社会的公法建设》，《中国法学》2004年第6期。
③ 吴俊：《论司法最终解决原则——民事诉讼的视角》，《法治论坛》2008年第1期。
④ 唐林、郑妮：《和谐社会视野下纠纷解决机制研究》，《毛泽东思想研究》2008年第6期。

和谐社会的重要基石,也是和谐校园的法治保障。由于教育领域中各种利益和需求的多元化、纠纷主体的多元化以及价值观念的多元化,并且有其自身的特殊性,更需要多元化的纠纷解决机制和一整套高效的应对机制。将教育法律纠纷应对机制追求和谐的价值目标,贯穿于顶层设计和具体制度之中。

首先,为了达成和谐的价值目标,一方面要观照教育的宗旨和特质,教育法律纠纷应对机制需强调预防在先,把教育领域的冲突和矛盾尽可能消灭在萌芽状态,防患于未然,做到"图之于未萌,虑之于未有",强调防范的主动性和预见性;另一方面,对教育法律纠纷的治理从末端提前到源头的防控,不再消极或被动地应对,而是积极有所作为,防范于源头。其次,在矛盾冲突发生之后,加强沟通合作,尽可能不激化矛盾,双方协商谈判,建立有效的沟通协商机制,将纠纷消灭于萌芽阶段。再次,在纠纷形成之后,提供多元化的纠纷解决机制,重在调解,将调解贯穿于整个教育法律纠纷过程之中,尽可能将纠纷化解在诉讼审判之外。对于进入诉讼程序的纠纷,应首选调解。最后,教育法律纠纷解决之后,还要建立善后机制。通过师生心理干预、校园秩序恢复、调查评估、问责追责、总结反馈等,不断完善预防机制,从而形成整个教育法律纠纷应对机制的闭合回路。纠纷化解目的是恢复和谐、保障和谐。但和谐决然不是"和稀泥"、忍气吞声或无原则地退让妥协和放弃权益,"和谐意味着公平与正义,法治秩序应以内部的和谐为基础,而不是建立在强权与压制之上"①,不违背社会公序良俗和道德良知,不触犯法律底线。

二 民主

近代以来,民主是世界潮流,势不可挡。一个多世纪以来,中国的民主化经历了一条极其曲折和艰辛的道路,但"民主共和"观念早已深入人心,在中国共产党领导下形成了中国特色的选举民主与协商民主相结合的社会主义民主。在现代社会,民主已经成为公民的一种生活方式和生活态度,民主选举、民主决策、民主监督是公民行使民主权利的重要途径。因此,教育法律纠纷应对机制的构建必须充分体现民主的价值,保

---

① 范愉:《多元化纠纷解决机制与和谐社会的构建》,经济科学出版社2011年版,第55页。

障各种教育主体的合法权益,是"办人民满意教育"的应有之义。

(一) 民主的内涵及变迁

"民主"一词源自希腊文"demokratia",由两个词构成:一个是"demos",意为民、民众、平民、庶民、人民、贫民;另一个词是"kratein",意为统治或权力。这两个希腊词的合成词就是民主: demokratia。它于16世纪演变为拉丁文"democratia",17世纪成为英文"demoucracy"。因此,"民主"一词从词源上讲具有民治、平民的统治或人民的统治的含义。中文中"民主"一词也是由"民"和"主"两个字组成,并且"民"与希腊文"demos"含义相同,均代指没有官职、被统治的庶人、臣民。《辞海》对"民"的词源含义这样解释:"民"泛指被统治的庶人。因此,从词源上来讲,"民"与"官"是相对的。然而,中文中"主"的含义却不同于希腊文"gracy"。"主"虽然也有掌握、统治之意,但它在古代"民主"一词中的含义却如同在"国主""家主"中的含义一样,指君、长、主人,所以中国古代的"民主"一词的含义就是民之主,也即民的主人、为民做主,"民之主宰者",说到底,就是君主、官吏。如《三国志·吴志·钟离牧传》中写道:"仆为民主,当以法率下。"由此可见,中西方关于的民主的词源含义大相径庭,甚至截然不同。

近现代意义上的民主起源于古希腊的直接民主,它主要表现为全体公民作为统治者参与政治,集体掌握国家的最高权力,一切重大国事以简单的多数票决定。但过于泛滥的直接民主逐渐成为政治腐败、社会动乱的隐患,演变成一种暴民政治,后来被公认为一种腐朽的政治体制。直到十七八世纪,资产阶级革命的胜利,代议制的产生,民主才开始复兴,通过由公民定期选出的代表行使管理国家权力。在工商业文明的推动下,西方资产阶级思想家对古希腊民主注入了自由主义精神,进行了现代化的改造和转型,直接的民主转向间接的民主、无限的民主转向有限的民主、极端的民主转向自由的民主。然而,在价值和利益越发多元化的现代社会,这种票决民主的弊端日益显现,投票结果产生之后,"赢者通吃",公众就难以再参与和改变。"民主原则是商谈原则和法律形式相互交叠的结果。"① 民主不应仅仅体现为自由选择,还应充分、真实

---

① [德] 尤尔根·哈贝马斯:《在事实与规范之间》,童世骏译,生活·读书·新知三联书店2011年版,第148页。

地表达意愿以及参与和影响决策的过程才是其精髓。通过参与和协商，寻找各自利益的交集，减少因利益矛盾而引起的对抗和排斥。协商民主对于维系一个公共性的社会极为重要，为破解票决民主的困境，弥补自由主义民主的缺陷提供了新路径、新思维。习近平总书记指出，要"推动社会主义协商民主广泛多层制度化发展"。① 具有中国特色的社会主义协商民主，丰富了民主的形式、拓展了民主的渠道、加深了民主的内涵②，为世界民主的发展提供了一种新的路标。

（二）教育法律纠纷应对机制中"民主"的价值目标

一方面，民主是人民的必然选择，世界的发展潮流，与其说是理论家的设计，倒不如说是广大民众的诉求。正如穆勒所说的，民主的兴起不是"思想家们鼓吹的结果，而是由于几大股社会群体已变得势不可挡"。③它对政治、经济、文化等各个领域产生了重大而深远的影响，重新塑造了一个国家、一个民族、一个单位和每一个人内在的蕴涵和外在的气息。"民主并不是政治生活的独特现象，而是人类公共生活的内在特征。"④ 民主延伸和推及于教育领域，形成所谓的"教育民主"，根据《大辞海》的解释，其主要包括：（1）所有公民都享有平等的受教育权利，即教育机会均等化；（2）教育决策与管理有学生、教师、家长及其他教育行政人员或公众的参与，即教育管理民主化；（3）师生之间的平等关系，即教学过程民主化。遵循平等、参与、自主和宽容的原则⑤。另一方面，民主在纠纷冲突的化解机制上得到广泛的应用。"在纠纷解决过程中，当事人法律地位和参与机会的平等能够得到充分保障，其依法所享有的权利能够充分实现，其个人意愿在程序的启动和进行中能够得到充分尊重，从而真正体现纠纷解决程序的民主性和对冲突主体合法愿望的尊重。"⑥

---

① 《习近平谈治国理政》（第一卷），外文出版社 2014 年版，第 82 页。
② 中共中央党校：《习近平新时代中国特色社会主义思想基本问题》，人民出版社、中共中央党校出版社 2020 年版。
③ 王绍光：《民主四讲》，生活·读书·新知三联书店 2008 年版，第 32 页。
④ 莫吉武、杨长明、蒋余浩：《协商民主与有序参与》，中国社会科学出版社 2009 年版，第 1 页。
⑤ 石中英：《教育哲学》，北京师范大学出版社 2007 年版，第 6 页。
⑥ 顾培东：《社会冲突与诉讼机制》，法律出版社 2016 年版，第 90 页。

协商民主具有"多元性、包容性、理性、程序性、公共性和共识性"①的特征,教育法律纠纷应对机制建构中必须充分注重协商民主的价值作用。首先,在创建教育制度和学校规则时,需充分考虑师生权益保障问题,通过理性、有序的公众参与和民主程序协调"民意"和各方利益,实现教育的"良法善治"。另外,还需运用民主协商的方式,建立民主协商平台,如教代会、学生会、工会、居委会和家委会等利益相关群体参与到教育法律纠纷的预防、调解等环节之中。其次,在教育领域的争端冲突初现端倪、尚未真正形成纠纷之际,应尽快通过开放性的民主协商机制进行协调和疏导,通过民主参与和沟通机制,及时作出预防性的妥当处置,使纠纷消解于萌芽状态,不至于矛盾激化,形成剧烈的冲突。对于建构和谐民主的教育法律纠纷应对机制而言,以科学的治理机制预防纠纷和早期介入,比纠纷解决更为重要。最后,在教育法律纠纷的解决上,重视非诉解决机制(ADR)的运用,通过平等参与,相互尊重和宽容,以交流合作的方式来促进纠纷的化解,从对抗对决走向对话协商,从单一价值走向多元化,从胜负决斗走向争取双赢。即使是在司法程序中,也可以通过协商和解弱化对抗性②,充分发挥协商民主的特殊价值和功能。

三 效益

在人类社会漫长的发展进程中,矛盾无所不在,最根深蒂固的矛盾历来是自然界有限资源与人类无限需求之间的矛盾,为了解决或缓和这对矛盾,于是出现了效益的概念。即通过提高效率,实现资源的优化配置和公平分配,来获得最大的社会效益和经济效益,"公平与效率是人类社会的基本价值矛盾"③,效益反映了公平与效率的辩证统一关系。教育法律纠纷应对机制的构建必须满足公平与效率的价值追求,否则丧失效益,将会被人抛弃和诟病,变成无用的摆设。

(一)效益的基本内涵

在漫长的历史长河中,人类"倾向于把最有效益的观念和措施认为

---

① 韩冬梅:《西方协商民主理论研究》,中国社会科学出版社2008年版,第42页。
② 范愉:《纠纷解决与社会和谐》,《司法》2006年第00期。
③ 文正邦主编:《马克思主义法哲学在中国》,法律出版社2014年版,第52页。

是正义的、公平的"。① 效益原本是经济学、管理学的概念，其字面含义就是效果和收益，它反映的是投入与收益之间的关系，主要包括经济效益、社会效益。效益有高低之分，用最少的付出（最低成本），使问题得到最好的解决（最大收益）就是高效益。效益体现了目标的实现程度，效益不等于效率，效率高未必效益就大，两者不成绝对正向关系，效益还包含了公平正义的制约因素。而公正与效率历来又是一对矛盾，两者既可以和谐统一，又会相互对立。效率最初是物理学中的概念，后来在经济学中使用，是指单位时间内完成的工作量，要求"解决某一具体纠纷所投入的成本应当与这个纠纷所牵涉的社会资源成比例"。② 而公正即社会公平、正义，是人们历来普遍崇尚的价值标准，是国家和社会应然的根本价值理念，保证纠纷解决实体与程序的正义。一般来说，效率是公正的前提和基础，公正是效率的促进和保证，不存在绝对的公正与效率，二者总是在相辅相成、相互兼顾、妥协中前进。过分强调公正，易造成效率的低下；反之，过分强调效率，易造成公正的缺失。既要提高效率，又要促进公正，两者不可偏废，而效益则是公正与效率的最佳平衡点。

目前关于公正与效率的关系的论断，在不同的历史时期出现过四种，即"公正优先"论、"效率优先"论、"效率优先，兼顾公正"论以及"效率公正并重"论。公正与效率关系的讨论从经济领域不断向其他领域拓展和延伸，目前在法律领域得到普遍的关注，公正与效率成为法律所要追求的两大基本价值。法律是公正的化身，公正是法律活动的本质要求。作为维护社会正义的最后防线的司法，培根曾精辟地指出："一次不公正的裁判比多次不平的举动为祸尤烈。因为这些不平的举动不过弄脏了水流，而不公的裁判则把水源弄坏了。"③ 公正是司法的生命线，司法不公对社会公正具有致命的破坏作用。没有公正就没有效率，缺乏公正的司法不但不能解纷息讼，反而会造成缠诉不止、资源浪费，使得法律尊严、司法权威受损；没有效率就谈不上公正，诚如西方法谚所言，"迟来的正义是非正义"，它反映的是正义的时效问题。正义本身具有时效的内涵，过于迟缓、"不及时的正义"实际上是非正义，在漫长

---

① 冯玉军：《法经济学范式》，清华大学出版社2009年版（孙国华所作序言）。
② 齐树洁主编：《纠纷解决与和谐社会》，厦门大学出版社2010年版，第11页。
③ 《培根论司法》，蒋惠岭译，《人民法院报》2019年8月30日。

的诉讼中带来的痛苦与无奈让人承受着各种巨大的压力。如同一份迟到的大学录取通知书对一个曾经渴求上学而被迫辍学的考生来说，已经没有了现实价值，无法补偿和恢复。

（二）教育法律纠纷应对机制中"效益"的价值目标

有史学家研究表明，中国历来就有注重社会组织和运行效率的朴素追求。① 效率是效益的基础，效益是在特定制度和目标约束下对效率的实现。"教育要在公平与效率之间做出某种权衡，那就是，在公平中放入些合理性，在效率里添加一些人性。"② 教育法律纠纷应对机制中的效益就是在公正与效率基础之上的一个综合的价值目标。任何制度或机制的设计都不可能要求绝对的或纯粹的公正与效率，我们面对无可回避的公正与效率问题时，不得不进行着各种利益的权衡和选择，力求寻找二者之间的平衡点，这是制度构建的难点所在。然而，当下法律程序的设计越来越专业繁复，越来越强调它的所谓"独立的价值"，即法律程序本身越来越成为正当性、公正性的源泉。过于烦琐的程序就意味着时间流逝的沉重代价，会导致正义时效要素的流失和消亡。当然，教育法律纠纷应对机制的效率考量，绝不是追求"廉价的正义"，也不是突破法律的底线，而是基于法治切实保障每个人利益的最大实现以及整个社会效益的最大化。为了确保"及时的正义"，避免"迟来的正义"，通过多元化的途径预防社会矛盾和化解纠纷，实现教育法律纠纷应对机制中的效益目标。

首先，在教育法律纠纷应对机制建构中，注重纠纷预防，将纠纷矛盾消灭于萌芽状态，这是最经济的、最有效的措施，其效益的价值目标最容易整体达成。因此，教育法律纠纷的防范和控制、当事人沟通机制的建立显得尤为重要。其次，对教育法律纠纷进行分流，就能够为当事人提供更多的选择空间，用非诉讼解决纠纷方式来避免诉讼程序的高成本、高风险和诉讼迟滞等固有的弊端，分担诉讼的压力，减少司法资源消耗以及"迟来正义"的风险，以最小的投入，实现最大的社会效益。

---

① R. Randle Edwards, Rediscovering Key Aspects of China's legal History, 1 China Legal Science 121, (2013).
② 王雪梅、张玉霞、陈立峰：《法与教育公平》，中国农业科学技术出版社2007年版，第9页。

再次，建立多元化的纠纷解决机制，严格争端处理的时效和期限制度，注重发挥和解谈判、调解等 ADR 的功能，减少了在诉讼程序中的对抗性。由于教育法律纠纷的特殊性，诉讼不利于双方长期教育关系的维持，导致双方从此很难重新建立信任和合作关系，造成一种长远的浪费，不利于经济社会效益的实现。最后，当教育法律纠纷解决之后，需要及时处理遗留问题或后续问题，所以要创建教育法律纠纷的善后机制，恢复秩序和评估总结，完善纠纷预防机制，降低纠纷的风险和成本，确保教育法律纠纷应对机制的效益价值。

四 人权

"法治的真谛是人权。"[①] 人权是所有人与生俱来的权利，"享有充分的人权，是长期以来人类追求的理想"。[②] 保障人权是社会主义的崇高理想，是制定和实施社会主义法律的根本目的，是全人类的共同价值追求。[③] 因此，教育法律纠纷应对机制构建的终极目标就是保障人权，这是以人为本、以人民为中心思想的贯彻，是一切制度安排和规则设计的价值追求。

（一）人权的内涵及观念演变

欧洲文艺复兴运动的领军人物——但丁最早明确提出"人权"一词，认为"帝国基石是人权，帝国不能做任何违反人权的事情"。[④] 人们对人权概念的认识，是从资产阶级把人权作为反对中世纪神权和封建专制特权的斗争利器开始，从自然权利到天赋人权再到法律权利的概念演进，处于一个不断叠加、生长、丰富和发展的状态。《牛津法律大辞典》对"人权"的解释为："要求维护或者有时要求阐明那些应在法律上受到承认和保护的权利，以便使每个人在个性、精神、道德和其他方面独立获得最充分和最自由的发展。作为权利，它们被认为是生来就有的个人理性、自由意志的产物，而不仅仅是由实在法所授予的，也不能被实在法所剥夺或取消。"因此，人权经常被理解为使人成为人的基本的和

---

① 徐显明：《法治的真谛是人权——一种人权史的解释》，《人民法院报》2002年9月16日。
② 国务院：《中国的人权状况》白皮书（1991年）。
③ 李步云、张秋航：《保障人权的重大意义》，《法学杂志》2013年第3期。
④ ［意］但丁·阿利基耶里：《论世界帝国》，朱虹译，商务印书馆1985年版，第76页。

普遍的权利。西方人权理念为我国传统道德修身文化注入了"人本思想",扬弃了中国传统的"民本思想",提出了"以人为本"的理念。我国坚持历史唯物主义的人权观,认为人权是一种历史范畴的权利,体现人的本质属性,是历史的、具体的,受制于物质生产方式,最终目标和归宿是追求人的解放、"人的自由而全面发展"。① 因为"个人全面发展是最高、最美、最完整的人性状态,是人的最高幸福"。②

由于"人权"是西方舶来品,根植于发达的商品经济和工商业文明的土壤中,在自然经济和农业文明条件下的中国是不可能提出"人权"概念的,人权问题也无从探讨。在血缘社会结构中,宗法伦理的礼制和法制对人们的权利、自由、平等构成巨大压抑和遮蔽,"普天之下莫非王土,率土之滨莫非王臣"的观念源远流长,官本位思想根深蒂固,人民只是政权的工具、被统治的对象,极其低贱,诚如鲁迅先生所言:"中国只有两个时代,暂时坐稳了奴隶的时代和争做奴隶而不得的时代"③,基本上没有人的尊严和气息。由此可见,中国传统社会结构与人权是绝缘的,无法发育出现代人权的内涵和基因。直到改革开放之后,才接触到西方传入的人权理论和观念,邓小平同志破除了经济体制模式上的"姓资"与"姓社"的藩篱和纠缠。随着市场经济体制的建立和发展,人们对"人权"一词开始逐渐从敌视、排斥到接受、认可。尊重和保障人权,是人类社会进步发展的历史潮流,是人类文明的重要标志。2004年中国将"国家尊重和保障人权"庄严地写入宪法,这是中国宪法史上对人权第一次的明确规定,合乎民意,顺乎潮流,人权成为"所有人民和所有国家努力实现的共同目标"。④习近平总书记提出的"坚持以人民为中心"的发展观及法治思想,最广泛、最深厚地回应了人权保障的时代潮流。

(二)教育法律纠纷应对机制中"人权"的价值目标

我们正走向"权利的时代","人权是我们时代的观念"⑤。在市场

---

① [德] 马克思:《资本论》(第一卷),(中共中央马克思恩格斯列宁斯大林著作编译局译)人民出版社2004年版,第63页。
② 靳玉乐、易连云:《教育基本理论问题专题研究》,西南师范大学出版社2012年版,第56页。
③ 鲁迅:《灯下漫笔》,豆瓣网,https://www.douban.com/note/752838973/。
④ 《世界人权宣言》,搜狐网,https://www.sohu.com/a/280748284_100934。
⑤ [美] 路易斯·亨金:《权利的时代》,信春鹰等译,知识出版社1997年版,第1页。

经济大潮和工商业文明时代背景下，社会结构形态发生了巨变，促进了民众权利话语意识的觉醒。公民权利是现实人权的途径和方式，人权可以分为应有权利、法定权利和实有权利三种形态①，是一个不断从应然转化为实然的动态过程。人权要求在本质上是超越法律的，它的主要目的是向现存的制度、实际活动或者规范，尤其是法律制度挑战，或者改变它们。② 人权作为法律的终极价值，促使现存的规范、制度、机制不断更新和进步，确保公民基本权利的适时实现。教育法律纠纷应对机制作为制度规范，其根本目的在于通过教育法律纠纷的有效预防和化解，保护学生、教师、学校等教育主体的合法利益，维护和谐有序的教育环境，促进学生身心健康成长成才。因此，尊重和保护人权，是构建教育法律纠纷应对机制的基本要求。应对机制的价值追求具体表现为：维护学校师生合法权益，保障教育关系主体通过正常渠道表达利益诉求的权利，并且提供多元化、人性化的教育法律纠纷的应对和化解之通道。

首先，保障获得权利救济的权利，提供多元化、多渠道的救济。有权利必有救济，权利救济是权利保障的最后手段。它作为衍生性的权利，又是不可或缺的，为权利保障体系提供了其自足的和自我完结的内在契机。③ 宪法上包括提起申诉、控告的权利和国家赔偿及补偿的请求权等。落实到教育法律纠纷上，包括和解、调解、申诉、仲裁、诉讼的请求权，建立起一整套可供多项选择、各种救济制度相互衔接的多元化教育法律纠纷解决机制。

其次，重点保障学生的受教育权，增强受教育权的可诉性。基于受教育权的特殊性，对公民受教育权进行及时有效的救济和保障是应对机制构建的特色和使命。由于诉权是司法程序的触发机制，是人权自身的"可诉属性"的体现，被誉为"现代化社会中的第一制度性人权"，且"如果存在着不能成为诉的对象的领域，那么，法律就缺少终极意义上的权威性"。④ 因此，必须保障受教育权的可诉性及其救济的"完整性"和司法的"最终性"。

最后，保障教育主体的程序权利，建立参与协商合作的机制。自从

---

① 李步云：《宪法比较研究》，法律出版社1998年版，第425—428页。
② ［美］杰克·唐纳利：《普遍人权的理论与实践》，王浦劬、张文成等译，中国社会科学出版社2001年版，第14—15页。
③ 参见周叶中主编《宪法》（第三版），高等教育出版社2011年版。
④ 莫纪宏：《论人权的司法救济》，《法商研究》2000年第5期。

"正当程序"的法律概念提出以来，程序显然从实体的附属品中独立出来，① 程序权利是实体权利的保障，它强调了当事人的人格尊严和法律关系的平等地位，主要包括程序介入权、平等对待权、信息获取权、说明理由权、抗辩陈述权、谈判沟通权、协商处置权、请求救济权等，涵盖了教育法律纠纷事前、事中、事后的程序权利，体现了教育主体程序的参与性和主动性。

第二节 教育法律纠纷应对机制构建的理念更新

"理念"（eidos）一词最初是西方哲学意义上的概念，内涵非常丰富，理念作为制度建构的思想基础，是上升到理性高度的观念，对事物本质和规律的认识，是处于至高层面的意识特质。"理念不仅是一种对事物或现象的理性认识，更应是通过人类经验与理性对待事物或现象的存在的最全面、最深刻的把握"②，成为统领全局、指导行动的最高准则。从历史上考察，社会纠纷治理的起点是纠纷理念的首先确立，我们只有自觉地运用理念站到现实的彼岸审视当下纠纷应对机制及其制度缺陷，从而寻找矫正或补救的路径和方案，才能真正推动纠纷应对机制的与时俱进、日益完善。教育法律纠纷应对机制亦是如此，陈旧落后的理念是阻碍着我国教育法律纠纷应对机制科学构建的根本因素。由此可见，理念更新是前提，贯彻落实是关键。

一 从人治到法治

教育法律纠纷应对机制的构建，首先置身于一国的治国方略中，无不受到国家治理模式和民族传统文化的深刻浸染和影响。人治和法治作为人类社会中最基本、最主要的两种治国方略，是人类政治文明的结晶，它们建立在相应的经济基础之上，孕育于相应的思想文化之中。

（一）人治的产生及适配体系

由于人类是自然进化的产物，从动物中分化出来，跟其他动物一

---

① 参见［美］保罗·布莱斯特等编著《宪法决策的过程：案例与材料》，张千帆等译，中国政法大学出版社2002年版。
② 张书清：《金融法理念论纲》，博士学位论文，西南政法大学，2009年。

样，人类起初生活在血缘群团之中，形成了以血缘关系为纽带的原始社会组织——氏族部落，主要依靠图腾、习惯、道德维系社会秩序和人际关系，人类社会治理一开始就表现为人治、德治，由氏族中德高望重的长者、老者来管理整个部落。社会治理在"人性善"的框架下顺畅运行，氏族内部的冲突极少发生，对于业已发生的纷争往往由族长调解处理。随着农业社会的到来，人口暴涨，氏族部落领地边界不断接近和重合，血缘群团的原始社会结构遭到破坏，社会结构逐步超血缘化，于是先后出现了部落联盟和国家构型，人类出现第一次社会大转型。此时，古代西方缔造出高于人类的"神"维系社会秩序，进入了神学和宗教时代；而古代中国却是延续了最原始、最稳定的血缘结构体系，从周公制礼作乐开始，"立天子置三公"、建立起严密的宗法等级和政治道统，特别是儒家学说在汉代被确立为古代正统思想，建立起了"儒法合流""外儒内法"的人治体制，主张克己复礼、道德教化、德主刑辅，法律只是强制的手段，出礼入刑，试图用宗法伦理和严刑峻法来整顿超血缘社会的紊乱结构，整个国家政治、社会制度和思想文化进行泛血缘化建构，血缘礼制关系表现得极端复杂和泛化，甚至到"民胞物与"的境地。

因此，在数千年的血缘宗法社会结构中，在"亲亲而尊尊"的礼制下，"君君、臣臣、父父、子子"的纲常伦理，使得社会尊卑有序、稳定运转。而血缘等级投射在社会上，就是皇权体系，国王就是君父，官员为臣子，老百姓是庶民，实行家国同构，家长制式的建构自然成为一种常态，君主专制成为必然。君权至高无上，法律只是管束和惩治臣民的刑罚，皇权在法律之外。在农业文明的生存体系中，生活在血缘群团和血亲结构中的"家人"（而不是公民），不讲权利和自由，只讲义务和服从，孝道至上，以孝治天下，以维护君主专制统治及其特权等级制度。由此可见，"人治"在古代中国的治国理政和社会治理中有着深厚肥沃的土壤，跟生存环境构成了相应的适配体系，相辅相成、相互依存。传统人治是一种贤人政治，因人而异，推崇个人权威，权大于法，"是人的不受理性支配的情感之治""是不受法律制约的绝对权力之治"[1]，法只是治的一种手段。"人治"理念必然渗透到国家治理和社会生活的方方面面。人治有其必然性、合理性和适应性，体现了决策高效简便、灵活性

---

[1] 丁士松：《论人治》，《武汉大学学报》（哲学社会科学版）2008年第4期。

强、针对性强的优势,重视人的特殊化,但也容易因个人的爱好而有倾向性,因缺乏有效制约而显现出随意性、多变性以及横暴性的弊病,是与农耕文明生存体系相适配的政治原则和思想观念。

(二) 法治的渊源及治国方略的转换

众所周知,人类社会一开始并没有"法",在两三百万年漫长的人类历史长河中,法律是最近三五千年才产生的,是人类发展到一定阶段的产物,表现为社会结构从血缘纽带的松散到超血缘社会的形成,社会组织从氏族部落的瓦解到国家的建立,并且随着社会分工和私有制的出现,商品交换的频繁,道德和宗教等社会规范再也无法调整日益复杂的社会关系,具有国家强制力的法律应运而生,成为国家统治的工具,运用暴力管控社会。从某种意义上说,法律是人类道德败坏的产物,在过去数百万年中人类社会没有严刑峻法、没有暴力机器,依靠道德自律和习惯自治,社会秩序和人际关系依然井井有条。最早的法的出现,无论是古埃及、古巴比伦还是古中国,在农耕文明之下的法律无非就是维护君主专制统治的残暴手段,只不过是"人治"模式中"硬"的一手,是专门针对整治老百姓所用。我国先秦法家思想主张"法为专制",严格维护君主至高无上的地位和特权,提出一系列"愚民、辱民、穷民"理论以及"民弱国强,民强国弱"官民对立的苛政思想,"民"是极为轻贱的,只是国家政权的工具。这种简单粗暴的古代法制系统,依靠严刑峻法,成本最低、管制最有效,是农业文明生存体系以及血缘宗法社会结构的必然产物。

产生于大河流域的农业文明之下的古代法制,与建立在工商业文明基础之上的现代法治理念格格不入,两者没有明显的继承关系,是两种不同的法系。现代意义的法治始源自西方,最早可追溯到古希腊、古罗马。亚里士多德认为法治优越于人治,"法治"应包含两重含义:已成立的法律得到普遍的服从,而大家服从的法律又应该是本身制定得良好的法律[1]。源于古希腊罗马的法治理论经过近代的文艺复兴和启蒙运动,由英国的哈林顿、洛克、戴雪,法国的卢梭、孟德斯鸠和德国的康德、黑格尔以及美国的潘恩、杰弗逊等思想家的丰富发展,奠基了现代法治的

---

[1] [古希腊] 亚里士多德:《政治学》,吴寿彭译,商务印书馆1965年版,第217页。

基本框架和内涵，形成了民主政治、法律至上、保障人权、权力制约、程序正义等法治原则，对世界各国的法治理论和实践产生了重大而深远的影响。

自 15 世纪大航海时代以来，农业文明开始逐渐衰退，工商业文明逐步兴起和壮大，经过工业革命之后，席卷全球，势不可挡。固守陈旧落后的旧传统旧模式，不可避免地会被历史所淘汰，中国近代的百年屈辱史就是例证。文明形态的更替主要表现在人类获取资源方式的变化和升级上，工商业文明是比农业文明更高级的文明形态，前者是跨区域获取资源，后者是限区域获取资源，这意味着工商业文明下，人类的生存要素流动性加快，财富与人口剧增，人与资源关系发生重大变化，社会事务和人际关系进一步复杂化，利益关系不断分化和多元化。适合于人少事简、自然经济、血缘宗法的"人治"再也无法适应人多事繁、高度流动性的商品经济和完全超越血缘的现代社会，法治的理性、确定性、规范性以及公正性满足了现代社会的生存诉求，对于冲突和纠纷的预防和化解具有深远而重要的意义。由此可见，从人治到法治的转换，是人类社会生存体系改变、文明形态更替的必然要求。

（三）教育法律纠纷应对机制构建的"法治"理念

基于工商业文明之下的现代法治，乃世界潮流不可抗拒，关系到国家和民族的成败与兴亡。在农业文明向工商业文明的社会转型中，1997 年党的十五大提出了"依法治国，建设社会主义法治国家"的治国方略，1999 年载入了《宪法》，确立了"法治"的治国方略。2014 年党的十八届四中全会作出了《中共中央关于全面推进依法治国若干重大问题的决定》，这是党的历史上第一次把依法治国作为中央全会的主题，开启了法治中国建设的新征程，制定了依法治国的总目标，提出了依法治国的各项任务，构筑了依法治国的总体框架。[1] 2020 年党的历史上首次召开的中央全面依法治国工作会议，将习近平法治思想明确为全面依法治国的指导思想。时至今日，"法治"一词成为中国社会耳熟能详的词语，因为"法治始终是稳定器、压舱石"[2]。从"人治"到"法制"再到

---

[1] 李进金：《社会主义核心价值教程》，北京大学出版社 2015 年版，第 242 页。
[2] 李阳：《新征程，法治中国梦想熠熠生辉——习近平总书记对政法工作重要指示激励全国法院系统干警奋发有为实现新突破》，《人民法院报》2021 年 1 月 10 日。

"法治",从"依法治国"到"全面依法治国"无疑是中国治国理念的重大进步,标志着我国对法治的追求从朦胧走向成熟和自觉,是党的领导方式、执政方式、治国方略的重大发展,是对"人治"传统的摒弃,奏响了国家治理体系治理能力现代化最强音①,逐渐"形成办事依法、遇事找法、解决问题用法、化解矛盾靠法的良好法治环境"②。让法治成为全民的信仰,"法律必须被信仰,否则它将形同虚设"。③ 把法治精神、法治意识、法治观念熔铸到每一个人的头脑,渗透到每一个角落,普及到每一个领域,确保每一个人都获得公平正义的对待。

为了实施依法治国方略,相应地,教育领域相继提出了依法治教、依法治校的要求,就是用法律来规范教育管理活动,协调教育关系,指导教育活动,解决教育矛盾,保护学校和师生的合法权益,促进教育事业的健康快速发展④。教育活动中的各个主体,包括教育行政机关、学校、教师、学生等必须依法守法,转变观念,让法律成为教育活动中的主导力量。教育法治首当其冲的就是依法治校,从"人治"走向"法治"成为现代学校治理从主观性、随意性向客观性、规范性发展的必由之路。在我国,传统的学校内部治理上大都沿用政府行政管理手段,而行政化管理所需投入的成本、产生的副作用比法治化管理要大得多。随着当前我国教育体制改革的深入推进,这种传统的以人治为特征的管理模式已然不能适应现代学校的发展,无法应对现代复杂且多变的社会环境。法治作为人类社会发展的主要标志,成为学校治理的理性选择。与人治治理模式中要求学校领导的个人魅力、事事请示领导的处事方式不同,依法治校要求人们服从的是法律法规、规章制度所事先规定的法理型权威,而不是个人权威,提高学校治理的效率和现代化水平。所以,建立健全学校相应的规章制度与办事程序,是实现从人治到法治的制度基础,也是构建教育法律纠纷应对机制的思想前提。

---

① 刘吟秋:《法治道路的自信选择》,《人民法院报》2019年10月1日。
② 习近平:《在首都各界纪念现行宪法公布施行三十周年大会上的讲话》,《十八大以来重要文献选编》(上),中央文献出版社2014年版,第92页。
③ [美]哈罗德·J. 伯尔曼:《法与宗教》,梁治平译,生活·读书·新知三联书店1991年版,第2页。
④ 参见教育政策法规编写组《教育政策法规》(第3版),西北大学出版社2016年版。

二　从管理到治理

"管理""治理"的词语在当今社会十分常见,在各个领域均被广泛使用。"管理"与"治理"虽然只有一字之差,但其内涵与外延有巨大差别。教育法律纠纷的预防、化解和处置的效果跟管理或治理的理念有着密切的联系,是涉及应对机制顶层设计的重要因素。

(一)"管理"与"治理"含义及其差异

人类社会中"管理"的活动和思想由来已久,不同的时期和不同的领域对于管理的含义有着不同的理解。从词源上看,"管"字本意是指一种竹制的六孔吹奏乐器,用手来控制这些小孔,引申为掌管、管制、约束、负责的意思。"理",从玉,在《说文解字》中,"理,治玉也",即把玉石按照其纹理打磨雕琢为玉器,引申为纹理、条理;还有另外一种解释,在甲骨文中,"玉"与"王"字形不同,含义也不同①。而"王"字象斧钺之形,在商代之前为军事首领的象征和称呼,后引申为权力。"里"是指人聚居之地,多依地形而建居。两者合体意为有一定职权的人对其所管辖的人和事按照一定的条例进行管理和控制。时至今日,"管理"一词的使用非常普遍,例如公共管理、企业管理、教育管理、财务管理、管理者、管理学等。被誉为现代经营管理学之父的亨利·法约尔(Henri Fayol)认为:"管理是由以计划、组织、指挥、协调及控制等职能为要素组成的活动过程。"② 其含义通常是指管理者在特定的环境下对可以调配的资源通过计划、组织、指挥、协调和控制等进行优化配置,从而达成预期目标的过程。从"管理"(management)的内涵可以看出,"管理"强调的是领导者职能的发挥,权力是自上而下流动的,并且其管理效果如何很大程度上取决于管理者决策是否"英明",显然

---

① 甲骨文中的"玉",是一根绳子上穿着几块玉的形状,一竖表示中间的绳子,三横或四横表示三块玉或四块玉,两端的绳子露在外面。到了金文和小篆中,外露的绳子不再出现,字形与"王"字相似。区别在于"王"字中间一横较短,且在字的上部三分之一处,而"玉"字三横同长,且中间一横在字的中间部位。据《说文解字》,"王"与"丶"联合起来表示"进驻王者腰部"。"玉"的发音同"域",后者指王者领有的国土。"玉"是远古王室享有的美石,用于制作规范社会关系的各种指示性、标志性、象征性的器物,作为古代社会人际关系的调整器。

② [法]亨利·法约尔:《工业管理与一般管理》,迟力耕、张璇译,机械工业出版社2013年版,第125页。

在当今强调民主共治的信息大爆炸时代,"管理"的弊端日益凸显,捉襟见肘。

与"管理"相比,"治理"(governance)俨然是一个新兴词汇,该词源自拉丁文和古希腊语(steering),它的本意是控制、引导和操纵。"治"字词源上,其本义指水名,治属水,性柔,有安定太平、平安和谐之意。"治理",首次出现在1989年世界银行描述非洲情形所使用的"治理危机"(crisis in governance)之中。随后,"治理"的运用范围从政治领域逐渐扩展到了经济社会各个领域。与"管理""统治"不同,治理更加强调权力的分散化、权力的制衡或权力运作过程中的协作。联合国全球治理委员会认为,治理是各种公共或私人的个人和机构管理他们共同事务的众多方式的总和。它是一个持续的过程,通过这个过程,相互冲突的或不同的利益得到协调并且联合起来共同采取行动。这个过程所涉及的制度既包括强制人们遵守、服从的正式制度和规则,也包括各种人们认可或认为符合其利益的非正式制度安排。这样的治理概念具有四个特征:(1)治理不是一整套规章,也不是一种活动,而是一个过程;(2)治理过程的基础不是控制,而是协调;(3)治理既与公共部门有关,也与私人部门有关;(4)治理是持续的互动,而不仅是短暂的单向的行为[①]。由此可见,治理在内涵上显得更加丰富和多元,更加适应现代不断分化的社会,利益关系纵横交错,强调不同利益主体共同参与,通过对话、协商、合作、协同等多种方式,利用智能化手段和大数据技术,辅助决策和综合治理,维护公共秩序,增进公共利益。

通过"管理"与"治理"的词源分析,两者的区别也比较明显。第一,主体不同。"管理"的主体是单一的,主要指权力机构。而"治理"的主体是多元的,包括政府、政党、非政府组织、社会团体、公民个人等,倡导多元主体间的合作共治。第二,方式不同。"管理"倾向于强制性的管束,主要是管理者依靠自身的权力自上而下对社会事务进行单向度的部署、控制,甚至强制,体现为等级制、金字塔式的权力结构。而"治理"则是多元主体之间的多向度的协同与合作,有对话、协商、谈判、沟通等多种非强制性方式,权力者只是参与治理过程中的一个重要主体,不再是高高在上的发号施令者,其角色主要是引导、指引和宏观

---

① 联合国全球治理委员会:《我们的全球伙伴关系》,牛津大学出版社1995年版,第23页。

规划，权力结构扁平化，主体地位平等化。第三，目标不同。"管理"追求效率和效益、加强维持秩序稳定，整齐划一。而"治理"的目标是"善治"，即实现公共利益的最大化[①]，重视利益相关主体之间的平等对话体系以及参与机制的构建，强调各主体之间的利益合作协商，求同存异，寻求合作，追求利益的共享性、双赢性。

（二）教育法律纠纷应对机制构建的"治理"理念

党的十八届三中全会和党的十九届四中全会，确立了国家治理能力和治理体系现代化的蓝图和路径，从"管理"到"治理"，一字之差凸显了党的执政理念的升华和治国方略的转型，为教育法律纠纷应对机制的构建转换和更新了理念，指明了方向。一直以来，管理都只是少数人拥有的特权，"治理"是一个新的概念、新的提法，将对中国未来的发展产生重大影响。[②] 从国家到社会再到学校，运行理念从"管理"到"治理"已经成为一种必然趋势，反映了教育现代化进程中办学理念和管理体制的质的飞跃。

由于长期以来我国教育法律纠纷或突发事件的应对机制缺乏系统性的研究与实践，对于教育领域的事件或纠纷的处置，常常处于碎片化状态，各自为政，相关部门或学校大包大揽，孤军奋战，缺乏利益相关者的参与，教育法律纠纷处理的实际效果不佳，甚至纠缠不清，纷争不止，后患无穷。当前社会急剧转型和变迁，社会利益的一体化走向多元化，使得教育法律纠纷主体诉求多元化的趋势显现。从"管理"到"治理"，教育法律纠纷应对机制的构建，在顶层设计上对教育纠纷的单一管理体制问题作出了跨越式的时代回应，由"包打天下"到"合作共治"，体现了多元参与、综合治理的理念。它要求教育主管部门和学校建立起从人治到法治、从封闭到开放、从控制到协调的治理体系，优化内部组织结构，完善制度体系，积极运用现代信息技术（人工智能、大数据技术），不断提升治理能力，推动教育的现代转型。教育法律纠纷应对机制的运行由单向的自上而下向双向的互动协商转变，通过转换思路和角色，让教师、家长和学生从执行者变成决策者，从旁观者变成参与者。[③]

[①] 俞可平：《治理和善治：一种新的政治分析框架》，《南京社会科学》2001年第9期。
[②] 刘新如：《"管理"到"治理"意味着什么》，《解放军报》2013年11月26日。
[③] 金澜：《从"管理"到"治理"的转变》，《浙江教育报》2019年1月23日。

因为"治理的本质是利益共同体所参与的集体行动"①。在推进教育治理现代化的过程中充分发挥以政府为主导、学校为主体的作用，打造利益共享双赢的命运共同体，搭建政府、学校、家庭、社会四位一体的友好协商交互平台，形成多方协商共治校园的模式，建立起"党委全面领导、部门依法管理、学校自主办学、社会广泛参与、各方共同推进"的现代教育治理体系②。

教育法律纠纷应对机制是教育治理现代化的重要途径，教育领域从"管理"到"治理"，不仅是话语体系的改变，还是教育权力行使向度的改变，是教育权力主体的改变，是各利益主体行为方式的改变。教育法律纠纷应对机制的构建实质上是教育治理或者更多的是学校治理的问题。学校治理与学校管理在目标、导向、主体、客体、实施基础、沟通方向等方面都存在显著区别。学校治理以实现学校各利益相关者责权利的平衡为目标，而学校管理的目标是提高学校的教学、科研、社会服务等水平和质量；学校治理以战略为导向，而学校管理以任务为导向；学校治理的主体是其学生、教师、家长等利益相关者，而学校管理的主体是学校高层管理者；学校治理的客体是人和组织，而学校管理的客体是人、财、物、信息等资源；学校治理主要依靠契约与法律等制度规范，各成员之间的关系是民主的平等关系，而学校管理主要依靠内部的层级关系、行政权威和学术权威，各成员之间是隶属关系；学校治理主要体现为一种自上而下和自下而上的双向关系，而学校管理主要体现为自上而下的单向关系。此外，学校治理与学校管理在产生时间、发展规模和制度三个方面还存在差异。在产生时间方面，学校管理产生的时间远早于学校治理，学校治理是学校发展到一定阶段的产物；在发展规模方面，管理在学校规模较小时能够占主导地位，随着学校规模的逐步扩大，治理越来越重要；在制度方面，学校治理的基本前提是学校利益主体的多元化以及所有权与管理权的分离。③

总而言之，随着我国教育体制的不断改革，随着人们法律意识的不断增强，在法治进程的推动下，教育法律纠纷从隐性的、内在的走向显性的、外在的。然而，众多的教育法律纠纷管理思想所倡导的隶属关

---

① 李海龙：《反思与治理我国高等教育的治理逻辑》，《清华大学教育研究》2016年第5期。
② 井光进、徐媛媛：《构建社会广泛参与的教育治理新格局》，《教育家》2020年第12期。
③ 李福华：《论大学治理与大学管理的协同推进》，《高等教育研究》2015年第4期。

系、管理与服从的关系已不再适合新时代学校的发展要求。因此，变"管理"为"治理"不仅符合社会发展的趋势，而且符合学校发展的目标。将"治理"理念融入教育法律纠纷应对机制的构建中，充分发挥利益相关者的积极作用，为增强合作、预防和减少冲突，未雨绸缪。

三 从身份到契约

著名英国历史法学家梅因在《古代法》中说过："一切形式的身份都起源于古代属于'家族'所有的权力和特权……所有进步运动，到此处为止，是一个从身份到契约的运动。"① 这一论断以近乎公式化的语言表达出来，广为传颂，备受推崇。从身份到契约的转变，是人类社会文明史上的巨大进步，是由传统人治社会向现代法治社会转变的一个重要标志，必然贯彻于教育法律纠纷应对机制之中。

（一）从身份到契约的历史变迁

身份，是社会学的核心概念。马克斯·韦伯认为，身份是在社会声望方面可以有效地得到肯定和否定的特权；它的建构基础有：生活方式，正式的教育过程，特殊出身（血缘），特殊职业及其声望，等等。由此可见，身份蕴含的更多的是一种隶属关系。梅因认为一切形式的"身份"都起源于古代属于"家族"所有的权力与特权，他所指的身份关系是指个人对父权制家族的先赋的、天然的、稳定的隶属关系，推及身份社会中就是个人对君权和族权的依附关系。以血缘为基础的身份界定方式，根源于人类最原始的、动物性的本能所形成的血缘身份，是作为一种人类社会秩序最初的组织手段。然而，由于人类社会人口的暴涨，血缘纽带逐渐松散，血缘不断被稀释，随着原始氏族的瓦解以及国家的出现，超血缘化社会的形成，从而使氏族中的"血缘身份"被逐步演化为国家中以"地域"和"财产"为基础的"社会身份"②。两种身份的转化，依然维护着身份等级的差异，"身份"继续发挥着界定社会成员的范围、协调社会成员内部关系的作用，仍然是组织社会、配置资源的一种基本手段。身份制度的实质是等级制度，身份代表了一种社会规则，从

---

① ［英］梅因：《古代法》，沈景一译，商务印书馆1984年版，第97页。
② ［美］路易斯·亨利·摩尔根等：《古代社会》，杨东莼等译，商务印书馆1977年版，第6页。

而决定了个人的权利和义务。因此，在这种身份社会中，身份是一种常驻不变的"人格状态"，是人们赖以确定其权利能力和行为能力的基准。①

梅因认为，身份是对人格状态的一种限定，受到外在关系的制约或强制。在中国传统法律制度中，家庭或家族是社会的基本单位，个人生活在血缘结构之中，扮演"君君臣臣、父父子子"的社会角色，身份等级天然而成，遵循着以家族、集体为本位的思想，个人的存在和价值附庸于家族、集体之中，并非是独立的或不可剥夺的。这是由农业文明的生存结构决定的，无须主张个人权利、自由、平等，往来无契约，它的一切秩序在血缘宗法之中排布有序。因为"在乡土（熟人）社会中法律是无从产生的……乡土社会的信任并不是对契约的重视，而是发生于对一种行为的规矩熟悉到不假思索时的可靠性"。② 当人类进入工商业文明之后，资本和商品的流动性，人类获取资源的跨地域性，不断冲击着农业社会的土地人身依附性以及宗法礼制的人伦性，最终导致传统社会关系的崩解，取而代之的是商品经济所形成的"契约"关系。马克思曾经说过，"商品是天生的平等派"③，商品经济的发展突破了血缘纽带的血缘宗法关系的藩篱，血缘纽带被打散，形成了"陌生人社会"。商品交换的双方必然要求尊重主体的平等、自由、独立，交易才能顺利进行，以此构成了"契约社会"。工业革命之后，商品经济成为社会经济的主导形式，世界进入近代化的图景。从身份到契约既是社会的进步也是个人的进步，个人从各种禁锢包括血缘、家庭、宗法、地域、阶级、阶层、等级、传统、习俗、职业等中解放出来④，实现了个人人格状态的根本转化，成为独立自主的自由平等的个人。

"身份"与"契约"构成个体存在和社会秩序的制度基础⑤。"身份是指生而有之的东西，可以成为获得财富和地位的依据；而契约是指依据利益关系和理性原则所订立的必须遵守的协议。"⑥ 契约，虽也是一种

---

① 牟永福、胡鸣铎：《从身份社会到契约社会：重建社会信任的法制路径》，《中共福建省委党校学报》2005 年第 8 期。
② 费孝通：《乡土中国》，上海世纪出版集团 2013 年版，第 10 页。
③ 《马克思恩格斯全集》（第四十六卷下册），人民出版社 1980 年版，第 477 页。
④ 陈刚：《从身份社会到契约社会》，《南京师大学报》（社会科学版）2005 年第 1 期。
⑤ 蒋永甫：《农民发展 70 年：从"身份"到"契约"的演进》，《江汉论坛》2019 年第 12 期。
⑥ 朱光磊等：《当代中国社会各阶层分析》，天津人民出版社 2007 年版，第 40 页。

关系范畴概念，但指的是关系双方以独立人的身份所达到的一种约定关系，体现的是关系主体的理性、平等和独立自主，成为代替"家族"为个人设定权利义务关系的尺度。然而，具有相对平等的地位是契约主体之间形成契约关系的前提。① 契约双方当事人在相互关系上应当具有充分的独立性，他们应当在财产、行为及其他方面互不隶属，因而相互之间处于平权地位。契约双方在达成契约前都可以有自己独立的理性、追求及欲望，双方之间是存在分歧的。正如黑格尔所说："契约关系起着中介作用，使在绝对区分中的独立所有人达到意志统一。"② 独立自主表现为契约双方都必须坚持权利与义务相统一，在享受权利的同时，也必须履行各自的义务。契约自由作为法律制度的出发点和最后归宿，也是当代契约法的支柱和灵魂③。追求自由的权利是不受别人意志控制的，它能够和所有人的自由并存，作为契约主体，有选择契约方、契约的内容等权利，但一旦签订契约就得受其约束，如若违约，则必须承担相应的责任。因此，在一定意义上，契约自由也意味着一定的限制，契约是追寻权利与履行义务的结合。

（二）教育法律纠纷应对机制构建的"契约"理念

"用契约取代身份的实质是人的解放，是用法治取代人治，用自由流动取代身份约束，用后天的奋斗取代对先赋资格的崇拜。"④ 给人类社会释放出巨大的自由能量和公平正义，摆脱身份伦理的束缚，转向以契约为代表的现代社会的理性规则之治。现代契约源自高度发达的商品经济，以市场经济为前提。我国从改革开放之后，逐步破除了身份社会的桎梏，确立了社会主义市场经济体制，为契约社会的建立奠定了经济基础。"在市场经济条件下，契约关系是一种普遍性的人际交往模式，从某种意义上来说，现代文明就是一种契约文明。"⑤ 契约意识、观念、规

---

① 陈秀萍：《契约的伦理内核——西方契约精神的伦理解析》，《南京社会学》2006 年第 8 期。
② ［德］黑格尔：《法哲学原理》，范扬、张企泰译，商务印书馆 1961 年版，第 661—735 页。
③ ［美］伯纳德·施瓦茨：《美国法律史》，王军等译，中国政法大学出版社 1997 年版，第 135 页。
④ 朱光磊等：《当代中国社会各阶层分析》，天津人民出版社 2007 年版，第 40 页。
⑤ 刘颖：《从身份到契约与从契约到身份——中国社会进步的一种模式探讨》，《天津社会科学》2005 年第 4 期。

则从法律领域扩展到经济社会各个领域，不断消除身份壁垒和身份特权，城乡户籍身份制度、干部身份制度、单位身份制度等都在逐渐瓦解中。但契约并不是万能的，契约体制本身也存在不可避免的缺陷。由于教育不是一种商品交换或一桩买卖，它是以教育为媒介的人际关系，并赋予相关主体身份特定地位和伦理角色。因此，在教育领域不可能彻底或完全地契约化，但不意味着教育法律纠纷应对机制构建排斥契约理念，恰恰相反其需要教育理念的改造和渗透。因为教育治理并不是排斥身份的，但不需要拥有特权身份，确立身份地位是明确治理责任的前提。从教育法律纠纷当事人来看，身份平等有利于建立沟通和对话渠道，但真正保障这个渠道公正性的是契约。① 因为，合同或契约的原动力来自人类社会对信用的需求，有学者研究表明：签订合同被认为是最必要、最普遍、最有利于合作、最有利于增加信任、采用的可能性最大的方法。②

首先，教育法律纠纷的预防机制上，单纯依靠学校抑或政府无法有效应对教育法律纠纷问题，应将政府、学校、学生、家长、企业、第三方评价机构等相关参与者纳入治理体系中来，让学校的章程成为利益相关者之间的契约，实现主体间的利益共享与权利共治，以契约之治作为主体间协同进阶的路径，进一步优化与配置权利（力）资源，使主体间整体的"协同"得以增效③，教育法律纠纷得以有效遏制和预防。其次，教育法律纠纷沟通机制上，学校、教师与家长或学生在法律地位上是平等的，契约实现的前提是平等主体之间的自由合意，个体在社会活动中既享受权利也承担义务。通过平等的身份，各主体可以契约化的方式进行管理和交往，并建立相应的沟通渠道。在不违背上位法的前提下，采用如告家长书、家长同意书、实习安全协议书等方式，规范双方权利义务和责任承担。没有契约的约束，肆意追求各自的自由，而无视义务的履行，必然会导致纠纷的产生。最后，教育法律纠纷处理机制上，政府及司法部门对当事人之间的约定依法予以认可，即承认契约的法律效力。当契约违反方不愿承担相应的责任时，为纠纷中的受侵害方提供权

---

① 李海龙：《反思与治理我国高等教育的治理逻辑》，《清华大学教育研究》2016年第5期。
② 彭泗清：《信任的建立机制：关系运作与法制手段》，《社会学研究》1999年第2期。
③ 杨晓培：《从身份到契约：食品安全共治主体协同之进阶》，《江西社会科学》2017年第7期。

利救济，根据契约和法律追究违反方的责任。当事双方应当在教育法律纠纷发生前签订契约，以此来维护双方的合法权益，约束双方履行各自的义务，为日后处理双方之间可能产生的教育法律纠纷提供相应的处理依据。因此，契约体制的建立和推行，对教育法律纠纷应对机制的建构有着重要现实意义。

四 从末端到源头

"末端"治理或"源头"治理最初在环境污染中被广泛使用，是工程技术上的问题和手段，后来延伸到经济、政治、社会、法律等各个领域。新一届中央领导集体强调，推进国家治理体系和治理能力的现代化，树立源头治理理念，标本兼治，重在治本，从源头上解决影响社会和谐稳定的深层次问题。① 把源头治理作为推进和提升国家治理水平的主要方式，作为国家和社会治理的组成部分，教育法律纠纷应对机制的构建理应贯彻从末端治理到源头防范的新理念。

（一）从末端到源头治理机制的必然转换

"末端治理"主要发端于因生产而造成的环境污染，一般是指在生产过程的末端，针对已产生的污染物实施的一种治理策略。作为环境管理的一个环节，它在一定程度上减缓了生产活动对生态环境造成的污染和破坏的趋势，防止污染态势的进一步恶化。但"末端治理"存在种种弊端，除了资源未能有效利用外，它还不是彻底的治理，而是污染物的转移，而且成本巨大，只是减少表观污染物质的排放，治标不治本，收效不佳，"先污染后治理"的模式明显滞后于生态环境保护的要求。从熵增定律来看，"末端治理"需要消耗大量的能量，从而导致熵的增加，使得整个生物圈生态系统进一步恶化。因此，"末端治理"不能根本解决环境污染，反而引起更多的环境问题。即使"末端治理"的力度再大，仍然是被动的、滞后的、低效的，为了消除环境污染的危害，只能从源头上解决问题，否则只会留下先天不足的隐患。就如同欧阳修所言，"善治病者，必医其受病之处；善救弊者，必塞其起弊之源"，其道理是相通的。

---

① 钟开斌：《应急管理新思维》，《学习时报》2014年5月5日。

"源头治理",一般是指在整个生产过程中预防和控制污染,对整个生产过程进行全方位的综合治理,把污染消灭在污染源处。既减少有用物质和能量的浪费,又减少污染物产生后治理所需的费用,大大降低了生产成本。由此可见,"源头治理"实际上就是在各种环境问题产生的初始阶段进行预防,将各种污染及破坏扼杀于萌芽中,杜绝或减少环境污染和生态破坏,是一种彻底的治理和控制。"源头治理"符合最小的产生原理,是减轻环境问题的必由之路。因此,"源头控制"才是"治本"的关键,"治标"只能为"治本"服务,而不能作为"治本"的替代。近年来,从末端到源头的治理理念超越了生态环保领域,进入了其他社会领域,给社会治理带来极大的启示,特别是在风险防控、纠纷化解、突发事件等方面。

从社会治理角度来看,源头治理是从引发社会问题和纠纷事件的起因或根源着手的一种方式。在社会治理和纠纷化解中,强调源头治理,具有重要的经济效益和良好的社会效益。首先,源头治理有利于增进合作,消除和减少冲突,着力消除社会差别,从而缓解不同阶层的对立,改善社会底层的福利和生存处境。其次,源头治理有利于提高社会认同感和凝聚力,通过社会矛盾化解机制的建立,形成社会不同阶层的协商平台和机制,在协商中增进共识、达成一致,营造良好的社会生态环境。再次,源头治理有利于提高社会公德水准和精神素质。它会促使社会主体自我约束,增强道德认知和践履,做到知行合一,主动地遵循社会规范。最后,源头治理有利于提高经济效益,降低社会内耗,社会主体通过事先对自身行为的成本与收益比较分析,减少不合作行为给社会和自身带来的损失。① 因此,我们只有从源头上干预,从纠纷萌芽状态时入手,才能减少纠纷的产生。

综上所述,从源头上治理,这种"防患于未然"而非"惩恶于已然"的治理模式,能最大限度减少社会不和谐因素的发生,维护社会安定团结、健康有序的发展,满足人民日益增长的美好生活需要。

(二)教育法律纠纷应对机制构建的"源头"理念

教育法律纠纷应对机制是消除化解教育领域冲突矛盾、维护教育关

---

① 姜裕富、齐卫平:《社会治理法治化中的源头治理与道德机制建设》,《求实》2015年第4期。

系和谐的制度安排，跟社会治理、污染治理的运行机理一脉相承、彼此融通。在此，所谓的"末端"即是指对已经发生的教育法律纠纷的解决，恢复受损的权益；所谓的"源头"则是指对尚未发生的教育法律纠纷的预防和控制，消弭于萌芽状态或初起阶段。从末端到源头，则是指解决教育法律纠纷问题的关口前移，改变以往将精力集中于处理教育法律纠纷的理念，如同"防火"胜于"救火"一样，将更多注重纠纷预防。教育法律纠纷应对机制的构建遵循从末端到源头的理念，与国家治理的战略理念同步共振、与时俱进，体现了制度建构鲜明的时代性、科学性和合理性。

仅仅强调教育法律纠纷的解决，主张消极等待的教育法律纠纷处理方式其弊端已日益显露，是传统陈旧的法制观念，不再适应新时代的社会发展需求。随着现代社会的不断发展以及公民维权意识与法律意识的不断觉醒，教育法律纠纷数量逐年上升，产生了不少轰动全国的重大纠纷，如齐玉苓案、田永案、刘燕文案、女大学生怀孕被开除案，等等。目前，我国教育法律纠纷仍普遍注重"末端"解决的方式，"消极"和"线性"是这种解决方式的两大特征。其中"消极"，体现在处理的时间上，相关部门在对教育法律纠纷的处理上，往往采用消极等待的方式，等待教育法律纠纷产生，随后再采取相应的措施进行处理。虽然消极等待的方式能够在一定程度上降低预防纠纷所要花费的成本，但教育法律纠纷一旦发生，无论其结果如何，纠纷的双方其利益或多或少都会受到损害，这与维护教育领域的和谐安定的宗旨背道而驰。而"线性"，则体现在纠纷"末端"处理问题的简单化，思维方式的片面化和直观化。

简单、线性的处理逻辑是当前教育纠纷解决机制的一个显著特征，主要体现在"头痛医头，脚痛医脚"的处理逻辑上，仅仅关注纠纷的解决，而极少用复杂思维去审视教育法律纠纷本身。教育法律纠纷是复杂的问题，这是毋庸置疑的，其引发的因素更是多样的。以线性的、简单的思维指导和处理如此复杂且专业的教育法律纠纷问题往往不能收到理想的效果，不能从源头上减少教育法律纠纷的产生，同时还会使得相关部门和当事人疲于应付教育法律纠纷，陷入教育法律纠纷不止甚至缠讼的泥潭，而不可自拔。根据"海恩法则"[①]和"墨

---

① 海恩法则是德国飞机涡轮机的发明者德国人帕布斯·海恩提出的一个在航空界关于飞行安全的法则，说明任何安全事故都是可以预防的。

菲定律"①，安全管理应当把关注点放在事故预防上。同理，源头防控仍是教育法律纠纷体系中需要补齐的短板和弱项。

此外，受教育权的不可弥补性也决定了教育法律纠纷应当关口前移，注重预防而非只是事后的纠纷处理。因为受教育权遭受侵犯已成既定事实之后难以补救，其受侵害者的权益难以通过一般方式加以补偿。以财产权为例，受侵害者若在事后通过合法途径追回被侵害的财产，这样可以说完成了对其财产权的救济。然而，受教育权不是财产权，无法用财产予以补偿。这是因为在知识经济时代，受教育程度往往决定一个人未来的人生轨迹，改变其人生命运。以齐玉苓受教育权案为例，其虽获得50多万元的赔偿，但人生并没有因此而重来，也不能回到她青春的求学年代，体现了受教育权的不可补偿特性。

鉴于教育法律纠纷的复杂性、严重性以及不可弥补性，建构教育法律纠纷应对机制时应当关口前移，采取更加主动积极的方式预防教育法律纠纷的发生，而非只是消极地处理。因此，只有摒弃"头痛医头、脚痛医脚"式的"末端"处理解决思维，回归"未雨绸缪"式的"源头"防范控制思维，把教育法律纠纷风险降到最低，化解于萌芽状态，才能更好地发挥教育法律纠纷应对机制的效用和功能，维护校园的宁静与和谐。

第三节 教育法律纠纷应对机制构建的基本原则

任何机制或制度的构建都需要遵循一定的基本原则，教育法律纠纷应对机制也不例外。在构建教育法律纠纷应对机制时，必然遵循着某些基本精神和要求，并作为主线和灵魂贯穿于应对机制之中，指导和制约着应对机制的制定和实施，它是具有全局性和根本性意义的准则，是教育法律纠纷应对机制构建的基本价值理念的贯彻和体现。

一 权利救济原则

法谚有云："救济先于权利。"有权利就必须有救济，无救济则无权

---

① 墨菲定律是一种心理学效应，由美国工程师爱德华·墨菲提出，意为如果事情有变坏的可能，不管这种可能性有多小，它总会发生。

利，否则权利的存在将毫无意义。当前社会主义市场经济体制日益完善，在依法治国理念的指导下，教育法治改革日显成效，其进程日益加快。近年来，随着教育法律纠纷的频发，权利救济也日益成为社会关注的热点。在教育领域，权利救济一般涉及教师和学生两大群体。以人为本，实质上就是以人的权利为本，明确教师和学生的权利，是讨论二者权利救济的基础。

（一）学生和教师的权利

学生、教师是教育法律关系中的重要主体，是学校存在的前提，其权利是由法律规定的，学生、教师享有《宪法》规定的各项公民基本权利，如政治权利、人身权利、文化教育权利以及民事权利等。学生、教师除了作为国家公民、日常社会生活主体外，还是教育关系主体，这多重身份，也决定了其权利的多样性、特定性和复杂性。《教育法》第四十二条规定了作为受教育者的学生的权利，包括参加教育教学计划安排的各种活动，使用教育教学设施、设备、图书资料；按照国家有关规定获得奖学金、贷学金、助学金；在学业成绩和品行上获得公正评价，完成规定的学业后获得相应的学业证书、学位证书；对学校给予的处分不服，向有关部门提出申诉，对学校、教师侵犯其人身权、财产权等合法权益，提出申诉或依法提起诉讼；法律法规规定的其他权利。根据《教师法》及相关法规，教师享有其职业上的特定权利，主要包括教育教学自主权、学术自由权、指导评价权、获取报酬权、参与教育管理权、培训进修权和申诉权等。

（二）权利必须救济

"权利为什么需要救济"，这是由权利性质决定的。权利的存在以权利主体利益的享有和实现为目的，权利主体的利益是"可能受到侵犯或随时处受侵犯的威胁中"[①]；获得权利救济的权利，是实现基本人权的重要手段，是民主法治发展到一定阶段的必然要求，正所谓"没有救济的权利不是真正的权利"。早在1948年的《世界人权宣言》第八条就明确规定："任何人当宪法或法律所赋予他的基本权利遭受侵害时，有权由合

---

① 夏勇：《人权概念的起源》，中国政法大学出版社1992年版，第43页。

格的国家法庭（广义上的）对这种侵害行为做有效的补救。"救济是对已发生或已造成伤害、危害、损害或损失的不当行为进行纠正、矫正或改正。权利救济是一种对已受侵害的权利的补救，是指"在权利人的实体权利遭受侵害的时候，由有关机关或个人在法律允许的范围内采取一定的补救措施消除侵害，使得权利人获得一定的补偿或者赔偿，以保护权利人的合法权益"①，以恢复被侵害的权益，捍卫社会的公平正义。权利救济原则是构建教育法律纠纷应对机制的导向性原则，它确定了教育法律纠纷应对机制的建构目的是维护教师和学生的合法权益，维护教育环境的和谐、安宁。

二 预防在先原则

未雨绸缪，防患于未然是人们追求的安全目标，源头治理和防范是教育法律纠纷应对机制构建的基本理念，而预防在先原则是对从末端到源头理念的贯彻。诚如，"诉讼不如仲裁，仲裁不如调解，而调解又不如预先防止发生法律纠纷，这几乎是不言而喻的"。② 这说明事先的预防比事后的处理更重要。

（一）预防在先的意义

常言道，"凡事预则立，不预则废"，说明事先的准备和预防至关重要。预防在先原则，其关键在于"预防"二字，即在教育法律纠纷发生之前，积极地通过行动、制度等措施，减少其发生的概率，甚至将其解决在发生之前。教育法律纠纷对当事双方，特别是学生、教师等弱势群体的伤害是极大的，而且往往伤害不可逆转，不可补偿，这也是确立预防优先原则的根本原因。有人的地方总会有纠纷，彻底消除教育法律纠纷依旧只是一个美好的愿景。一旦教育法律纠纷产生，对其中的弱势方造成的伤害总是无法估计与弥补的，如若不能得到公正的处理，造成的社会影响将是巨大的。所以要促进社会治理从"化讼止争"的事后应对向"少诉无讼"的前端防范转型转变。

在问卷调查中，笔者发现有将近一半的教师和学生当教育法律纠

---

① 于宏：《权利救济：含义与方法》，《法制与社会》2007年第7期。
② ［英］克利夫·M. 施米托夫：《出口贸易——国际贸易的法律与实务》，对外经贸大学对外经贸系译，对外贸易教育出版社1985年版，第520页。

纷得不到解决时会选择离职和转学，可见预防纠纷之必要性及其价值。正是因为教育法律纠纷对个体、学校和社会的危害之大，在考虑如何妥善解决已发生的教育法律纠纷之前，教育法律纠纷的预防问题值得人们深思和重视，要最大限度地把教育领域的各类风险和矛盾纠纷防范在源头、化解在诉前、消灭在萌芽，保障教育事业和谐有序的发展。

（二）预防在先原则的贯彻

法律上一直都有"民不举官不究"的传统，以往相关主管部门和学校通常都是在教育法律纠纷产生之后，或者在其造成较大的社会负面影响之后才采取措施处理教育法律纠纷。这是一种消极等待的处理方式。这种方式看似能够节约相关部门的处理成本，但实际上却使得处理效率低下，相关责任部门成为"救火队员"，忙于奔命，疲于应付。与消极等待不同的是，预防在先原则采用的是主动预防的理念，是一种更为积极、主动的处理方式，可以从根源上大大减少纠纷的产生以及负面社会影响和损害。

因此，相关主管部门和学校需要改变作风和处事思维，注重日常教育法律纠纷的宣传教育工作，建章立制，用制度来管人，提高公民维权的法律意识。教育法律纠纷若得不到很好的解决，其对于纠纷双方的伤害是不可估量的，即使受侵害者的权益得到了保护及补偿，但仍然无法抹平其伤痕和隔阂。另外还要规范教育部门、学校、教师职权的行使。教育关系中相关主体之间存在一种管理与被管理的不平等关系，处于弱势方的合法权益极易受到侵害。因此，应当明确作为管理方的权力界限，建立权力监督制度，"把权力关进制度的笼子里"①，这是预防教育法律纠纷的重要举措。

三 重在调解原则

随着人们诉讼意识的增强，教育矛盾纠纷引发的诉讼不断攀升。然而，诉讼并不是解决纠纷的万能良药，诉讼伴生的各种弊端给教育法律纠纷当事人造成的问题和困扰也开始受到社会各界的重视。诉讼会吞噬

---

① 习近平：《把权力关进制度的笼子里》，中国共产党新闻网，http://fanfu.people.com.cn/n/2013/0122/c64371-20288751.html。

时间、金钱、安逸、伦理、温情和朋友。基于教育关系的特殊性，调解是处理教育法律纠纷的首选方式，是解决诉讼弊病的一剂良药。

（一）纠纷调解的必要性

在现代工商业文明社会，各种资源要素的流动性加快，主体以及利益在不断分化，不同主体的价值观念与利益需求的多元化趋势导致各种冲突纠纷剧增。当今世界已然步入"诉讼爆炸"的时代，法院案件积压如山，司法资源越发稀缺，再加上烦琐的诉讼程序和高昂的诉讼成本，导致大量纠纷无法通过诉讼程序来"接近正义"（access to justice），诉讼不可获得或效率低下促使社会矛盾进一步激化，造成社会秩序的紊乱和动荡。

事实上，"法律用惩罚、预防、特定救济和替代性救济来保障各种利益，除此之外，人类的智慧还没有在司法行动上发现其他更多的可能性……一个法院能使一个原告重新获得一方土地，但是它不能使他重新获得名誉。法院可以使一个被告归还一件稀有的动产，但是它不能迫使他恢复一个妻子已经疏远的爱情。法院能强制一个被告履行一项转让土地的契约，但是它不能强制他去恢复一个秘密被严重侵犯的人的精神安宁"。[①] 这种对抗性的诉讼判决结果，"非黑即白""要么全赢、要么全输"，当事人的关系在这种剑拔弩张的抗争气氛中走向断裂，为双方当事人永久留下了伤痕，不复有继续维系友好合作关系的可能[②]。而调解恰好在诉讼制度鞭长莫及的空白领域发挥着特殊作用。"我们事事诉之于法，在中国人眼中总有点不道德的意味。……在他们看来，把纠纷提交到法庭有伤和气，非到万不得已不能这样做。"[③] 因此，寻求诉讼之外的替代性纠纷解决方式（ADR），多元化的纠纷解决机制备受关注。在国家治理现代化的背景下，通过多元化纠纷解决机制的构建，改变法院单打独斗的局面，汇聚社会力量参与纠纷化解，形成合力，将大量矛盾纠纷分流化解在基层和诉讼之外。

---

① ［美］罗斯科·庞德：《通过法律的社会控制、法律的任务》，沈宗灵译，商务印书馆1984年版，第31页。

② 辛国清：《法院附设替代性纠纷解决机制研究》，中国社会科学出版社2008年版，第46页。

③ 梁治平等：《新波斯人信札》，中国法制出版社2000年版，第38页。

(二) 教育法律纠纷确立重在调解原则的特殊意义

一直以来，调解在 ADR 系统中备受青睐，通过纠纷解决机构的调停疏导，达成一致，维护双方关系的和谐稳定，避免矛盾激化。它历来被誉为"东方经验""东方智慧之花"，当今已升级为世界范围替代性纠纷解决发展体系中的"中国经验"，在促进纠纷彻底解决和实现社会和谐稳定方面发挥自己的独特功能。

但在传统中国社会，调解所遵循的理念就是追求社会和谐，而且这种社会和谐是建立在回避矛盾、压制纠纷的基础上实现的。① 随着法治进程的深入，调解的理念和功能发生了更新，我国民事诉讼调解原则经历了从"调解为主"原则到"着重调解"原则再到"自愿、合法"调解原则几个阶段演变，那种无原则的"和稀泥"、不分是非的"和事佬"式的调解，或久调不决的"合法"化，曾经广受诟病，不同程度地削弱或扭曲了调解的功能。"自愿、合法"的调解，强调了当事人的意思自治与国家意志的结合，而非强制、被迫，违背当事人的意愿或违反国家法律。

然而，教育法律纠纷不同于一般的民事纠纷，尽管调解为社会纠纷化解、维护社会和谐发挥了不可替代的作用，但是不能无限夸大、"包治百病"。应考虑教育纠纷的性质和程度，如财产纠纷，调解的作用可能比较有限，过于注重调解可能会损害社会公平正义。而对于涉及身份的纠纷，调解特别适合。由于当事人之间的身份关系具有长期性、伦理性、持续性，因此需要采取和平友好式的程序去化解，而非一刀两断式的判决。教育法律纠纷当事人之间的关系，往往是一种涉及身份的教育关系，调解应该受到重视，成为教育法律纠纷处理的一个独立程序，而且贯穿于教育纠纷仲裁和诉讼程序之中，完全符合教育的功能宗旨和价值取向。

四 司法最终原则

作为公力救济的司法，它意味着国家承担起解决社会纠纷的主要责任，是维护社会正义的最后一道防线，也是教育法律纠纷中当事人捍卫

---

① 常怡：《中国调解的理念变迁》，《法治研究》2013 年第 2 期。

自身权益的最后武器。司法最终原则就是要将教育法律纠纷纳入司法审查范围,对教育法律纠纷中当事人的合法权益提供最终的保护。将教育法律纠纷纳入司法审查范围,对实现教育法治和权利救济有重大意义。

(一) 司法最终原则的含义

司法最终原则,又称为司法终极性原则,是现代法治国家普遍确立和实行的基本法律原则,它是法治精神的重要支柱,也是维护法律至上理念的根本体现,它将司法作为权利的最终救济方式和法律争议的最终解决方式①。学界对司法最终原则概念没有明确统一的界定,一般认为,"所有涉及个人自由、财产、隐私甚至生命的事项,不论是属于程序性的还是实体性的,都必须由司法机构通过亲自'听审'或者'聆讯'作出裁判,而且这种程序裁判和实体性裁判具有最终的权威性"。② 从学界的观点中可以看出,司法最终原则内涵包含三个方面的内容。

其一,一切法律纠纷均可通过司法程序予以解决。在穷尽其他权利救济途径之后,仍然无法救济权利时,应尽可能提供司法救济渠道,除法律明确排除的特殊情形外,都应纳入法院的受案范围。降低公民利用法院进行诉讼的门槛,使公民更容易"接近正义",保障当事人的诉权,放宽起诉条件、减少限制条件,扩大可诉范围、强化法院解决社会纷争的能力。当然,"司法资源的有限性和司法制度的严肃性意味着任何诉讼制度都不应当且不可能对民众诉权采取无节制的开放态度"。③ 既要防止滥用诉权,也要考虑其可诉性问题。

其二,法院对于进入司法程序的法律纠纷有最终的裁决权。一旦法院裁判生效就产生既判力、约束力、执行力,应该具有最终效力,非经法定程序不得变更或撤销,要求当事人应当尊重法院的生效裁判。然而,受传统观念的影响,当下社会纠纷的司法裁判往往并不具有解决的终局性,当事人倾向于通过司法外的途径寻求救济,从而形成一种颇具特色的信访机制,对我国的司法权威和公信力造成巨大的压力和侵扰。因此,维护司法权威和法律尊严,需要确立司法对纠纷的最终裁决权。

---

① 吴俊:《论司法最终解决原则——民事诉讼的视角》,《法治论坛》2008 年第 1 期。
② 陈瑞华:《刑事诉讼的前沿问题》,中国人民大学出版社 2000 年版,第 225 页。
③ 齐树洁、周一颜:《司法改革与接近正义——写在民事诉讼法修改之后》,《黑龙江省政法管理干部学院学报》2013 年第 1 期。

其三，对于进入司法程序的纠纷法院必须做出公正的裁决。司法最终原则暗含的一个预设前提，那就是"公正"裁决，这是司法存在的正当性与合法性之根基。"公正是法治的生命线。司法公正对社会公正具有重要引领作用，司法不公对社会公正具有致命破坏作用。"① 司法本应对纠纷争端具有终局性的功效，若司法不公、人心不服，终局性功能就会落空。"一个错案的负面影响足以摧毁九十九个公正裁判积累起来的良好形象。执法司法中万分之一的失误对当事人就是百分之百的伤害。"② 此外，司法机关还应与时俱进，积极运用现代人工智能技术，建设"智慧法院"，用智能化的高效服务于人性化的公正③，提升司法公正水平和解纷能力。

（二）教育法律纠纷纳入司法解决程序的必要性

目前，我国教育法律纠纷的解决呈现出多元化特征，形成了和解、调解、申诉、仲裁、行政裁决、司法诉讼等既相区别又相互衔接的解决机制。然而，在整个纠纷解决体系当中，司法仍居于权利救济体系的中心和终极地位。当教育法律纠纷无法通过其他途径解决时，可以寻求和借助司法途径，以国家强制力的司法审判的方式来最终解决。司法裁判是定分止争的重要方式，但并非唯一方式，甚至不一定是首选方式。教育法律纠纷一旦产生，应当有多种解决纠纷的途径和方式可供选择，包括正式途径与非正式途径，也包括司法机关、行政机关或其他社会机构解决。既要利用多元化纠纷解决机制，又要尊重司法最终解决。在纠纷的初次解决方面，纠纷解决的机制是多元的，要充分尊重当事人选择救济途径的权利，同时又要为教育法律纠纷当事人提供司法救济的渠道。

除了民法、行政法、刑法等实体法，教育领域的法律所确认的权利非常广泛，如果教育方面的权利受到侵害时，当事人不能通过诉讼程序获得司法救济，这些法律本身也就没有实际意义，不是真正意义上的法律。近年来，我国教育领域内通过申诉、人事争议仲裁、民事诉讼等途

---

① 《中共中央关于全面推进依法治国若干重大问题的决定》，《人民日报》2014 年 10 月 29 日。
② 《习近平关于全面依法治国论述摘编》，共产党员网，http://fuwu.12371.cn/2015/06/02/ARTI1433212875173637_9.shtml。
③ 胡铭、宋灵珊：《"人工+智能"：司法智能化改革的基本逻辑》，《浙江学刊》2021 年第 2 期。

径解决教师聘任纠纷，通过申诉、行政诉讼途径解决学位纠纷、违纪处分纠纷等，表明我国教育法律纠纷的司法实践在不断突破"特别权力关系"理论和"内部管理行为不可诉"的藩篱。但从总体上说，我国教育法律纠纷的司法解决程度还不够高，不少教育法律纠纷尚未得到司法解决，2002年法院对女大学生怀孕被退学案不予受理就是例证。主要是因为当前理论界和实务界对教育法律纠纷能否进入司法程序存在不同的认识，致使在实践中许多教育法律纠纷往往只能通过行政干预的途径来处理，使当事人在教育上的合法权益难以得到及时有效的法律救济，无法接近正义。

第四节 教育法律纠纷应对机制构建的法律变革

现代社会，教育涉及每一个家庭、每一个人，还涉及政府部门、学校及其他教育机构，教师及其他教育工作者，学生和家长以及社会有关组织等。在所有纠纷问题中，教育法律纠纷可以说是最具综合性的，它涉及对象的极其多样性、领域的广泛性以及性质的特殊性，它既不能在实体法上完全归入某一部门法，也不能在程序法上划入某一诉讼法，这就决定了从法律层面应对教育法律纠纷不是完善某一部门法律的问题，而是要求各部门法律之间互相协调、相互配合。

一 民法的局限与回应

2020年诞生的新中国成立以来第一部以"法典"命名的法律——《中华人民共和国民法典》，标志着中国正式迎来"民法典时代"。这部被誉为"社会生活的百科全书"的《民法典》，不仅是市场经济的基本法，还是国家治理体系和治理能力现代化的促进法，在新时代我国法治建设进程中具有里程碑式的意义。

（一）民法在教育法律纠纷中适用的局限

众所周知，民法并不能适用于教育领域全部的法律纠纷，学校、教师、学生也不是民法上的概念。首先，从学校的地位来看，学校不是依民法成立的，不是民事组织，不是为了民事流转而存在，而是具有学术性、公益性的教育机构。其次，从学校的权利性质来看，学校教育教学方面的自主权利，并不是学校的民事权利，也不受民法调整。学校的权利在本质上应该是一种公共权利，受行政法和教育法调整，不能肆意行使或放弃、转让。最后，从学校章程的性质来看，学校章程不同于公司章程，不是民事合同，不适用《民法典》中的合同规定。章程制定的主体不是平等主体，规定的主要内容不是关于平等主体之间的财产关系和人身关系，相关责任的承担主要也不是民事责任。根据《民法典》的规定，民法在教育法律纠纷中的适用范围仅限于"平等主体之间的人身关系和财产关系"。

平等主体之间的人身关系是基于一定的人格和身份产生的无直接财产内容的社会关系，不包括那些领导与被领导、支配与被支配、管理与被管理、平等与不平等的关系。因此，在教育教学过程中，学校、教师、学生之间的关系不属于民法调整范围。一般而言，教育教学不属于民事活动，学校与学生之间不是一种民事关系，而是一种不平等的教育关系，也不是监护关系，不转移监护权。然而，当下社会人为地拔高学生的地位，套用市场经济中买卖交易规则，把学生奉为顾客或"上帝"，试图用民事关系来解释或代替教育关系，这明显违反了法律精神和教育规律，扭曲了正常的师生关系，造成学生管理和教育教学上的困境和冲突。在教育法律纠纷中，因教育教学以及行政管理等引发的纠纷，不适用民法来调整。

平等主体之间的财产关系是平等民事主体在从事民事活动的过程中所发生的以财产所有（物权）和财产流转（债权）为主要内容的权利与义务关系。教育法律纠纷中可能涉及平等主体之间的财产关系纠纷，例如，教育培训合同纠纷。但是多数情况下，教育教学和管理过程中并不以"财产所有（物权）和财产流转（债权）"为主要内容。无论是学生交学费，还是教师的薪酬，并非是平等主体之间的财产关系的性质。当然，教育教学以外的活动可能存在民事关系，如侵权责任纠纷。《教育法》第八十一条规定，"违反本法规定，侵犯教师、受教育者、学校或者其他教育机构的合法权益，造成损失、损害的，应当依法承担民事责任"，明确了以民法方式救济学校师生因受侵权造成的损失损害。由此可见，民法在教育法律纠纷中涉及财产关系的适用空间比较大。

（二）民法在教育法律纠纷中适用的回应

《民法典》与我们每一个人的生活息息相关，是一部体现对生命健康、财产安全、交易便利、生活幸福、人格尊严等各方面权利平等保护的法典，对教育领域产生了深远的影响，使教育法律中的相关条款有了更明确的所指[①]。根据《教育法》《高等教育法》等规定，学校经批准设立取得法人资格，在民事活动中依法享有民事权利，承担民事责任。在《教育法》意义上的学校、教师、学生，在民法场域中转换为自然人、法人角色的民事主体，具有双重分身，即教育领域的学校、教师、学生同时又是民事主体，享有民事权利，履行民事义务。《民法典》在保护教育领域每个主体的合法权益，提升教育治理的能力和水平方面作出了积极的回应和关切，为相关的教育法律纠纷的预防和化解提供了明确的法律依据。

首先，顺应信息时代要求，切实保护师生的人格权。《民法典》最大的亮点就是人格权独立成编，充分体现了以人为本的立法理念，建立起新时代的法治思维和法治观念。具体表现为：一是强调学校对师生个体的尊重，不得随意收集或泄露教师、学生及家长的个人信息及隐私，应积极采取措施确保收集、存储的个人信息的安全；二是将性骚扰纳入法律规制的范畴，规定了性骚扰的表现形式，明确了学校在防止性骚扰方面应承担的义务和责任。

其次，细化校园伤害事故责任，区分归责原则。在校园安全事故中，责任的判定成为了学校与学生纠纷矛盾的主要焦点问题。《民法典》根据公民行为能力的不同，进行区分性立法，从而划定了学校承担责任的归责原则。在校园伤害事故中，学生属于限制民事行为能力人，则适用过错原则，只有学校有过错才承担责任；属于无民事行为能力的人，适用过错推定原则，只要学校无法证明其尽责，就推定其有过错，需承担相应责任。

再次，预防校园侵权责任纠纷，确立自甘风险原则。校园的文体活动大多存在一定的危险性或对抗性，参与其中的学生容易受伤，常常导致承担责任上引起纠纷，甚至引发校闹事件。主要表现为：一是《民法典》在侵权责任篇中，将"可以根据实际情况"修改为"依照法律的规定"由双方分担损失，严格适用"公平"原则的范围，收回了自由裁量权，防止从息事宁人的角度处理纠纷；二是《民法典》将"自甘风险"

---

① 尹力：《民法典时代的教育回应》，《光明日报》2020年6月23日。

原则纳入责任认定条款①，为学校开展文体活动、避免纠纷风险提供了法律保障。

最后，规范民事行为与财产使用。当学校以法人身份进行民事活动时，可以从事产生经济效益的活动，例如：①开办校办产业、联合办学、校企合作；②贷款建校舍、采购办公用品、出租场地等；③聘请代理人或者亲自参加民事诉讼和民事赔偿；④开展产学研的联合、技术开发、知识产权转让；⑤为社会提供服务以及对外交流合作等民事活动。尽管学校可以作为民事主体从事营利性的民事活动，但毕竟学校不是营利法人，参与民事活动会受到一定限制。例如，不能用学校的资产进行抵押、担保。

二 行政法的困境与介入

关于教育法的地位历来众说纷纭，但有一个不争的事实：教育法归属于行政法曾经被学界所普遍接受。"随着法律向教育领域各个层次的渗透，教育法调整对象的广泛性、复杂性正日益显现，因而在实践中必将越来越难以完全归入行政法部门体系之中。"② 然而，最初导源于"国家教育权"论的教育法，是国家权力对教育的干预、保障和管理，这是铺垫在教育法的基底层。行政法对教育的规范与衔接、对教育法律纠纷的介入和调整具有天然的条件和优势。

（一）行政法对教育的规范与困境

行政法是关于规范和保障行政权运行的法律总称，它涉及的领域极其广泛，内容十分丰富，渗透到了社会各个领域，难以制定统一完整的行政法典，散见于层次不同、名目繁多、种类不一、数量庞大的规范性文件之中。行政法调整的是行政主体在行使行政职权过程中与行政相对人发生的各种关系。教育行业是国家行政管理的重要领域，形成了所谓的教育行政法。若按照公法和私法的划分标准，教育法一般被视为公

---

① 《民法典》第一千一百七十六条：自愿参加具有一定风险的文体活动，因其他参加者的行为受到损害的，受害人不得请求其他参加者承担侵权责任；但是，其他参加者对损害的发生有故意或者重大过失的除外。

② 劳凯声：《论教育法在我国法律体系中的地位》，《北京师范大学学报》（社会科学版）1993年第4期。

法，是行政法的一个分支。政府权力对教育的调控、干预是客观存在的，又是不可或缺的，教育法的公法属性不言而喻。但这仅仅体现了作为行政主体的教育主管部门行使国家行政权对作为行政相对人的学校、教师、学生的管理活动，表现为外部行政行为。行政法律关系双方当事人中必有一方是行政主体，且双方主体的权利义务具有不平等性，这完全符合行政法律关系的基本特征。由此所引起的纠纷，是典型的行政法律纠纷，在解决方式及程序上不具有特殊性，比如教育行政处罚、行政许可等引发的纠纷。然而，行政法对于学校的内部管理，显为颇为尴尬，陷入困境。

21世纪以来，随着经济迅猛发展和社会急剧转型，法律调控社会方式发生了相应变化，教育领域呈现出越来越明显的公法私法化的趋势，以放管服、管办评分离为重点的改革不断深化，教育政策与法律的行政法色彩日趋淡薄，越来越体现出限制公权力[1]，确立政府权力的负面清单，强化社会本位，进一步落实和扩大学校的办学自主权，学校成为面向社会办学的实体或独立法人。在市场经济大潮的推动下，政府权力从学校的内部管理中逐步退出和收缩，留下学校管理自主权的巨大空间，而约束与监督机制未能及时跟进。学校内部的日常管理不再适用行政法，学校运行的管理权不是政府的行政权。但是受教育权是公民的基本权利，对应着国家（政府）成为保障公民受教育权的第一义务主体。受教育权不是一项公民可以任意处分的民事权利，而是一项受到规制和保障的社会权，不可避免地出现国家权力的规范和干预。学校的管理权承接了政府部分的管理权，具有法定性和强制性以及一定的自由裁量性。因此，学校不同于政府机关、企业社团，是基于其特定的公益性、教育性和专业性目标设置的"特殊公务法人"，部分地受到行政法的调整，教育法与行政法衔接比较紧密。因此，在教育法律纠纷的预防和化解中，行政法不能缺席也不可替代，在一定范围内发挥其效用。

（二）教育法律纠纷中行政法的介入和调整

既然教育法具有公法的属性，在教育法律纠纷的应对和处理中就不可避免地接受行政法的介入和调整。因此，在教育法意义上的学校、教

---

[1] 彭宇文：《教育法地位再探——兼论教育法学学科建设》，《教育研究》2020年第4期。

师、学生，相对于教育行政而言，在行政法领域内转换为行政相对人的角色，形成教育领域内的一般行政法律关系，本身并不特殊，是教育主管部门行使管理职权的行为。然而，当政府权力退出学校的具体事务管理，法律授权学校进行自主管理的时候，学校的法律地位变得模糊不清，众说纷纭。根据教育法律关系和学校自主权的理论分析，学校的法律地位具有多重性，由于三大诉讼法的分野，《教育法》不具有独善其身、自给自足的完备体系，在某种程度上具有依附性或非独立性。因此，学校作为法人，既可以成为民事法的主体，也可以成为行政法的主体，但在地位或性质上绝不等同于民事法人或行政机关。一般来说，学校的内部管理既不是民法上的平等主体之间的民事关系，也不是行政法上的非平等主体之间的行政管理关系。学校不是行政机关，但学校作为公益法人，可依法律授权行使某些跟专业性相关的管理职权，从而为学校在具体行政法律关系中成为行政主体埋下伏笔，提供了相应的法律依据。

根据行政主体理论，行政主体包括行政机关和法律法规授权的组织。学校因法律法规授权成为行政主体，进而在行政诉讼中具有被告资格。在"田永诉北京科技大学"一案中，法院认为：高校虽不具有行政机关资格，但是法律授予其一定的行政管理职权，因而其与相对人之间是特殊的行政管理关系。[①] 行政诉讼是司法介入的具体手段，也是解决行政纠纷最重要、最权威的最后一环，最能实现社会正义。然而，我国教育法律规范没有规定学校对学生管理行为的司法救济途径。《行政诉讼法》也只明确规定人身权、财产权的司法救济，同时还明确排除行政处分的司法审查。由此可见，司法介入存在法律依据严重不足的问题。随着我国全面依法治国的推进，司法介入将是历史的必然。在司法实践中，"刘燕文案""田永案"的审理和判决已经冲破了僵硬的法条围困，开创了对学校内部管理的司法介入的先河，同时也是对传统特别权利关系理论的突破。对教育法律纠纷的行政法介入和适用，主要涉及招生、入学、退学和开除学籍、颁发学历证书和授予学位等重大事项的纠纷，可提起行政诉讼。因此，需要行政法予以回应，明确学校的多重身份及其行使法律授权的相关事项时所具有的法律地位。

---

① 北京市海淀区人民法院民事判决书［1999］海行初字 102 号［Z］.

三 教育法的弊病与矫正

一般而言，可诉性是法固有的本质属性，教育法也不例外。"法是司法机关可以适用的行为规范……一种社会规范如果不能作为司法机关办案的依据，不能在办案中予以适用，就不是法。"[1] 由此可见，法的可诉性是强调法律的司法适用，通过司法程序，将"纸上的法"变为"诉讼中的法"，使法律规范真正成为任何纠纷当事人用以起诉和法院用以裁决的依据。而教育法可诉性的不足成为教育法的最大弊病。

（一）教育法的弊病：可诉性不足

从历史来看，"法律起源于社会冲突和纠纷……这种社会冲突的必然性既是法律可诉性之必要性前提，同时，法律可诉性的设定，也为社会冲突和纠纷提供了解决方式"。[2] 教育法是规范教育行为和调整教育纠纷的法律，不可避免地具有法的一般属性，即可诉性。所谓"教育法的可诉性"，是指教育法作为一种法律规范，可以被当事人和裁判机构在纠纷解决程序加以适用的属性和特质，为教育法律纠纷提供解决方式和途径。法律的生命力在于实施，法律制度能否实际施行，是一个法律制度体系生命力的核心，法律的适用是法律实施的基本方式，教育法的生命在于通过其具体的适用而融入社会生活，能够被人感受到它的存在，与人的生活息息相关。教育法的实际权威只能来自它对教育生活的现实关怀，产生于它对教育生活过程中所面临问题的有效解决过程。[3] 如果在具体教育法律纠纷案件的司法审判中，教育法成为法院解决纠纷的援引和适用依据以及当事人维护合法权利的有力武器，那么才能真正树立起对教育法应有的尊重与信仰，才能造就它的公信力和生命力。

然而，长期以来，教育法因其实施效果不佳而被人们戏称为"软法"，我国教育法实施中的主要问题是因其可诉性不足，难以保护法定教育权益和有效约束公权力，使其沦为事实上的软法。教育法权益救济功

---

[1] 李步云主编：《法理学》，经济科学出版社2000年版，第27页。
[2] 谢晖：《独立的司法与可诉的法》，《法律科学》1999年第1期。
[3] 秦惠民：《走向社会生活的教育法——中国教育法律的适用状况分析》，劳凯声主编《中国教育法制评论》（第5辑），教育科学出版社2007年版。

能的失效和权力监督功能的无效,事实上造成了某些教育法律条文沦为"中看不中用"的摆设①。有学者对1995—2019年中国法院援引《教育法》的1781份判决书进行实证分析,发现《教育法》的司法适用性较低,在判决中所起的作用比较有限。在中国法院援引《教育法》的判决数量较少,占全部教育类案件的0.56%②。其中原因,笔者在前文的"教育立法的缺陷"中有所分析。有学者提出评判教育法是否具有可诉性的三个标准:"一是权利义务主体与内容是否明确;二是法律责任是否明晰;三是是否有法定的主体和程序来认定并追究这些法律责任。以此来衡量,我国教育法的可诉性存在着权利内容不确定、义务主体泛化、法律责任缺失、救济途径狭窄等问题。"③尽管当下教育领域内通过申诉、人事仲裁、诉讼等途径解决了教师、学生的部分纠纷,表明了教育法具备了一定的可诉性,但从总体上说,教育法的可诉性不强,诸多教育权益依然得不到应有的救济。

(二) 教育法的矫正:增强可诉性

由于当前我国教育法可诉性不足,教育法律纠纷尚不能完全通过民事、刑事和行政诉讼途径来解决,有些涉及重大利益的教育纠纷只能通过申诉方式来解决,这在很大程度上就造成了教育法律纠纷不能得到合理妥善地解决,从而导致教育领域主体之间的隔阂与冲突无法真正的消解,严重限制了我国教育事业前进的步伐。因此,我们需要明确教育法对哪些方面应该具有可诉性,在多大程度上具有可诉性④,如何增强其可诉性。

首先,明确教育法律责任,为追责机制建立提供依据。霍布斯曾说:"不带剑的契约(法律)不过是一纸空文。"⑤ 没有规定法律责任的法律,是不完整的法律,属于缺乏权威和生命力的"软法"。规定法

---

① 段斌斌:《教育法"软化":制度成因与逻辑重构》,劳凯声、余雅风主编《中国教育法制评论》(第14辑),教育科学出版社2017年版。
② 张健:《〈教育法〉司法适用的实践、法理与完善——基于1781份裁判文书的实证考察》,《高教探索》2020年第9期。
③ 叶阳永、尹力:《教育法的可诉性探析》,《北京师范大学学报》(社会科学版)2012年第5期。
④ 龚向和:《社会权的可诉性及其程度研究》,法律出版社2012年版,第21页。
⑤ [英]托马斯·霍布斯:《利维坦》,黎思复、黎廷弼译,商务印书馆1985年版,第128页。

律责任的目的是对违背法律的行为进行否定性评价，以消除和抑制滥用权利和不履行义务的现象。现行教育法律规范在权利义务方面有较为完善的规定，但不少义务规定没有相应的法律责任规定的条款。缺乏法律责任的规定，成为教育领域问题丛生的重要根源之一。亚里士多德曾经说过，"在教育方面应有立法规定，并且教育应是全邦共同的责任。"①教育是政府、社会、学校、家庭和个人的共同责任，必须明确各教育主体的法律责任，为建立责任追究机制提供法律依据。

其次，规定纠纷解决的方式和建立纠纷解决机构，这是解决纠纷当事人告状无门的关键，也是增强教育法可诉性的重要举措。教育法在现实中的尊严和生命力，在于教育法律上的纠纷有没有解决的方式、能否进入具有法律强制力的裁判机构当中去。教育法的可诉性，最重要的就是遵循司法最终解决的原则，教育法必须能够被法院适用到具体的司法程序中、教育法律纠纷案中。由于政府作为教育法律责任的第一人，在我国现行的纠纷解决机制体系下，除了涉及财产权益之外，最为直接的方式是可以把受教育权的法律纠纷纳入行政诉讼中来，甚至建立和发展教育公益诉讼，寻求司法的最后保障。

最后，提高教育法的立法技术，增强教育法律规范的可操作性。其一，立法语言是表达立法者立法意图、立法目的，体现立法技术的文字载体②，改进立法语言，减少或避免使用鼓励性和倡导性的语言，是提升法律约束力和权威的重要途径。其二，程序是法的生命形式，"法律即程序""法的实现必须通过一定的程序，缺失程序性，法就会成为一个摆设而失去对于社会的作用"。③ 实现纠纷解决的程序化、步骤化与透明化，程序在很大程度上决定着教育法的可诉性，因此，必须强化教育法中的程序性规定。其三，教育法律体系应当是一个具有严密逻辑结构、内容和谐的整体，相关部门应消除教育法律体系内部存在的相互矛盾、冲突的现象，增强教育法律法规内部的衔接性和协调性。

---

① ［古希腊］亚里士多德：《政治学》，颜一、秦典华译，中国人民大学出版社2003年版，第268页。
② 蒋后强：《〈教育法〉修改中法律责任的立法技术研究》，《山东社会科学》2007年第5期。
③ 宋方青：《法理学》，厦门大学出版社2007年版，第28页。

第六章 教育法律纠纷应对机制的具体构建

"机制"一词最早源于希腊文,原指机器的构造和工作原理。在社会学中的内涵可以表述为"在正视事物各个部分的存在的前提下,协调各个部分之间关系以更好地发挥作用的具体运行方式"。① 机制是一个动态的系统,规定了一个组织的运作原理和方式,是组织的内在机理。② 由于学校是教育法律纠纷的关键要素,笔者对其应对机制的构建,主要从学校层面、以学校视角来展开,同时兼顾其他主体。教育法律纠纷应对机制的构建是一项复杂的系统工程和动态的系统,它包括预防机制、沟通机制、解决机制和善后机制等组成部分以及各部分的协调关系(见图6-1)。各组成部分从不同层次和角度相互呼应、相互补充、相辅相成,整合成一个完整的有机系统,以发挥最佳的效益。

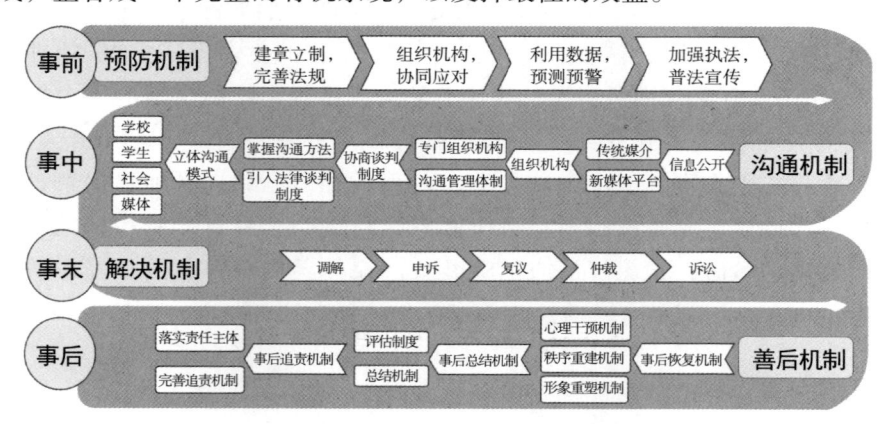

图6-1 教育法律纠纷应对机制流程

---

① 百度百科:《机制》,https://baike.baidu.com/item/%E5%88%B6%E5%BA%A6/40669?fr=aladdin。

② 程勉中:《现代大学管理机制》,人民出版社2006年版,第64页。

第一节 教育法律纠纷的预防机制

从源头上预防和减少矛盾纠纷的发生，是正确处理人民内部矛盾和其他社会矛盾的治本之策①，依法预防化解社会矛盾纠纷是法治社会的重要保障。教育法律纠纷的发生，不仅使正常的教育关系遭到破坏，还会使教育主体的合法利益受到损害，不利于校园的和谐稳定。预防纠纷理论有一个形象的比喻，"我们要在悬崖顶上设置栏杆，而不是在悬崖底下停放救护车"。因此，根据教育法律纠纷的特点，积极预防教育法律纠纷的发生，有利于保持良好的教育关系、提高教育质量和办学声誉、保障师生合法权益、减少冲突纠纷的社会成本。由于"矛盾纠纷都有一个酝酿—发展—激化的过程，任何矛盾纠纷都具有先兆性、可预测性、可预防性"。② 教育法律纠纷是一个复杂且多变的问题，要预防其发生需要体制与制度的保障。教育法律纠纷的预防机制主要是指学校针对教育教学活动的风险特点而实施的有效防控措施，是为了防止纠纷发生而建立的一系列相关反应程序和制度。

一 注重建章立制，健全学校规章制度

应对突发事件或纠纷最有效的路径应该是：以制度安排推进一种"预防理性"，以预防化解危机。③ 预防纠纷，最首要的就是制定"游戏规则"，建章立制，进行制度安排，有法可依，明确各方的权利义务，对预防和减少纠纷十分有利。预防教育法律纠纷的发生，需要依"法"预防，这里的"法"，包括国家法律法规、学校章程以及内部的各项规章制度，有了"法"才能规范权力的行使，约束权力的滥用，防止权力的越位、错位与缺位。

（一）完善教育法律法规，预防化解教育法律纠纷

英国分析实证主义法学家拉兹（J. Raz）提出，"法不仅仅具有社会

---

① 兰德刚：《论新时期我国社会矛盾纠纷排查调处机制构建》，《武汉科技大学学报》（社会科学版）2012年第4期。
② 王家林：《谈健全完善社会矛盾纠纷预防化解五项机制》，《公安研究》2012年第6期。
③ 戚学森主编：《民政应急管理》，中国社会出版社2007年版，第16页。

作用，还具有规范作用"①。作为行为规则的法，对人们的意志、行为发生直接的影响，对人的行为起到保障和约束的作用。法的规范作用主要包括：指引、评价、预测、教育、强制等作用。立法是对社会资源的第一次分配，也是对社会主体权利义务的第一次分配。目前，我国颁布实施了《教育法》《义务教育法》《高等教育法》《职业教育法》《教师法》《学位条例》《教育督导条例》等教育法律法规，教育法律体系初步成型。然而，纵观这些现已颁布施行的法律法规，我们难以从中发现专门应对教育法律纠纷的法律法规的身影，仅有教育部出台的《学生伤害事故处理办法》对教育法律纠纷有所涉及，但该规范性文件位阶太低。

目前，我国的教育法律体系在教育法律纠纷上存在空白，法律责任缺失，诸多教育法律纠纷无法得到合理的处理，特别是涉及受教育权的纠纷，例如，学位纠纷、处分纠纷等。无法解决此类较为棘手的教育法律纠纷，也使得其爆发频率越来越频繁。因此，针对相关法律中的"空白"和"缺失"，应当在立法中对涉及受教育权、财产权、人身权等教育法律纠纷的处理原则、机构、期限、方式、程序、责任等方面进行系统规定，形成一整套完善的教育法律纠纷预防化解体系，使得教育法律纠纷的处理和应对能够在法律的范围内规范进行，增强教育法的可诉性，保障学校和师生的合法权益，实现定争议止纠纷。

(二) 加强学校的章程建设，健全学校各项管理制度

随着教育法律纠纷发生率的不断攀升，对于学校而言，加强学校的制度建设成为了解决教育纠纷中非常重要的一环。学校章程被誉为学校管理中的"宪法"或"基本法"，是学校治理的总纲领和主要依据，是为了保证学校正常运行，就办学宗旨、目标任务、内部管理体制、师生权益及人事、财务活动等重大基本问题作出全局性、纲领性规定的文件。章程是学校、师生共同遵循的基本行为规范，因此，学校章程确认师生的合法权益以及纠纷预防化解机制、责任承担方式等。这不仅能够保障教师和学生的权益，还能在发生教育纠纷时，根据学校章程中的制度作出处理和应对，并且还能指导学校内部各项管理制度的建立。

---

① Joseph Raz, "Function of Law", in A. W. B. Simpson, Oxford Essays in Jurisprudence, Oxford, 1973, 2nd VOL, p. 280.

首先，学校树立良好的法律意识，积极贯彻教育法律、法规，建立符合法律和章程的内部规章制度，学校章程和内部规章制度不能违背"上位法"的规定，做到及时废、改、立，与时俱进，使其符合法律优先的原则，减少师生与学校发生纠纷的风险。其次，建立和完善学生学籍管理、教职工教学科研管理、人事管理以及奖惩等制度，对学校内部涉及的学生学习要求、纪律处分、毕业条件以及教职工岗位任职资格、工作要求、工作内容、权利义务等都应明确规定。最后，在制定、修改学校规章制度时，学校要积极吸收师生员工的意见，让师生参与到修改、制定学校规章制度的过程中，增强师生的民主参与度，采纳师生的合理建议，增强师生对学校规章制度的认可度。只有这样，学校规章制度才有群众基础，才具有严肃性和可操作性，才能真正预防和减少教育法律纠纷的发生。

二　发挥部门群团职能，加强应对机构建设

徒法不足以自行，尽管教育法律纠纷的预防在静态上做了种种规范和疏导，但最终都需要人和机构来执行。必须高度重视教育法律纠纷应对机构的建设，充分发挥应对机构以及校内组织社团的职能作用。

（一）成立纠纷预防应对机构，统筹和整合各部门的运行

纠纷预防化解是一项艰巨复杂的工程，首先要从健全工作机制入手，切实加强纠纷预防化解应对机构建设。对教育法律纠纷的预防和排查，是各级各类学校的一项重要工作，需要由一个权威部门进行组织协调，成立专门应对机构，协调各部门维护学校和谐稳定的职能，从上到下形成工作网络，理顺关系，整合力量，形成学校党政统一领导、专门应对机构牵头协调、职能部门共同参与、社会各方积极联动的工作格局。其次，完善学校应对机构的制度建设，建立操作流程和运行机制，对学校师生反映的问题和矛盾实行统一受理、分类分流、归口管理、限期办理、综合治理，明确具体责任单位，责任层层落实到个人，使各种矛盾纠纷尽量解决在基层，解决在萌芽状态。再次，加强机构工作人员职业素质的培养。预防机制的顺利运行，还要特别重视人的因素，体制和制度再健全，如果执行的人素质不行，机制还是落空、制度依旧在空

转。最后，学校必须建立长期、稳定的应对机构人员培训机制，采取多种形式着重教育和培训机构人员的法律知识和业务技能，积极开展机构人员预防和处理教育法律纠纷的专项培训，通过教育培训进一步增强机构人员的纠纷风险防范意识，灵活应对教育法律纠纷的产生，提升纠纷的应对能力，尽量将其消除在萌芽状态，从而有效地预防或减少教育法律纠纷的发生。

（二）发挥校内各组织群团职能，畅通师生利益诉求渠道

教育法律纠纷的预防不能单打独斗，需要群策群力、多元参与、互动互补、融合聚力、共同治理，提升工作效率，最大限度地把矛盾纠纷防范于基层、化解在萌芽状态，这样会大大降低矛盾纠纷的风险和成本，实现学校与师生的双赢。对于教师而言，首先发挥教代会和工会的职能。教职工代表大会是学校实行民主管理的最基本形式，是教职工行使民主管理权力的机构，旨在依法保障教职工参与民主管理和监督，维护教职工合法权益。工会是教职工合法权益的代表者和维护者，维护教职工合法权益是工会的基本职责。要发挥工会预防化解纠纷所具有的天然优势，增强工会的独立性和代表性，争取获得教职工的信任和支持。学校要拓宽民意表达途径，应当全面听取教职工代表大会和工会提出的意见和建议，并吸收采纳合理建议，实现教职工利益表达的程序化和制度化表达。另外学术委员会作为学校的学术权力机构，主要负责学术评定等事务，对于学术纠纷的预防和化解发挥着不可替代的作用。对学生而言，主要是共青团、学生会等组织。其中共青团具有服务青年、维护青少年合法权益的职责，关注和倾听青年最关心、最直接、最现实的困难和问题。学生会则是全校学生的群众组织，以自我教育、自我管理、自我服务为宗旨，是连接学生与学校的桥梁和纽带，是维护自身利益诉求的主要渠道。

三 利用大数据平台，建立纠纷预警机制

随着信息技术和人工智能的发展，智慧治理成为社会治理的新要求、新手段。"以大数据为代表的科技革命，不仅已改变我们所做的事情，而且将改变我们自己，改变我们认识世界、改造世界的方法大数据时代下的社会治理，最重要的是事前诸葛亮式的预防机制。所以，数据

时代是预防时代。"① 由此可见，在大数据时代背景下，教育行政机关和学校利用大数据技术应对教育领域矛盾纠纷预警变得紧迫和重要。

(一) 借助大数据平台，预测教育法律纠纷的态势

大数据人工智能时代的到来，标志着人类社会在寻求量化以及认知世界方面取得了长足进步和重大突破②。"当数据处理技术已经发生了翻天覆地的变化时，在大数据时代进行抽样分析就像在汽车时代骑马一样。"③ 一个大规模生产、分享和应用数据的"大数据"时代已经开启，全新的"互联网+"时代正迅速发展，人们逐渐意识到大数据在各领域各行业应用的重大意义，纷纷展开了大数据的应用研究。大数据也称为海量数据、巨数据或大资料，是一种规模大到在获取、存储、管理、分析方面大大超出了传统数据库软件（抽样调查）工具能力范围的数据集合。大数据在纠纷预测中的应用分为两部分：大数据技术和大数据思维。前者主要包括数据仓库、数据集市、数据可视化、云存储和云计算等技术；后者则是从海量数据中发现问题，用全样本的思维来思考问题，形成了模糊化、相关性和整体化的思考方式。大数据的核心特点就是预测，大数据能够尽最大的可能发挥在系统地整理数据、分析数据方面的作用，从而对某一事物、某一事件进行有效预测和评估④，体现了大数据智能化的特点，使其具有更强的决策力、洞察力和流程优化能力，排除"信息熵"，对抗系统的"熵增"。通过大数据平台就可以掌握全国或某一地区教育法律纠纷来源，分析纠纷发生的原因，以及最终处理结果等信息，为预防和减少教育法律纠纷的发生提供重要的参考数据。

(二) 建立纠纷预警排查机制，提高纠纷预防化解的应对能力

常言道："人无远虑，必有近忧。"这种"远虑"的忧患意识落实到具体行动，在当今日趋复杂的社会已经显得爱莫能助，甚至遥不可及。

---

① 龙飞：《大数据时代纠纷解决模式之变革》，《人民法院报》2016年11月2日。
② 赖俊斌等：《大数据时代信息管理存在的问题及对策》，《电子技术与软件工程》2017年第8期。
③ [英] 维克托·迈尔-舍恩伯格、肯尼斯·库克耶：《大数据时代——生活、工作与思维的大变革》，盛杨燕、周涛译，浙江人民出版社2013年版，第27页。
④ 陈珊：《大数据时代下公共危机预警机制建立的研究》，《中国应急救援》2018年第1期。

但任何纠纷形成的初期，都会出现一些苗头和征兆，需要一定时间的矛盾积累过程，此时纠纷处于由量变到质变的进化阶段，因缓慢发展不被激化而难以被人察觉。在纠纷发生之前的这个阶段想要实现教育法律纠纷的预测和预报须具有高效的分析和判断能力，人非神算，不太现实，但在大数据时代却变得轻而易举。第一，通过搭建教育法律纠纷大数据预警平台，加强数据的搜集分析与管理，掌握信息传播的监控权，对可能引起教育法律纠纷的种种现象进行实时搜集和分析。第二，利用教育部门和学校的数据资源，整合社会化和互联网数据资源，加快教育法律纠纷信息平台整合，唤醒沉睡中的数据，消除信息孤岛，建设教育法律纠纷预警系统和预警网络，以提高学校治理能力和教育法律纠纷事件的预处理能力。第三，通过排查反馈结果，将以往教育法律纠纷案例作为模型的学习训练集，优化模型预测能力，提高纠纷排查效率，有效防范教育法律纠纷事件的发生。总之，建立教育法律纠纷预警信息制度，完善教育法律纠纷的预警系统，作为预防机制的最核心部分，为妥善解决将出现的教育纠纷提供了足够的时间准备，提高了学校预防化解纠纷的应对能力，避免或减少了成本的支出。

四　加强教育执法，完善法治教育宣传机制

法律的生命在于实施，其权威在于执行，教育法只有得到真正落实和认真遵循，才不会沦落为一纸空文而流于形式。教育法律纠纷的产生很大程度上是由于教育执法不严，法律权威不够，法治教育宣传力度不足，守法意识不强所致。因此，树立法律至上的理念，严格执法，加强法治宣传教育，才能有效预防教育法律纠纷的发生。

（一）加强教育执法，树立法律权威

教育执法，是教育法制建设的重要环节，是当前教育系统落实全面依法治国基本方略、推进依法治教的重要方面，是适应教育改革发展新形势新要求、推进教育治理体系和治理能力现代化、促进政府职能转变的关键举措。当前，有法不依、执法不严、违法不究的现象在教育领域依然存在。一些教育执法人员滥用职权、失职渎职、执法犯法甚至徇私枉法，践踏了法律的威严，严重影响了教育法治进程。因此，建立严密的执法监督制约体系是全面推进依法治国的关键，是提高科学执法、

公正执法，预防和减少教育领域矛盾纠纷的根本保证。教育领域的行政执法，一方面需要运用法律手段进行积极的引导和规范教育领域主体的行为，防止违法行为的发生；另一方面要坚决惩处教育违法行为，确立和维护教育秩序，保证各种教育活动的正常进行。须重点查处违法举办学校、违规招收学生、违规收取费用及违规颁发学位证书、学历证书等行为；查处擅自分立、合并，擅自变更名称、层次、类别、举办者，恶意终止办学、抽逃资金或者挪用办学经费等行为；查处教师违法行为；查处父母或者其他法定监护人未依法送适龄儿童、少年入学接受义务教育的行为；查处国家教育考试中的严重作弊行为，等等。① 完备执法要件和措施，健全教育行政处罚制度，健全执法机构，提升队伍素质，完善执法机制，创新执法方式，严格执法程序，强化教育督导等，这样可以大大预防和减少教育矛盾纠纷的发生。

（二）建立法治教育宣传机制，培养全民守法意识

"法律必须被信仰，否则形同虚设。"② 法治宣传教育是传播法律知识、培育法治信仰的重要途径。全国"七五普法"决议提出："要坚持把全民普法和守法作为依法治国的长期基础性工作，深入开展法制宣传教育，推动全社会树立法治意识。"这深刻揭示了法治宣传教育在全面推进依法治国中的地位和作用。积极推动健全普法宣传教育机制，推动落实国家机关"谁执法谁普法"的普法责任制，教育行政机关应加大普法力度，落实普法责任，充分发挥信息技术优势，创新方式方法，增强教育行政机关领导干部和工作人员的法治观念和法律素质，坚持把领导干部带头学法、模范守法作为树立法治意识的关键，突出法治理念和法治精神培育，注重法治思维和法治能力的培养。加强思想政治教育，做到"立德树人、以法育人"两手抓，要把法治教育纳入国民教育体系，从青少年抓起，在大、中、小学设立法治知识课程，保证在校学生都能得到基本法律知识教育和法治观念熏陶，培养全社会对法律的尊重和信仰，践行法治精神。发挥网络、电视、报刊等媒体的传播功能，加强新媒体新技术在普法中的运用，提高普法的实效性。学校必须加强对学生

---

① 《教育部关于加强教育行政执法工作的意见》，教政法〔2019〕17号。
② ［美］哈罗德·J.伯尔曼：《法与宗教》，梁治平译，生活·读书·新知三联书店1991年版，第2页。

的法治教育，强化法治宣传教育的针对性和有效性，使孩子从学生时代培养良好的道德法治品质，"扣好人生的第一粒扣子。"① 校园里人人懂法、人人守法，营造浓厚的法治环境，树立良好的法治意识，不仅可以减少学校的教育法律纠纷，还能有效地预防教育法律纠纷的发生。

第二节 教育法律纠纷的沟通机制

教育法律纠纷的预防机制，目的在于将纠纷堵在发生之前，是应对教育法律纠纷的治本之策。然而，预防并不总是有效、做到万无一失。如果纠纷确已发生，控制纠纷的发展态势、降低纠纷的负面影响将是应对纠纷时的第一要务。事前的预防固然重要，事中的沟通也不可或缺，沟通是一种信息交流，是不同的行为主体通过各种载体实现信息的双向流动，形成行为主体的感知，以达到特定目标的行为过程。② 有效的沟通可以使双方达成共识、增进合作，有利于缓和冲突、防止矛盾激化，改善人际关系、维护各自的基本权益，提高办事效率、降低交易成本。因此，建立健全教育法律纠纷的沟通机制，畅通的沟通渠道就显得至关重要。

一 实行信息公开，改进信息发布机制

"沟通是联系人与人交往的桥梁"，在纠纷应对机制中，信息沟通是非常重要的基础性工作，信息公开则是有效信息沟通的前提。谣言止于公开，信息公开不及时还会导致谣言的产生。积极利用互联网和大数据技术，搭建信息沟通平台，建立健全信息公开制度，完善沟通管理体制，是建构教育法律纠纷沟通机制的重要举措。

（一）转变观念，健全信息公开制度

信息公开是公民知情权的重要保障，没有信息的公开，就不可能真正享有知情权。作为基本人权的知情权，受到国际社会的普遍关注和广泛认可，是公民其他基本权利得以实现的基础。知情权是指公民、法人

---

① 《习近平总书记教育重要论述讲义》，高等教育出版社2020年版，第33页。
② MBA智库·百科：沟通，https://wiki.mbalib.com/wiki/%E6%B2%9F%E9%80%9A，2021-06-20。

和其他组织依法享有的，要求义务人公开一定信息的权利和在法律允许范围内获取各类信息的自由。知情权所蕴含的信息公开、信息自由与民主参与等价值取向也逐渐为世界各国立法所确认。① 然而，受"民可使由之，不可使知之"等封建专制思想观念影响，有些管理部门和学校把信息公开看成是自己的权利而非义务，漠视公民的知情权，甚至以"家丑不可外扬"为由，对各方面采取"瞒""捂""缓"或者"回避""躲避"的策略，怀有一种莫名的恐慌心理，担心相关信息一旦如实公开，将出现难以预料的情况、不可收拾的局面。"信息的公开、透明是引导舆论的必要前提。"② 事实上，正是由于未能及时、准确、诚恳地向公众披露实情和及时采取应对措施，例如四川省泸州市泸县太伏中学学生死亡事件，才一步步导致信息严重失真和矛盾激化，严重损害了地方政府的形象和公信力，破坏了学校正常教育教学秩序。健全信息公开制度，首要的是价值观的转变，保障公民的知情权，要把公民的生命、权利、尊严放在首位。③ 因此，政府和学校转变观念，建立健全信息公开制度刻不容缓。

（二）借助新媒体平台，改进信息发布机制

随着网络信息技术的迅猛发展，新媒体时代的到来，改变了人们对传统媒体的依赖，改变了社会舆论格局，成为新闻媒体、公众群体、政府组织、企事业单位的主要信息发布平台。我们已经处在一个信息传播渠道多元化的社会，传统媒体如电视、广播和报纸在传播度和信任度上已经式微，微博、微信、博客、QQ等网络媒体作为新的信息传播方式正在勃兴，逐渐成为大众获取信息的重要渠道，互联网俨然替代了传统媒体成为官民沟通互动的桥梁。对于重大影响的教育法律纠纷事件，教育管理部门和学校不能局限于通过传统的媒介发布信息，必须积极借助新媒体平台和信息技术，改变单一信息公开方式，拓展信息发布渠道，改进信息发布机制。首先，设立专门的信息管理机构，畅通信息发布渠

---

① 周昕、向敏：《论知情权的概念及法律特征》，《重庆广播电视大学学报》2013年第4期。

② 康伟、孙德梅、吕冬诗：《学校突发危机事件管理研究——以生成、演化与控制为视角》，人民日报出版社2016年版，第194页。

③ 陈力丹、李欣：《从"三鹿奶粉"事件看健全信息公开制度》，《学习时报》2008年10月27日。

道，负责收集整理信息，对外发布信息。其次，建立新闻发言人制度，做到新闻发言人专职化、专业化，迅速发布、连续发布和准确发布，保证信息的全面、统一。再次，积极利用新媒体平台，加强政务微信、微博的推广，完善官方网站建设，做好网站内容的及时更新，发挥政务网站的作用。最后，明确官方信息公开和发布的主体，确定重大教育法律纠纷事件中信息公开的范围，保护公民隐私权和单位机密，完善信息公开发布的问责机制，督促相关单位责任人员充分、及时、全面、准确地发布信息。

二 优化组织结构，完善沟通管理体制

沟通的核心是信息能够被受众正确理解和诚心接受，才是有效的沟通。然而，在信息的传递、过滤、加工、理解过程中会产生噪声或系统内冲突等沟通障碍。因此，在教育法律纠纷事件信息传递过程中，必须考虑到人的因素或组织机构的作用，需要有相应的组织结构和管理体制的保障。

（一）加强组织体系建设，优化沟通组织结构

教育法律纠纷的沟通是一项复杂的系统性工作，需要有完善的组织体系和高效的沟通组织结构。教育管理部门和学校的教育法律纠纷事件应对机构的组织能力强不强，组织体系是否完善，重大事件的处置和落实就是试金石，也是磨刀石。有关部门应大力加强应对机构组织建设，设立纠纷事件处置领导小组以及专门的对外沟通机构，以提升组织力为重点，突出沟通、应变、处置能力，优化组织结构设置，理顺隶属关系，充分发挥应对机构的指挥中心作用。构建组织结构，通过分析纠纷事件流程中的各个工作环节来确定需要哪些部门来负责，并确立各部门之间的相互关系和职责作用。优化的组织机构是保障教育管理部门和学校高效应对教育法律纠纷事件的前提，有效的沟通和应对有赖于组织机构的灵活性和战斗力。如果组织机构权责不清晰、分工不明确，人员复杂且冗余，管理人员在职业素养方面也良莠不齐，一旦发生偏颇和不当会让管理部门和学校置于法律危险之中。因此，必须要对组织机构进行科学的优化，减少各个权力系统的层级数，使各个组织实现简化，明确各个机构与人员的职责，形成完整的责任考核机制，从而达到优化沟通

组织结构的目的。因此，有关部门需要从体制上明确沟通应对机构的职权和职能定位，进一步优化机构运作模式，不断适应教育法律冲突纠纷常态化和复杂化的需要。

（二）加强机构队伍建设，完善沟通管理体制

信息沟通首先离不开人与人之间的互动，教育法律纠纷沟通机制的运行和实施最终均需要人来操作和完成。建立良好的沟通机制还有一个非常关键的步骤就是加强机构管理和队伍建设，完善沟通管理体制。首先，教育法律纠纷事件的沟通应对管理机构作为常设机构，有固定的工作人员，并非临时设立，也不是临时拼凑，从相关职能部门和院系或年级组抽调。只有固定的机构和人员才能在纠纷事件的应对工作中发挥重要作用，而临时组织结构松散，组织涣散，具有不稳定性、不持续性，发挥的作用十分有限。而且临时组建的队伍缺乏系统的、成熟的纠纷事件应对处理经验和措施。其次，厘清沟通管理层级，确立管理机构的领导体制，并制定沟通管理的各项工作流程，分析和归纳各个沟通流程的节点和工作要领，以此设定工作岗位和编制岗位职责及岗位说明，从而把沟通应对机构的工作目标分解到每一个具体的岗位上，延伸和推导出多项工作指标，使每一个岗位都有清晰的工作目标，作为目标考核的依据。最后，加强业务培训学习，提升机构队伍的综合素质。教育培训是一项事关沟通机制实施成效的基础性工作，是建设高素质机构队伍的重要途径。坚持把加强学习作为提升整体素质、强化工作能力的关键，制定教育培训方案和成效考核制度，从而形成完整的沟通管理制度和体制。

三　促进双方和解，引入协商谈判制度

在哈贝马斯的交往范式中，协商是交往主体达到行为合理化的重要机制，争取把问题解决在未扩散状态之中。当教育法律纠纷一旦发生，由当事人双方通过协商谈判达成和解是最快捷简便、成本最低、效益最好的方式，最好地维护和保持了双方良好的教育关系或聘任关系，完全契合教育的特质和宗旨，真正实现了双赢。协商谈判的过程就是寻求和解的过程，要达成和解这种理想效果，当然离不开有效的沟通。"法律思维在根本上是沟通，它立基于法律领域的不同参与者

之间的持续沟通",① 以寻求利益最优的解决方式。

（一）掌握沟通方法，促进双方友好和解

良好的信息沟通是组织机构正常运行和活动的基础，而沟通的方法技能也决定了组织管理的质量、成效。为了促成双方和解，使矛盾冲突带来的损失降到最低，要善于运用恰当的沟通方法和技巧。然而，沟通是一门综合艺术，而不是恶劣或圆滑的操作，纠纷双方当事人在尊重事实的前提下，正确运用各种沟通艺术和技巧，营造和谐融洽的沟通氛围，会取得良好的沟通效果，避免矛盾纠纷态势的恶化或加剧。据媒体报道，2018年7月"南昌大学性侵案"的当事女生把学校和教师一同告上了法庭，成为国内第一起被侵害学生起诉学校及教师的案例。其导火索源于学校教师与当事女生沟通不当，致使事态进一步恶化，在舆论的发酵下，学校的形象和声誉严重受损，给双方造成了不可弥补的损失。首先，真诚是沟通的第一步，开诚布公，不故意隐瞒实情。松下幸之助曾说："伟大的事业需要一颗真诚的心与他人进行沟通。"② 其次，足够的尊重与信任是建立有效沟通的基础。积极倾听，要善于当听众，成为倾听者是最好的沟通方式，这样才能充分体现彼此的平等与尊重，建立友好互信关系。再次，找准合适的沟通时机进行有效表达，发挥语言的魅力，善于控制自己的情绪，抓住问题的主要矛盾。最后，及时反馈是最好的沟通方法，准确及时地反馈可以尽可能消除双方之间的信息不对称，有利于不断修正自己的观点和诉求，从而化解异议争端。

（二）实行平等协商，引入法律谈判制度

自古以来中国社会中的政治法律领域的商谈或协商的传统源远流长，《左传》中记载："先王议事以制"，即先王召集大家共同讨论解决问题。在儒家观念影响下，"厌讼"和"息讼"一直是中国法律文化典型特征，主张远离纷争、崇尚和谐，和谐意味着对于纷争的排斥。儒家认为如果通过和平商议的方法解决纠纷，那是非常理想的状态。③

---

① 梁平、杨奕：《纠纷解决机制的现状与理想建构》，中国政法大学出版社2014年版，第292页。
② 转引王文才、李振杰《掌握沟通的方法和艺术》，《前线》2001年第12期。
③ 杨帆：《传统中国的儒家理性、公共领域与政法协商——与哈贝马斯法律商谈理论的比较研究》，《南京大学法律评论》2017年春季卷。

因此，今天的中国人追求和谐仍是心中优先的价值目标，协商调解备受青睐。在工商业文明取代农业文明、市场经济占主导地位的当下中国，人们无法再接受参与主体的非平等性、重道德教化轻法制程序的商谈或协商，这种缺乏理性和法治的规制。在现代法治社会，法律成为调控社会的主导力量，因此在教育法律矛盾纠纷的协商中，通过法律谈判这种制度化、专业化、程序化的沟通方式达成和解和共识，对于降低或减少教育法律矛盾纠纷对双方造成的压力、避免负面影响或损失的扩大十分有利。这里所说的"法律谈判"是一种私力救济，在法律专业人士介入下，谈判者运用理性思维和法律知识，遵循交往有效性条件充分交涉达成合意，并自愿受谈判结果约束的解纷方式。① 法律谈判作为纠纷主体平等对话交流的平台，其特殊优势使其成为纠纷化解与利益冲突的缓冲器。当事人可以最大限度地利用法律空间，彼此平等地协商和沟通，尊重意思自治，在纠纷主体之间经由对话积聚共识，化解分歧和纠纷。

四 推动各方参与，构建立体沟通模式

教育领域的矛盾纠纷治理过程，事实上也就是沟通的过程。推进国家治理体系和治理能力现代化，是党的十八届三中全会提出的全面深化改革的两大目标之一。加强相关教育主体以及社会群团之间的沟通和交流，形成协同从而产生合力，共同作用于教育法律纠纷沟通工作，服务于当事人的多元需求，推动社会与教育的和谐发展，建立"学校—学生—社会—媒体"之间的多向反馈及多层面、多渠道的信息沟通机制和立体沟通模式。②

（一）推动各方参与，发挥沟通主体的协同效应

由于教育法律纠纷往往不是一个孤立的事件，而是复杂的系统工程，涉及链条较长，参与主体众多，需要构筑共同参与的大格局，通过给予利益相关者参与的公平机会和平等地位，促进各方积极参与，共同治理，尽可能地发挥沟通主体的协同效应。因为"当参与者感知

---

① 陈文曲、常学敏：《法律谈判：现代民事纠纷解决机制的基础——由法律谈判的概念展开》，《湖南大学学报》（社会科学版）2019年第4期。
② 柯小艳：《江西省高校危机事件信息传播机制研究》，《传播与版权》2018年第9期。

到不公时，愤怒会被放大，产生非理性行为，进而阻碍甚至脱离合作；相反，当参与者认为被公平对待时，往往会认为自身利益被考量，也因此愿意参与到沟通中来"。① 只有各方进行有效的沟通，协同效应才能发挥出来。因为"沟通是协同的基础，要实现协同，必须从有效沟通开始"。②

参与的主体除了政府部门、学校、教师、学生及家长，还有社会群团组织，主要有工会、共青团、青联、妇联、残联以及各种专业协会、媒体组织等。根据教育法律矛盾纠纷的性质和大小，具体情况具体分析，确定参与范围和人员，通过互动、协商、合作，实现对教育法律矛盾纠纷的沟通化解和共同治理。具体表现：一是协调、整合政府部门和学校资源要素，打破各职能部门之间的信息沟通壁垒，运用大数据技术，促进部门之间的信息整合和多部门协作；二是激发、培育社会资源要素，发挥社会组织独特的资源优势，促进社会群团参与重大教育法律矛盾纠纷的沟通与治理；三是组织、统筹其他多元要素，将政府、学校、社会组织、民众等共同作为教育法律矛盾纠纷化解的载体，实现有效互动、理性沟通、协同共治。③

（二）搭建沟通网络，构建高效的立体沟通模式

教育法律矛盾纠纷的升级与扩大，上升为司法诉讼或重大事件，将会造成巨大的社会负面影响，究其原因往往是纠纷双方在教育法律纠纷发生后缺乏充分有效的沟通，缺乏控制矛盾纠纷发展态势的沟通网络。信息沟通与风险防控息息相关，要防控风险，降低损失，必须重视信息沟通机制的构建。因此，建立全面畅通的沟通网络，构建起高效的立体沟通模式显得尤为重要。沟通网络是由沟通渠道组成的模式，按照不同的标准，有不同的划分和模式。根据沟通的方向、功能性以及沟通对象的不同，可将沟通方式分为下行沟通、上行沟通和平行沟通。④ 按照沟通对象的范围，可将沟通分为内部沟通与外部沟通。

---

① 刘波、杨芮、王彬：《"多元协同"如何实现有效的风险沟通？——态度、能力和关系质量的影响》，《公共行政评论》2019 年第 5 期。
② 王志东：《协同从沟通开始》，《软件世界》2006 年第 6 期。
③ 周盼：《推进基层社会多元主体协同治理》，《中国社会科学报》2019 年 1 月 30 日。
④ 王鸿：《高校突发事件应对中的思想政治教育机制构建——以高校社会性突发事件为例》，《教育学术月刊》2011 年第 5 期。

内部沟通主要通过学校内部各部门上下级常态化的信息交流以及与学校师生员工的沟通，内部的信息流向有上传下达、自下而上、纵横交叉等，需要减少沟通层级，压缩内耗时间以快速便捷提高效率。外部沟通是学校依靠、动员学校外部力量，达成与政府和社会的信息交流。首先，与教育行政主管部门的沟通，寻求资源援助和领导支持。其次，与（当事）学生家长的积极沟通，倾听涉事学生家属的意见，尽最大能力为其提供帮助和妥当解决。最后，与新闻媒体、大众的沟通，如果学校能以开放、合作的态度面对媒体和公众，往往能化危机为转机，从而赢得学生家长和社会公众的信任，及时化解危机和争端。由此可见，构建立体式沟通模式是教育法律纠纷沟通机制不可或缺的组成部分。

第三节　教育法律纠纷的解决机制

解决机制处于纠纷发生之后事中的末端，沟通机制处于事中的前端。当然，纠纷解决过程中仍需要沟通，成为解决机制的组成部分。当教育法律纠纷通过沟通机制仍然无法化解、无法遏制纠纷的激化时，那么就只能通过教育纠纷解决机制，这是对上一个环节机制的承接和延伸。托克维尔曾经说过，任何激烈的社会政治冲突最终都可以转化为法律问题，并随着时间与程序而不断降温，最终得以平稳解决。① 同理，教育领域的冲突最终亦可以转化为教育法律纠纷。一般而言，纠纷解决以公正性、效率性、确定性、自治性为理想目标。② 但是由于人们价值诉求的多元性和扩张性，迄今为止的各种纠纷解决方式都不可能完全地达到纠纷解决的理想目标，人们选择解决方式在社会发展的不同时期有着不同的偏好。因教育法律纠纷具有自身的特点和内在的特性，故其解决方式的适应性、实效性存在较大的差异。现行的调解、申诉、复议、仲裁、诉讼等教育法律纠纷解决方式，其强制性、拘束力呈逐渐递增趋势，而柔和性、和谐性呈逐渐递减趋势，要构建一套体现重在调解、司

---

① ［法］托克维尔：《论美国的民主（上卷）》，董果良译，商务印书馆1996年版，第310页。
② 李琦：《冲突解决的理想性状和目标——对司法正义的一种理解》，《法律科学》2005年第1期。

法最终原则的、纵向衔接、层层推进、环环相扣的多元化教育法律纠纷解决机制。

一 调解

在古老的中华大地上，调解作为追求"息讼止争"的东方智慧，一直延绵不绝、继承发扬。调解作为 ADR 的重要方式，在化解矛盾纠纷方面的独特功能，即使是在司法发达的西方社会，"许多争议也从来既不付诸其司法机构，也不交付于旨在对第三人的裁断给予约束的可选择的程序"。① 由此可见，调解在世界范围内具有的独特价值和不可比拟的优势，使得调解在教育法律纠纷解决机制中愈加不可偏废、不可或缺。

（一）调解的含义及其种类

调解是协商的延伸，是由第三方居中协调，使矛盾的当事人之间协商一致，从而解决争议的行为方式。调解主要存在以下三种形式：一是行政调解，是指行政机关作为中立的第三方，基于法律的规定或者行政权威，对平等民事主体之间的法律纠纷居中进行协商促使双方当事人解决矛盾的法律制度。学者们认为这是行政司法的种类之一，它可以是一种独立的行政司法制度，也可以与行政裁决、行政仲裁紧密联系，成为两者的前置程序。行政调解不具有强制力，达成协议后当事人反悔的，可以申请仲裁裁决或提起诉讼。二是司法调解，是指在人民法院审判人员主持下，双方当事人就民事争议通过自愿协商，达成协议的活动。通常情况下，司法调解可以根据双方当事人协商一致签署的协议来结案。三是其他社会组织的调解。也有人称其为民间调解，就是由一定的社会组织依法在当事人之间进行协调，从而解决相应纠纷的行为方式。但需要指出的是，司法调解和行政调解通常情况下不是独立的调解制度，而是司法裁判和行政裁决或行政仲裁的前置程序，而民间调解是一个独立的调解制度。这种多元化的调解机制被视为现代社会中出现的一种新型的社会纠纷解决方式，它是行政调解、司法调解、民间调解的有机联系

---

① ［美］H. W. 埃尔曼：《比较法律文化》，贺卫方、高鸿钧译，清华大学出版社 2002 年版，第 133 页。

和统一。① 其中，民间调解是自治性最强、权威性最弱的一种调解方式，但它体现了社会对纠纷的自我调解能力，反映了社会主体的自我整合能力。无论是在传统社会还是现代社会，调解都是让社会冲突达到最低程度的纠纷解决方式。②

(二) 民间调解在教育法律纠纷中的应用

涉及教师的教育法律纠纷，一般可以由工会和教代会来负责调解。工会是学校民主管理的主要形式，民主管理作为现代学校制度的重要组成部分，在学校重大事项的科学决策中发挥着不可替代的作用。在计划经济体制下，以高度集中、行政指令为特征的中央集权体制对工会机制进行了国家主义理论的构建，使得中国工会成为政府管理职能的延伸。在市场经济条件下，在现代学校制度建设和变革中，学校工会民主管理从理论到实践、从观念到制度都对整个学校管理制度有着举足轻重的作用。在教育法律纠纷的处理机制方面，学校工会在自主协商和调解这两方面，其角色尤为重要。在教育法律纠纷处理机制中，学校工会可积极建立更多的民主协商通道和平台，将分散的利益诉求主体引导到民主协商通道中来，通过平等的、直接的对话沟通机制，减少教育纠纷中存在的非理性表达的风险和不同诉求的偏见，让各方在针对教育法律纠纷中进行充分的表达和博弈，形成真正的参与和互动，从而更有利于解决教育法律纠纷。涉及学生的纠纷，可以申请人民调解或校内专门机构的调解，遵循《人民调解法》(2015) 的程序进行。面对教育法律纠纷时，在理性对话中实现利益均衡，化解各方矛盾，建立平等、包容、公正、自由的沟通平台和沟通方式，使复杂纠纷简单化，以此才能更好地维护师生的合法权益，承担起沟通教育法律纠纷中各个层面、各个纠纷当事人的作用，起到帮助学校管理者与各教育法律纠纷当事人保持联系、化解争议以及维护学校稳定的作用。

(三) 协商民主理念下大调解模式的形成

协商民主理论在学校工会管理过程以及教育法律纠纷处理机制方

---

① 赫然、张荣艳:《中国社会纠纷多元调解机制的新探索》,《当代法学》2014年第2期。
② 宋明:《人民调解纠纷解决机制的法社会学研究》,中国政法大学出版社2013年版,第2—3页。

面，提供了坚实的理论支撑。当下学校工会应当切实贯彻协商民主的参与理念，践行教育法律纠纷处理方式上的"群众路线"，以协商民主的方式发挥学校工会在处理教育法律纠纷中的重要作用。另外，教职工代表大会是学校工会组织教职工参与学校民主管理的基本形式，根据《工会法》与《学校教职工代表大会规定》的相关规定，教代会是法定的教职工参与学校的民主管理和监督的协商平台，在学校治理结构中起到的是一种促进学校决策正当性与有效性的过程性补充，而非既有管理体制的替代或掌控。但在面临教育法律纠纷时，教职工代表大会可以根据教育法律纠纷的类型、特点、纠纷形式等，特别是教师的相关权益受到损害时，对教师的合理诉求进行调解。因此，作为学校基层民主实践的重要力量，学校工会致力于执行与落实教职工代表大会的各项决策，是一种贯彻群众路线的"协商民主"，在这样的一种思路下，在面对教育法律纠纷时，教职工代表在处理纠纷时的地位和作用至关重要。究其缘由，也是因为工会的工作在本质上就是做群众的工作，那么在学校"群众"所代表的群体就是教师以及相关教育工作人员，正是因为有教职工群众的需要和诉求才有学校工会组织存在的必要。随着学校综合治理的推进，各地纷纷建立起大调解机制，开始有越来越多的团体参与到教育法律纠纷问题的调解过程之中，如在处理学生问题方面，学生会、居委会、家委会等团体开始参与其中。

二 申诉

民间的非诉调解毕竟缺乏强制性，其调解协议不具有法律约束力。因此，在调解无果的情况下，教育法为师生权利救济提供了一项专门的制度安排——教育申诉制度，包括教师和学生两种申诉制度。教育申诉制度是一种法定的专门制度，为教育法律纠纷解决在教育系统内提供了一个既能尊重学校自治，又能维护良好教育关系的特殊制度。

（一）申诉的含义及申诉权理论

申诉是一个极其宽泛的概念，不仅涉及立法、行政、司法领域，还包括法律之外的诸如内部纪律等领域。从宪法规定的公民申诉权看，宪法作为国家的根本法，所讲的申诉也是一个大概念，既包括民主意义上的申诉,也包括程序意义上的申诉,且其更多地强调其民主政治上的意义,忽视了其法律程序意义上的功能,从而造成申诉权理论研究十分匮乏,理论供给严重不足。申诉权无论是在理论上,还是在实践中都有相当的模糊性和不确定性,① 已导致包括学生申诉在内的法律制度的缺失与混乱。因此,加强对申诉权理论的研究势在必行。申诉权是基于"获得公平对待的公正权"而衍生的一种救济权利,在性质上是一种请求权。申诉权一般是指个人不服一定的公共组织的处理或不利处分决定而向特定的公共组织申述理由,要求重新做出公正处理的权利,目的就是保护个人自身的正当权利,矫正非正义,实现社会正义。

目前,世界上大多数国家的宪法和国际人权文件明确规定要保障社会成员的申诉权,我国宪法对公民的申诉权也作出了规定。由于人的理性是有限的,而依据有限理性做出的任何一个判断都不能保证它是绝对正确的。这正是申诉权存在的正当性与合理性的基础。申诉权作为一种请求权、抵抗权、救济权,一种体现保障人权和实现正义的权利,自古有之,它一直激励着人类为权利而斗争,从而促进了人类文明的进步与发展。申诉权体现和弘扬了"保护自己的权利就是正义"的精神,保护权利的正义,首先意味着人们坚持和维护自己的正当权利;其次也意味着保护他人的正当权利;在某种意义上是增强一个社会维护每个人的权利的力量,② 成为个人权利的强大保护屏障。因此,申诉权是一种保护权利的正义的权利,是人为权利而斗争的有力武器。人如果没有申诉权,其他任何权利的实现就无从谈起,落实人权、实现正义只是一句空话。

(二) 教育申诉制度的完善

教师、学生的申诉权有着宪法依据和渊源,我国《教育法》第四十三条对此做了明确规定,学生有权"对学校给予的处分不服向有关部门提出申诉,对学校、教师侵犯其人身权、财产权等合法权益,提出申诉或者依法提起诉讼"。《教师法》第三十九条规定:"教师对学校或者其他

---

① 茅铭晨:《论宪法申诉权的落实和发展》,《现代法学》2002年第6期。
② 程燎原、王人博:《赢得神圣——权利及其救济通论》,山东人民出版社1993年版,第152—156页。

教育机构侵犯其合法权益的，或者对学校或者其他教育机构作出的处理不服的，可以向教育行政部门提出申诉，教育行政部门应当在接到申诉的三十日内，作出处理。"这是宪法规定的公民申诉权利在学生身上的具体体现，为教师、学生行使申诉权，维护自身合法权益提供了法律依据。教育申诉制度是一项维护学生、教师合法权益的行政救济制度，它是指学生、教师在其合法权益受到侵害时，依法向主管的教育行政机关或学校申诉理由请求重新处理的权利救济制度。[1] 它同泛泛而谈的申诉不同，是一项制度化的法定权利，其目的和实质在于补救和保护教师和学生的合法权益。

学生申诉是指学生在接受教育的过程中，对学校给予的处分不服或认为学校、教师侵犯其人身权、财产权等合法权益而依法向教育行政部门或学校提出要求重新做出处理。2017年教育部重新修订出台的《普通高等学校学生管理规定》，专章规定了"学生申诉"制度，确立了两级申诉制度，即校内申诉和行政申诉（向教育行政部门申诉）以及相关的受理主体和程序，但对于教育行政部门作出申诉决定不服的救济途径尚未作出规定。申诉教师是指在从事教育教学科研工作过程中，在职务聘任、科研学术、工作条件、民主管理、培训进修、考核奖惩、工资福利待遇、退休等各方面的合法权益受到侵害时，就可以提出申诉。然而，对于针对教师申诉，教育部尚未出台专门的规章。不少学校依据《教师法》以及相关政策，制定校内的"教师申诉办法"。教育申诉涉及的师生权益范围广泛，包括学生受教育权、人身权、财产权、教师教育科研权和劳动福利权，等等。因此，需要进一步完善教育申诉制度，搭建教育申诉与行政复议或司法诉讼有机对接的通道。

三 复议

教育申诉是教育系统内部纠错机制，有着其他救济方式不可替代的优越性，但不意味着它可以成为封闭性的解决教育纠纷的途径[2]。应该拓宽教育申诉后的救济渠道，进行制度衔接和救济延伸，不能戛然而止。当教师、学生对教育行政部门的申诉处理决定不服时，应继续给教

---

[1] 吴殿朝：《我国教育申诉制度存在的问题及其完善对策》，《行政与法》2008年第2期。

[2] 孙健：《浅议我国教育申诉制度》，《国家教育行政学院学报》2007年第5期。

师、学生提供行政复议或行政诉讼救济的渠道，体现以人为本、权利救济的原则。

(一) 行政复议的含义及其属性

复议，即行政复议，它是指公民、法人或者其他组织认为行政机关的具体行政行为侵害其合法权益，依法向该机关的上一级行政机关或法律、法规规定的行政机关提出申请，由受理申请的行政机关对原具体行政行为进行重新审查并作出裁决的活动及其制度。行政复议是政府内部层级监督的一项重要制度，也是行政系统内部的纠错机制，兼具行政监督、救济、司法行为的特征和属性，具有《行政复议法》的直接依据，保障了行政复议的严肃性和权威性。相比较于申诉制度而言，行政复议具有程序的法定性和严格性；相比较于行政诉讼而言，行政复议不仅要对具体行政行为的合法性进行审查，还要对具体行政行为的合理性进行审查，甚至还可以一并附带审查抽象行政行为；不仅有权撤销被申请人作出的违法或者不当的决定，还有权直接变更被申请人作出的违法或者不当的决定，审查强度更强、更深入，从而使争议得到彻底性的解决。

行政复议作为政府及部门的一项法定职责，具有方便群众、快捷高效、方式灵活、不收费等特点和优势。一方面它是推进依法行政的重要举措，另一方面它是化解社会矛盾的重要法律制度。由此可见，行政复议具有行政性和司法性两种属性。(1) 作为具有一定司法性的行政行为，行政复议解决纠纷的能力在非诉机制中独树一帜，类似于英国的"行政裁决"行为。遗憾的是，我国行政复议制度在实践中基本上是行政化运作，层层审批，复议机构缺乏相应的专业性、独立性，遵循准司法程序的要求不高。因此，对行政复议进行司法化改造势在必行。(2) 作为一种具体行政行为，行政复议还具有决定的有效性和执行的高效性。行政复议实行隶属领导的管理体制即"下管一级"——下级服从上级的行政组织原则，保障了被申请人执行行政复议决定的自觉性和主动性。对于申请的公民、法人来说，生效的行政复议决定，即具有法律约束力，由国家的强制力保证实施。

(二) 行政复议在教育法律纠纷中的运用

既然行政复议具有化解矛盾、保护权利、纠正错误的功能，为教育法律纠纷的解决拓宽了途径，那么就有必要在我国教育领域内全面引入行政复议制度，并在有关学生和教师管理方面的法律、法规中予以明确规定，以确保学生和教师认为其权利受到损害时，能够提起行政复议，获得尽可能充分的行政救济。对于各种行政纠纷的解决，一般遵循"行政内救济优先"和"穷尽行政救济"的原则。但我国行政救济体系的设置，往往没有把行政复议作为行政诉讼的前置程序，赋予相对人救济途径的选择权。我国《行政复议法》第六条规定了行政复议的受案范围，规定了十一项①，其中第九项规定："申请行政机关履行保护人身权利、财产权利、受教育权利的法定职责，行政机关没有依法履行的。"这意味着行政机关侵害学生、教师人身权利、财产权利、受教育权利的，学生、教师可以提起行政复议。但仅仅针对行政机关这一侵权主体，如果学校侵权则不适用该法，因为学校不是行政机关，所以该条文在实践中一定程度上失去了权利救济的功能。

由此可见，行政复议在解决学校侵权或师生与学校之间的纠纷上，遭遇了法律瓶颈和障碍，而相关的教育法规、规章对于师生与学校的教育法律纠纷实际上排除了行政复议的适用。现实中，《行政复议法》第六条规定的情形，在教育领域也是广泛存在的。在行政法律关系中，作出

---

① 《行政复议法》第六条　有下列情形之一的，公民、法人或者其他组织可以依照本法申请行政复议：

（一）对行政机关作出的警告、罚款、没收违法所得、没收非法财物、责令停产停业、暂扣或者吊销许可证、暂扣或者吊销执照、行政拘留等行政处罚决定不服的；

（二）对行政机关作出的限制人身自由或者查封、扣押、冻结财产等行政强制措施决定不服的；

（三）对行政机关作出的有关许可证、执照、资质证、资格证等证书变更、中止、撤销的决定不服的；

（四）对行政机关作出的关于确认土地、矿藏、水流、森林、山岭、草原、荒地、滩涂、海域等自然资源的所有权或者使用权的决定不服的；

（五）认为行政机关侵犯合法的经营自主权的；

（六）认为行政机关变更或者废止农业承包合同，侵犯其合法权益的；

（七）认为行政机关违法集资、征收财物、摊派费用或者违法要求履行其他义务的；

（八）认为符合法定条件，申请行政机关颁发许可证、执照、资质证、资格证等证书，或者申请行政机关审批、登记有关事项，行政机关没有依法办理的；

（九）申请行政机关履行保护人身权利、财产权利、受教育权利的法定职责，行政机关没有依法履行的；

（十）申请行政机关依法发放抚恤金、社会保险金或者最低生活保障费，行政机关没有依法发放的；

（十一）认为行政机关的其他具体行政行为侵犯其合法权益的。

行政行为的行政机关是行政主体,受到具体行政行为拘束影响的学校、教师、学生是行政相对人,他们成为提起行政复议的主体。例如西北政法大学申博失败向陕西省政府提起行政复议并被受理,还有行政机关作出关于教师资格证、职称证、办学许可证等方面处罚,教师、学生、学校也可以提起行政复议。① 行政复议是师生权利救济不可替代的手段,二次教育申诉应对接或转换为行政复议。但目前教育申诉与行政复议之间并没有架起联通的管道,两者基本处于彼此绝缘的状态。因此,在教育行政系统内,从校内申诉到行政申诉,再到行政复议的救济链条上应环环相扣、层层递进,不应断环和脱节,最后才是进入司法程序的行政诉讼,形成完整的教育法律纠纷解决体系和机制。

四 仲裁

尽管教育申诉或行政复议可以解决某些争议和纠纷,但由于教育法律纠纷的特殊性,比如学术纠纷或关于毕业证、学位证颁发授予方面的纠纷,行政手段或司法途径都无法真正有效介入和化解。基于教育纠纷具有高度的专业性、技术性以及特殊性,特别适合由一个独立而专业的仲裁机构来裁决。多元化的解决途径让教师、学生与学校的纠纷得到最大化的有效解决,让师生从情感和心理上更容易接受和认可。

(一) 仲裁的含义及特点

"仲裁"在字面上有"居中裁断"的意思,它是指双方当事人将纠纷提交中立的第三者进行裁判,以求得公正、合理、便捷解决的一种纠纷解决机制和方式。现代仲裁制度一般指的是民商事仲裁,主要用于平等主体的公民、法人和其他组织之间发生的合同纠纷和其他财产权益纠纷。我国还设置了专门解决劳动者与用人单位之间发生劳动争议的劳动仲裁,作为进入法院诉讼的必经程序,与民事仲裁存在某些差异。由于仲裁在解决纠纷中具有快捷性、实用性、高效性、和谐性的特点,已成为当今国际上公认并广泛采用的争端解决的重要方式。仲裁在性质上是兼具自治性、契约性、民间性和准司法性的一种纠纷解决方式,基于当事人自治原则,法院对仲裁不进行深层次的干预,仅在仲裁违背国家强

---

① 张恩学:《教育行政复议制度研究——以高等院校校生纠纷为视角》,《教育探索》2015年第1期。

制性法律法规的情况下，才进行干预；仲裁具有一定的司法性，是一种准国家司法活动，不是纯粹的"司法性"而是一种准司法性质。由此可见，仲裁异于法院审判，仲裁需要双方自愿；也异于民间调解，是第三方公断，区别于民间调解的非公断性。随着仲裁机构的独立以及仲裁程序的规范，仲裁与司法在外观上已具有相当程度的相似性，已经迅速成为一种公正有效的纠纷解决途径。

当前仲裁成为国内、国际通行的经济纠纷解决方式，与调解、诉讼相比，有其鲜明的特点。（1）遵循自愿原则。充分尊重当事人意思自治，当事人的自愿性是仲裁最突出的特点，这是仲裁的前提。"当事人采用仲裁方式解决纠纷，应当双方自愿，达成仲裁协议。"① （2）具有法律效力。也就是说，仲裁裁决跟法院判决一样，同样具有法律约束力，仲裁裁决的终局效力具有广泛执行性。当事人必须严格履行，否则一方当事人不履行的，另一方当事人可以向人民法院申请执行。（3）专业性强。仲裁又称为"专家裁案"，这是民商事仲裁的显著特点，因为民商事仲裁往往涉及不同行业的专业知识和技术问题，仲裁员均是来自各行业具有较高专业背景的专家，精通专业知识、熟悉行业规则，能较好地确保仲裁结果的公正性和权威性，特别适合如学术纠纷这种专业性极强的案件。（4）独立性强。仲裁机构独立于行政机构，仲裁机构之间也无隶属关系，不受外界干涉。实行一次裁决，一裁终局，裁决一旦做出，就发生法律效力，当事人不服裁决不能就同一纠纷申请再仲裁或向法院起诉。由此可见，仲裁是一种便捷、公正、有效地解决纠纷的途径，它具有专业性和针对性强的特点，对化解特定纠纷具有无可替代的优越性。

（二）教育仲裁制度的引入及构建

教育仲裁是指学校、教师、学生将其在教育活动中发生的权利义务纠纷提交给依法设立的专门处理教育法律纠纷的教育仲裁机构，并由其对双方的纠纷进行处理，作出有法律效力的裁决，从而解决教育法律纠纷的一种方式或制度。教育仲裁制度在国外已有先例，如英国、美国的教育仲裁以及印度的教育法庭，它是一种针对校园特定教

---

① 《中华人民共和国仲裁法》（1995）第四条的规定。

育纠纷的解决而设立的，目的在于尊重学校自治以及充分保障师生的合法权益而设立的纠纷解决制度。美国大约有 20 个州的法律允许对教师权益争端提交申诉仲裁，在仲裁中授权第三方做出双方都必须接受的决定。[1] 目前我国教育仲裁制度尚未建立，只有教育人事仲裁制度，即仅限于教师及其他工作人员与事业编制学校之间因录用、辞职、辞退、调动、履行聘用合同发生争议或者其他权利行使、义务承担而产生争执后，将争议交由人事仲裁机构进行裁决的活动。这种人事仲裁在设置和性质上仍属于劳动仲裁，与真正的教育仲裁有较大的差异。而对教师与事业编制学校之间因职级、职称、职务或者岗位调动等产生的争议，仲裁机构或法院不能受理。由此可见，无论是教师与学校，还是学生与学校之间的某些纠纷在申诉无果、复议诉讼无门的情形下，纠纷无处解决，权利无法救济。有必要引入一种类似于"劳动仲裁"的模式，解决师生与学校之间在教育教学过程形成教育关系上的权利义务纠纷，既可以维护学校办学自主权，又可以解决其他途径无法解决的、专业性的实体问题，为学校师生的权利救济提供更充分的保障。

在教育仲裁制度构建上，仲裁机构的设置、受案范围、仲裁程序的设计等可以借鉴和吸收劳动仲裁制度的有益经验。而商事仲裁是仲裁的典型代表，也是最发达、最完善的仲裁制度。教育仲裁与商事仲裁同属于仲裁，存在诸多共同、相似之处，同时也有着很大的差异。（1）仲裁机构成员不同。商事仲裁与教育仲裁虽然都是由第三方充当仲裁主体，但在具体仲裁组织和人员构成上又有所区别，仲裁员的专业背景要求不同。（2）当事人地位不同。申请商事仲裁的当事人之间是平等的主体，不具有任何身份隶属或管理关系；而教育仲裁的当事人是教师、学生与学校，存在明显的人身隶属管理关系或身份延续关系。（3）仲裁性质不同。商事仲裁完全是民间性质的仲裁，而教育仲裁在设置上跟劳动仲裁一样属于行政仲裁，尽管教育仲裁大部分适用民间仲裁的运行规则。（4）受案范围不同。商事仲裁涉及的是财产关系的经济纠纷，它同时也属于法院的受案范围；教育仲裁主要针对的是学校内部管理权以及学术方面的纠纷，法院或行政机关往往不便介入或有限介入，并非都是法院的受案范围。（5）仲裁效力不同。在商事仲裁中，遵循"或裁或审"

---

[1] [美] 米基·英伯、泰尔·范·吉尔：《美国教育法》，李晓燕、申素平译，教育科学出版社 2011 年版，第 372 页。

"一裁终局"的原则,割断了国家司法权与仲裁的联系,法院不能直接干涉仲裁事项;而教育仲裁对部分外界不宜介入的案件实行"一裁终局",对属于法院受案范围的教育法律纠纷,当事人不服仲裁裁决的,仍可以在法定期限内向人民法院起诉,建立起教育仲裁与司法诉讼联通的"立交桥"。

五 诉讼

司法诉讼是维护社会正义的最后防线,是解决教育法律纠纷的最终程序。当教育法律纠纷穷尽了调解、申诉、复议或仲裁等途径仍得不到合理有效的救济时,那么遵循司法最终解决的原则,教育法律纠纷当事人可以行使公民诉讼权,寻求司法救济。司法的本质是"息纷止争",为纠纷提供解决方案。公民诉讼权是一种"中介权",它把公民的实体权利与司法机关的审判权力有机地联系了起来,是公民获得国家公力救济的桥梁,也是司法机关对公民权利进行保护的纽带。[①] 目前,在三大诉讼分野下的教育法律纠纷,也是按照一定的性质归入相应的诉讼类型。但是,由于受教育权的特殊性,不同于人身权和财产权,其司法救济显得有些困难和尴尬。

(一) 行政诉讼

行政诉讼是司法介入的具体手段,也是解决行政纠纷最重要、最具权威的最后一环,最能实现社会正义。然而,我国教育法律规范没有规定学校对学生管理行为的司法救济途径。行政诉讼法也只明确规定人身权、财产权的司法救济,同时还明确排除行政处分的司法审查。由此可见,司法介入存在法律依据严重不足的问题。尽管在司法实践中,通过"授权行政主体"理论部分解决了高校的被告资格问题,从而使一些高校管理行为进入司法审查的范围,但极为有限,只是一种司法尝试。司法介入是发挥法律监督功能,保障学生、教师合法权益的基本途径。高校管理的司法审查是高校管理法治化的重要标志,是促使高校管理权力的运行纳入程序化、规范化法治轨道的重要手段,也是在学校管理过程中体现法治原则的一项基本要求。没有司法的适当介入,在高校管理权

[①] 左卫民、朱桐辉:《公民诉讼权:宪法与司法保障研究》,《法学》2001年第4期。

滥用的情况下，就无法保障学生、教师的权利和自由，无法伸张正义和维护正常的教育秩序。

由于教育调解、申诉和复议本身的局限性，缺乏司法的最终审查和监督使教育纠纷解决机制远远不能适应现实需要。采用隔靴搔痒的间接救济方式无法满足学生的要求，司法介入已经成为必然的趋势。行政诉讼渠道不畅，直接侵害了师生的合法权益，也严重影响了社会的和谐稳定、司法公信力以及我们党和政府的形象。① 行政诉讼的受案范围或者可诉权利应进一步拓展，不能仅限于人身权和财产权。因此，修改现行相关的法律法规势在必行。

行政诉讼制度是现存比较健全有效的权利救济制度。教育领域出现的新情况、新问题由于缺乏法律的明确规定，显得十分棘手，常常处于尴尬的窘境。这集中的焦点就是行政诉讼受案范围的问题。根据《行政复议法》及其有关司法解释，由于受教育权也是公民的合法权益，行政机关侵犯公民的受教育权属于行政诉讼的受案范围自不待言。但对于学校侵犯学生的受教育权情形，则分歧较大。这类案件主要涉及学校的被告资格问题，即学校是否能够作为行政诉讼的被告。另外，涉及受教育权案件是否属于行政诉讼受案范围的问题。这两个问题可以通过对《教育法》相关条文的修改做出明确规定"可以提起行政诉讼"，从而属于《行政诉讼法》第十一条最后一款规定的"人民法院受理法律、法规规定可以提起诉讼的其他行政案件"的情形。实际上，在司法实践中，"刘燕文案""田永案"的审理和判决已经冲破了僵硬的法条围困，开创了对学校内部的司法介入先河，同时也是对传统特别权力关系理论的突破。基于教育关系和教育法律纠纷的特殊性，涉及学校内部管理权或自主权的教育法律纠纷，进入司法程序，应该是形式审查，即程序合法性审查，即不能越权代替学校作出关于实体性裁判。现对因侵犯学生受教育权而起诉学校的案件进行梳理和归纳。

第一，涉及学校在招生过程中拒绝录取而产生的案件。招生关系到学生身份的取得以及入学请求权的实现。目前，在我国对于计划内的招生一般实行教育行政机关和学校分工合作，实行学校负责、招办监督的录取体制。鉴于招生权的公权力性质，如果考生符合录取条件，而学校

---

① 茅铭晨：《行政行为可诉性研究——理论重构与制度重构的对接》，北京大学出版社2014年版，第132—133页。

没有正当理由拒绝录取，则侵犯了学生的受教育权，学生可以直接以学校为被告提起行政诉讼①。但是，如果国家教育行政机关制定的招生政策侵犯了考生的平等受教育权，如果考生不服，在我国现有法律规定和司法体制下，是不能通过行政诉讼的，因为抽象行政行为还未纳入行政诉讼的受案范围。这也是2001年青岛市3名高考生状告教育部侵犯平等受教育权而无门的原因。

第二，涉及学籍管理以及违纪处分而侵犯学生受教育权的案件。学籍管理，简而言之，就是对学生身份、资格的管理。根据规定，学籍管理的事项主要包括：入学注册；成绩考核与记载办法、升级与留、降级；转系（专业）与转学、休学停学与复学、退学以及毕业等。对于违纪处分，按照《学生工作管理条例》的规定，学校有对学生进行管理的权力，对于违反校规、校纪以及违法犯罪的学生有给予警告、严重警告、记过、留校察看、勒令退学和开除学籍等处分的权力。一般而言，学生对学校做出的学籍管理以及违纪处分不服，均可以提起申诉（两级申诉）。而对于申诉决定仍不服，行政复议或行政诉讼的衔接还没有打通。

司法对学校的介入是民主法治发展的产物，也是历史发展的必然，但司法权力不是绝对的，也不是毫无限制和保留地介入教育领域的各个角落。由于学校在社会中的特殊地位及司法权本身的被动性、消极性及权力相互制约的特点，决定了司法权介入教育领域的范围是有限的、有保留的和有理性的。正如里克特（Richter）指出的："虽然法律保护平等、教育与学术自由的权利是教育领域中用法律方式解决问题普遍标准……但是国与国之间对教育的管理是完全不同的，似乎没有一种具有普遍意义的法律规范，能够照亮传统的教育行政管理的密林。"② 因此，必须结合教育法律关系和教育纠纷的特殊性，进行具体分析。借鉴其他国家和中国台湾地区的有益经验，对于取消学籍或入学资格、退学、勒令退学、开除学籍以及不予颁发毕业证等处理决定，因为意味着学生丧失学生身份，同时其受教育权受到限制和剥夺，应该给予最终的

---

① 如河南平顶山市某中学学生王伟，因小儿麻痹留下下肢残疾，1997年参加河南省普通中专考试，考分超过了录取分数线29分，但平顶山财贸学校以计算机房在四楼、王伟无自理能力为由拒绝录取。王伟遂以财贸学校拒绝录取行为违法，侵犯宪法和教育法赋予的平等受教育权，向平顶山湛河区人民法院提起行政诉讼，后以财贸学校败诉告终。

② 中央教育科学研究所比较教育研究室编译：《简明国际教育百科全书·教育管理》，教育科学出版社1992年版，第171页。

司法救济。但由于其他处理决定包括降级、警告、记过、留校察看等并没有改变学生身份，没有限制其能够享有的包括学习权在内的权利，因此，只能寻求教育系统内部的最终救济。

第三，涉及学位证的颁发案件。这类案件近年来比较多见，如被媒体纷纷报道的大学生田永状告母校北京科技大学拒绝颁发毕业证、学位证的行政诉讼案件；博士生刘燕文状告母校北京大学学位评定委员会拒绝颁发博士学位证的案件。前者涉及的是因学校给予学生处分而导致学生没有获得毕业证、学位证，而后者则单纯是因为没有通过学校学位委员会的评定而没有获得学位证，这里虽然更多地涉及了学术性、专业性问题，但不能回避学术自由接受司法对程序（非实体）是否合法进行审查的现实。另外，这类案件还包括因为没有过英语四级而不予颁发毕业证、学位证等增设毕业和获得学位的条件，同样属于行政诉讼的受案范围，只是提供司法救济的渠道，才能真正体现司法为民的理念，让当事人对司法的可接近、可获得，接近正义。

（二）民事诉讼

受教育权通过行政诉讼的途径来救济和保障有一个典型特点，就是因受教育权而产生纠纷的双方之间的关系是一种管理与被管理的不对等的行政法律关系。而当公民受教育权遭到平等主体侵犯时，由于平等主体之间的关系是平权型民事法律关系，则应通过民事途径予以救济。可受教育权是否属于民事诉讼的受案范围？我国《民法典》将受案范围限定为平等主体的公民之间、法人之间、公民和法人之间的财产关系和人身关系，即并没有明确将受教育权纳入调整范围，从而才导致法院无法律明确可依，也才出现了引起全国理论界和实务界轰动的被誉为"宪法司法化第一案"的"齐玉苓案"。事实上，1995年《教育法》第八十一条已明确规定："违反本法规定，侵犯教师、受教育者、学校或者其他教育机构的合法权益，造成损失、损害的，应当依法承担民事责任。"显然，公民的合法权益包括受教育权，从而受教育权被平等主体侵犯，应该适用《教育法》的规定，通过民事诉讼给予救济。由于侵犯公民法人的财产权和人身权的民事纠纷缺乏特殊性，比如合作办学、场地出租、技术专利转让、实习协议、校园伤害赔偿等纠纷，现对受教育权纠纷诉之民事诉讼的案件归纳如下。

第一，学生对学生受教育权的侵犯案件。学生与学生之间发生受教育权纠纷案件主要表现在冒名顶替他人入学、班干部擅自将学生罚出教室剥夺其上课的权利等。

第二，公立学校非计划内招收的学生与学校之间发生的受教育权纠纷案件。如只是经国家有关部门批准，学校举办短期培训班、函授班、辅导班等而发布招生简章，学生报名与入学、学校组织学习和考试，最后发给学历等证明，在此过程中如果发生了受教育权的纠纷，应属于平权型法律关系。因为不管双方是否签订正式合同，都应理解为教育培训合同关系，如果学校进行管理侵犯学员合法权益，学员完全可以以违约为由提起民事诉讼。

第三，私立学校与学生之间受教育权纠纷的案件。私立学校是由非国家财政性教育经费和非公有财产举办的。私立学校依其对财产的所有权，或以自主地聘任管理校、教师、工勤人员，双方是纯粹的劳动合同关系。私立学校通过收取费用，提供教育，与学生自愿选择并交学费，从而双方形成了法律地位平等、意思自治的民事契约关系。在这类关系中，双方是自治的：学生可以自主决定是上公立学校还是私立学校，是上这所私立学校还是那所私立学校；私立学校也同样可以自行决定是否招录该学生。因此，在招录过程中双方发生的法律纠纷，即使是不予以录取或者招录后又取消学生入学资格，或者延迟入学、拖延上课等侵犯学生受教育权发生法律纠纷都可以以违约为由通过民事途径解决。

（三）刑事诉讼

公民的受教育权，既不属于人身权的范畴，也不属于财产权的范畴，因此，刑事法几乎没有针对侵犯公民受教育权的刑事制裁专门条款，存在诸多法律"空隙"。但公民的受教育权，与其人身权、财产权同等重要，而且也是由宪法确认和保护的权利。根据《刑法》的规定，算是比较直接侵犯公民受教育权的犯罪有招收学生徇私舞弊罪，通过其他形式间接侵犯公民受教育权的犯罪有挪用公款罪、贪污罪、受贿罪、行贿罪、诈骗罪、滥用职权罪和玩忽职守罪等。

尽管受教育权很重要，但我国《刑法》仅有一个条款涉及，即《刑法》第四百一十八条规定："国家机关工作人员在招收公务员、学生工作中徇私舞弊，情节严重的，处三年以下有期徒刑或拘役"。该条款的粗陋规定，在打击学生招收工作中的徇私舞弊行为时力度不大，收效甚微。主要由于：一是犯罪主体单一，仅限于国家机关工作人员；二是该条款调整范围局限于学生的招收环节，而忽视了考试环节；三是量刑过轻，起不到威慑作用。正是由于刑法针对受教育权犯罪打击有限，保护不力，我国学生招考工作特别是高等教育招考工作中的徇私舞弊行为日益猖獗，如近年来"冒名顶替上学案"屡禁不绝，不断蔓延。因此，为了有效利用刑事法律保护受教育权的实现，修改完善刑法的相关规定势在必行，对在国家组织的各级各类招生考试中，故意破坏招生考试秩序并造成严重后果的，应依法追究刑事责任。

最后，值得一提的是，教育是最大的公益，"只有维护公共秩序、公共安全、公共利益，才能有自己的利益"。[1] 由于我国还没有建立起严格的教育公益诉讼制度，广大受教育者尤其是老、少、边、山、穷地区学龄儿童的受教育权这一宪法权利常常遭到来自各方面的侵害，得不到切实有效的救济和保障。除了被侵害的受教育者权利意识淡薄外，作为社会权利的受教育权的实现有其自身的特殊性，救济显得尤为困难。在这方面可以借鉴印度的做法，即通过公益诉讼克服社会权利救济的不足。印度的公益诉讼突破了只有个人权利受到侵害时才能到法庭起诉的传统规则。由此可见，公益诉讼在两方面有别于传统诉讼：一是它扩大了原告的主体资格，那些非涉及个人的实际权利的团体和个人也可以提起诉讼；二是扩大了保护的范围，传统诉讼保护的主要是个人的权利而非利益，公益诉讼使得在公共利益受损时也可以寻求司法救济。[2]

六 小结

基于教育纠纷的特殊性和学校自主权的相对独立性，参考世界各国的先进制度和有益经验，构建我国多元化的教育法律纠纷解决机制，解决好各种权利救济制度的相互关系，应遵循两个基本原则：一是用尽内部救济原则；二是坚持司法最终原则。多元化纠纷解决机制是一个大合唱，必须发挥各个机制的作用和各方面的积极性才能奏出

---

[1] 《马克思恩格斯全集》（第二卷），人民出版社1972年版，第609页。
[2] 郑贤君：《社会权利的司法救济》，《法制与社会发展》2003年第2期。

和谐的乐章①。各个组成部分间的相互关系表现为：一方面是不同制度间的有机衔接，即多元化纠纷解决方式之间是互补的、有机接合的，而不是相互排斥、简单排列；另一方面是教育法律纠纷的分流与对救济制度选择的适用，即根据教育法律纠纷的不同性质进行梳理、分流，选择适当的救济途径。多元化纠纷解决机制的价值就在于其各个部分或不同方式之间的协调和平衡。

（一）多元化纠纷解决方式的衔接

根据我国的教育立法体制和教育实践，在借鉴世界各国和地区教育法律纠纷解决的先进经验和优秀成果的基础上，协调好各种纠纷解决方式之间的衔接或相互关系。笔者认为，发生在校内的教育法律纠纷，应首先采取校内调解或申诉途径解决，这是寻求校外其他法律救济的前置程序，即遵循用尽内部救济的原则。当事人如不服学校申诉决定，则分以下几种情形处理。

1. 如果教育法律纠纷属于行政复议的受案范围，当事人可以申请行政复议，对行政复议决定不服的，还可以提起行政诉讼；

2. 如果教育法律纠纷属于教育仲裁的受案范围，当事人可以申请教育仲裁，对教育仲裁的裁决不服的，同时又属于法院主管案件范围的，还可以提起司法诉讼；

3. 如果教育法律纠纷属于行政诉讼或民事诉讼的受案范围，当事人也可以直接提起行政诉讼或民事诉讼；

4. 如果用尽行政、司法救济或其他一切可利用的途径都不到公正解决的情况下，当事人应该有权寻求宪法救济或违宪审查途径。

（二）教育法律纠纷的分流与对救济制度的选择适用

在当前的教育制度和学术背景下，适用哪种纠纷解决方式才能既有利于学校教学研究与教育管理，又有利于师生的工作学习和身心健康，保证学校的自主权和学生的合法权益，尤其是维护实际上处于不对等地位的师生的合法权益。鉴于教育纠纷的复杂性与特殊性，笔者以为解决教育纠纷的具体对策如下。

---

① 胡云腾：《大力提高对多元化纠纷解决机制重要性的认识》，《人民法院报》2016年7月13日。

首先要厘清学校在哪些事项的管理行为所引起的纠纷有必要接受司法审查，采取司法救济，哪些不宜纳入司法审查的范围。其中又有哪些纠纷得通过哪种方式加以解决，就成为教育纠纷解决机制完善和使学校走出法治真空的关键问题。因此，不宜将所有的教育法律纠纷全部交给司法机关审查，必须考量各种因素，包括纠纷性质、救济成本、时间消耗以及司法救济的有效性。对管理机构或行政机关的信赖等。应当对教育纠纷作出适当的分流。

第一，对严重侵犯了学生"基本关系"，主要包括影响学生受教育机会的实现、足以改变学生身份的处分决定、因涉及学生受教育权的完整性而影响其未来发展三者情形，[1] 如对学生勒令退学、开除学籍及拒绝颁发学业、学位证书的行为可以提起行政诉讼，接受中立的司法审查和监督。这是依法治校、维护学生合法权利的必然要求。

第二，对于只涉及学生日常"工作关系"的学校内部维持正常管理秩序作出的纪律处分或工作考核及业绩评定而未改变其身份或损害其基本权利的决定或处理，不应成为司法审查的事项，也不是教育仲裁和行政复议的受案范围，只能通过校内申诉的途径来解决，尊重日常事务的学校自治。

第三，涉及教师、学生学术评定、职称评定的学术纠纷不宜接受司法审查。因为法官只专于诉讼程序操作和认定事实规则方面。因此法官显然不能超越自己的专业知识和经验，以自己的无知去替代专家学者的专业判断。[2] 同样，行政官员也无法胜任，只有通过由专家学者组成的裁决机构（如校内申诉和教育仲裁）才能胜任学术纠纷的解决。

"纠纷对社会的破坏性功能决定了纠纷解决的必要性"[3]，而"协调和均衡各种利益，救济和恢复受损权利，公平公正化解纠纷，三者又是人民美好生活需要的应有之义"[4]。本节试图对申诉、调解、复议、仲裁、诉讼等教育纠纷解决机制给予结构上的整合与衔接，建构的多元化

---

[1] 段海峰、吕速：《教育法问题研究》，人民出版社 2011 年版，第 163—164 页。
[2] 沈岿：《高校如何走出法治的真空》，罗豪才主编《行政法论丛》（第 5 卷），法律出版社 2001 年版，第 100 页。
[3] 于沛霖、都不有、丁慧主编：《转型时期社会纠纷调解机制研究》，法律出版社 2015 年版，第 33 页。
[4] 白泉民：《新时代多元化纠纷解决机制的功能价值和完善路径》，《人民司法》2017 年第 34 期。

教育法律纠纷解决机制凸显了和谐、民主、效益、人权的理念，提升了教育法律纠纷解决机制的法治品质和时代特色。

第四节 教育法律纠纷的善后机制

当教育法律纠纷经过解决机制处理之后，并非一了百了，万事大吉。要构建完整的教育法律纠纷应对机制，形成一个程序上的闭合回路，还需要有一个"善后"机制，与预防机制进行无缝对接和重新循环，这是一个必不可少的阶段。尤其是重大的教育法律矛盾纠纷，对当地教育主管部门的威望、学校的形象、师生的心理状况和校园秩序带来巨大冲击，需要尽可能快速地消除由此带来的各种危害，使受到冲击的各个方面恢复到正常状态。在教育法律纠纷得到合理解决之后，工作的重心就要转向善后恢复，解决遗留或后续问题，主要包括事后的责任追究、恢复重建、评估总结等善后问题。

一 坚持多管齐下，健全事后恢复机制

任何一起教育法律纠纷或突发事件对学校来说都是一次或大或小的危机。美国著名危机管理学者罗伯特·希斯（Robert Heath）首次在企业管理中提出了"4R"[①]理论，指出："管理者需要主动将危机工作任务按4R模式划分为四类——减少危机情景的攻击力和影响力，使企业做好处理危急情况的准备，尽力应对已发生的危机——以及从中恢复。"[②] 这同样也适用于学校危机应对管理。其中"恢复力"就是要求在教育法律矛盾纠纷得到解决之后，消除相应的损害和负面影响，对被破坏和影响的人和物及秩序环境进行后续的恢复、干预和重建。

（一）加强心理疏导，完善心理干预机制

心理干预和援助是无形的重建恢复工作，在教育法律矛盾纠纷期间，尤其是重大学校突发事件，大部分师生可能会遭受因此而带来

---

① "4R"是指对处理危机的四个主要环节的统称，具体指缩减力（Reduction）、预备力（Readiness）、反应力（Response）与恢复力（Recovery）。
② ［美］罗伯特·希斯：《危机管理》，王成、宋炳辉等译，中信出版社2001年版，第272—282页。

的各种压力和恐慌，在心理、认知、情感和行为上出现功能失调及紊乱。特别是涉事的师生本人，由于面临各种不确定性而更加身心不安，给当事师生造成的心理冲击很难在短时间内消除，需要经过时间涤荡而慢慢恢复，但也有一些受害者会由于心理过度焦虑而产生心理疾病或者难以摆脱纠纷事件所造成的心理阴影。恰当的心理危机干预和疏导，对师生重获安全感、信任感，消除纠纷或事件的"后遗症"，对于缓解、稳定其负面情绪起着至关重要的作用。因此，建立健全学校心理干预机制刻不容缓。首先，建立专门的心理干预机构或心理健康教育中心来统筹、协调以及整合相关资源，以维持心理干预工作的专业性和有效性，加强心理辅导人员的专业培训，建立心理援助专业人才储备库。其次，对心理干预的对象进行分类分情况处理，根据心理创伤程度，对不同人群有针对性地实施心理援助和心理健康教育，特别是对受害者和当事人要高度重视其心理恢复工作。最后，采用科学的心理干预的方式，建立健全师生心理问题信息反馈系统，遵循危机心理康复的发生发展规律，采用科学方式方法实施心理干预，避免产生二次伤害或其他次生伤害。

（二）采取实际行动，健全秩序重建机制

一切生物群落都须以秩序为纽带而生存发展，秩序是指在自然进程中都存在的某种程度的一致性、连续性和确定性的状况。[①] 卢梭认为社会秩序是其他一切权利的基础。中华民族自古以来便充满着一种"秩序情结"，[②] 秩序成为人们安身立命及生活意义之载体，没有必要的社会秩序，社会处于混乱状态，人类就没有基本的生存和发展条件。[③] 学校是社会的微缩场景，在教育法律矛盾纠纷或突发事件发生之后，校园秩序可能遭到不同程度的破坏，为了保障学校的正常运行和师生的合法权益，离不开教育教学和工作生活秩序的及时恢复与重建。学校秩序的变迁也"可以被描述为由治到乱、由乱到治的动态过程"[④]。首要的是尽快恢复正常的教育教学秩序，使学校尽快回归正常的运行轨道。学校发生

---

① ［美］E. 博登海默：《法理学：法律哲学和法律方法》，邓正来译，中国政法大学出版社1999年版，第219—220页。
② 郭星华：《秩序情结与社会转型》，《学海》2001年第1期。
③ 周旺生：《论法律的秩序价值》，《法学家》2003年第5期。
④ 郭星华、刘朔：《社会秩序的恢复与重建》，《国家行政学院学报》2017年第5期。

的较大或特大的教育法律纠纷或突发事件都会对学校教育教学活动秩序造成局部性或全局性的影响，因此学校在危机或事件过后应全力做好教学活动秩序的恢复管理工作，并尽快制定恢复学校正常秩序的实施方案。第一，成立校园秩序恢复重建的领导机构，需统一思想，群策群力，协同行动，各部门以及师生进入常态化的工作学习状态，严格遵守学校的各项规章制度。第二，建立舆论导向机制，学校通过校内广播、网站以及学工系统开展思想政治教育，进行心理疏导和安抚，稳定人心和局面，舒缓压力，营造和谐安宁的氛围，逐渐恢复并重建校园秩序。

（三）实行多方联动，树立形象重塑机制

相比于自然灾害，社会性突发事件（如官司、人身伤害、校园治安、学校管理等）对学校形象的破坏性更大，因为这类事件都与学校的教育成效、学校管理、办学质量、科研水平、社会影响相关，这些因素都是社会和公众对学校进行评价的主要指标体系，其社会负面影响巨大。[①] 因此，为了减少教育法律矛盾纠纷事件对学校形象和声誉的贬损，在纠纷事件的解决之后，必须尽快对学校的形象进行恢复与重塑，要将危机变成机遇。首先，学校依据法律文书或其他调解协议，对纠纷事件的受害者或涉事师生进行赔偿、补偿或者赔礼道歉，并对引发纠纷或突发事件的相关负责人进行问责和处理，进而平息涉事师生、家属和社会的不满情绪和误会偏见，为消解舆论压力、营造良好外部环境做铺垫。其次，寻求上级主管部门的支持和理解，做好解释工作和宣传通报，并争取同行的业务指导和交流学习，在"朋友圈"内重塑形象。再次，敢于正视不足，勇于改进，并以此为契机，与时俱进，完善学校内部治理结构，改革校内管理体制和纠纷事件应对机制不实之处，剔除顽疾、建章立制，提高学校治理能力。最后，主动与新闻媒体保持良好沟通合作关系，坦诚以待，争取更多的公众理解、谅解和支持。危机公关是一个完整的危机应对机制不可或缺的。积极开展危机公关，满足公众知情权，遏制流言、谣言等社会不良舆论的传播和蔓延，尽快恢复学校的社会形象和良好声誉。

---

① 周立军：《高校突发事件善后机制研究——基于思想政治教育的视角》，《扬州大学学报》（高教研究版）2011年第1期。

二 完善评估制度,建立事后总结机制

一般来说,校园纠纷或突发事件发生后,对学校和师生造成一定的冲击和损害。由此而引起的实际损害或损失需要做深入的调查和评估,绝对不能是一本"糊涂账"。目前,我国在某些重大突发事件应对方面,由于缺乏对整个工作的系统性评估,导致一些宝贵经验和教训无法快速、科学地转化为政策措施,也容易导致应对中的类似教训重复发生[1]。开展全面的调查与评估,有利于总结吸收应对教育法律纠纷事件时的经验教训,提升学校和教育主管部门应对危机的管理水平。

(一) 开展调查监测,完善危机评估制度

对教育法律纠纷应对机制的效能进行监测和评估是检验其自身运行是否科学、有效的重要手段,是对教育法律纠纷的风险防控、成本控制、管理界面等方面进行全面审视和测量的重要举措。在校园矛盾纠纷或突发事件处理结束之后,需要对此次纠纷事件所造成的经济损失和形象重建需要的成本以及对学校声誉、师生权益的影响和损害进行调查和评估,不断完善调查与评估制度。首先,调查和评估危机的损失情况及消极影响,包括人员伤亡情况、财产损失情况、侵权严重程度以及学校形象受损情况、师生心理伤害状况、校园秩序失范情况等。其次,调查和评估预案执行情况及相关部门职责履行情况,对应对校园纠纷和突发事件的组织效率进行评估,特别是要对学校在纠纷事件的危机中所采取的应对预案措施及解决效果等综合问题进行分析和评估,形成调查评估报告,为修补和完善预案措施的漏洞与不足和评价相关部门和人员的职责履行情况提供参考。最后,调查和评估危机的成因及潜在风险情况,探寻危机发生的真正原因是危机调查的重要内容,预测其发展趋势则是危机预防的关键。[2] 这里主要包括纠纷事件易发的群体、发生的诱因、制度的缺陷以及受损的权益、风险的规避等等方面的情况。这些方面的基本问题都需要搞清楚,这样才能更好地预防和处置教育法律矛盾纠纷或突发事件。

---

[1] 游志斌:《建立重特大突发事件事后评估制度》,《学习时报》2014年12月22日。
[2] 刘玉雁、张述:《危机后的恢复与重建:美国的经验及启示》,《沈阳师范大学学报》(社会科学版) 2013年第2期。

（二）善于学习反思，建立总结机制

反思总结，是完善机制、流程、制度的重要环节。古人有云："前事不忘，后事之师。"校园纠纷或突发事件形成的危机彻底消除之后，我们还要及时全面地总结经验、吸取教训，避免重蹈覆辙。每一次教育法律纠纷或突发事件对学校和教育主管部门来说，其本身就是一本"活教材"，可以帮助学校找到自身的不足和缺点，修订和完善现行纠纷事件的预防、预警和应对机制。主要采取以下措施：一是实行事后总结制度化，成立危机管理领导小组负责牵头和组织召开本次危机事件的总结大会，各部门相关负责人和责任人以及师生代表共同参加，把"从教训中学习"真正变为一项制度设计①；二是加强管理层的学习，培养法治思维意识，建立学习型组织机构的长效机制，通过对纠纷事件的过程进行深刻反思和再教育，改进和提升自身危机应对能力，以人为本，切实保护师生员工的合法权益，摒弃侥幸心理，强化法治意识，落实岗位职责；三是培养师生的自我保护和防范意识，提高师生预防和应对突发事件的能力，增强法治观念，完善法治教育机制，学会通过正规合法的途径和理性的方式维护自身的合法权益；四是广开言路，虚心接受各方建言献策，创建总结反馈机制，以危机事件为契机，开诚布公，倾听媒体和大众的声音，听取广大师生及社会各界的意见，形成信息沟通的双向互动机制。

三 严格落实责任，完善事后追责机制

教育法律纠纷解决和处理的结果就是要分清和落实各方责任，实行责任追究制。按照责任主体来划分，可以分为教育主管部门、学校、教师、学生及其家长的责任。按责任的性质划分，一般可以分为民事责任、行政责任、刑事责任、违宪责任和国家赔偿责任等。追责机制是一种让教育主管部门和学校对结果负责任的效能机制，主要涉及监管责任、教育投入、教学质量、安全责任等学校治理方面的内容，形成教育法律纠纷运行的约束体系。

---

① 游志斌：《建立重特大突发事件事后评估制度》，《学习时报》2014年12月22日。

(一) 落实责任,依法主动执行

当教育法律争端已明辨是非、分清责任,意味着需要执行,落实前期机制运行的成果,真正做到"案结事了"。教育法律纠纷的执行分以下情形:(1) 若通过民间调解方式解决的,需要双方遵守承诺和诚信,不折不扣地主动配合执行调解协议,否则当事人可以依法寻求其他途径的救济。(2) 若是通过申诉方式解决的,则需执行申诉决定书。校内申诉解决的,提出申诉的师生服从学校的申诉决定的,则双方按照申诉决定书来执行以落实责任;校外申诉解决的,提出申诉的师生服从教育主管部门的申诉决定的,则学校和师生按照教育主管部门的申诉决定书来执行,以维护师生的合法权益和学校的办学自主权。(3) 若通过仲裁方式解决的,则双方必须严格执行仲裁裁决,否则一方可以向法院申请强制执行。(4) 若通过行政复议方式解决的,则需执行上级机关作出的复议决定书,申请人一般是学校、教师和学生,被复议人主要是教育行政机关,需提高执行意识,对生效的复议决定就必须严格执行。(5) 若通过司法诉讼方式解决的,生效的民事诉讼裁判文书或调解书,需双方按照司法文书确定的内容严格执行,否则一方可以向法院申请强制执行;生效的行政诉讼裁判文书,一方不履行的,另一方有执行权的可以自行执行,无执行权的则可以向法院申请强制执行;生效的刑事诉讼裁判文书,由《刑事诉讼法》规定的主体和方式来执行。执行义务方应该尊重司法权威、诚实守信,自觉配合执行,分清和落实各方法律责任,维护法律尊严和当事人的合法权益。

(二) 赏罚分明,完善追责机制

"赏罚严明,治之材也。"[①] 自古以来,赏罚分明被认为是治理国家的权杖,有功即赏、有过即罚,它是形容处理事情严格而公正。"赏善而不罚恶则乱,罚恶而不赏善亦乱。"获诺贝尔经济学奖的"机制设计理论"认为,一个制度或规则要想取得好的成效,这个制度或规则必须是激励相容的,即给予每个参与者适当的激励[②]。上至国家治理、下到学校

[①] (汉) 王符著,(清) 王继培笺,彭铎校正:《潜夫论笺校正》(卷三),中华书局1985年版,第157页。

[②] 易艳刚:《赏罚分明,莫让孙猴踱方步》,《新华每日电讯》2015年4月17日。

治理，都要赏罚分明，这样才能形成良性循环，才能带来生机和活力。这里的追责机制是指教育主管部门和学校等机关工作人员违法违规不履行或者不正确履行职责，给国家、学校、师生、公共利益等造成损害或其他不良后果的，将追究有关责任人的一系列制度。习近平总书记指出："要坚持制度面前人人平等、执行制度没有例外[①]"。追责机制的建立，将制度转化为硬约束，对相关主体的行为起到激励或约束的作用。首先，明确追责的主体和对象，追责主体包括监察纪委部门和司法部门，追责的对象主要是行使管理职权的工作人员。其次，厘定追责的内容和范围，责任内容主要包括行政责任的警告、记过、记大过、降级、撤职和开除等以及道德责任的赔礼道歉、内部检讨、自我批评等和法律责任的经济追偿和刑事制裁等。追责的范围主要规定在教育部的《建立教育重大突发事件督导问责机制》[②]之中。最后，规范追责的方式和程序，需依据《公务员法》《行政机关公务员处分条例》《事业单位人事管理条例》《事业单位工作人员处分暂行规定》来进行。

[①] 党建网：《习近平谈制度建设》，https：//baijiahao.baidu.com/s? id=1650082349411688748&wfr=spider&for=pc，2019-11-13。

[②] 凡涉及影响和危害师生生命财产安全、教育教学工作正常开展，或严重侵害师生切身利益并在社会上造成恶劣影响的各种突发事件，包括自然灾害、事故灾难、公共卫生事件、社会安全事件等，都属于教育重大突发事件专项督导实施范围。

结论与启示

本研究在辨析、厘清教育法律纠纷性质的基础上,通过典型案例和实地调研,总结归纳出教育法律纠纷的特点和规律,构筑了教育法律纠纷理论基础,深入分析了当前我国教育法律纠纷应对机制的现状和问题,重新构建教育法律纠纷从局部的"解决机制"升级为全面的"应对机制",以实现社会正义和教育公平、满足新时代人民"美好生活的需要"。

一 结论

研究结论作为本书的精髓部分,是整个研究过程的结晶。在研究发现的基础上经过推理判断、归纳总结,对课题研究所获得的经验和发现的规律进行概括。

1. 教育法律纠纷范围虽然宽泛,但只有直接基于教育关系而产生的法律纠纷,才具有特殊性,这类教育法律纠纷在性质上既不属于民事纠纷,也不属于行政纠纷或刑事纠纷。但学界对此类教育法律纠纷没有明确其性质和名称,至今尚未形成共识,缺乏深入的研究和探讨。

2. 学生的受教育权、教师的教学科研权、学校的办学自主权不是民法或行政法上的概念,不受民法、行政法调整。学生、教师、学校之间的关系既不是民法上的合同关系,也不是行政法上的管理关系,教育法应该予以回应。教育法律纠纷中涉及人身权、财产权的纠纷,受民法、行政法调整。

3. 基于教育与受教育而形成的教育关系,是教育法主要的调整对象,这是教育法区别于其他部门法的标志,经过教育法的调整形成教育法律关系。因教育关系主体受教育权、教学科研权、办学自主权的冲突引发的教育法律纠纷，通过教育系统内部解决，外部只是程序审查。

4. 教育法律纠纷对学校教育教学秩序造成冲击和危害，对当事人合法权益造成伤害和损失，对国家教育事业造成负面影响，均无法挽回，难以弥补，因此，教育法律纠纷重在预防。由于纠纷当事人之间关系的伦理性和持续性，不适宜过激的方式处理，应重在协商调解，以维护和谐的校园关系。

5. 对于教育法律纠纷不能仅仅注重解决机制，这样过于消极被动，应该引入全程的应对机制，从解决机制拓展扩充到应对机制，形成应对教育法律纠纷的完整链条和动态机制，化被动应付为主动应对处置。事前的预防，把纠纷扼杀在摇篮里；事中沟通，防止矛盾纠纷的升级和激化；事后的善后，做到纷息事了、秩序恢复，评估总结经验教训，提升教育法律纠纷应对能力。

6. 教育法律纠纷应对机制构建的理念更新，实现从人治到法治、从管理到治理、从末端到源头、从身份到契约的转变，确立权利救济原则、预防在先原则、重在调解原则和司法最终原则，追求和谐、民主、效益、人权的基本价值，实现法律的变革和对接，从而构建涵盖预防、沟通、处理、善后机制在内的完整系统的教育法律纠纷应对机制，形成一个程序上的闭合回路。

二 启示

教育法律纠纷及其应对机制的研究是一个系统工程，本书只是抛砖引玉，希望能引起学界的关注。对本书的问题需要进一步深化、拓展和延伸，通过本书研究结论，获得以下启示。

1. 界清概念的内涵和外延，分类分层研究

教育法律纠纷的范围比较宽泛，并非所有的教育法律纠纷都可以纳入民事纠纷、行政纠纷或刑事纠纷。可以按照主体的权利内容来划分，不能列入传统法律纠纷的主要包括受教育权纠纷、教学科研权纠纷、办学自主权纠纷。在内容上具体包括违纪处分纠纷、学籍管理纠纷、学术管理纠纷、教学管理纠纷等，其共同特征就是基于教育与受教育关系（教育关系）而展开的权利义务纠纷，这类纠纷争议最大，且难以进入司法程序进行实体性的解决。而涉及学生、教师、学校财产权、人身权等的民事权益纠纷，虽然跟教育活动有一定的联系，但缺乏特殊性，完

全可以由民法、行政法、劳动法来调整，最后可以通过诉讼途径予以解决。例如，校园伤害事故纠纷、学校联合办学纠纷、教育服务合同纠纷、劳动报酬纠纷等。在保留人们普遍的教育法律纠纷范围共识的前提下，把大量的教育法律纠纷分流出来，进行条分缕析、分类处理。因此，严格意义上的教育法律纠纷，应该是前者，但考虑到大众和学界普遍接受的观点，可以采用广义上的概念。因为从学校治理和社会和谐的角度来看，把广义上的教育法律纠纷纳入应对机制中的预防化解范畴，能更好地发挥教育法律纠纷应对机制的功效。

2. 从法律关系分析入手，明确教育法律纠纷性质

教育法律纠纷的性质分析，不能简单归入民事纠纷或行政纠纷，套用民事法律关系或行政法律关系来分析。在当前三大诉讼法分野以及法律部门划分的背景下，很容易让人出现认识的误区：人们往往根据诉讼解决的途径和承担的责任来认定教育法律纠纷的性质，即某一个教育法律纠纷案件是通过民事诉讼来解决承担的是民事责任，那么它就是民事纠纷，若通过行政诉讼来解决承担的是行政责任，则该纠纷属于行政纠纷。如果不能通过司法诉讼途径解决的教育法律纠纷，就是说不属于法院受案范围的案件，又该如何定性呢？这种认识难以自圆其说。这种借用其他部门法理论来解释教育法律纠纷性质的公式，难以成立。因此，客观上需要构建新的理论去解释教育法律纠纷的性质。而构建新的理论需要探寻教育法学科理论根基，重建教育法学科和部门的相对独立性，重构教育法律关系理论。我们应该从教育法的调整对象着手，调整对象是区分部门法的重要标志。"教育关系"是教育法的主要调整对象，教育法对教育关系的调整形成了教育法律关系，这是认识教育法律纠纷性质的一把钥匙。

3. 研究教育关系，厘清学生、教师和学校三大主体权利义务关系

学生、教师和学校是教育关系中三大基本主体。从教育和受教育而言，主要围绕着学生的受教育权、教师的教学科研权和学校的办学自主权三者之间的关系而展开，教育关系的实质就是合作与冲突。三者是相辅相成、相互制约的对立统一关系，共同作用于教育活动之中。学生的受教育权不能仅仅停留在宪法意义上的抽象权利，它具有自身的特性和实现方式。由于时间的一维性、人体生理发展的规律性，学生的受教育权具有终身性、持续性、阶段性、不可补偿性，对学生受教育权的损害

后果不可逆转、不可弥补。因此，对受教育权的保护应该更加严格，对受教育权纠纷应重在预防，否则会让学生贻误终身。学生受教育权需要获得教师的教学科研权和学校的办学自主权的介入和保障，学校对学生的教育主要通过教师的教育教学来完成，教师的教育教学行为作为职务行为被学校吸收。学校办学自主权旨在保障学生受教育权的实现，使其享受更好更充分的受教育权。在教育活动过程中，学生、教师和学校在行使各自权利时应以合作共赢为目的、为原则，尽量避免或减少冲突对抗。合作是三方都追求的正常形态，而冲突是三方可能出现的异常情况，是引发教育法律纠纷的直接原因。因此，三者必须通过一定的机制和制度，增进合作共赢、减少冲突纠纷，共同实现教育目的。

4. 回应理论与实践难题，建议引入"教育争议"概念

受公法与私法划分的影响，教育法的归属成为争议的焦点。教育法既不属于私法，也不属于公法，而是两者兼有的社会法。教育法的理论以及法律关系理论是解释教育法律关系的基础。教育法律纠纷中涉及教育关系的纠纷，在性质上既不是民事法律关系，也不是行政法律关系，而是教育法律关系，这是最严格意义上的教育法律纠纷，可以借鉴劳动法，称为"教育争议"。这种"教育争议"的解决应该为其提供专门的、特定的解决路径，在尊重教育规律以及学校办学自主权的基础上，主张教育系统内部的实体解决。司法只是有限介入，仅仅审查程序形式的合法性和正当性，而不能越权对实体进行审查。目前教育系统内部进行实体解决"教育争议"专门的、特定的路径就是教育申诉制度。这种制度的公正性和权威性不足，备受质疑，造成申诉制度闲置和停摆。应该重建教育申诉制度，提高和发挥申诉制度的功效，或引入教育仲裁制度，将这种特定的"教育争议"化解于内部。

5. 通过深入实地调研和典型案例分析，掌握新时代教育法律纠纷特点及变化

党的十八大以来，以习近平同志为核心的党中央"解决了许多长期想解决而没有解决的难题，办成了许多过去想办而没有办成的大事，推动党和国家事业发生历史性变革"。中国社会主要矛盾悄然发生了变化，深刻影响着中国社会的各个领域。教育法律纠纷的特点也发生了显著变化，发现当前学界归纳的某些特点存在以偏概全或不准确、不合时宜的情况或脱离了实际的情况。课题组经过广泛的调研，获得大量的一手资

料，通过深入分析，从六个维度，即教育法律纠纷总体趋势的维度、不同阶段学校的维度、教育法律纠纷性质的维度、教育法律纠纷主体的维度、教育法律纠纷行为方式的维度、教育法律纠纷解决路径的维度分别归纳出教育法律纠纷的19个具体特点，对当前教育法律纠纷的状况和特点进行全面、细致、准确的概括和总结，从而澄清和深化了对教育法律纠纷特点的认识，为建立健全教育纠纷的应对机制提供了现实依据，同时对教育法律纠纷应对机制的构建具有重大的指导意义。

6. 更新教育法律纠纷应对价值理念，构建完整系统的教育法律纠纷应对机制

教育法律纠纷对学校的教育教学秩序以及学生、教师的合法权益造成巨大的冲击和伤害，对政府和学校教育的形象和公信力带来负面的影响。教育法律纠纷应重在预防，而不是单纯地注重解决。如同"火灾"一样，重在预防，而不是仅仅灭火。纠纷的发生如同火灾，往往会造成不可挽回的损失，因此"防火"比"灭火"更重要。但从理论到实践、从中央到地方、从政府到学校无不强调纠纷的解决，构建社会"多元化的纠纷解决机制"，没有从纠纷产生、发展、化解全过程去把握，忽视了事前预防、事中沟通、事后恢复的动态应对，导致教育法律纠纷一段时间以来在某些地方和学校频繁出现，甚至某些事件引发了舆论危机，导致当事学校和师生处于舆论的旋涡，陷入纠纷的泥潭，不能自拔，学生难以安心学习生活、教师无法专注教学科研。整合各种教育法律纠纷应对机制的资源，把教代会、学代会、工会、学生会、基层调解组织、党组织、共青团等党群社团组织纳入"多元化"的应对机制当中去，积极参与教育法律纠纷的预防和化解。因为学生与教师和学校之间的教育法律纠纷，当事人之间存在持续稳定的伦理关系，任何一方的纠纷当事人都不可能全输或全赢，即使赢了官司还是输了感情或道义，没有真正的赢家。

7. 应用人工智能大数据技术，优化教育法律纠纷应对机制的运行

人类社会正在从工业文明走向智能（信息）文明，21世纪以来这种趋势越来越明显。根据"熵增定律"，人类社会的前进方向是智能社会，智能化就是降低信息熵，这是大势所趋，不可抗拒，无法逃避，只能顺应，这是宇宙物演的必然规律，也是自然意志的表达，它是以计算机、人工智能、互联网等领域所发生的智能革命为主要推动力的再一次社会

转型。对于人类来说，这既是一次史无前例的社会变革，更是人类文明史的又一次飞跃，体现了自然律在人类社会中的承接和贯彻。如何去面对、去建设、去治理，是对人类自身的严峻考验。在互联网、大数据、人工智能时代，海量信息的收集、储存、处理能力呈几何级的提升，已经引起经济社会的重大变革，同时也必然引起教育法律纠纷应对机制的变革。在法律体系和纠纷解决领域将会得到全面重塑，在线工作、基于信息技术的法院、虚拟（智慧）法庭、在线纠纷解决会成为未来纠纷解决的主流。① 教育法律纠纷的预防、沟通、解决、善后机制全过程的构建都要依靠数据的分析和决策来进行，利用人工智能优化管理，改善学校治理，建立"用数据说话、用数据决策、用数据管理、用数据创新的管理机制"②，以在线化、智能化方式解决和预防教育法律纠纷，计算出最佳的纠纷解决方案、评判纠纷解决方案的正当性和目的性，不断优化和变革教育法律纠纷应对机制的运行，助力"教育现代化2035"目标的实现。

---

① 龙飞：《人工智能在纠纷解决领域的应用与发展》，《法律科学（西北政法大学学报）》2019年第1期。
② 国务院：《关于印发促进大数据发展行动纲要的通知》国发〔2015〕50号。

参考文献

(一) 经典著作及重要文献

《马克思恩格斯全集》(第一卷),人民出版社1956年版。
《马克思恩格斯全集》(第二卷),人民出版社1972年版。
《马克思恩格斯全集》(第二十卷),人民出版社1971年版。
《马克思恩格斯全集》(第四十二卷),人民出版社1979年版。
《马克思恩格斯全集》(第四十六卷下册),人民出版社1980年版。
《马克思恩格斯选集》(第一卷),人民出版社2012年版。
《马克思恩格斯选集》(第二卷),人民出版社2012年版。
《马克思恩格斯选集》(第三卷),人民出版社2012年版。
《马克思恩格斯选集》(第四卷),人民出版社2012年版。
马克思:《资本论》(第一卷)(中共中央马克思恩格斯列宁斯大林著作编译局译),人民出版社2004年版。
毛泽东:《毛泽东选集》(全四卷),人民出版社1991年版。
邓小平:《邓小平文选》(全三卷),人民出版社2010年版。
中共中央文献研究室编:《毛泽东邓小平江泽民论教育》,中央文献出版社2002年版。
中共中央文献研究室编:《邓小平教育理论教程》,人民教育出版社1999年版。
中共中央文献研究室编:《十七大以来重要文献选编》(上下册),中央文献出版社2013年版。
中共中央文献研究室编:《十八大以来重要文献选编》(上中下全3册),中央文献出版社2018年版。
《习近平谈治国理政》(第一卷),外文出版社2014年版。

《习近平谈治国理政》(第二卷),外文出版社 2017 年版。

《习近平谈治国理政》(第三卷),外文出版社 2020 年版。

习近平:《决胜全面建成小康社会　夺取新时代中国特色社会主义伟大胜利——在中国共产党第十九次全国代表大会上的报告》,人民出版社 2017 年版。

习近平:《之江新语》,浙江人民出版社 2007 年版。

习近平:《论中国共产党历史》,中央文献出版社 2021 年版。

《习近平新时代中国特色社会主义思想学习纲要》,学习出版社、人民出版社 2019 年版。

《习近平总书记教育重要论述讲义》,高等教育出版社 2020 年版。

《习近平新时代中国特色社会主义思想基本问题》,人民出版社、中共中央党校出版社 2020 年版。

《中共中央关于坚持和完善中国特色社会主义制度、推进国家治理体系和治理能力现代化若干重大问题的决定》辅导读本,人民出版社 2019 年版。

《十九大以来重要文献选编》(上),中央文献出版社 2019 年版。

《中共中央关于制定国民经济和社会发展第十四个五年规划和二〇三五年远景目标的建议辅导读本》,人民出版社 2020 年版。

中共中央宣传部:《习近平新时代中国特色社会主义思想学习问答》,学习出版社、人民出版社 2021 年版。

(二) 中文著作

费孝通:《乡土中国》,上海世纪出版集团 2013 年版。

李步云:《法治新理念》,人民出版社 2015 年版。

郭道晖:《社会权力与公民社会》,译林出版社 2009 年版。

应松年:《从依法行政到建设法治政府》,中国政法大学出版社 2019 年版。

文正邦:《法哲学专论》,法律出版社 2020 年版。

梁治平:《寻求自然秩序中的和谐——中国传统法律文化研究》,商务印书馆 2013 年版。

马怀德:《行政法前沿问题研究——中国特色社会主义法治政府论要》,中国政法大学出版社 2018 年版。

文正邦：《马克思主义法哲学在中国》，法律出版社 2014 年版。

胡锦光：《新时代宪法发展与依宪治国》，法律出版社 2021 年版。

劳凯声：《变革社会中的教育权与受教育权：教育法学基本问题研究》，教育科学出版社 2010 年版。

孙霄兵、马雷军：《教育法理学》，教育科学出版社 2017 年版。

文正邦、周祖成等：《和谐社会法治保障新论》，中国政法大学出版社 2015 年版。

谭宗泽：《行政诉讼结构研究：以相对人权益保障为中心》，法律出版社 2009 年版。

王学辉：《从禁忌习惯到法起源运动》，法律出版社 1998 年版。

龚向和：《社会权的可诉性及其程度研究》，法律出版社 2012 年版。

茅铭晨：《行政行为可诉性研究——理论重构与制度重构的对接》，北京大学出版社 2014 年版。

葛剑雄：《中国的教育问题还是教育的中国问题》，学林出版社、上海人民出版社 2018 年版。

龚向和：《民生保障的国家义务研究》，东南大学出版社 2020 年版。

秦惠民：《走入教育法制的深处：论教育权的演变》，中国人民公安大学出版社 1998 年版。

湛中乐：《高校行政权力与学术权力运行机制研究》，北京大学出版社 2018 年版。

申素平：《从法制到法治：教育法治建设之路》，华东师范大学出版社 2018 年版。

杨颖秀：《教育法学》，中国人民大学出版社 2014 年版。

尹力：《教育法学》，人民教育出版社 2015 年版。

余雅风：《学生权利概论》，北京师范大学出版社 2009 年版。

董保城：《教育法与学术自由》，月旦出版社 1997 年版。

周光礼：《教育与法律：中国教育关系的变革》，社会科学文献出版社 2005 年版。

马焕灵：《从人治到法治：大学发展的秩序逻辑以沈阳师范大学为例》，中国社会科学出版社 2018 年版。

史峰、孟宪玉：《高校教育法律纠纷的多元化解决机制研究》，河北大学出版社 2013 年版。

王周户:《公众参与的理论与实践》,法律出版社2011年版。

韩冬梅:《西方协商民主理论研究》,中国社会科学出版社2008年版。

吴康宁:《教育改革的"中国问题"》,南京师范大学出版社2015年版。

高建、佟德志:《协商民主》,天津人民出版社2010年版。

范愉、李浩:《纠纷解决:理论、制度与技能》,清华大学出版社2010年版。

范愉等:《多元化纠纷解决机制与和谐社会的构建》,经济科学出版社2011年版。

于沛霖等:《转型时期社会纠纷调解机制研究》,法律出版社2015年版。

陆益龙:《转型中国的纠纷与秩序——法社会学的经验研究》,中国人民大学出版社2015年版。

彭俊:《中国公立高校校生纠纷研究》,中国政法大学出版社2013年版。

陈韶峰:《受教育权纠纷及其法律救济》,教育科学出版社2010年版。

冉艳辉:《我国公民受教育权的平等保护:以法权中心主义为进路》,中国政法大学出版社2013年版。

蒋后强:《高等学校自主权研究:法治的视角》,法律出版社2010年版。

刘宇文:《高校办学自主权研究》,湖南人民出版社2014年版。

杜文勇:《受教育权宪法规范论》,法律出版社2012年版。

马焕灵:《高校学生纪律处分制度研究》,中国社会科学出版社2012年版。

戴国立:《高校教育惩戒与学生权利保护问题研究》,法律出版社2020年版。

袁文峰:《我国公立高校办学自主权与国家监督》,中国政法大学出版社2015年版。

周光礼、周详:《教育与未来:中国教育改革之路》,中国人民大学出版社2017年版。

俞德鹏、侯强:《高校自主办学与法律变革》,山东人民出版社2011年版。

申素平:《高等学校的公法人地位研究》,北京师范大学出版社2010年版。

张卫国:《公民受教育权及其法律保障》,经济科学出版社2011年版。

赵旭东:《纠纷与纠纷解决原论:从成因到理念的深度分析》,北京大学出版社2009年版。

谢冬慧:《纠纷解决与机制选择:民国时期民事纠纷解决机制研究》,法律出版社 2013 年版。

杨挺、李伟：《教育法律纠纷的特点与应对机制研究——基于对司法案例的分析》，西南师范大学出版社 2017 年版。

齐树洁：《纠纷解决与和谐社会》，厦门大学出版社 2010 年版。

梁平、杨奕：《纠纷解决机制的现状与理想建构》，中国政法大学出版社 2014 年版。

龙飞：《多元化纠纷解决机制促进法研究》，中国人民大学出版社 2020 年版。

张树义：《纠纷的行政解决机制研究》，中国政法大学出版社 2006 年版。

辛国清：《法院附设替代性纠纷解决机制研究》，中国社会科学出版社 2008 年版。

宋明：《人民调解纠纷解决机制的法社会学研究》，中国政法大学出版社 2013 年版。

段海峰：《教育法问题研究》，人民出版社 2011 年版。

滕星：《教育人类学通论》，商务印书馆 2017 年版。

郭星华：《社会转型中的纠纷解决》，中国人民大学出版社 2013 年版。

杨卫安：《中国城乡关系制度的变迁研究》，东北师范大学出版社 2015 年版。

李华：《法治视野中高校学生管理权研究》，人民出版社 2015 年版。

范履冰：《受教育权法律救济制度研究》，法律出版社 2008 年版。

靳玉乐、易连云：《教育基本理论问题专题研究》，西南师范大学出版社 2012 年版。

陈蔚：《美国残障儿童受教育权利的立法保障研究》，中国商务出版社 2017 年版。

张雪莲：《澳门教育制度与受教育权保护》，社会科学文献出版社 2015 年版。

史小艳：《义务教育阶段受教育权的政府责任研究》，华中科技大学出版社 2016 年版。

吴春岐、杨光磊：《校园事故侵权责任》，知识产权出版社 2010 年版。

唐清利：《找寻高校内部纠纷的处理规则》，法律出版社 2008 年版。

姬新江：《教育机构侵权责任研究》，中国政法大学出版社 2015 年版。

王小平：《学校体育伤害事故的法律对策研究》，中国法制出版社

2012年版。

吴刚:《现代大学民主管理》,山西人民出版社2013年版。

吴献新:《现代学校制度与管理实践》,高等教育出版社2017年版。

马怀德:《完善学校突发事件应急管理机制研究》,经济科学出版社2018年版。

蒋宗彩:《高校突发公共危机事件预警机制与应对策略研究》,经济管理出版社2016年版。

康伟、孙德梅、吕冬诗:《学校突发危机事件管理研究——以生成、演化与控制为视角》,人民日报出版社2016年版。

刘向信:《高校突发事件应急机制研究》,社会科学文献出版社2009年版。

莫于川:《社会安全法治论:突发社会安全事件应急法律机制研究》,法律出版社2020年版。

丛淑萍:《突发事件处置》,中国政法大学出版社2018年版。

姬广科:《突发事件应急管理中的政府责任机制研究》,湖南人民出版社2015年版。

王宏伟:《重大突发事件应急机制研究》,中国人民大学出版社2010年版。

熊卫平:《危机管理:理论·实务·案例》,浙江大学出版社2019年版。

黎昌珍:《突发事件应急处置的协调联动机制研究》,人民出版社2018年版。

程惠霞:《危机管理:从应急迈向前置》,清华大学出版社2016年版。

蒋宗彩:《城市群公共危机管理应急决策理论与应对机制研究》,经济管理出版社2015年版。

(三) 外文著作及译作

Laura Nader, Harry F. Todd, Jred, *The Disputing Process: Law in Ten Societies*, New York: Columbia University Press, 1978.

John C. Gray, *The Nature and Sources of the Law*, 2nd ed., Macmilian Company, 1931.

Robert C. Agell, *The Society of Social Conflict*, McNeil, 1965.

Michael A. Olivas, *The Law and Higher Education: Cases and Materials on*

Colleges in Court, Carolina Academic Press, 3rd ed., 2006.

Kevin McGuinness, *The Concept of Academic Freedom*, The Edwin Mellen Press Ltd., 2002.

Karl Mackie, *The ADR Practice Guide*, Butterwords, 2nd ed., 2000.

［法］莱昂·狄骥:《公法的变迁》,郑戈、冷静译,辽海出版社、春风文艺出版社 1999 年版。

［法］莫里斯·奥里乌:《行政法与公法精要》,龚觅等译,辽海出版社、春风文艺出版社 1999 年版。

［法］孟德斯鸠:《论法的精神》,张雁深译,商务印书馆 1995 年版。

［法］卢梭:《爱弥儿》,李平沤译,商务印书馆 1996 年版。

［法］托克维尔:《论美国的民主》,董果良译,商务印书馆 1996 年版。

［德］卡尔·拉伦茨:《法律方法论》,陈爱娥译,五南图书出版公司 1996 年版。

［德］哈特穆特·毛雷尔:《行政法学总论》,高家伟译,法律出版社 2000 年版。

［德］萨维尼:《论法律关系》,田士永译,中国政法大学出版社 2004 年版。

［德］弗里德赫尔穆·胡芬:《行政诉讼法》,莫光华译,法律出版社 2003 年版。

［德］卡尔·拉伦茨:《德国民法通论》,王晓晔等译,法律出版社 2013 年版。

［德］武尔夫:《教育人类学》,张志坤译,教育科学出版社 2009 年版。

［英］威廉·韦德等:《行政法》,徐炳等译,中国大百科全书出版社 1997 年版。

［英］詹姆斯·马歇尔:《米歇尔·福柯:个人自主与教育》,于伟、李珊珊译,北京师范大学出版社 2008 年版。

［英］休谟:《人性论》,关文运译,商务印书馆 1980 年版。

［英］洛克:《政府论》,瞿菊农、叶启芳译,商务印书馆 1982 年版。

［美］汉密尔顿、杰伊、麦迪逊:《联邦党人文集》,程逢如等译,商务印书馆 1980 年版。

［美］约翰·杜威:《民主主义与教育》,王承绪译,人民教育出版社

2001年版。

［美］ 哈罗德·J.伯尔曼：《法与宗教》，梁治平译，生活·读书·新知三联书店1991年版。

［美］ 伯纳德·施瓦茨：《行政法》，徐炳译，群众出版社1986年版。

［美］ E.博登海默：《法理学：法律哲学与法律方法》，邓正来译，中国政法大学出版社1999年版。

［美］ 乔纳森·H.特纳：《现代西方社会学理论》，范伟达等译，天津人民出版社1988年版。

［美］ L.科赛：《社会冲突的功能》，孙立平译，华夏出版社1989年版。

［美］ 约翰·S.布鲁贝克：《高等教育哲学》，王承绪等译，浙江教育出版社2002年版。

［美］ 贾斯汀·W.帕钦、萨米尔·K.辛社佳：《校园欺凌行为案例研究》，王怡然译，教育科学出版社2012年版。

［美］ 罗纳德·G.埃伦伯格：《美国的大学治理》，沈文钦、张婷妹、杨晓芳译，北京大学出版社2010年版。

［美］ 内尔达·H.坎布朗-麦凯布、马莎·M.麦卡锡、斯蒂芬·B.托马斯：《教育法学——教师与学生的权利》（第五版），江雪梅、茅锐、王晓玲译，中国人民大学出版社2010年版。

［美］ 米基·英伯、泰尔·范·吉尔：《美国教育法》，李晓燕、申素平译，教育科学出版社2011年版。

［美］ 狄恩·普鲁特、金盛熙：《社会冲突——升级、僵局及解决》（第3版），王凡妹译，人民邮电出版社2013年版。

［澳］ 道格拉斯·霍奇森：《受教育人权》，申素平译，教育科学出版社2012年版。

［澳］ 布赖恩·克里滕登：《父母、国家与教育权》，秦惠民、张东辉、张卫国译，教育科学出版社2009年版。

［日］ 棚濑孝雄：《纠纷的解决与审判制度》，王亚新译，中国政法大学出版社2004年版。

［日］ 小岛武司、伊藤真：《诉讼外纠纷解决法》，丁婕译，中国政法大学出版社2005年版。

［俄］ 乌申斯基：《人是教育的对象——教育人类学初探》，郑文樾、张佩珍等译，人民教育出版社2004年版。

后 记

本书是国家社会科学基金教育学青年课题"教育法律纠纷的特点与应对机制研究"（项目批准号：CFA120125）的最终成果，也是广西地方法治与地方治理研究中心重大项目"高等教育治理的比较研究"（项目编号：GXDFFZZA201902）的阶段性研究成果。本书出版获重庆师范大学市级"马克思主义理论"重点学科以及重庆市人文社会科学重点研究基地"公民道德与社会建设研究中心"资助。这是我在 2012 年青年之时申报的课题，直到 2017 年提交结题，至今又过去了三年多，在即将付梓之时却到了中年，急景流年，斗转星移，真是岁月不饶人。也许是对教育法律纠纷的研究情有独钟，久久品味，难以释怀和割舍，以至于迟迟未能交稿，需"十年磨一剑"。记得在西南政法大学读研期间，跟着张诗亚老师、文正邦老师及陈恩伦老师、谭宗泽老师、蒋后强老师、范履冰老师等学界大咖和学术精英，懵懵懂懂的我从行政法误入教育法的领地，甚至陷入"深处"，不可自拔。而如今回望，弹指一挥间，匆匆二十年。

纵观学界三十余年，教育法律纠纷的性质一直以来众说纷纭，大都习惯于套用其他部门法来定性或从诉讼类型来推导教育法律纠纷的性质。如此种种杂乱丛生，主要是由于教育法律纠纷缺乏深厚坚实的理论基础，其相关的制度容易沦为任人置喙和诟病的工具。面对教育领域的法律纠纷，仅仅注重末端的"解决机制"是远远不够的，尤其是受教育权以及教育关系的内在特性，预防、减少纠纷，降低、消除纠纷带来的损害显得更为重要。毕竟"师道尊严"的伦理是绕不过去的坎，根植在数千年中国人骨髓之中，流淌在血液之中。因此，从教育法律纠纷局部的"解决机制"升级为全面的"应对机制"，需要全过程、全方位地构建涵盖预防、沟通、解决、善后"四位一体"的教育法律纠纷应对机制。

然而，对于教育法律纠纷的理论研究还有广阔的空间，本书只提出和论证了教育法律关系、学校办学自主权以及受教育权理论，见仁见智，百花齐放。对于教育法律纠纷应对机制的构建，由于学界对此研究甚少，可借鉴的相关研究成果也只是一些碎片化的信息。因此，非常期待学界同人共同努力、一起推进，为实施"教育优先发展"战略方针和建设教育强国添砖加瓦，为保障新时代人民"美好生活的需要"，确保"办人民满意的教育"而努力！

本书能够顺利出版，得益于很多人的帮助和支持。首先，在课题调研过程中，得到重庆市教委法规处和评估院以及兄弟单位同人的大力支持与协助，还有课题组成员侯玲、田方林、赵玉民、杨桦、杨顺、杨露、胡耘通（西南政法大学）、张亮（上海社会科学院）的精诚合作与配合；在调研数据整理录入分析过程中，我指导的研究生黄宏亮、王泳力、何立涛、陈仁杰等同学的夜以继日；在资料收集整理、文稿校对、格式排版等工作中，我指导的研究生黄宏亮、杨强、黄丹、何明润、况莲莉、张恒瑞等同学的不吝辛劳。其次，在课题研究过程中，得到了西南大学博士生导师陈恩伦教授，广西师范大学博士生导师、法学院院长陈宗波教授和博士生导师、研究生院副院长马焕灵教授以及重庆警察学院副院长蒋后强教授，四川外国语大学国际教育学院院长龙洋教授，重庆师范大学教育科学学院刘建银教授的点拨和鼓励。再次，在提交出版的过程中，中国社会科学出版社的编辑同人对本书给予了大力支持，西南政法大学博士生导师、"李步云法学奖"获得者文正邦教授在百忙之中审阅了本书稿，并欣然为本书作序。最后还有重庆师范大学原党委书记邓卓明教授，马克思主义学院原院长柯佳敏教授、陈洪教授以及现任书记刘军副教授、科研处副处长姜土生教授等领导和同事的亲切关怀和热情帮助，谨在此表达我由衷的谢意和敬意！

特别要感谢我的博士导师陈德敏教授和硕士导师谭宗泽教授曾经对我的谆谆教诲和悉心栽培，余力绵薄，唯恐辜负恩师之错爱，"一日为师，终身为父"，千百世修来的师徒之缘，至亲至爱、至为珍贵、至为厚重，还有同门的师兄弟姐妹，相视莫逆，情同手足，是我毕生永恒的精神财富！尽管学生时代早已远去，相距十年有余，但总能感受到背后有一双双深情的眼睛在注视着我、鼓励我、鞭策我，催我奋进，永不止步！

后　记

　　最后要感谢亲人们不求回报、不辞劳苦的付出。感谢我今生的另一半——海莲，我的终身伴侣，谢谢你对我的垂爱，为我生了两个乖巧可爱的儿子，两胎都是剖腹产，忍痛哺乳到两岁，这是儿子的福分，也是母爱的伟大。看到9岁的大儿子昱程和2岁的小儿子昱杰在一起玩耍嬉戏的温馨画面，知足而感动，这份天伦之乐是你们母子三人赐予我的，感谢有你们的陪伴，没有什么比家更温暖，没有什么比亲情更珍贵！特别感谢我的岳父岳母为我们带小孩，虽身体已不如当年，还是分担了很多，让我能腾出时间和空间完成课题研究和著作撰写。还要感谢远在广西的亲人们，总是默默地给我莫大的支持和信任。

　　如今作为二胎的父母，当初积极响应国家二孩政策，不顾一切的勇气，换来了每天的辛劳，早起晚睡，操持家务，含辛茹苦，但累并快乐着。让我顿悟罗曼·罗兰所说的，"真正的英雄主义，就是看清生活的真相之后，依然热爱生活"的真谛！愿中华炎黄子孙生生不息！

阮李全

2021年10月

于学院汇贤楼509室